HROWE H. SAUNDERS

DUELL IM PAZIFIK

Von Pearl Harbor bis Hiroshima
Der Zweite Weltkrieg in Ostasien 1941–1945

HROWE H. SAUNDERS

DUELL IM PAZIFIK

Von Pearl Harbor bis Hiroshima
Der Zweite Weltkrieg in Ostasien 1941–1945

DRUFFEL-VERLAG
LEONI AM STARNBERGER SEE

Schutzumschlag: H. O. Pollähne
Karten: Kartographische Werkstatt Hattersheim
Bilder: National Archives, Washington,
Imperial War Museum, London,
Deutsche Presseagentur, Frankfurt

Internationale Standard-Buchnummer
ISBN 3 8061 1022 0

Gesamtherstellung: Ebner Ulm

Inhaltsverzeichnis

VOR KRIEGSBEGINN

PEARL HARBOR – DAS BRENNENDE FANAL

DER KRIEG BEGINNT

JAPANISCHE STURZFLUT

DER KAMPF UM BORNEO

DAS AMERIKANISCH-BRITISCH-NIEDERLÄNDISCH-AUSTRALISCHE KOMMANDO ABDA

DER WEG NACH MIDWAY

TÖDLICHER SOMMER

GUADALCANAL – DAS VERDUN IM PAZIFIK

U-BOOT-KRIEG IM PAZIFIK

DIE ERSTEN RÜCKEROBERUNGEN

DIE GROSSE WENDE

DER KAMPF UM DIE MARSHALL-INSELN

KAMPF UM DIE MARIANEN-INSELN

DEM ENDE ENTGEGEN – DER WEG IN DIE HEIMATSEE

Vor Kriegsbeginn

Die politischen und militärischen Aktionen der Gegner im Pazifik

Als am 1. September 1939 in Europa der Zweite Weltkrieg ausbrach, begannen die USA, die bereits 1937 den Bau zweier großer Schlachtschiffe in Auftrag gegeben hatten („Washington“ und „North Carolina“), mit einer schnellen, drastischen Verstärkung ihrer Seestreitkräfte.

Schon 1940 erteilte Präsident Franklin D. Roosevelt die Genehmigung zum Bau folgender Einheiten:

6 Schlachtschiffe der „Iowa“-Klasse (45000 BRT)
5 Schlachtschiffe der „Montana“-Klasse (58000 BRT)
6 Schwere Kreuzer der „Alaska“-Klasse (27000 BRT; davon wurden nur zwei fertiggestellt).
11 Flugzeuträger der „Essex“-Klasse
40 Kreuzer, 115 Zerstörer, 67 U-Boote.

Diese Maßnahmen waren für Japan das Zeichen zu einer völlig neuen Politik gegenüber den USA. Japan hatte weder die Baukapazität noch die zum Betrieb einer solchen Gigantenflotte notwendigen Treibstoffe. Die japanischen Ölvorräte würden sich bei einem Krieg gegen die USA auf nur etwa zwei Jahre belaufen.

Um gegenüber seinem Widersacher, den USA, einigermaßen bestehen zu können, bereitete sich Japan nunmehr darauf vor, durch Besitzergreifung und Eroberungen eine „Großasiatische gemeinsame Wohlstandssphäre“ zu gründen, eine Strategie, die in Japan viele Anhänger fand.

Durch das in Ostasien zu gewinnende Territorium (u. a. die Erdölfelder von Niederländisch Indien) würde Japan Erdöl und Rohstoffe aller Art in Fülle erhalten. Diese Rohstoffe wurden dringend benötigt, um den Kampf in China siegreich zu beenden.

Der Krieg gegen China, durch den Zwischenfall von Mukden ausgelöst, sah Japan im Angriff und in der Besetzung der drei mandschurischen Provinzen Chinas: Mukden, Kirin und Heilungkiang. Darüber hinaus wurde die Provinz Dschehol besetzt. Aus diesen besetzten Provinzen gründete Japan den Staat Mandschukuo, der am 1. April 1934 zum Kaiserreich erklärt wurde. Da dieser Staat von den Großmächten nicht anerkannt wurde, erklärte Japan bereits am 27. März 1933 seinen Austritt aus dem Völkerbund. Ende 1934 gab Japan die Kündigung des Washingtoner Flottenabkommens zum 31. Dez. 1936 bekannt, und erklärte am 15. Jan. 1936 seinen Austritt aus der Londoner Abrüstungskonferenz. Am 25.

Nov. 1936 erfolgte die Unterzeichnung des Antikominternpaktes zwischen Deutschland und Japan, dem Italien am 6. Nov. 1937 beitrat.

Am 7. Juli 1937 begann der zwangsläufig auf diesen Aktionen folgende Japanisch-Chinesische Krieg, und am 30. März 1940 wurde die von Wang Tsching-wei gebildete Nationalregierung Chinas in Nanking ausgerufen.

In Japan war man sich durchaus darüber im klaren, daß eine solche Angriffsstrategie mit dem Ziel der Gewinnung der Herrschaft im gesamten ostasiatischen Raum aller Wahrscheinlichkeit nach auch zum Krieg gegen die USA, gegen Großbritannien (mit Australien und Neuseeland) und die Niederlande führen mußte.

Als am 26. Jan. 1940 der amerikanisch-japanische Handelsvertrag auslief, wurde Zug um Zug die Verschiffung von Flugzeugbenzin, Schrott, wichtigen Maschinen und Werkzeugen aus den USA nach Japan gesperrt. Am 9. Okt. 1940 stellten die USA die Hilfslieferungen für den Fernen Osten in Gestalt von Weizen ein.

Die massive Unterstützung von Niederländisch Indien durch Großbritannien und die USA setzte durch, daß dieses ostasiatische Land sich weigerte, sich dem japanischen Wirtschaftssystem anzuschließen.

Ab Januar 1941 leisteten Großbritannien, die Niederlande und die USA für China finanzielle und militärische Hilfe. Damit stellte man sich bereits zu dieser Zeit auf die Seite der Gegner Japans. Ziel dieser Hilfeleistungen der drei genannten Staaten war es, Japans Streben nach einer Vormachtstellung in Ostasien Einhalt zu gebieten.

Japan wiederum begann im Juli 1941 mit der Durchführung dieses Planes, es griff das französisch besetzte Indochina an und brachte es unter seine Gewalt.

Sofort stoppten die USA, Großbritannien und vor allem die Niederlande ihre Ölzufuhr nach Japan. Ohne Öl aber war Japan weder in der Lage, seine Flotte auszubauen noch seine Industriekapazität zu erweitern. Nur wenn es gelang, auf den ostasiatischen Erdölfeldern Fuß zu fassen, hatte Japan reelle Chancen, seinen Plan vom großasiatischen Reich unter japanischer Führung durchzuführen.

Die große japanische Verbindungskonferenz zwischen Regierung und der höchsten militärischen Führung des Landes beschloß am 3. Sept. 1941, daß Japan in den Krieg eintreten müsse, wenn das US-Ölembargo nicht bis Oktober aufgehoben sein würde.

Die USA ihrerseits aber, das hatte Präsident Roosevelt eindeutig festgelegt, würden dieses Ölembargo nur dann aufheben, wenn sich Japan aus Französisch Indochina zurückziehen und darüber hinaus ganz China freigeben würde.

Die Besprechung, die der japanische Botschafter Nomura am 17. Aug.

1941 mit Präsident Roosevelt hatte, gipfelte in der Überreichung zweier Botschaften des US-Präsidenten. Eine davon war zur Weiterleitung an die japanische Regierung bestimmt. Darin wurde in unnötig scharfer Form alles das festgehalten, was zwischen dem Botschafter Japans mit dem State Department verhandelt worden war. Es war gewissermaßen die verneinende Antwort auf den Vorschlag einer Zusammenkunft zwischen Präsident Roosevelt und dem japanischen Premierminister, Fürst Konoye. In dem Dokument wurde u. a. folgendes zum Ausdruck gebracht:

„Die Regierung der Vereinigten Staaten von Amerika hält es jetzt für notwendig zu erklären, daß dann, wenn die japanische Regierung weitere Schritte in der Verfolgung einer Politik oder eines Programms militärischer Beherrschung benachbarter Länder durch Gewalt oder durch Androhung von Gewalt unternimmt, die Regierung der Vereinigten Staaten gezwungen sein wird, unverzüglich alle Maßnahmen zu treffen, die sie für notwendig hält, um die legitimen Rechte und Interessen der Vereinigten Staaten zu schützen und die Sicherheit und Unversehrtheit des Staates zu gewährleisten." (Siehe: Theobald, Robert A.: Das letzte Geheimnis von Pearl Harbor).

Der Kalender zeigte den 3. Sept. 1941, als die USA Japan aufforderten, als Grundlage für jede weitere Verhandlung folgende Prinzipien anzuerkennen:

„1. Respektierung der territorialen Unversehrtheit und der Souveränität aller Nationen.

2. Gleiche Handels- und Wirtschaftsrechte.

3. Nichteinmischung in die inneren Angelegenheiten anderer Staaten.

4. Erhaltung des Status quo im gesamten pazifischen Raum." (Siehe: Theobald, Robert, A.: a. a. O.)

Genau zwei Wochen nach der Forderung der USA an Japan, sich aus Französisch Indochina zurückzuziehen, trat am 16. Okt. 1941 das Kabinett Konoye zurück, und General Tojo übernahm am 18. Okt. 1941 als Premierminister die Regierung. Damit waren die Weichen gestellt. Auf die Möglichkeit der Schaffung einer allgemeinen Sphäre des Wohlstandes in Ostasien wollte auch und vor allem Hideki Tojo auf keinen Fall verzichten. Damit hatte er die wirtschaftliche Abschnürung in Kauf genommen und war fest entschlossen, diese abzuschütteln, weil sie Japan erdrosselt hätte. Dies bedeutete Krieg im Pazifikraum und in ganz Ostasieen.

Sonderbotschafter Kurusu kam nach Washington, um den dortigen japanischen Botschafter Nomura zu unterstützen. Man wollte ein letztes Mal versuchen, eine Lösung aus dem Dilemma zu finden, das Japan in Zugzwang brachte. Der Sonderbotschafter brachte einen Vorschlag seines Premierministers mit. Dessen Wortlaut war:

„1. Die USA sollten alles Öl liefern, das in Japan benötigt wurde und, alle in den USA eingefrorenen japanischen Guthaben wieder freigeben.

2. Die Vereinigten Staaten sollten in Zusammenarbeit mit Japan die Nutzbarmachung aller Güter und Waren aus Niederländisch Indien sicherstellen.

3. Japan werde sich dann bereiterklären, seine Truppen aus Französisch Indochina zurückzuziehen, unter der Bedingung, daß entweder der Friede zwischen Japan und China hergestellt würde oder ein gerechter Friede im gesamten pazifischen Raum zustande komme." (Siehe: Theobald, Robert A.: a.a.O.)

Am 26. Nov. 1941 wurde den beiden japanischen Botschaftern durch Staatssekretär Hull eine Note überreicht, in der die USA *ihre* Vorschläge zur Lösung der Spannungen niedergelegt hatten.

Diese Vorschläge, dessen war man sich durchaus bewußt, waren für Japan unannehmbar. Japan hätte seine Niederlage in China zugeben und dessen Territorium unverzüglich verlassen müssen. Ebenso hätte sich Japan aus Französisch Indochina zurückziehen müssen, und als Drittes sollte Japan einen Nichtangriffspakt mit allen Staaten des ostasiatischen Raumes unterzeichnen. Darüber hinaus hätte es seine in der Mandschurei eingesetzte Schattenregierung auflösen und gemeinsam mit den USA die Regierung von Tschiang Kai-schek unterstützen sollen. Als fünfter Punkt kam die Aufkündigung des am 27. Sept. 1940 abgeschlossenen Dreimächtepaktes mit dem Deutschen Reich und Italien hinzu.

Das waren Forderungen, die nach japanischem Verständnis der Dinge nur eine Antwort zuließen: die Kriegserklärung. Und genau das war es, was der US-Präsident Roosevelt mit seinen Beratern beabsichtigte, wie Konteradmiral a. D. Theobald in seinem vorher zitierten Werk zum Ausdruck bringen wollte, als er schrieb:

„Jeder, den es anging, erkannte, daß diese Note den Verhandlungen mit Kurusu und Nomura ein Ende setzte und daß der Krieg unvermeidlich war. Staatssekretär Hull benachrichtigte denn auch sofort die Spitzen von Armee und Marine, daß die diplomatischen Verhandlungen fehlgeschlagen seien und alles Weitere nunmehr bei den Verantwortlichen der Streitkräfte liege.

Durch diese Note vom 26. Nov. 1941 brachte Präsident Roosevelt die Vereinigten Staaten von Amerika wohlüberlegt in den Krieg. Er hatte Japan den Handschuh ins Gesicht geschlagen. Japans Versuch, der Einkreisung zu entgehen, war fehlgeschlagen; es mußte nun kämpfen oder kapitulieren. Es bestand kein Zweifel daran, wie Japans Antwort ausfallen mußte." (Siehe: Theobald, Robert A.: a.a.O)

Pläne Japans

Im Kaiserlichen Großen Hauptquartier diskutierten die Stabschefs von Armee und Marine, die Armee- und Marineminister und eine Reihe höchster Offiziere die amerikanischen Forderungen. Man kam zu dem Beschluß, eine südwärts gerichtete Politik zu verfolgen. Der Chef des japanischen Admiralstabes, Admiral Osami Nagano, stimmte diesem Beschluß zu. Sich aus China zurückzuziehen, stand außerhalb jeder Diskussion, denn damit hätte Japan im gesamten asiatischen Raum sein Gesicht verloren.

Admiral Nagano erklärte, daß Japan unter allen Umständen das Südseegebiet gewinnen müsse und daß zum Erreichen dieses Zieles notfalls ein Krieg geführt werden müsse, der gegen Großbritannien, die Niederlande und die USA gerichtet sei. Vor dem Tenno erklärte schließlich Admiral Nagano:

„Die Regierung ist zu der Ansicht gekommen, daß das Schicksal der Nation ohne Krieg besiegelt ist. Auch im Falle eines Krieges kann Japan möglicherweise zugrunde gehen. Doch ein Volk, daß in einer solchen Zwangslage nicht zu kämpfen gewillt ist, ist charakterlos und dem Untergang geweiht." (Siehe: Silbermann, Bernhard und Harootian, H. D.: Japan in der Krise).

In Japan war man der Überzeugung, daß eine rasche und gleichzeitige Vernichtung der US-Pazifikflotte den Frieden zu japanischen Bedingungen nach sich ziehen müsse.

Man mußte also alle Schiffe in Pearl Harbor, dem Haupthafen im Pazifik, gleichzeitig ausschalten. Im selben Operationszug war auch Guam zu besetzen und die Insel Wake in Besitz zu nehmen. Die Philippinen mußten durch landgestützte und Trägerflugzeuge angegriffen und von der Flotte beschossen werden, um die dortigen US-Luftstreitkräfte restlos auszuschalten.

Die japanische Armee würde in Malaya landen und durch die Marine geschützt werden. Diese sollte außerdem die britische Fernostflotte, die Force „Z" in Singapore und die Royal Air Force in Malaya überwinden. Hongkong und Shanghai sollten ebenfalls sofort angegriffen werden.

Dieser Angriffs- und Unterstützungsplan war von Admiral Yamamoto, dem Oberbefehlshaber der japanischen Flotte, ausgearbeitet worden, der darin die einzige Chance sah, die USA mit einigen raschen entscheidenden Schlägen auszuschalten, weil auf lange Sicht Japan keine Chance haben würde, den Sieg zu erringen.

Admiral Yamamoto setzte seinen Plan mit dem Hauptpunkt eines schlagartigen Überfalls auf Pearl Harbor gegen den Widerstand vieler

Experten der Seekriegsleitung im Oktober 1941 durch. Die Marine faßte, gleichsam im Alleingang und ohne die zivilen Stellen oder den Tenno davon zu unterrichten, diesen Plan, und selbst Premierminister Tojo erhielt erst acht Tage vor dem X-Tag und lange, nachdem die ersten Einheiten der japanischen Marine ausgelaufen und auf Warteposition gegangen waren, davon Kenntnis.

Der japanische Plan, Pearl Harbor zu überfallen und danach Druck auf die sowjetischen Grenzstellungen in Fernost auszuüben, wäre ein Jahr vorher ein voller Erfolg geworden. Er hätte das Abziehen aller in Fernost eingesetzten sowjetischen Truppen und ihren Einsatz im Mittelabschnitt der Ostfront zur Sicherung von Moskau verhindert und dort mit Sicherheit eine andere Entscheidung herbeigeführt. Im Dezember 1941 kam diese Maßnahme für das deutsche Ostheer zu spät; es befand sich bereits seit zwei Tagen auf dem Rückzug von Moskau.

Am 5. Nov. 1941 wurde der Operationsbefehl Nr. 1 an alle Befehlshaber und Kommandeure ausgegeben. Er lautete:

„Im Osten wird die amerikanische Flotte vernichtet. Die Verbindungslinien der Amerikaner für Operation und Nachschub zum Fernen Osten werden abgeschnitten. Der Sieg wird genutzt, um den feindlichen Kampfwillen zu brechen.“ (Diese Annahme der japanischen Führung bewahrheitete sich nicht. Das Gegenteil war der Fall. Der für den US-Normalbürger schimpfliche Überfall auf Pearl Harbor war genau das Ereignis, welches das kriegsunwillige amerikanische Volk mit einem Schlage aufrüttelte und anstachelte, es den „heimtückischen Japsen heimzuzahlen“, wie später in allen US-Zeitungen zu lesen war).

Bei japanischem Still- und Hinhalten wäre früher oder später der amerikanische Angriff auf die Marshallinseln nach dem US-Plan „Regenbogen fünf“ erfolgt. Dabei hätte die US-Flotte mit Sicherheit schwere Verluste und möglicherweise sogar eine entscheidende Niederlage hinnehmen müssen. Außerdem wären dann die USA der Aggressor gewesen.

Admiral Nagumo, Oberbefehlshaber der 1. Luftflotte und Befehlshaber der Pearl-Harbor-Angriffsgruppe, erhielt am 11. Nov. 1941 an Bord seines Flaggschiffes, Flugzeugträger „Akagi“, besondere detaillierte Befehle für diesen Angriff. Weder im Originalbefehl noch im Teilbefehl Nr. 9, der an alle Schiffe des Kampfverbandes unter Admiral Nagumo ausgegeben wurde, war ein Angriff auf die Tanklager oder die Reparaturwerkstätten von Pearl Harbor erwähnt, obgleich dies nach den Trägern und Schlachtschiffen die wichtigsten Ziele sein mußten.

Am 22. Nov. 1941 sammelte sich der Angriffsverband für Pearl Harbor nördlich von Hokkaido in der Tankanbucht der Kurilen. Binnen 48 Stunden waren alle Einheiten für diesen Schlag versammelt. Der Angriffsbefehl war auf den 8. Dezember 1941, 08.30 Uhr, festgelegt worden.

Admiral Yamamoto erteilte den Auslaufbefehl für den Gesamtverband am 25. Nov. 1941. Vorher aber waren bereits die U-Boote Japans am 10. Nov. 1941 ausgelaufen.

Der japanische U-Boot-Aufmarsch

Die japanische Marineführung sah in ihren U-Booten eine Waffe, die zwei Hauptaufgaben zu erfüllen hatte.

1. sollten U-Boote die japanische Flotte begleiten und sichern;
2. sollten sie gegen feindliche Kriegsschiffe eingesetzt werden.

Darüber hinaus war eine Flotte sehr großer U-Kreuzer geplant, die etwa 3500 t haben würden. Mit diesen U-Kreuzern würde es möglich sein, alle jene japanisch besetzten Inseln mit Munition und Material zu versorgen, die im Kriegsfalle von der Überwasserversorgung aus der Heimat abgeschnitten sein würden.

Für diese Zwecke wurden die Flotten-U-Boote der I-Klasse gebaut. Daneben lief ein Bauprogramm für Boote der Ro-Klasse, die kleiner waren. Schließlich ging man auch dazu über, U-Boote zu bauen, auf denen Seeflugzeuge zur Fernerkundung gestartet werden konnten. Hinzu kamen fünf U-Boote, die Kleinst-U-Boote mitführen und einsetzen konnten.

Es war der japanischen Waffenforschung zwischen 1928 und 1933 gelungen, einen Torpedo zu konstruieren, der zu den besten Waffen der Welt zählte. Es war der mit Sauerstoff angetriebene Torpedo 95, Modell 2, mit 60,96 cm Durchmesser und einer Reichweite von 5700 m. In seinem Sprengkopf führte dieser Torpedo 1210 Pfund Sprengstoff mit sich. Dieser Torpedo lief 49,2 kn/h. Ergänzend dazu war ein weiterstreichender Torpedo 93 konstruiert worden, der die gleiche Geschwindigkeit lief, aber eine Reichweite von 22 000 m hatte.

Im japanischen Bauprogramm 1940–1942 wurde der U-Boot-Typ „Kaichû-6", ein mittlerer Marinetyp, bis zur Baunummer Ro 75 gebaut. Das Boot lief über Wasser 19,7 kn und brachte es im Unterwassermarsch auf beachtliche 10 kn/h.

Eine Reihe weiterer Typen waren in Dienst gestellt worden, und mit dem Typ „Sen-taka" wurde ein schnelles Unterwasserboot mit 19 kn Unterwassergeschwindigkeit gebaut. Damit verfügte Japan über eines der ersten wirklichen Unterwasserboote. Von diesem Typ kamen allerdings nur drei Boote zur Front.

Am 7. Dez. verfügte die japanische U-Boot-Waffe über 65 einsatzbereite U-Boote. Die Angehörigen der japanischen U-Boot-Waffe waren sämtlich

Freiwillige, die auf der U-Boot-Schule in Yokosuka ausgebildet wurden.

Die Hauptstreitmacht der japanischen U-Waffe befand sich im Verband der 6. Flotte unter Vizeadmiral M. Shimizu. Ihre Basis war die Marshallinsel Kwajalein. Hier lagen 40 der 47 Flotten-U-Boote der I-Klasse.

Bereits am 10. Nov. 1941 liefen die ersten U-Boote der I-Klasse aus ihren Stützpunkten Yokosuka und Kure aus und bis zum 18. Nov. waren das 1. U-Boot-Geschwader unter Konteradmiral Sato und das 2. U-Boot-Geschwader unter Konteradmiral Yamasaki aus Yokosuka ausgelaufen. Elf dieser Boote hatten kleine Seeflugzeuge als Aufklärer an Bord. Insgesamt standen nach dem Auslaufen der letzten fünf Boote am 18. Nov. 32 Boote in See. I 16, I 18, I 20, I 22 und I 24, die am 18. Nov. ankerauf gegangen waren, hatten Kleinst-U-Boote an Bord. Diese sollten von ihren Mutterschiffen aus in der Nähe der Zielobjekte ausgesetzt werden.

I 26 marschierte zu den Aleuten, und I 10 hatte Samoa und die Fidschiinseln als Ziel erhalten. Die übrigen 27 der ersten Gruppe marschierten nach Kwajalein auf den Marshallinseln, wo sie vom 18. bis 20. Nov. 1941 Brennstoff ergänzten, ehe sie auf die ihnen zugeteilten Positionen liefen. Sie sollten sich um Oahu aufstellen, als Befehls- und Nachrichtenübermittler dienen und darüber hinaus jedes Schiff versenken, das Pearl Harbor anzulaufen versuchte. Hauptaufgabe war ferner die Unterbindung des Schiffsverkehrs zwischen Hawaii und den USA ab Angriffsbeginn.

Die fünf U-Boote mit den an Bord befindlichen Kleinst-U-Booten liefen direkt in ihre Ausgangsposition für den Angriff der „Kaiten" gegen Pearl Harbor.

Damit waren die U-Boote jene Teilkräfte der japanischen Marine, die lange vor den übrigen Streitkräften zum Einsatz ausliefen.

Die USA-U-Boote in der Vorbereitungsphase

Am 1. Mai 1941 verfügten die US-Streitkräfte und die mit ihnen verbündeten niederländischen Seestreitkräfte im Pazifik über folgende U-Boote:

Pazifik-Flotte:	27 Boote
Asiatische Flotte:	28 Boote
Niederländische Flotte:	15 Boote

Die in Manila Bay und in Olongapo stationierten Boote der asiatischen Flotte wurden von Captain W. E. Doyle, ab 10. Dez. 1941 von Captain John Wilkes geführt. In den Basen Lingayen und Sorsogon Bay, Luzon, war je ein U-Boot stationiert.

Mit Ausbruch des Krieges im Pazifik verfügten die USA über insgesamt

111 U-Boote; 73 weitere waren in Bau. Von den vorhandenen U-Booten standen 55 Boote einsatzbereit, 29 in der asiatischen Flotte auf den Philippinen und 22 in der Pazifik-Flotte in Pearl Harbor.

Diese Boote hatten vor dem 7. Dez. 1941 keine Order für präventive Einsätze erhalten, sondern lagen in ihren Basen.

Die US-Pläne für einen Krieg gegen Japan

Die US-Vorhaben für einen Krieg gegen Japan waren in den Operationsplänen „Orange", später „Regenbogen fünf", festgelegt worden. Sie lauteten:

„Vorstoß zwischen den Inseln des mittleren Pazifik – Marshall-, Karolinen- und Marianen-Inseln –, Vernichtung der japanischen Flotte nahe den japanischen Gewässern. (Siehe: Boeicho Kenshujo Senshishitsu, – Kriegsgeschichtliche Abteilung des japanischen Verteidigungsamtes, Bd. 31, Teil I).

Am 7. Nov. 1941 hatte US-Präsident Roosevelt das Kabinett gefragt, ob es bereit sei, einer aktiven Intervention gegen Japan zuzustimmen, wenn eine weitere Nation im Fernen Osten durch Japan bedroht werde. Ein einstimmiges „Ja" war die Antwort darauf.

In London erklärte daraufhin Winston Churchill, der britische Kriegspremier, am 10. Nov. 1941, daß Großbritannien im Falle eines Kriegsausbruchs zwischen den USA und Japan noch in derselben Stunde Japan den Krieg erklären werde. Dies zeigte eindeutig an, daß bei ihrem Treffen (in der Argentiabucht vor Neufundland vom 9.–12. Aug. 1941) Roosevelt und Churchill auch noch andere Dinge besprochen haben als die danach bekanntgegebene Atlantik-Charta.

Am 6. Dezember erteilte das Kriegsamt in London Luftmarschall Brooke-Popham, Oberbefehlshaber der britischen Heeres- und Luftstreitkräfte in Malaya, folgenden Befehl:

„Wir haben nunmehr die Zusage bewaffneten amerikanischen Beistandes in folgenden Fällen erhalten:

a) Wenn wir genötigt sind, einer japanischen Landung auf der Enge von Kra zuvorzukommen, oder wenn wir gegen eine japanische Invasion in einem anderen Teil von Siam vorgehen.

b) Wenn Niederländisch Indien angegriffen wird und wir uns an der Verteidigung beteiligen.

c) Wenn die Japaner uns selbst angreifen.

Handeln Sie dieser Anweisung entsprechend sofort und ohne Rückfragen in London, sobald Sie sichere Nachrichten über das Vorrücken eines japanischen Expeditionskorps mit diesen erkennbaren Absichten haben.

Wenn Niederländisch Indien angegriffen wird, verfahren Sie nach den Plänen, die zwischen Großbritannien und Holland vereinbart wurden."

Dieser Funkbericht wurde von der US-Nachrichtenüberwachung in Singapore aufgenommen und an Admiral Hart in Manila geschickt. (Die Ereignisse von Pearl Harbor kamen weiteren Eskalationen von britisch-amerikanischer Seite zuvor.)

Die auf Hawaii stehende US-Flotte wurde auf Anordnung des US-Präsidenten dort festgehalten. Als Admiral J. O. Richardson, Oberbefehlshaber der Pazifikflotte, in der zweiten Jahreshälfte 1940 nach Washington gekommen war, hatte er in einem Gespräch mit dem Präsidenten und den leitenden Herren des Staatssekretariates sowie des Marineministeriums empfohlen, die in Hawaii stationierte Flotte auf die US-Westküste zurückzunehmen, weil die Gewässer um Hawaii zu exponiert lägen.

Die Schiffe seien an Personal unterbesetzt, die Verteidigungsmittel der Flotte gegen einen Luft- oder U-Boot-Angriff nicht ausreichend.

Damit hatte er ins Fettnäpfchen getreten und war Januar 1941 abgelöst worden. Die ohnehin sehr schwache Pazifikflotte wurde im März 1941 durch den Abzug von drei Schlachtschiffen, einem Flugzeugträger, vier leichten Kreuzern und 18 Zerstörern in den Atlantik und ein zweitesmal durch den Abzug dreier weiterer Schlachtschiffe, die ebenfalls in den Atlantik gingen, entscheidend geschwächt. Diese Abzüge waren den Japanern nicht entgangen.

Wenden wir uns in dieser Phase der Vorbereitungen auf beiden Seiten jenem Rätsel zu, das spätestens seit dem Werk von Konteradmiral a. D. Theobald „Das letzte Geheimnis von Pearl Harbor" keines mehr ist: dem japanischen Purpur-Code und „Magic", die amerikanische Möglichkeit, diesen Code zu durchbrechen.

Der Purpur-Code und Pearl Harbor

Alle japanischen Geheimfunksprüche, die mit der höchsten Geheimhaltungsstufe gesendet wurden, mußten nach dem Purpur-Code verschlüsselt werden. Dieser Code benötigte zum Verschlüsseln und zum Entschlüsseln nur eine Maschine.

Der Purpur-Code wurde von den Experten in Washington durchbrochen und völlig rekonstruiert. Danach gelang es sogar, Schlüssel- und Entschlüsselmaschinen nachzubauen, die einwandfrei arbeiteten.

Nach einem vorgegebenen Chiffreschema, das für einen bestimmten

Zeitraum Gültigkeit hatte, wurden alle Funksprüche verschlüsselt. Auch die Schemata, nach welchen die Wechsel der Chiffre in bestimmten Zeitabläufen vollzogen wurden, waren abgefangen worden.

Alle nach dem Purpur-Code verschlüsselten Meldungen, die auf diese Weise dem US-Nachrichtendienst in die Hände fielen, wurden „Magics" genannt. Von Juli bis Dezember 1941 hatten in den USA die Marine und Armee das Abhören und den Entschlüsselungsdienst zu versehen. Die Marine saß an den ungeraden Tagen hinter den Empfängern, das Heer an den geraden Tagen. Von allen aufgefangenen japanischen Funksprüchen dieser Art wurden 15 Ausfertigungen geschrieben und an die betreffenden Stellen weitergeleitet. Die Empfänger waren auf der Seite der Marine Präsident Roosevelt, Staatssekretär Knox, Admiral Stark, Konteradmiral Turner, Kapitän zur See Wilkinson, Korvettenkapitän McCollum.

Die Empfänger der Heeresleitung waren Staatssekretär Hull, Staatssekretär Stimson, General Marshall, Brigadegeneral Gerow, Brigadegeneral Miles, Oberst Bratton.

Von den nachgebauten Purpur-Code-Maschinen wurde eine nach London geschickt, zwei Maschinen erhielt die Marine-Nachrichtensammelstelle und zwei weitere der Heeres-Signalnachrichtendienst. Dies ermöglichte eine unverzügliche Bearbeitung aller eingehenden und auslaufenden Funksprüche der laufenden 24-Stunden-Chiffre, während die zweite Maschine noch die vom Vortage vorliegenden nicht entschlüsselten Funksprüche bearbeiten konnte.

Im April 1941 ging die letzte vorrätige Purpur-Code-Maschine mit dem gesamten Personal an das Kommando des 16. Marinedistriktes auf den Philippinen und wurde in den unterirdischen Räumen von Corregidor installiert. Damit waren sämtliche von Tokio getasteten Meldungen dem Chef der Asiatischen Flotte und dem Kommandierenden General des Heeres auf den Philippinen bekannt.

Hawaii, der US-Vorposten gegen Japan, erhielt keine Purpur-Code-Maschine. Dies bedeutete im Klartext: Der US-Nachrichtendienst auf Hawaii war nicht in der Lage, diesen japanischen geheimen Funkverkehr zu entschlüsseln. Aus diesen Gegebenheiten und Fakten folgerte Admiral Theobald:

„Der einzige mögliche Schluß, warum man Hawaii keine Purpur-Code-Maschine zur Verfügung stellte, ist jener, daß die negative Entscheidung Bestandteil eines ganz bestimmten Planes war, der vorsah, daß die Kenntnisse von „Magic" den Hawaii-Kommandeuren vorenthalten werden, den asiatischen Dienststellen aber zur Verfügung stehen sollten." (Siehe: Theoblad Robert, A.: a. a. O.)

Seit Anfang August 1941 erhielt der neue Oberbefehlshaber in Hawaii,

Konteradmiral Kimmel, keinerlei Meldungen mehr, die ihn über die täglich zunehmenden Spannungen zwischen den USA und Japan unterrichteten. Dies entsprach einer totalen Nachrichtensperre für Hawaii, das noch bis Juli über sieben entschlüsselte japanische Meldungen unterrichtet worden war. Es war der Zeitpunkt, zu dem Japan von den USA gezwungen wurde, zwischen Krieg und völliger Kapitulation zu wählen.

Als im November 1941 sich der Umfang der „Magic" verdreifachte, erstattete der US-Botschafter in Tokio, Grew, dem Auswärtigen Amt am 3. Nov. 1941 einen Bericht, in dem er darauf hindeutete, daß Japan lieber „ein nationales Harakiri riskieren als sich dem ausländischen Druck fügen" werde. Er schrieb am Schluß dieses siebenseitigen Berichtes:

„Meine Absicht ist nur, mein Land davor zu bewahren, ungewollt in einen Krieg gegen Japan zu geraten, aus bloßer Unterschätzung der Entschlossenheit Japans, sich kopfüber in einen selbstmörderischen Konflikt mit den Vereinigten Staaten zu stürzen."

Die einzelnen Purpur-Code-Funksprüche wurden im November von Tokio an die eigenen Botschaften in Washington und Hongkong und von dort wiederum nach Tokio gewechselt. In einer letzten der Botschaften des 30. November, die von Tokio nach Berlin ging, wurde der japanische Botschafter in Berlin angewiesen, Hitler über folgenden Sachverhalt zu informieren:

„Die Verhandlungen zwischen Tokio und Washington, die im April aufgenommen wurden, sind jetzt abgebrochen. Sagen Sie Hitler und von Ribbentrop streng vertraulich, daß äußerste Gefahr besteht für einen plötzlichen Kriegsausbruch zwischen den angelsächsischen Mächten und Japan infolge irgendeines bewaffneten Zusammenstoßes und fügen Sie hinzu, daß der Ausbruch des Krieges früher erfolgen kann, als irgend jemand sich dies träumen läßt."

Diese Nachricht an Deutschland wurde am 1. Dezember von der Marineleitung entschlüsselt. Sie zeigt auf, daß Hitler wohl davon unterrichtet war, daß jeden Tag in Fernost ein neuer Kriegsschauplatz entstehen konnte.

Nach dem am 2. Dez. aus Tokio gegebenen Befehl an die Botschaft in Washington, alle Telegraphencodes zu vernichten, die von den Amerikanern am 3. Dezember entschlüsselt wurden, war den Beteiligten klar, daß ein bewaffneter Konflikt unmittelbar bevorstand. Dann erging auch mit Funkspruch vom 2. Dez. 1941 von der japanischen Gesandtschaft in Bern an die Gesandtschaft in Ankara die Meldung, daß alle diplomatischen Stellen in Amerika, Kanada, in der Südsee und in den niederländischen und britischen Gebieten der Berner Botschaft die Vernichtung der Schlüsselunterlagen und Maschinen zu melden hätten und daß diese Weisung von

Berlin aus nach Lissabon, Helsinki, Budapest und Wien, von Rom aus nach Bukarest weitergeleitet werden sollte. Von Bern aus sollten außerdem nach Vichy, Lissabon und Madrid, von Rio de Janeiro aus Buenos Aires, Lima, Santiago, Mexico City, Panama und Bogotà, von Bangkok schließlich Hanoi, Saigon und andere Stellen verständigt werden. Dies ließ nur noch eine Schlußfolgerung zu: Der Krieg in Ostasien stand unmittelbar bevor.

Alle diese Funksprüche wurden am 6. Dez. durch das Heer entschlüsselt. Am gleichen Tage gab Tokio eine sehr umfangreiche Sondersendung in 14 Teilen an die Botschaft in Washington heraus, die das Memorandum der japanischen Regierung als Antwort auf den amerikanischen Vorschlag vom 26. Nov. 1941 enthielt. Dieser Funkspruch lag am 6. Dez. 1941 spätestens um 15.00 Uhr entschlüsselt im Kriegsministerium vor. Es war klar, daß dieses Memorandum, dessen Überreichung an die US-Regierung erst nach besonderer Anweisung erfolgen durfte, die Kriegserklärung enthielt.

Wer noch in Erinnerung hatte, daß Japan seine drei vorausgegangenen Kriege gegen China 1894, gegen Rußland 1904 und gegen das deutschbesetzte Tsingtau 1914 mit einem Überraschungsangriff begann, der genau mit der Übergabe der Kriegserklärung zusammenfiel, der konnte sich ausmalen, daß Japan auch diesmal mit Übergabe dieses Memorandums losschlagen würde.

Dieser Samstag, der 6. Dezember in den USA (wegen der Zeitverschiebung der 7. Dezember in Japan), war der Vortag des Ausbruchs des Krieges im Pazifik.

Eine japanische Flotte wurde bereits auf dem Wege nach Kra gemeldet. Würde dort der erste Überraschungsschlag erfolgen? Andererseits hatte man in den vergangenen drei Tagen einen lebhaften Funkverkehr erhorcht, der sich mit der genauen Schiffsverteilung und Belegung des Hafens von Pearl Harbor befaßte. Man hätte beide Stellen warnen müssen, denn nach menschlichem Ermessen mußte der Angriff auf Pearl Harbor erfolgen. Wenn alle Schiffe dort und die Flakartillerie in Alarmzustand versetzt würden, wenn die auf Hawaii stationierten Luftwaffenverbände sofort weitere Verstärkungen erhielten und Sitzbereitschaft befohlen würde, dann mußte dieser japanische Angriff wirkungslos verpuffen.

Aber weder Admiral Stark noch General Marshall unternahmen etwas, um Admiral Kimmel und General Short zu warnen.

Die japanische Einleitungsdepesche, welche die Überbringung des vierzehnteiligen Memorandums voraussagte, wurde am Sonnabend gegen 15.00 Uhr von Oberst Bratton entschlüsselt ausgegeben, so daß alle fünf anderen Empfänger derselben sie noch am Nachmittag in Händen hatten. Die Marine erhielt ihre sieben Exemplare durch Oberst Bratton ebenfalls um 15 Uhr. Der Eingang des wichtigsten japanischen Staatsdokumentes stand nach dieser Einleitungsdepesche unmittelbar bevor.

Von den 14 Teilen der Botschaft Nr. 902 aus Tokio wurden 13 zwischen 11.45 Uhr und 14.51 Uhr bei der US-Marineleitung in Empfang genommen. Sie waren in englischer Sprache gesendet worden und verließen die Maschine des Purpur-Codes in eben dieser Sprache entschlüsselt, brauchten also nicht erst übersetzt zu werden. Bis 21.00 Uhr waren alle Teile fertig entschlüsselt und lagen der Marineleitung vor, die, obgleich dies der Tag der Heeresdienste war, 11 der 13 Teile selbst entschlüsselt hatte.

Die Übermittlung des Teils 14 dieses Memorandums wurde durch Tokio bis zum frühen Sonntagmorgen verzögert, um die japanischen Absichten bis zuletzt geheimzuhalten. Allerdings war in den 13 entschlüsselten Teilen ebenfalls unzweifelhaft die Absicht der Kriegserklärung zu erkennen.

Hawaii und die Flotte in Pearl Harbor blieben ungewarnt. Der 14. Teil dieses Magic-Funkspruches ging zwischen 04.00 Uhr und 06.00 Uhr am Sonntagmorgen, dem 7. Dez., im Marineministerium ein.

Als Admiral Stark am Sonntagmorgen um 09.45 Uhr in seinem Büro erschien, wurde ihm das nun vollständige vierzehnteilige Memorandum übergeben, das seit einer Stunde auf seinem Schreibtisch lag. Kapitän z. S. Wilkinson empfahl, eine dringende Warnung an die Pazifikflotte zu richten. Admiral Stark hielt dies nicht für nötig.

Als er um 10.20 Uhr den entschlüsselten japanischen Befehl an die beiden Botschafter zur Übergabe des Memorandums erhielt und er noch einmal gebeten wurde, nun endlich die Pazifikflotte zu alarmieren und Admiral Kimmel über das drohende Unheil zu unterrichten, lehnte Admiral Stark abermals ab.

Der Termin der Übergabe der Depesche, der zweifelsfrei auch der Beginn des japanischen Überraschungsschlages gewesen wäre, war 13.00 Uhr Washingtoner Zeit.

General Marshall war am Morgen des 7. Dez. 1941 ausgeritten. Als Oberst Bratton General Marshall anrief, war nur dessen Melder am Telefon. Dieser suchte den General; Marshall rief Bratton um 10.25 Uhr zurück und erklärte, daß er sofort ins Ministerium kommen werde, um die Meldung dort zu lesen.

Im Amtszimmer des US-Stabschefs, General Marshall, waren neben dem General noch die Generale Gerow und Miles sowie Oberst Bratton anwesend. Als Oberst Bratton versuchte, General Marshall auf die bedeutend wichtigere letzte Übergabedepesche hinzuweisen, winkte dieser ab und las zuerst alle 14 Teile des Memorandums durch.

Als er alles gelesen hatte, wußte endlich auch er, daß der japanische Überraschungsangriff gegen 13.00 Uhr irgendwo im Pazifik, mit allergrößter Wahrscheinlichkeit in Pearl Harbor, erfolgen werde.

Viele Stunden waren vergangen, und nur drei Stunden Zeitgewinn hätten genügt, die Verteidigung in Pearl Harbor zu organisieren und die dicht bei dicht stehenden Flugzeuge zu starten.

General Marshall entwarf nun einen Funkspruch an die Kommandierenden Generale im Fernen Osten, in der Karibik, an die Hawaiitruppen und die 4. Armee, in dem er bat, „entsprechend auf der Hut zu sein" und „die Marinestellen entsprechend zu benachrichtigen".

Dieser Funkspruch erreichte General Shorts Hauptquartier volle sechs Stunden nach dem japanischen Angriff auf Pearl Harbor. Konteradmiral Kimmel erhielt ihn zwei Stunden darauf, als er die verlorengegangenen Schiffe zählen mußte und ihm die Zahl der Toten gemeldet wurde, die dieser Überraschungsschlag, der in Wahrheit überhaupt keiner war, verursacht hatte.

Soviel über den Purpur-Code und die Haltung des US-Präsidenten Roosevelt, der nach der einhelligen Auffassung aller Insider „allen Beteiligten verboten hatte, vor Mittag des 7. Dez. 1941 Nachrichten über diesen japanischen Überraschungsschlag nach Hawaii gelangen zu lassen." (Siehe: Theobald, Robert A.: a.a.O.)

Roosevelt trieb Japan nach der Auffassung von Konteradmiral Kimmel „durch einen unerbittlichen wirtschaftlichen und diplomatischen Druck zum Kriege. Er verlockte Japan dazu, die Feindseligkeiten durch einen überraschenden Angriff zu eröffnen, indem er ihm die Pazifikflotte in Hawaii als Köder vorwarf, ganz gleich, was es kosten würde."

Wie wurde dieser Angriff gestartet, welche Ergebnisse erzielte er? Welche Folgerungen wurden aus ihm gezogen?

Pearl Harbor – das brennende Fanal

Die japanischen Streitkräfte für den Überraschungsschlag

In der japanischen Zentralvereinbarung, die zwischen General Terauchi, dem Oberbefehlshaber der Südarmee, und Admiral Yamamoto ausgearbeitet worden war, wurde folgendes beschlossen:

1. Gleichzeitige Landungen amphibischer Streitkräfte in Luzon, Guam, auf der malayischen Halbinsel, Hongkong, Miri, Britisch Nordborneo. Alle Landungen werden durch vorhergehende Luftbombardements vorbereitet.
2. Träger-Luftangriffe auf die US-Pazifikflotte in Pearl Harbor.
3. Schnelle Weiterentwicklung der Initialerfolge durch die Besetzung von Manila, Mindanao, Wake Island, der Bismarckinseln, Bangkok und Singapore.
4. Besetzung von ganz Niederländisch Indien und gleichzeitige Kriegführung gegen China.

Die japanischen Seestreitkräfte bestanden im Dezember 1941 nach der Geheimorder Nr. 1 des kombinierten Flottenstabes aus folgenden Großverbänden:

2. Flotte – Vizeadmiral Kondo als Ferndeckungsverband mit den Schweren Kreuzern „Atago" und „Takao", den Schlachtschiffen „Haruna" und „Kongo" und zehn Zerstörern.

3. Flotte – Vizeadmiral I. Takahashi als nördliche Deckungsgruppe mit den Schweren Kreuzern „Ashigara" und „Maya", dem Leichten Kreuzer „Kuma" und zwei Zerstörern.

1. Überraschungsangriffsgruppe – Konteradmiral K. Hara.
Ziel: Aparri – mit dem Leichten Kreuzer „Natori", sechs Zerstörern, drei Minensuchern, neun U-Jägern und sechs Transportern.

2. Überraschungsangriffsgruppe – Konteradmiral Nishimura,
Ziel: Vigan – mit dem Leichten Kreuzer „Naka", sieben Zerstörern, sechs Minensuchern, neun U-Jägern und sechs Transportern.

3. Überraschungsangriffsgruppe – Konteradmiral Hirose,
Ziel: Bataan – mit einem Zerstörer, vier Torpedobooten und einigen kleineren Kriegsfahrzeugen.

4. Überraschungsangriffsgruppe – Konteradmiral K. Kubo,
Ziel: Legaspi – mit dem Leichten Kreuzer „Nagara", sechs Zerstörern, zwei Minensuchern, den Flugzeugträgern „Chitosa" und „Mizuho" und fünf Kleinfahrzeugen.

5. Minenlegerverband – Konteradmiral Kobayashi, Palau – mit den Minenkreuzern „Itsukushima“, „Yaeyma“ und „Tatsuhara Maru“, mit Minensuchern und Minenlegern.
6. Pearl Harbor-Kampfverband – Vizeadmiral Nagumo, Commander in Chief der 1. Luftflotte – mit den Trägern „Akagi“, „Kaga“, „Hiryu“, „Soryu“, „Shokaku“ und „Zuikaku“ (insgesamt 423 Flugzeuge), Leichter Kreuzer „Abukuma“ (als Zerstörerführer) mit den Zerstörern „Isokaze“, „Urakaze“, „Tanikaze“, „Hamakaze“, „Arare“, „Kasumi“, „Kagero“, „Shiranuhi“ und „Akigumo“.
7. 1. Zerstörergeschwader – Konteradmiral Omori,
Unterstützungsverband – Vizeadmiral Mikawa mit 3. Schlachtschiffdivision mit den Schlachtkreuzern „Hiei“ und „Kirishima“
8. Kreuzerdivision – Schwere Kreuzer „Tone“ und „Chikuma“.
9. Aufklärungsverband: U-Boote I 19, I 21, I 23 und acht Tanker und Versorger.
Zerstörergruppe – Kapitän zur See Konishi, als Beschießungsgruppe mit den Zerstörern „Akebono“ und „Ushio“.

In den Heimatbasen blieben zurück: Oberbefehlshaber der Gesamtflotte: Admiral Isoroku Yamamoto.
1. Flotte – Admiral Yamamoto, Basis Hiroshima-Bay, mit der 1. Schlachtschiffdivision (Schlachtschiffe „Nagato“, „Mutsu“, „Yamashiro“). 2. Schlachtschiffdivision mit den Schlachtschiffen „Fuso“, „Ise“, „Hyuga“, 3. Schlachtschiffdivision mit den Schlachtschiffen „Hiei“, „Kongo“, „Kirishima“, „Haruna“. Leichter Kreuzer „Abukuma“ mit zwölf Zerstörern, Leichter Kreuzer „Sendai“ mit 15 Zerstörern, 2. Flotte – Vizeadmiral Kondo (Aufklärungsstreitkräfte), Basis Hainan, mit der 4. Kreuzerdivision mit den Schweren Kreuzern „Takao“, „Atago“, „Chokai“, „Maya“. 5. Kreuzerdivision mit den Schweren Kreuzern „Myoko“, „Nachi“, „Haguro“. 7. Kreuzerdivision mit den Schweren Kreuzern „Kumano“, „Mogami“, „Mikuma“, „Suzuya“. Leichter Kreuzer „Jintsu“ mit 16 Zerstörern, Leichter Kreuzer „Naka“ mit zwölf Zerstörern, 3. Flotte – Vizeadmiral Takahashi (Blockade- und Transportstreitkräfte).

Basis Formosa mit: Leichtem Kreuzer „Natori“, 12 Zerstörern, 6 U-Booten, 1 Tender, 46 Transporter und Kleinkampffahrzeugen. 5. Flotte – Vizeadmiral Hosogaya.

Basis Maizuru und Ominato mit den Leichten Kreuzern „Tamo“ und „Kiso“ sowie Zerstörern. 6. Flotte – Vizeadmiral Shimizu, Basis Kwajalein mit 40 U-Botten und Begleittendern.

Die Trägerflotte – Vizeadmiral Nagumo, Basis Kure, mit 500 Flugzeugen auf folgenden Trägerverbänden:

1. Trägerdivision mit „Kaga“ und „Akagi“
2. Trägerdivision mit „Soryu“ und „Hiryu“
3. Trägerdivision mit „Ryujo“ und „Honsho“
4. Trägerdivision mit „Zuiho“ und „Taiyo“
5. Trägerdivision mit „Zuikaku“ und „Shokaku“

Zerstörerdivisionen 7, 17 und 23 mit 16 Zerstörern.

Die Kombinierten Luftstreitkräfte:

11. Luftflotte, auf Formosa mit 150 VF, 120 VB verschiedener Typen.

21. und 22. Luftflotte in Indochina mit 200 VF, 180 VB, und VT.

In Japan im Training: 100 VF, 70 VB, und VT, 450 Trainer in 60 verschiedenen Typen.

11. und 12. Seefliegerdivision mit acht Tendern und 70 Seeflugzeugen sowie 220 verschiedenen Flugzeugen.

Der Aufmarsch

Admiral Yamamoto erteilte am 25. Nov. 1941 den Auslaufbefehl. Dieser lautete: „Auslaufen morgen. Brennstoffübernahme auf See zu der vorher bestimmten Position am 3. Dezember. Falls kein Rückruf, erfolgt der Angriff auf Pearl Harbor wie geplant. Danach ist, um einem Gegenschlag auszuweichen, Rückzug in westlicher Richtung und die Rückkehr in die Heimatbasen anzutreten.“

Wie befohlen gingen die Träger am 26. Nov. um 09.00 Uhr ankerauf. Ihr Kurs verlief auf einer nicht befahrenen Route durch den nördlichen Pazifik nördlich der Schiffahrtswege Hawaii–Japan. Für den Fall, daß der Verband entdeckt wurde, mußte er zu seinem Ausgangspunkt zurückkehren; so lautete der Befehl.

Die sechs Träger liefen in zwei Dreierkolonnen. An der Spitze marschierten die Zerstörer mit den Leichten Kreuzern als Zerstörerführer. Die Schweren Kreuzer hatten ihre Positionen als Seitensicherung an Backbord und Steuerbord eingenommen; den Schluß dieses kampfstarken Verbandes bildeten die beiden Schlachtschiffe.

*

In Tokio selbst fiel am 1. Dezember die Entscheidung. Im großen Saal Ost des kaiserlichen Palastes wurde um 14.05 Uhr die große Reichskonferenz eröffnet.

Premierminister Tojo eröffnete den versammelten Führungsspitzen von

Heer und Marine im Beisein des Kaisers, daß sich Japan den amerikanischen Forderungen aus der letzten Note Roosevelts nicht unterwerfen könne. Er führte aus:

„Diese Angelegenheit ist an einem Punkt angelangt, an dem Japan den Krieg gegen die USA, Großbritannien und die Niederlande eröffnen muß, um sein Reich zu sichern." (Siehe Browne Courtney: The last Banzai)

Nachdem der Premierminister die lange, schwierige Geschichte der amerikanisch-japanischen Verhandlungen vorgetragen hatte, erklärte Admiral Nagano hoffnungsfroh und beredt:

„Alle Offiziere und Soldaten der Armee ebenso wie der Marine brennen darauf und haben nur den einen Wunsch, unter Einsatz ihres Lebens ihr Land und ihren Kaiser zu beschützen."

Der Kaiser, auf einer erhöhten Balustrade sitzend, sagte kein Wort. Er schien zu einer Statue versteinert.

Staatspräsident Hara brach schließlich das Schweigen, indem er eine Reihe von Fragen vorbrachte. Die Frage, die er sich für den Schluß aufbewahrt hatte, war die schwierigste: „Was sollen wir unternehmen, wenn in Tokio durch einen Fliegerangriff ein Großbrand entsteht? Haben Sie einen entsprechenden Plan zur Bekämpfung eines solchen ausgearbeitet?"

General Teiichi Suzuki erklärte daraufhin, daß es leicht sein würde, alle in der Stadt zurückbleibenden Menschen zu schützen. Diese allgemeine Antwort genügte Staatspräsident Hara nicht. Er riet andererseits aber dennoch davon ab, Amerika weitere Konzessionen zu machen. Er sagte: „Die Vereinigten Staaten von Amerika handeln in einer eingebildeten und halsstarrigen, völlig respektlosen Art und Weise. Wenn wir ihnen – wie sie fordern – mit einem Schlage alle unsere Erfolge preisgeben, die wir während des chinesisch-japanischen und im russisch-japanischen Kriege gewonnen haben, dann werden auch die Mandschuko vordringen. Das können und dürfen wir nicht zulassen."

Premierminister Tojo zog abschließend das Resümee der Besprechung, indem er zum Ausdruck brachte, was alle Anwesenden fühlten: „Das japanische Imperium steht an der Schwelle des Sieges oder des Untergangs. Wir zittern in Ehrfurcht vor der Anwesenheit des Kaisers. Wenn Ihre Majestät sich zum Kriege entscheiden, dann werden wir alle unser Bestes tun, um unsere militärische Pflicht zu erfüllen; für den Kaiser und für unser Land in der festen Überzeugung, daß eine geeinte Nation den Sieg erkämpfen wird. Wir unternehmen alle Anstrengungen, um unsere nationalen Ziele und Absichten zu erreichen." (Siehe Browne Courtney: a.a.O.)

Danach verließ der Kaiser schweigend und ohne besondere Bewegung den Raum. Die zurückbleibenden führenden Männer des Staates unterschrieben die Dokumente des beabsichtigten Krieges, die danach dem Kaiser vorgelegt wurden. Die Entscheidung für den Krieg war unwiderruflich gefallen.

Nur einmal noch kamen auf japanischer Seite Zweifel auf, ob der Überraschungsschlag gegen Pearl Harbor noch durchführbar war. Und zwar war genau eine Woche vor Pearl Harbor ein Funkspruch aus China eingetroffen. Darin wurde mitgeteilt, daß das Geheimnis des Überraschungsschlages in Gefahr schwebe, gelüftet zu werden.

Dieser Funkspruch kam aus dem Hauptquartier von General Tsutomu Sakai, dem Oberbefehlshaber der 23. Armee, die sich nahe Kanton zur „handstreichartigen Besetzung von Hongkong“ bereitstellte.

Ein Transportflugzeug, das nach Kanton unterwegs war, stürzte im chinesisch besetzten Gebiet ab. Einer der Mitreisenden, Major Tomuzuku Sugisaka, Kurier der Armee, trug Geheimbefehle für diesen Überraschungsangriff bei sich.

Dies löste im Generalstab der 23. Armee höchste Alarmstufe aus. Ebenso wurde im Generalstab des Heeres in Tokio Alarmstufe eins ausgegeben und zu einer Sondersitzung einberufen, zu der auch die Marine eingeladen wurde.

Die große Frage war: hatte Major Sugisaka noch Zeit gefunden, die Papiere zu vernichten? Waren möglicherweise die Papiere beim Absturz und dem damit vermuteten Aufschlagbrand vernichtet worden? Die dritte Möglichkeit war, daß sie in die Hände von Tschiang Kai-schek geraten waren. Wenn letzteres zutraf, dann befanden sie sich jetzt bereits mit Sicherheit auf dem Wege in die USA und wurden Präsident Roosevelt zugeleitet. Das würde bedeuten, daß die schon angelaufene Operation „Z“ sofort abgebrochen werden mußte.

Am nächsten Morgen sichtete ein japanischer Aufklärer die Reste des Flugzeugs in einem chinesischen Brückenkopf, etwa 50 Meilen nordostwärts von Kanton. Die Maschine war sehr zerstört und teilweise verbrannt. Die Wahrscheinlichkeit wurde damit größer, daß der Geheimbefehl nicht gefunden worden war.

Immer noch in gewisser Spannung über die Einhaltung der Geheimhaltung fuhren Nagano und Sugiyama am nächsten Morgen zum kaiserlichen Palast, um Kaiser Hirohito über die exakten Daten des Überfalls auf Pearl Harbor in Kenntnis zu setzen. Sie berichteten ihm, daß der 8. Dezember morgens als Angriffstag ausgewählt sei. (Wegen der Zeitverschiebung war dies auf Hawaii der 7. Dezember) Die Mehrzahl der amerikanischen Großkampfschiffe befänden sich in Pearl Harbor. Der Mond stehe ebenfalls in der richtigen Phase, um den Angriff bei Nacht schon zu starten.

Admiral Nagano ersuchte den Tenno respektvoll, den Angriffstermin am 8. Dez. zu bestätigen. Ihre Majestät billigte diesen Termin, ohne zu zögern.

Am Nachmittag um 14.00 Uhr schickte Sugiyama einen Funkspruch an General Terauchi, den Oberbefehlshaber der Südarmee: Er bestand in zwei Worten: „Hinode Yamagata!“ Dies war der Code für die bevorstehende Operation gegen Pearl-Harbor und alle anderen gleichzeitig auszulösenden Aktionen.

Drei Stunden später schickte Admiral Yamamoto einen um genau ein Wort und eine vierstellige Ziffer längeren Funkspruch in einem neuen Code an die Pearl Harbor-Angriffsgruppe: „Nitaka Yama Nobore 1208 – Erklettert den Berg Nitaka am 8. Dez.“ Dies bedeutete, daß, wie geplant, am 8. Dez. angegriffen werde.

Einige Stunden nach dieser Sitzung anfangs Dezember in Tokio meldete der amerikanische Aufklärungsflieger LtCdr. Wilfred J. Holmes, dessen Aufgabe es war, die japanischen Schiffsbewegungen zu überwachen, seinem Vorgesetzten im Marinenachrichtenstab in Pearl Harbor über Funk: „Sechs feindliche Flugzeugträger liegen in ihren Heimatgewässern.“ Wenig später mußte er melden, daß sich diese Träger nicht mehr auf ihren alten Liegeplätzen befänden und daß er ihre Spur verloren habe.“

Tag um Tag verging, ohne daß noch einmal eine Meldung über die japanischen Flugzeugträger eingegangen wäre. LtCdr. Edward T. Layton, der als Flottennachrichtenoffizier für die Weiterleitung der Aufklärermeldungen an Konteradmiral Kimmel verantwortlich war, mußte ihm stets „Fehlanzeige“ über den Verbleib der Flugzeugträger bringen.

Wenn KAdm. Kimmel durch diese Meldungen beunruhigt war, so zeigte er dies jedoch nicht nach außen. Tatsächlich fragte er einmal scherzhaft: „Meinen Sie, Layton, daß die Japse in *diesem* Moment Diamond Head umrunden und bei uns auftauchen könnten, und wir wüßten nichts davon?“

Layton erwiderte: „Ich hoffe nur, sie werden nun bald gesichtet, dann ist mir auf alle Fälle wohler, Sir.“ (Siehe Toland, John: The rising Sun)

Der japanische Generalkonsul auf Hawaii, General Kita, erhielt in der letzten Vorbereitungsphase einen Funkspruch aus seinem Hauptquartier in Tokio, der dahin ging, daß er im Hinblick auf die augenblickliche Situation vor allem die Anwesenheit aller Schiffe auf den Liegeplätzen von Pearl Harbor melden müsse, insbesondere die der Schlachtschiffe, Flugzeugträger und Kreuzer. Dies sei von entscheidender Bedeutung. Er wurde ersucht, täglich mehrmals den Belegungszustand von Pearl Harbor durchzugeben, und wurde befugt, bei der Erlangung dieser Unterlagen bis zum äußersten zu gehen.

„Telegrafieren Sie mir in jeder Sache, auch darüber, ob und wie viele

Sperrballone über Pearl Harbor stehen, oder andere Fakten, die Sie für wichtig halten. Alles ist sofort zu senden. Ebenso melden Sie so oder so, ob die Kriegsschiffe mit Anti-U-Boot-Netzen versehen sind."

Das waren Weisungen, die General Kita getreulich ausführte.

Erste Anzeichen in Manila

In seinem Hauptquartier in Manila auf den Philippinen bemerkte der Oberbefehlshaber der Asienflotte der USA, Admiral Thomas Hart, ebenfalls anhand einiger untrüglicher Zeichen, daß die japanischen Feindseligkeiten jeden Augenblick beginnen konnten. Seine Streitmacht war für einen solchen Verteidigungsfall völlig ungenügend. Er verfügte zur See über einen Schweren und einen Leichten Kreuzer, 13 alte Zerstörer und 29 U-Boote. Diese schwache Kampfgruppe war allerdings für den Kriegsfall gerüstet.

In den ersten Dezembernächten erfolgte immer wieder über Flugfeld Clark bei Manila die Ortung nicht identifizierbarer Flugzeuge. Diese Meldungen wurden an General MacArthur weitergegeben, und dieser befahl, ruhig zu bleiben und nicht in Panik zu verfallen.

Am Nachmittag des 6. Dez. 1941 besprachen General MacArthur, der Oberbefehlshaber auf den Philippinen, und Admiral Hart mit dem Besucher dieses Tages, Vizeadmiral Sir Tom Phillips, dem Oberbefehlshaber der British Far East Fleet, die Lage. Der englische Admiral berichtete, daß seine Aufklärer vor der Küste von Indochina einen japanischen Konvoi gemeldet hätten. Leider habe man ihn im Nebel im Golf von Siam außer Sicht bekommen.

Die drei Oberbefehlshaber in diesem Raum fragten sich, welche Aufgabe dieser Konvoi haben könne. War er mit dem Ziel eines direkten Angriffs gegen Manila unterwegs? Oder würde er nur eine Landung in Thailand planen?

MacArthur erklärte zuversichtlich, daß er im April 1942 eine gut durchtrainierte Armee von 200 000 Mann und eine starke Bomberflotte mit 256 Bombern zur Verfügung haben werde. Hinzu kämen 196 Jagdflugzeuge. Admiral Hart, der von dieser Streitmacht sichtlich beeindruckt war, hakte dennoch sofort nach: „Das ist sehr gut. Aber welche Verteidigungslage besteht im Augenblick?"

Die Antwort darauf stimmte weniger hoffnungsfroh. Der Oberbefehlshaber verfügte zwar auch jetzt schon über 130 000 Mann in Uniform. Davon waren jedoch 100 000 nur ungenügend ausgerüstete, zu schwach bewaffnete und nicht gedrillte Philippinensoldaten. Seine Luftwaffe

Die japanischen Friedensbotschafter Kurusu und Nomura in Washington

Cordell Hull, US-Staatssekretär

Henry L. Stimson, US-Kriegsminister

Prinz Fumimaro Konoye (Mitte), japanischer Premierminister

Kaiser Hirohito

Generalmajor Husband Kimmel, der bei Pearl Harbor ungewarnt den ersten Schlag einnehmen mußte.

Admiral King, einer der US-Verbindungschefs

General George C. Marshall

Oben: *Der erste Angriff auf Pearl Harbor. Japanische Torpedobomber haben geworfen. Der auf die Mitte der Schlachtschiffreihe zulaufende Torpedo trifft die ›West Virginia‹.*

Unten: *Luftbild über Oahu.*

Oben: *Schlachtschiff ›Arizona‹ explodiert am Morgen des 7. 11. 1941, nachdem schwere Treffer die vorderen Munitionskammern zünden.*

Unten: *Ein Bild der Vernichtung in der Schlachtschiffreihe, hier eine Munitionsexplosion.*

8. Dezember 1941: US-Präsident Roosevelt unterzeichnet die Kriegserklärung an Japan. Der europäische Krieg weitet sich zum Zweiten Weltkrieg aus.

bestand aus 35 Fliegenden Festungen und 170 Jägern des Typs P 40.

Als die Besprechung zu Ende war, wandte sich Admiral Hart an Admiral Phillips und fragte ihn, wann er nach Singapore, seinem Hauptquartier, zurückfliegen werde. „Ich denke, morgen früh!" erwiderte der Gast. „Wenn Sie das Bedürfnis verspüren, bei Ihrer Navy zu sein, sobald der Krieg losbricht, dann empfehle ich Ihnen, sofort aufzubrechen", meinte Admiral Hart.

Der britische Oberbefehlshaber der Fernostflotte befolgte diesen Rat und kam gerade noch rechtzeitig in Singapore an, um den japanischen Angriff auf Pearl Harbor und damit den Kriegsbeginn bei seiner Flotte zu erleben.

*

Am Samstag, dem 6. Dezember 1941, erhielt auch Washington die Nachricht über einen Report der Britischen Admiralität, daß eine japanische Flotte, bestehend aus 35 Transportschiffen, acht Kreuzern und 20 Zerstörern, mit direktem Kurs auf die Halbinsel Malaya zusteuere. Während der täglichen Besprechungen des Marinestabes fragte der Staatssekretär der Marine, Frank Knox: „Gentlemen, sind diese Schiffe unterwegs, um uns zu treffen?" Konteradmiral Turner, Admiral Starks Sprecher, gab die Antwort: „Nein, Mr. Sekretär! Sie sind unterwegs, um die Briten zu treffen. Für uns sind sie noch nicht bereit." Dies sollte sich als Irrtum erweisen.

Am Abend des 6. Dez. 1941 schickte der Geheimagent der kaiserlichen japanischen Marine, Tadashi Morimura, einen Bericht nach Tokio, nach welchem sich in Pearl Harbor folgende Schiffe befanden: „Neun Schlachtschiffe, drei Leichte Kreuzer, drei U-Boot-Tender, und 17 Zerstörer. Ferner vier Leichte Kreuzer und zwei Zerstörer im Dock." Er berichtete weiter, daß die Flugzeugträger und die Schweren Kreuzer den Hafen verlassen hätten und daß keine Luftaufklärung bei der US-Flotte sei.

Japanische Kleinst-U-Boote im ersten Einsatz

In der Nacht zum 7. Dez. 1941 setzten die bis unmittelbar vor Pearl Harbor gelaufenen Boote I 16, I 18, I 20, I 22 und I 24 ihre Kleinst-U-Boote aus. Leutnant zur See Iwase hatte diese Idee gehabt. Er erhielt auch den Auftrag, sie in die Tat umzusetzen.

Dieser U-Boot-Einsatz verlief erfolglos, vor allem deshalb, weil das erste der Kleinst-U-Boote bereits um 03.42 Uhr gesichtet wurde und seit dieser

Zeit auf die kleinen U-Boote die Jagd begonnen hatte.

Nur zwei dieser Boote gelang es, durch die gerade für auslaufende Minenleger geöffnete Netzsperre in den Hafen einzudringen. Eines davon wurde von dem Zerstörer „Monaghan“ gestellt. Das zweite Boot wurde von dem Zerstörer „Ward“ versenkt. Ein drittes Boot lief am Kanaleingang auf ein dort liegendes Riff. Das vierte wurde im Hafen versenkt.

Alle übrigen japanischen U-Boote, die auf ihrem Vorpostenstreifen standen, blieben ebenfalls erfolglos und kehrten Mitte Januar 1942 in die Heimatbasen zurück.

Der Krieg beginnt

„Tora – Tora – Tora!“

Um 21.00 Uhr des 6. Dez. stand der Angriffsverband unter VAdm. Nagumo 400 Seemeilen nördlich von Oahu. Hier ließ der Oberbefehlshaber der Pearl-Harbor-Streitkräfte den Tagesbefehl des Oberbefehlshabers der Marine, Admiral Yamamoto, verlesen. Der Kernsatz dieses Befehls lautete: „Aufstieg oder Niedergang des Reiches hängt von dieser Schlacht ab. Jeder Mann wird seine Pflicht bis zum Letzten tun.“

Nun drehte der Flottenverband auf Südkurs und näherte sich mit jeder Stunde, die von nun an verstrich, um weitere 26 Seemeilen Hawaii.

Die am frühen Morgen des 7. Dez. von den Schweren Kreuzern „Chikuma“ und „Tone“ zur Aufklärung gestarteten Bordflugzeuge meldeten beinahe unmittelbar vor dem Angriff, daß alle vermuteten Ziele in Pearl Harbor lägen.

Admiral Yamamoto wollte erst dann angreifen, sobald Botschafter Namuro in Washington dem Außenminister der USA, Cordell Hull, die Kriegserklärung Japans überreichte. (Diese genaue Koordination schlug fehl. Die Kriegserklärung wurde erst nach dem Angriff vorgelegt).

Zur Startzeit um 05.30 Uhr drehten die Flugzeugträger auf Nordkurs in den Wind und starteten die 183 Maschinen der ersten Angriffswelle, die von Fregattenkapitän Fuchida geführt wurde. Von den sechs Trägern „Akagi“, „Hiryu“, „Kaga“, „Shokaku“, „Soryu“ und „Zuikaku“ nahmen 59 Hochbomber mit je einer 750-kg-Panzerbombe, 40 Torpedobomber mit Flachwassertorpedos und 51 Sturzkampfflugzeuge mit 225-kg-Bomben Kurs auf ihre Ziele. Sie wurden von 33 Zero-Jägern begleitet, die rasch voraus waren und zum einen als Aufklärer dienen, zum anderen auch aufsteigende Feind-Abfangjäger bekämpfen sollten.

Es war genau 07.55 Uhr, als sämtliche Flugzeuge beinahe gleichzeitig angriffen. Die Überraschung war hundertprozentig geglückt. Das geballte Bombardement der Flugzeuge glich einem verheerenden Tornado, das Pearl Harbor binnen weniger Minuten zu einem riesigen Flammenmeer machte, aus dem immer wieder wuchtige Munitions- und Pulverexplosionen emporstoben.

Hier der Angriffsreport aus der Sicht einiger Flugzeugführer, Staffelkapitäne, und von FKpt. Fuchida, die aus unmittelbarem Erleben heraus gegeben wurden.

*

Die ersten japanischen Zero-Jäger erreichten Kahuku Point, die Nordspitze von Oahu, um 07.48 Uhr. Zwischen den Wolken hindurch erblickte Leutnant Yoshio Shiga, der Staffelkapitän der vom Träger „Kaga“ aufgestiegenen Jäger, einen Landvorsprung und einen weiten halbrunden Kranz aus Gischt, der die Insel umspülte. Sekunden später sah er auch FKpt. Fuchidas Hochbomber und wartete auf die vereinbarte blaue Leuchtkugel Fuchidas; sie sollte das Angriffssignal für die Jäger sein, die nicht über Funk erreicht werden konnten und auf dieses vereinbarte visuelle Zeichen zum Angriff warteten.

Wolkenbänke umschwebten die Bergspitzen im Osten und Westen von Pearl Harbor. Über der Marinebasis jedoch hatten die Wolken sich bereits aufgelöst. Die Sonne schien, das Wasser von Pearl Harbor schimmerte tiefblau.

Einige kleine Zivilflugzeuge waren in der Luft, von allen auf der Luftbasis stationierten Flugzeugen jedoch nicht eines. Diese standen Flügel an Flügel hinter den zur Sicherung vor Saboteuren verrammelten Türen der Hangars von Hickam Field, Bellows Field und Wheeler Field. Das gleiche galt für die Marineflugzeuge auf Ewa Field. Die einzigen US-Flugzeuge, die sich in der Luft befanden, waren sieben PBY-Marineflugboote, die sich auf einem Patrouillenflug mehrere Meilen südwestlich von Oahu befanden.

Die Flugabwehr war ebenfalls nicht auf Wache. Dreiviertel der 780 Luftabwehrwaffen auf den Schiffen in Pearl Harbor waren unbemannt, und von den 31 Flakbatterien der Army waren ganze vier einsatzbereit; aber auch sie hatten ihre Munition in den Depots liegen.

Als FKpt. Fuchidas Aufklärer Kahuku Point erreichten, war es gerade 07.49 Uhr. Sie umflogen die Insel, und über Funk meldete Fuchida nach Kido Butai zurück: „To – To – To!“ Dies bedeutete: Erste Welle hat Angriffsposition erreicht. Um 07.53 Uhr aber meldete er an Admiral Nagumo: „Tora! – Tora! – Tora!“ Dieses dreifache „Tiger“ stand für: Wir haben den Überraschungsangriff geschafft.

Fuchida schoß nun eine blaue Leuchtkugel zum Zeichen, daß der Angriff begonnen habe. Der nächste Staffelkapitän wackelte mit den Flächen seines Flugzeuges zum Zeichen, daß er verstanden habe. Doch die anderen gaben nicht zu erkennen, ob sie dieses Zeichen gesehen hatten. Deshalb schoß Fuchida wenig später noch einmal eine blaue Leuchtkugel. Damit hatte er jedoch zu Zweifeln Anlaß gegeben, denn zwei blaue Leuchtkugeln bedeuteten, daß der Angriff noch nicht beginnen sollte.

Leutnant Shiga, der in einiger Distanz zum Führer flog, fiel auch darauf herein und stieß in Richtung Hickam Field weiter vor, um aufzuklären, ob feindliche Jäger in der Luft seien. Er verständigte seine Staffel mit

Handzeichen, und dann, gefolgt von den anderen, durchstieß er den Kola-Kola-Paß.

Der Geschwaderkommodore der 51 Tiefbomber, Oberstleutnant Kakuichi Takahashi, deutete diesen zweiten Signalschuß ebenfalls falsch und schwenkte ein, um die Flak, die Pearl Harbor schützen sollte, auszuschalten.

Die Torpedobomber jedoch befanden sich über ihren Zielen. LtCdr. Shigeharu Murata war durch die zweite Leuchtkugel nicht verwirrt worden. Er befahl seinen 40 Torpedobombern über Funk, wie geplant anzugreifen. Er führte sein Geschwader direkt zu der Schlachtschiffreihe.

Die Torpedobomber des Trägers „Soryu" waren direkt über der Insel durch den Kola-Kola-Paß hinter Shigas Jägern hergeflogen. Lt. Mori, der eine Staffel führte, sah am Berghang ausgeschnittene Grabenstellungen. Als er den Paß passiert hatte, ging er mit der Geschwindigkeit auf 150 kn, etwa 285 km/h, herunter und erkannte die Baracken und Hangars von Wheeler Field.

Die Startpiste entlangflitzend, sah er, daß hier etwa 200 Flugzeuge unter Tarnnetzen standen. Er sprach sie als Jäger an. Es waren jedoch 231 Flugzeuge aller Typen der Army. 88 davon waren in Reparatur.

Sein MG-Schütze eröffnete das Feuer auf die abgestellten Flugzeuge. Dies waren aller Wahrscheinlichkeit nach die ersten Schüsse des Zweiten Weltkrieges im Pazifik.

An der Südostseite von Ford Island entlangfliegend, wo die Schlachtschiffe in einer Doppelreihe lagen, kamen Torpedoflugzeuge in einer langen Reihe heran. Sieben Schlachtschiffe ankerten hier in zwei Reihen, fünf an der Innenseite und zwei außen.

Die angreifenden Flugzeuge warfen ihre Torpedos und flogen weiter, in einem Linkstörn hochziehend. Dann trat eine Pause ein, und schließlich krachte eine mächtige Explosion. Das Schlachtschiff „Oklahoma" erbebte; binnen weniger Sekunden schlugen zwei weitere Torpedos in sie ein. Die „Oklahoma" legte sich rasch um 30 Grad über.

Die nächste Gruppe Torpedoflieger war die Staffel unter Leutnant Matsumura, die von der „Hiryu" gestartet waren. Sein erster Blick auf Pearl Harbor zeigte dem Leutnant einen ganzen Wald von Masten in der eben aufgehenden Sonne.

„Achten Sie auf Flugzeugträger!" rief er über die Bordsprechverbindung seinem Beobachter zu. In nur 150 Fuß Höhe überflog er ein Feld.

Stukas stürzten soeben auf Ford Island herunter. Matsumuras Torpedoflugzeuge aber durchstießen die Rauchwolken. Sie sahen die Flugzeugträger nicht, die sie angreifen sollten, drehten auf einen Befehl ihres Staffelkapitäns zur See hin ab und wendeten über Hickam in 500 Fuß Höhe, um zur

Schlachtschiffreihe zu kommen.

Eine Gruppe von den Trägern „Kaga“ und „Akagi“ aufgestiegener Torpedobomber kreuzte seine Flugrichtung. Der Leutnant sah Wasserfontänen emporspringen; er ging auf 30 Meter herunter und startete einen Anlauf auf ein Schiff der Außenseite. Es war die „West Virginia“.

Es war üblich, daß der Pilot allein die Torpedos losmachte. Heute aber war man, um doppelte Treffsicherheit zu haben, dazu übergegangen, daß auch der Navigatorbombenschütze die Feuerknöpfe betätigen mußte. „Yoi – fertig!“ rief dieser über die Sprechverbindung. „Te – Feuer!“ erfolgte die Antwort des Flugzeugführers.

Als der Torpedo geworfen war, steuerte Matsumura seinen Torpedobomber in einem Rechtstörm auf Höhe. Er spähte zurück und sah, daß an der „West Virginia“ eine Reihe masthoher Wassergeysire emporstieg.

„Hast du das Bild gemacht?“ rief er dem Navigator zu. Ohne Antwort zu geben, schoß dieser einige weitere Fotos.

Die Staffel von Leutnant Mori flog direkt über Oahu und suchte nach einem lohnenden Ziel. Sehr tief huschten sie über Ford Island hinweg, fanden aber nur einen Kreuzer. Sie beschrieben einen Bogen und kamen nach ausgeflogenem Halbkreis genau auf das Schlachtschiff „California“ zu, das am Südende der Schlachtschiffreihe lag. Im letzten Augenblick sah er einen Brackwasserstreifen zwischen sich und dem Ziel, in dem der Torpedo Grundberührung bekommen hätte und vorzeitig hochgegangen wäre. Er stieg höher, drehte über dem Schlachtschiff „Utah“, das aussah, als sei es in zwei Teile zerbrochen.

Abermals stieß er zum Angriff herunter auf nur 5–6 Meter und schoß aus schrägem Winkel einen Torpedo auf die „California“. Der Funker-Bordschütze machte ein Foto von der Torpedoexplosion, während Mori die Linkskurve zum Steigflug steuerte, um den Sammelpunkt zu erreichen.

Sein Flugweg war von einer dichten, hohen Rauchwolke versperrt, die am Ende von Ford Island emporwaberte und ihn zwang, nach rechts auszuweichen. Damit geriet er genau in die Formation der ankommenden Torpedobomber von „Akagi“ und „Kaga“ hinein und entging haarscharf einer Kollision. Seine Maschine schüttelte sich in den Luftturbulenzen der Luftschrauben dieser Maschinen. Kugeln flitzten an seinem Flugzeug vorbei. Ein Einschlag setzte das Rückenpolster des Navigators in Brand, ein anderer traf die Hand des Funkerbordschützen, aber keine Kugel traf die Treibstofftanks.

Die Hochbomber nahmen die innere Schlachtschiffreihe vor, die noch vom ersten Angriff her von dichten, hohen Rauchwolken überstanden war. Beim zweiten Passieren der Ziele warfen die fünf Flugzeuge des Trägers „Soryu“ ihre 1760-Pfund-Bomben auf die bereits mit Schlagseite liegende

„Oklahoma“. Staffelkapitän Heijiro Abe machte ein Foto von diesem gespenstischen Anblick, als seine Bombe gerade zwischen zwei Türmen einschlug und explodierte. Riesige Flammenzungen stoben aus rund einem halben Dutzend Löcher des Schlachtschiffes empor.

Um 08.00 Uhr (Hawaii-Zeit) ließ Konteradmiral Kimmel folgenden Kurzspruch nach Washington funken: „An Admiral Hart und alle Streitkräfte in See: Luftangriff auf Pearl Harbor! – Das ist *keine* Übung!“

Als erstes Schiff der Siebenerreihe wurde das Schlachtschiff „California“ getroffen. Dann kam die „Oklahoma“ an die Reihe, die von vier Torpedos binnen einer Minute schwer getroffen wurde. Im Schiff saßen mehr als 400 Offiziere und Männer in einer tödlichen Falle, denn alle Räume der „Oklahoma“ füllten sich rasch mit Wasser.

Als nächste Schiffe fielen „Tennessee“ und „West Virginia“ den Torpedos und Bomben der Angreifer zum Opfer. Dann traf es die „Arizona“ und das Reparaturschiff „Vestal“.

Zwar hatten die Torpedobomber die „Arizona“ verfehlt, doch nur Minuten später trafen die Hochbomber dieses Schlachtschiff mit fünf großen Bomben. Eine davon durchschlug das Vorschiff, traf die Öltanks und löste ein Großfeuer aus. Etwa 1600 Pfund Pulver lagerte hier entgegen den strengen Vorschriften. Was die Schiffsführung sofort fürchtete, das trat kurze Zeit nach dem Treffer ein. Eine gewaltige Explosion erschütterte das Schiff, als dieses Pulver hochging. Es war wie die Eruption eines riesigen Vulkans. Die „Arizona“ wurde halb aus dem Wasser herausgeschleudert und zerbrach in zwei Teile wie ein Stück dürres Holz. Binnen neun Minuten sanken beide Teile dieses Schlachtschiffes auf Grund. Kein Mann der über 1500 Köpfe zählenden Besatzung überlebte diese Explosion.

An der Spitze der Reihe lag als letztes Schlachtschiff die „Nevada“ mit dem Bug tief im Wasser. Sie war vorn von einem Torpedo und im Quartierdeck von einer großen Bombe getroffen worden.

Überall in der Reihe der Schlachtschiffe waren Männer über Bord gesprungen und schwammen in Richtung auf das nahliegende Ford Island zu. So kurz die zu überwindende Wasserfläche auch war, so tückisch war sie, denn sie war mit einem Ölteppich bedeckt, der an verschiedenen Stellen bis zu 15 Zentimeter dick war. Das Öl fing schließlich Feuer und tötete die meisten der im Wasser schwimmenden Seeleute.

An der anderen Seite von Ford Island griffen die Torpedobomber eines der letzten bedeutenden Schiffe des Hafens an: das alte Zielschiff „Utah“. Um 08.12 Uhr rollte die „Utah“ herum und schwamm kieloben auf dem Wasser.

Nur ein Schiff von Pearl Harbor war unterwegs. Es war der Zerstörer „Helm“, der mit 27 kn Fahrt durch den Kanal zur Hafenausfahrt preschte und in das relativ sichere offene Wasser entkam. Das Antitorpedonetz war Stunden vorher für „Condor“ geöffnet worden. „Helm“ fand eines der japanischen Klein-U-Boote und griff es an. Der Zerstörer „Monaghan“ rammte ein zweites und warf Wasserbomben darauf, als es wegsackte.

*

Der Jägerpilot Lt. Shiga und seine Staffel Zero-Jäger flog in 2400 Meter über Hickam Field und wartete auf die Feindjäger, die als Abfangjäger aufgestiegen sein mußten. Aber es kamen keine. Als er sechs große viermotorige Bomber sichtete, die zur Landung auf Hickam Field ansetzten, befahl er den Angriff.

Diese sechs Maschinen waren die erste Gruppe von 12 Fliegenden Festungen, die aus Kalifornien hierher verlegt worden waren. Als sie die Zeros sichteten, rief Major Truman Landon: „Hier kommt das U.S. Aircorps, um uns zu begrüßen!“ Anstelle der Begrüßungsworte peitschte den Fliegenden Festungen MG-Feuer entgegen. „Verdammt, das sind Japse!“ rief der Major überrascht. Seine Maschinen gaben die Flugformation auf, und vier von ihnen landeten sicher, eine weitere flog nach Bellows Field weiter, und nur eine wurde von den Zeros abgeschossen.

Leutnant Shiga und seine Jägerstaffel flogen nun einen Tiefangriff gegen die auf Hickam Field stehenden Flugzeuge, die in langer Reihe unter Tarnnetzen verborgen waren. Dann drehten sie im Tiefflug über See ab, um dem nun spärlich aufflackernden Flakfeuer zu entgehen. Dort drehten sie und kamen wieder zurück.

Nach drei Angriffen dieser Art auf Hickam Field entschied sich Leutnant Shiga, nunmehr Ford Island anzugreifen. Aber dort war alles unter Rauch verborgen. Er lenkte seine Staffel zum Marineflugplatz nahe Barbers Point im Südwesten. Sie schossen die meisten der dort stehenden Maschinen in Brand.

Die Torpedobomber waren inzwischen über Pearl Harbor hinweggedröhnt. Leutnant Mori hatte das Schlachtschiff „California“ getroffen und flog zum Treffpunkt zurück. Auch Leutnant Matsumura flog nach Süden, nachdem er die „West Virginia“ getroffen hatte.

Nur das Flugzeug von Major Fuchida drehte noch über Pearl Harbor einen weiten Kreisbogen, um alle Zerstörungen zu fotografieren. Die Schlachtschiffreihe, das sah Fuchida, war ein Ort des Todes geworden. Einige waren gesunken, andere brannten, mit starker Schlagseite auf der See liegend.

Aus Osten nahte nunmehr die zweite japanische Angriffswelle. Es waren 80 Tiefbomber, 54 Hochbomber und 36 Jäger. Sie erreichten Oahu um

07.55 Uhr. Ihr Commodore, LtCdr. Shigekazu Shimazaki, gab den Angriffsbefehl, und 170 Flugzeuge stießen über die Berge ostwärts Honolulu und flogen über die Schlachtschiffreihe hinweg in Richtung Trockendock Nr. 1, in dem das Schlachtschiff „Pennsylvania" eingedockt war.

Das Schlachtschiff „Nevada" drehte soeben um die umgekippte „Oklahoma" herum und erreichte wenig später offenes Wasser, um dort dieser zweiten Welle zu entkommen. Aber die Angreifer sahen die Manöver und stießen auf das Schiff hinunter. Binnen weniger Minuten wurde die „Nevada" von sechs schweren Bomben getroffen. Die Brücke und das Vorschiff standen Sekunden nach den Treffern in Flammen. Die „Nevada" drehte zum Hafen zurück, und mit Hilfe von zwei Schleppern, die im Feuerhagel herbeiliefen, konnte das schwer beschädigte, bereits im Sinken begriffene Schlachtschiff nicht weit vom Trockendock der „Pennsylvania" noch auf Strand gesetzt werden.

Aus Südosten traf die zweite Gruppe von sechs der 12 Fliegenden Festungen über Waikiki Beach ein, und ihr Chef, Captain Richard Carmichel, dachte zunächst an ein großangelegtes US-Manöver, als er die Flammen und den dicken Rauch sah. Er rief den Tower und erbat die Landeerlaubnis.

„Landen Sie von West nach Ost", rief Major Gordon Blake. „Aber seien Sie vorsichtig, das Flugfeld wird angegriffen!"

Als der Staffelkapitän Feuer erhielt, brach er die Landung ab und zog wieder hoch, um im Norden auf Wheeler Field zu landen. Aber auch dieses Flugfeld wurde angegriffen, und er flog nach Haleiwa weiter. Alle sechs Fliegenden Festungen landeten sicher.

Eine erste amerikanische Bestandsaufnahme um 09.45 Uhr ergab folgendes Bild: Das Gros der Japaner, das Pearl Harbor anflog, sichtete durch die fliegenden Wolkenfetzen hindurch 90 Schiffe auf dem flachen Wasser. In Kiellinie und dicht hintereinander wurden sieben Schlachtschiffe ausgemacht und im Trockendock ein weiteres. Auf verschiedenen Liegeplätzen waren zwei Schwere und sechs Leichte Kreuzer zu erkennen, 29 Zerstörer waren im Middle Loch verteilt; drei Seeflugtender, fünf U-Boote, zehn Minensuchboote, neun Minenleger und verschiedene Hilfsfahrzeuge kamen hinzu. Von den Trägern aber war keine Spur zu sehen.

Um 07.55 Uhr griffen Torpedoflugzeuge, Hochbomber und Sturzkampfbomber beinahe gleichzeitig an. Binnen 15 Minuten wurde Pearl Harbor zum Schauplatz einer Breughelschen Höllensinfonie. Es war genau 08.10 Uhr, als auf dem Schlachtschiff „Arizona" die vordere Minitionskammer von einer der acht 775-kg-panzerbrechenden Bomben getroffen wurde und eine gigantische Explosion mit einem roten Flammendom aus dem Vorschiff emporstieg. Die „Arizona" wurde von der Wucht dieser Detonation förmlich aus dem Wasser gehoben. Das Schlachtschiff und zugleich Flaggschiff brach auseinander und sank. Mit ihm gingen KAdmiral Kidd und der Kommandant, Captain von Valkenburgh, mit 47 Offizieren und 1056 Mann unter.

Es sank auch die „California", das Flaggschiff von VAdm. Pye mit Captain Bunkley (beide nicht gefallen); 6 Offiziere und 92 Soldaten fanden hier den Tod.

Die „West Virginia" ging mit ihrem Kommandanten, Captain Bennion, sowie zwei Offizieren und 103 Mann unter. „Oklahoma" unter Captain Bode verlor 20 Offiziere und 395 Mann, „Nevada" sank ebenfalls. Hinzu kamen der Minenleger „Oglala" und das Zielschiff „Utah".

Schwer beschädigt wurden die Schlachtschiffe „Pennsylvania" unter Captain Cooke, „Tennessee" unter Captain Rordan und „Maryland" unter Captain Godwin; ferner die Leichten Kreuzer „Helena", „Honolulu", „Raleigh", der Flugboot-Tender „Curtiss", die Zerstörer „Cassin", „Shaw", „Downes" und das Werkstattschiff „Vestal". 92 Marine- und 96 Armeeflugzeuge wurden zerstört.

*

Um 08.30 Uhr sammelte FKpt. Fuchida seine Flugzeuge, und die erste Welle drehte auf Rückflugkurs zu den Trägern.

Die dritte Welle war bereits um 07.15 Uhr von den Trägern gestartet. Diese Welle erreichte das Zielgebiet Pearl Harbor um 09.15 Uhr. Diesmal erwiderten die US-Soldaten das Feuer, das beim ersten Angriff gleich Null war. Weitere Angriffe wurden auf Hickam Field, Ford Island und Flugfeld Kaneohe geflogen.

Als der Angriff vorüber war, hatten die Angreifer fünf Torpedoflugzeuge, 15 Sturzkampfflugzeuge und neun Jäger verloren. Mit ihnen fielen 55 Mann.

Der japanische Angriff war erfolgreich verlaufen, doch er hatte einige Ziele ausgespart, die entscheidend wichtig waren. So die Reparaturwerkstätten, das große Trockendock und die Öltanks mit 715 500 Kubikmetern Treiböl.

Das dritte außer acht gelassene Ziel waren jene neuen U-Boote in der U-Boot-Basis im South East Loch. Man hatte die Pazifikflotte vernichtend geschlagen, aber der Stützpunkt Pearl Harbor war funktionsbereit geblieben.

*

An Bord seines Flaggschiffes besprach Admiral Nagumo mit seinem Chef des Stabes, KAdm. Ryunosuke Kusaka, die Frage eines weiteren Angriffs. Alle zurückgekehrten Flugzeuge waren wieder aufgetankt und ausgerüstet. Da aber die Funkentschlüsselung 50 einsatzbereite US-Bomber meldete, beschloß man, zunächst mit dem Trägerkampfverband außer Reichweite zu laufen.

Die zurückkehrenden Aufklärer meldeten über Pearl Harbor so dichten Rauch, daß eine Zielerkennung unmöglich sein würde. Wichtigstes Argument aber, um abzudrehen und sich zurückzuziehen, waren die fehlenden Nachrichten über die US-Flugzeugträger. Um 13.35 Uhr erging der Befehl an alle Einheiten: „Rückmarsch in Richtung Marshall-Inseln mit Höchstfahrt." Zwei Stunden später, als der Verband außerhalb der Reichweiten der US-Bomber war, wurde mit der Fahrt auf 15 kn heruntergegangen.

Von hier aus wurden „Soryu", „Hiryu" und die Schweren Kreuzer „Tone" und „Chikuma" sowie die Zerstörer „Urukaze" und „Tanikaze" zur Unterstützung des Invasionsverbandes für die Insel Wake abkommandiert. Der Rest des Kampfverbandes lief nach Japan zurück.

Der Angriff war entgegen den japanischen Vorausplanungen noch vor Übergabe der japanischen Kriegserklärung in Washington erfolgt. Dies schürte die Wut der Amerikaner auf diesen „heimtückischen" Gegner.

Politische Aktionen und Reaktionen

In Honolulu beobachtete der japanische Geheimagent Takeo Yoshikawa den Angriff aus dem Fenster seines Hauses heraus. Er fand das Timing mit so vielen Schiffen im Hafen perfekt. So schnell er konnte, rannte er zur Hintertür von Generalkonsul Kitas offizieller Residenz. „Herr Kita", rief er, „sie haben es getan!" General Kita trat ins Freie und erwiderte: „Ich habe es gerade gehört. ‚Ostwind' hat es auf Kurzwelle berichtet. Da ist kein Irrtum möglich."

Yoshikawa und ein Angestellter verbrannten nun im Garten das Codebuch und die Geheimunterlagen. Zehn Minuten später klopfte es an der Tür. Es war der F.B.I., der von dem Rauch angelockt worden war. Die Tür wurde aufgebrochen, und ein Trupp schwerbewaffneter Beamter drang ein und stampfte mit den Füßen auf den brennenden Codebüchern herum. Die Botschaftsangehörigen wurden festgenommen, der Geheimagent ebenfalls.

In Honolulu selbst hatte eine einzige japanische Bombe als „Irrläufer" 68 Todesopfer gefordert.

*

An Bord seines Flaggschiffes „Nagato“, das bei Hashirajima ankerte, war Admiral Yamamoto um 02.00 Uhr des 7. Dez. geweckt worden. Als der Chefschlüsseloffizier, der Fuchidas Signal „Tora“, „Tora“, „Tora!“ aufgefangen hatte, in den Raum kam, meldete er dem Oberbefehlshaber der Marine: „Unser Überraschungsangriff auf Pearl Harbor ist gelungen!“

Die ersten Flugzeuge kehrten gegen 10.00 Uhr zu den Trägern zurück. Major Fuchida erschien eine Stunde später. Er landete, enterte auf die Brücke und meldete den Admiralen Nagumo und Kusaka, daß zwei Schlachtschiffe gesunken und vier schwer beschädigt seien.

*

In den USA befand sich Marinesekretär Frank Knox in seinem Büro in der Marineabteilung auf der Constitution Avenue. Als er eben sein Frühstück bestellte, stürmte Admiral Stark mit Admiral Kimmels Meldung aus Hawaii in den Raum und warf Knox diese Meldung auf den Schreibtisch. Der Marinesekretär las sie und ließ sie entsetzt sinken. „Mein Gott, das kann doch nicht wahr sein!“ rief er. „Sie müssen die Philippinen meinen und nicht Hawaii.“ „Es ist Pearl Harbor!“ korrigierte Admiral Stark.

Knox nahm das Telefon auf, über das er direkte Verbindung zum Weißen Haus hatte. Es war mittags 13.47 Uhr, und Roosevelt saß gerade mit Harry Hopkins beim Frühstück am Tisch im ovalen Büro. Knox berichtete, und Hopkins meinte ebenfalls, daß dies ein Irrtum sein müsse und daß Japan niemals Hawaii angreifen würde. Aber Roosevelt hielt den Bericht für wahr und sagte: „Es sind immer die unerwarteten Dinge, die von den Japanern getan werden. Und wenn dieser Bericht wahr ist, dann haben sie uns die Entscheidung aus den Händen genommen.“

Um 14.05 Uhr telefonierte Roosevelt mit Hull. Dieser berichtete, daß soeben die Botschafter Nomura und Jurusu angekommen seien und im Empfangsraum der Diplomaten warteten.

Roosevelt rief den Kriegssekretär Henry Stimson an und unterrichtete ihn über Pearl Harbor. Aus dem State Department ging Hull zu Joseph Ballantine und sagte diesem, daß der Präsident einen noch unbestätigten Bericht habe, nach welchem die Japaner Pearl Harbor überfallen hätten und daß die japanischen Botschafter darauf warteten, ihn, Hull, zu sprechen. Er glaube zu wissen, was sie wollten.

Es war 14.20 Uhr, als Jurusu und Nomura aufgefordert wurden, in Hulls Büro zu kommen. Der Staatssekretär grüßte die Eintretenden kühl und bat sie nicht, Platz zu nehmen. Der japanische Admiral sagte: „Ich bin beauftragt, Ihnen um 13.00 Uhr diese Note auszuhändigen“, und überreichte Hull die japanische Kriegserklärung, die damit um beinahe 1½

Stunden zu spät ausgehändigt wurde. (Dies war auf Schwierigkeiten zurückzuführen, die durch die Entschlüsselung des vierzehnteiligen Funkspruchs aus Tokio und vor allem die späte Sendung des 14. Teiles entstanden waren).

Hull prangerte die Falschheit dieser Note an, und als Admiral Nomura antworten wollte, wies Hull auf die Tür. Die beiden Japaner verließen den Raum.

*

In Japan selbst wurde die Kriegserklärung durch Japan Broadcasting Corporation um 07.00 Uhr verkündet. Der Nachrichtensprecher Morio Tateno verlas sie: „Wir bringen Ihnen die neuesten Nachrichten! Die Heeres- und Marineabteilung des Kaiserlichen Hauptquartiers gibt bekannt, daß ab 06.00 Uhr an diesem Morgen, dem 8. Dezember, die kaiserlichen Armee- und Marinestreitkräfte die Feindseligkeiten gegen die amerikanischen Streitkräfte im Pazifik begonnen haben.“

Acht Stunden nach dem Angriff auf Pearl Harbor wurde dann auch der kaiserliche Erlaß veröffentlicht, in dem offiziell und förmlich verkündet wurde, daß sich das japanische Volk im größten Krieg seiner Geschichte befinde. Der Tenno verkündete: „Wir, durch die Gnade des Himmels in ununterbrochener Folge Kaiser von Japan, seit immerwährender Zeit auf dem Throne sitzend, befehlen unserem loyalen und gehorsamen Volk: Wir haben den Vereinigten Staaten von Amerika und dem Britischen Empire den Krieg erklärt. Begierig, ihre zügellose Ambition der Herrschaft in Ostasien zu verwirklichen, haben Amerika und Großbritannien unseren friedvollen Handel mit den ostasiatischen Ländern zerstört und die Zuflucht zur direkten Trennung ergriffen. Die Situation, wie sie derzeit ist, zwingt uns, zur Erhaltung unseres Empires und zur Selbstverteidigung zu den Waffen zu greifen.“

Wenig später sprach Premierminister Tojo über den Rundfunk zur Nation: „Der Westen unternahm alle Anstrengungen, die Welt zu beherrschen. Diesen Feind zu vernichten und eine neue stabile Ordnung und ein neues Recht in Ostasien herzustellen, muß unsere Nation vorher einen unvermeidlichen, langen und opfervollen Weg gehen. Japan hat das Äußerste getan, um einen Krieg zu verhindern. Aber Japan hat in seiner 2600 Jahre währenden Geschichte noch keinen Krieg verloren. Ich verheiße Ihnen einen Sieg.“ (siehe Browne Courtney: a.a.O.)

Am 8. Dez. berichtete Präsident Roosevelt dem Kongreß von dem überfallartigen „und feigen“ Angriff. Er erklärte, daß das Datum jenes Tages, an dem dieser Angriff stattgefunden habe, ein Datum sei, das für immer mit Schande bedeckt sei. „Es war eine vollkommen entehrende Tat", sagte der Präsident zornig. „Wir müssen der Tatsache ins Gesicht sehen, daß der moderne Krieg, wie er nach Naziart geführt wird, ein dreckiges Geschäft ist. Wir lieben es nicht, wir glaubten diesen Weg nicht gehen zu müssen, aber wir sind mitten drin."

Noch am selben Tage unterschrieb Präsident Roosevelt die Kriegserklärung an Japan. Viele Amerikaner hatten noch die Rede ihres Präsidenten vom 30. Okt. 1940 im Ohr, in der er verkündet hatte: „Ich habe es bereits gesagt und will es noch einmal sagen: Eure Jungens sollen nicht in einen fremden Krieg gehen."

*

Zum erstenmal in der Geschichte aller Kriege wußte man an höchster Stelle eines Landes von einem bevorstehenden Krieg, ohne den Befehlshaber, der den ersten Schlag auszuhalten hatte, zu verständigen. So mußte Konteradmiral Kimmel auf Hawaii ungewarnt den Überraschungsschlag gegen Pearl Harbor über sich ergehen lassen. Admiral Stark wußte davon, und da er diese entscheidende Meldung nicht weitergab, mußte er von höchster Stelle – von dem US-Präsidenten selber – dazu vergattert worden sein, diese Meldung nicht weiterzugeben.

Die Amerikaner, die keinen Krieg wollten, sollten „mit Wut im Herzen" in den Krieg gegen den heimtückischen Aggressor Japan ziehen.

Man hatte offenbar gehofft, mit nur geringen Verlusten rechnen zu brauchen, aber dem war nicht so. Die Gesamtpersonalverluste betrugen: 4566 Mann, bei der Marine einschließlich Marinekorps 3077 Offiziere und Mannschaften tot, 867 verwundet, bei der Armee und der Armeeluftwaffe: 226 Offiziere und Mannschaften tot, 396 verwundet.

Die Schiffsverluste; Schlachtschiffe: „Arizona", Totalverlust, „Oklahoma", Totalverlust, „California" am Liegeplatz gesunken, später gehoben und wieder in Dienst gestellt. „West Virginia" gesunken, später wieder gehoben und in Dienst gestellt. „Nevada" auf Grund gesetzt, repariert und später wieder in Dienst gestellt. „Pennsylvania", „Maryland" und „Tennessee" beschädigt, später wieder repariert und zum Einsatz gebracht. Kleinere Schiffe: Kreuzer „Helena", „Honolulu" und „Raleigh" wurden schwer beschädigt, konnten aber repariert und wieder in Dienst gestellt werden. Zerstörer: zwei Boote total beschädigt und außer Dienst. Zwei weitere beschädigt, repariert und wieder in Dienst gestellt. Hilfsschiffe: ein Flugzeugtender, ein Werkstattschiff schwer beschädigt, aber wieder repariert und in Dienst gestellt. Zielschiff „Utah", das frühere Schlachtschiff, sank auf seinem Ankerplatz.

Flugzeugverluste: Auf den verschiedenen Flugplätzen von Oahu wurden 80 Flugzeuge der Marine und 97 Flugzeuge der Army vernichtet.

Die japanischen Verluste: 48 Flugzeuge abgeschossen, vier Kleinst-U-Boote vernichtet.

Dies war der erste handstreichartige Überfall der japanischen Seeluftstreitkräfte. Zur gleichen Zeit aber waren weitere japanische Kampfgruppen zu anderen Zielen unterwegs.

Japanische Sturzflut!

Amerikanische Flottenbewegungen – Die Inselangriffe: Guam, Wake und Aparri

Mit dem Schlag gegen Pearl Harbor hatte Japan den USA den Vorwand geliefert, doch noch sehr früh in den Krieg einzutreten. Während des Angriffes auf Pearl Harbor standen der Flugzeugträger „Lexington“ unter Captain Sherman sowie die Schweren Kreuzer „Astoria“, „Chicago“ und „Portland“ mit 5 Zerstörern im Seegebiet 420 Seemeilen südostwärts der Midway-Inseln.

Der Verband wurde von Konteradmiral Kimmel geführt. Dieser ließ seine Streitmacht nach dem Bekanntwerden des Angriffs nach Oahu zurücklaufen und erbat ein Zusammentreffen mit Admiral Halsey in See, 120 sm westlich Kauai.

Vizeadmiral William F. Halsey befehligte derzeit einen Trägerverband, der um den Flugzeugträger „Enterprise“ aufgebaut war. Er befand sich am Abend des 7. Dez. 200 sm westlich von Oahu. Die Leichten Kreuzer „Detroit“, „St. Louis“ und „Phoenix“ wurden mit einigen Zerstörern zum Schweren Kreuzer „Minneapolis“ geschickt. Diese ad hoc zusammengestellte Kampfgruppe sollte sich so rasch wie möglich mit VAdm. Halseys Streitmacht vereinigen.

Zur gleichen Zeit befand sich der Schwere Kreuzer „Pensacola“ unter Captain Scott auf dem Marsch nach Manila. Er deckte einen kleinen Konvoi Transporter, auf denen einige tausend Mann Flieger- und Marinetruppen sowie eine Anzahl Flugzeuge eingeschifft waren, die für Manila bestimmt waren.

Der Schwere Kreuzer „Louisville“ wiederum unter Captain Elliot B. Nixon begleitete einen Armeetransporter von Manila zurück und stand derzeit auf halbem Wege zwischen Santa Cruz und Ellice Island.

„New Orleans“ und „San Francisco“ von der 6. Kreuzerdivision lagen in Pearl Harbor. Das dritte Schiff dieser Division, die „Astoria“, befand sich im Verband von KAdm. Kimmel.

Der US-Congress hatte, das sei an dieser Stelle vorgetragen, Admiral King, bis dahin Commander in Chief der Atlantic Fleet, zum CinC der United States Fleet ernannt. Er brachte KAdm. Richard S. Edwards als Deputy Chief of Staff mit. KAdm. Wilson wurde von ihm zum Superintendenten der Marineakademie ernannt. Zu Assistenten des Chefs des Stabes ernannte er die Konteradmirale Turner und Lee.

*

Dem japanischen Angriff auf Guam, der am 10. Dez. 1941 begann, ging eine zweitägige Beschießung und Bombardierung voraus. Bereits am 4. Dez. lief eine Kampfgruppe unter KAdm. Goto, bestehend aus den Schweren Kreuzern „Kako", „Aoba", „Furutaka" und „Kingusa" mit den Zerstörern „Kikuzuki", „Yuzuki", „Uzuki" und „Oboro", einem Kanonenboot, einem Minensucher und dem Marinespeziallandungsverband M-SLV, mit 5000 japanischen Soldaten aus Habajima auf den Bonin-Inseln aus. Aufgabe dieses Kampfverbandes war es, die Invasion Guams durchzuführen und die Insel völlig in Besitz zu nehmen. Dies war um so wichtiger, weil diese Insel in der Marianen-Gruppe etwa 100 Kilometer von Saipan entfernt lag und die japanische Besatzung von Saipan von dort aus bedroht werden konnte.

Der Verband wurde der 4. Flotte, VAdm. Shigeyoshi, in Truk zugeteilt.

Marinebomber des japanischen Stützpunktes in Saipan eröffneten das Bombardement von Guam am 8. Dez. um 09.27 Uhr. 48 Stunden lang wurden sämtliche wichtigen Anlagen und die Flugfelder systematisch gebombt.

Die Landungstruppen trafen am 10. Dez. um 16.25 Uhr vor Guam ein und gingen sofort an Land. Nach einigen kleinen Scharmützeln ergab sich die US-Garnison auf Guam am Morgen des 11. Dez. um 06.45 Uhr. Die japanischen Angreifer verloren zehn, die US-Verteidiger 17 Mann. Zum erstenmal wurde damit die Nachschublinie der USA von Hawaii zu den Philippinen unterbrochen.

Der Angriff gegen Wake sollte sich als bedeutend schwieriger erweisen, nicht zuletzt aus geographischen Gründen. Die Insel bestand in Wahrheit aus drei kleinen Inseln: Peale, Wilkes und Wake. Alle drei Inseln liegen sehr dicht beieinander. Sie konnten als Luftstützpunkte der USA für Angriffe gegen die japanisch besetzten Marshall-Inseln dienen und mußten schon aus diesem Grund besetzt werden.

Neben Guam sollte aber auch Wake die US-Nachschublinien zu den Philippinen blockieren. Von Wake aus bestand darüber hinaus einmal die Möglichkeit eigener japanischer Luftaufklärung weit in das Gebiet des Gegners hinein, zum anderen die Chance, von hier aus den Absprung nach Midway zu unternehmen.

Wake, soviel war der japanischen Feindnachrichtenabteilung genau bekannt, wurde von einem Bataillon Marinekorpssoldaten besetzt. Ferner arbeiteten etwa 1200 Zivilisten auf der Insel, die Wake zu einem US-Luftstützpunkt ausbauen sollten. Außerdem sollte noch ein US-U-Boots-Stützpunkt auf Wake eingerichtet werden.

An Verteidigungswaffen standen auf Wake eine Reihe von 12,7-cm-Geschützen, Flak und FlaMW, außerdem noch eine Staffel mit zwölf

Grumman-Wildcat-Jägern zur Verfügung.

Um diese Widerstandsgruppen zu zerschlagen, griffen am Mittag des 8. Dez. erstmals 36 zweimotorige Bomber der 24. japanischen Luftflotte an. Sie beschädigten die Landebahn des Flugfeldes schwer, vernichteten acht der zwölf Grumman-Jäger und beschädigten einen weiteren.

Diese Bombenangriffe wurden bis zum 10. Dez. fortgesetzt. Durch die 4. Flotte in Truk wurde eine Kampfgruppe unter KAdm. Kajioka zusammengestellt. Sie bestand aus dem Leichten Kreuzer „Yubari“ und den Zerstörern „Mutsuki“, „Kisaragi“, „Yayoi“, „Mochizuki“, „Oite“ und „Hayate“ als Geleitschutz für die beiden zu schnellen Transportern umgebauten japanischen Zerstörer, auf denen 450 Mann des japanischen Marine-Landungskorps eingeschifft waren. Auf zwei weiteren Transportern befanden sich die Besatzungstruppen. Als Unterstützungsgruppe dienten die beiden alten Kreuzer „Tenryu“ und „Tatsuta“.

Am 8. Dez. lief dieser Verband aus Kwajalein, Marshall-Inseln, aus. Als er gesichtet wurde, stiegen die vier übriggebliebenen Grumman-Wildcats auf. Die drei 12,7-cm-Batterien wurden besetzt. Auf jeder der drei Inseln stand nun eine Batterie feuerbereit.

Die kleine japanische Invasionsstreitmacht drehte um 05.20 Uhr des 10. Dez. auf Parallelkurs zur Südküste von Wake und eröffnete wenig später das Feuer. In diesem Feuer wurden die Truppen aus den Transportern ausgeladen.

Als „Yubari“ die Westspitze der Insel Wilkes erreichte, drehte sie und lief in nur 4500 m Distanz zur Küste zum zweiten Anlauf und zur Beschießung zurück. Um 06.00 Uhr drehte „Yubari“ abermals und feuerte im dritten Angriff weitere Breitseiten gegen die Insel.

Zehn Minuten später eröffneten die Verteidiger das Feuer. Alle drei Batterien traten gleichzeitig ins Gefecht. Die Batterie A traf einen der beiden zu Transportern umgebauten Zerstörer, auf dem sich noch die Hälfte der Truppen befand, so schwer, daß er ruderlos auf der Insel Wake auf Strand lief. Auch einer der Maru-Transporter (Maru bezeichnet ein Handelsschiff) erhielt einen schweren Treffer.

KAdm. Kajioka drehte sein Führerschiff sofort auf Südwestkurs ab und deckte die übrigen Einheiten durch schnelles Feuer aus allen Rohren von „Yubari“ ein. Er befahl den Zerstörern „Hayate“, „Oite“ und „Mochizuki“, auf die Batterie „L“ zuzulaufen und sie durch direkten Beschuß zum Schweigen zu bringen. Im Anlauf auf dieses Ziel wurde der Zerstörer „Hayate“ von drei Salven dieser Batterie deckend getroffen. Die Torpedos und andere Munition gingen hoch. Mit einer gewaltigen Feuersäule flog der Zerstörer in die Luft und löste sich in seine Einzelteile auf. Von der Besatzung konnte kein einziger Mann gerettet werden.

Auch „Oite“ erhielt einen schweren und mehrere leichte Treffer und drehte mit „Mochizuki“ auf Südwestkurs ab.

Die Zerstörer „Yayoi“, „Mutsuki“ und „Kisaragi“ hatten mittlerweile, durch den alten Kreuzer „Tatsuta“ verstärkt, die Batterie „B“ auf der Insel Peale angegriffen. „Yayoi“ wurde getroffen, erwiderte aber das Feuer und traf seinerseits die Batterie schwer.

Es war 07.24 Uhr, als die vier Grumman-Wildcats den alten Kreuzer „Tenryu“ im Tiefflug angriffen. Sie beschossen ihn mit allen Bordwaffen und richteten einigen Schaden an. Dann drehten sie auf den Zerstörer „Kisaragi“ zu und stürzten sich auf ihn. „Kisaragi“ erhielt einige Treffer auf seine Wasserbomben, die in einem wüsten Explosionswirbel auseinanderbarsten und den Zerstörer aufrissen. Er sank sehr schnell und war um 07.31 Uhr von der Wasseroberfläche verschwunden. Auch von seiner Besatzung konnte nicht ein Mann gerettet werden.

Das war ein schwerer Verlust für die Landungsflotte. KAdm. Kajioka ließ abdrehen und lief mit dem Rest seiner Landungsgruppe nach Ruotta, seinem Landungsplatz auf Kwajalein, zurück. Es fehlten im Verband zwei Zerstörer und einer der beiden zu Schnelltransportern umgebauten Zerstörer.

Doch Wake sollte und mußte erobert werden, sei es auch mit massivem Einsatz der japanischen Luftwaffe. Die 24. Luftflotte erhielt Befehl, die Insel zu bombardieren. Verstärkt wurde dieser Verband durch Flugzeuge der Träger „Hiryu“ und „Soryu“ sowie durch das Seeflugzeugträger-Mutterschiff „Chitose“.

Tag für Tag flogen die Bomber Wake an und warfen die drei ineinander verzahnten Inseln in Brand. In der Frühe des 23. Dez. sollte der zweite stärkere Landungsversuch erfolgen.

Zum endgültigen Sturm auf Wake hatte man Konteradmiral Kajioka Verstärkungen geschickt, darunter die Zerstörer „Asanagi“ und „Yunagi“, einen weiteren Transporter-Zerstörer (womit die Ausfälle ausgeglichen waren), und darüber hinaus einen Minenleger und einen Seeflugzeugtender mit Truppen.

Von Guam wurde ein Sturmverband zur Verfügung gestellt, die schweren Kreuzer „Kinugasa“, „Aoba“, „Kako“ und „Furutaka“ fungierten als Unterstützungsgruppe.

Um das vorbereitende Bombardement mit größtmöglicher Wucht führen zu können, wurden der 24. Luftflotte 28 Seeflugzeuge des Seeflugzeugträger-Mutterschiffes „Chitose“ zur Verfügung gestellt. Aus dem zurücklaufenden Pearl Harbor-Verband waren die beiden Träger „Hiryu“ und „Soryu“ mit ihren 108 Flugzeugen, geleitet von den Zerstörern „Urakaze“ und „Tanikaze“, ausgeschert, um den zweiten Angriff auf Wake ebenfalls zu unterstützen.

Am 21. Dez. ging der gesamte versammelte Verband in Ruotta ankerauf und lief auf Wake zu. Am frühen Morgen des 23. Dez. zwei Stunden nach Mitternacht, wurden die Soldaten knapp zwei sm vor dem Ziel in die Sturmboote verladen, die nun in schneller Fahrt auf das Land zupreschten.

Die Verteidiger von Wake hatten das Feuer eröffnet. Ihre vorgeschobenen Stellungen am Strand wurden von den landenden Japanern im Nahkampf erstürmt; binnen kurzer Zeit war ein tiefer Brückenkopf gebildet, in den die nachlandenden Sturmsoldaten einflossen, um ihn weiter auszubauen.

Alle Menschen auf Wake drückten sich in die Deckungen, als am 06.00 Uhr der Angriff der Trägerflugzeuge begann, die mit Bomben und Bordwaffen auf die Garnison einhämmerten. Unter dieser mächtigen Feuerglocke gingen die japanischen Sturmtruppen von drei Seiten gegen die Garnison von Wake vor. Eine halbe Stunde nach dem Bombardement wurden die letzten Gebäude erstürmt.

Am Nachmittag des 23. Dez. 1941 nahm KAdm. Kajioka in weißer Paradeuniform, mit allen Auszeichnungen und dem Prunkschwert geschmückt, die Insel Wake für den Tenno in Besitz. Sie sollte 3 ½ Jahre in japanischer Hand bleiben.

Wake wurde zum Kettenglied der japanischen Eroberungen im Pazifik, die zu dieser Zeit bereits erfolgt waren. Die Lebensader für eine Versorgung und Truppennachführung aus den USA nach den Philippinen war durchtrennt. Hier lief nichts mehr.

Kampf um die Philippinen

Für die japanische Kriegsführung war es notwendig, so rasch wie möglich auch auf den Philippinen Fuß zu fassen. Um diese riesige Inselgruppe zu erobern, war es Voraussetzung, zunächst an einigen Stellen durch rasch durchgeführte Landungsoperationen Flugplätze in die Hand zu bekommen, von denen aus die Armee bei den weiteren großangelegten Landungsoperationen geschützt werden konnte.

Im kaiserlichen Hauptquartier in Tokio hatte man als erstes die Eroberung der Insel Bataan, 125 km nördlich von Luzon, noch am 8. Dez. ins Auge gefaßt. Von dort aus sollten zwei Tage darauf japanische Flugzeuge starten, um die für diesen Tag geplante Landung auf Aparri zu sichern. Aparri, eine kleine Stadt an der Nordküste von Luzon, war ein strategisch wichtiger Punkt mit einem guten Flugfeld.

Damit gleichzeitig sollte die Besetzung der Insel Camiguin erfolgen, die

30 km nördlich Luzon liegt. Diese sollte zur neuen Basis für japanische Seeflugzeuge ausgebaut werden. Die von dort startenden Seeflugzeuge würden in den Kampf um Aparri eingreifen.

Der wichtigste, unter allen Umständen in eigene Hand zu bringende Platz aber war Davao, ein starker US-Luftstützpunkt an der Südküste von Mindanao. Dieser mußte unter allen Umständen ausgeschaltet werden. Dafür setzte die Marineleitung einen Trägerangriff an. Mit einigen weiteren vorausgehenden Landungsunternehmen sollten Legaspi, Vigan in der Lamonbucht und dann auch Davao genommen werden.

Der japanischen Marine war dazu folgende dreifache Aufgabe gestellt worden: „Neutralisierung der US-See- und Luftstreitkräfte, ihre Zerstreuung und Vernichtung, Deckungsoperationen für die japanischen Landungstruppen, Schutz der Nachschublinien für die kaiserliche Armee." (Siehe: Boeicho Kenshujo Senshishitsu Bd. 6)

Die Feindnachrichtenabteilung der Japaner hatte Admiral Yamamoto die genauen Stärken der US-Luft- und Seestreitkräfte im Philippinenraum übermittelt. Es waren bei der Marine ein Schwerer und ein Leichter Kreuzer, vier Zerstörer, 29 U-Boote, sechs Kanonenboote, zwei Seeflugzeugtender und verschiedene Hilfsfahrzeuge. An Flugzeugen waren vorhanden: 32 PBY-Flugboote (Catalinas), vier Grumman-Ducks (amphibische Transportflugzeuge), fünf Kingfishers (Bordflugzeuge für die Aufklärungsflüge). Einige US-Einheiten lagen noch in der Nähe von Tarakan und Balikpapan auf Borneo, darunter ein Leichter Kreuzer und neun Zerstörer. In der US-Army Air Force auf den Philippinen und in der Far East USAAFEE befanden sich am 8. Dez. 34 B-17-Bomber und 70 P-40-Curtiss Warhawk-Jäger.

*

Am 8. Dez. begannen die Angriffe der japanischen Nordphilippinengruppe gegen Nordluzon. Die Marinefliegergeschwader 21 und 23 der 11. Luftflotte unter VAdm. Tsukahara starteten mit insgesamt 192 Flugzeugen von Formosa aus zum Bombenangriff gegen die US-Flugbasen Clark Field und Iba Field.

Die hier abgestellten US-Flugzeuge wurden schwer getroffen. Nicht weniger als zwölf B 17 und 30 P 40 wurden am Boden zerstört. Bei diesem Angriff gingen nur sieben japanische Flugzeuge verloren.

Von Formosa aus starteten gleichzeitig Flugzeuge der 5. Fliegerdivision des japanischen Heeres und bombten die US-Basen Baguio und Tuguegarao.

Bataan wurde von einer japanischen Vorausabteilung im ersten

Ansprung besetzt. Mitstürmende Pioniere und Fachleute legten hier sofort einen Flugplatz an.

Der 12. Dez. sah die Landungsunternehmungen der Südphilippinengruppe. Unter KAdm. Kubo lief die Transportflotte, von drei Minensuchern, je einer Kanonenboot-, Minensuch- und U-Jäger-Flottille unterstützt, auf Legaspi, Südluzon, zu. In den Transportern warteten 2500 Mann der 16. ID der Japaner auf den Einsatzbefehl.

Die unter dem Befehl von KAdm. Takagi stehende Deckungsgruppe bestand aus den Kreuzern „Nachi“, „Haguro“ und „Myoko“, dem Träger „Ryujo“, mit seiner Bedeckung aus zwei Zerstörern und den Kreuzern „Jintsu“ und „Nagara“.

Die Landung erfolgte reibungslos, doch noch war der Kampf um Luzon nicht beendet. In den Garnisonen verteidigten sich noch US-Truppen, und von den vorerst den USA verbliebenen Flugfeldern aus starteten die letzten Bomber und Jäger.

Gegen diese Flugfelder richteten sich die am 12. Dez. losbrechenden, dichtgestaffelten japanischen Luftangriffe, die sie vernichtend bombten. Die letzten einsatzklaren US-Flugzeuge zogen sich nach Mindanao und nach Australien zurück. Clark Field wurde von 90 japanischen Flugzeugen total zerbombt.

Was aber war in der Zwischenzeit mit dem starken US-Marinestützpunkt Davao auf Mindanao geschehen, der nur 500 sm von dem japanischen Marinestützpunkt Palau entfernt lag?

Zur Wegnahme von Davao war der Überraschungsverband unter KAdm. Kyuji Kubo am 6. Dez. aus Palau ausgelaufen. Er landete termingerecht, und Davao, das durch die vorausgegangenen Luftangriffe stark geschwächt war, fiel den Japanern zu.

*

Vier Überraschungsverbände der Japaner unternahmen schließlich die Landungsoperationen bei Aparri, Vigan, Legaspi und im Lingayen-Golf.

Im Morgengrauen des 10. Dez. begannen die Landungsoperationen der japanischen Armee bei Aparri mit der Nordphilippinengruppe unter VAdm. Takahaski. Der erste Verband, der den Überraschungsangriff durchführte, wurde von KAdm. Kenzaburo Hara geführt, der sich auf seinem Flaggschiff, dem Leichten Kreuzer „Natori“, befand. Ihm standen sechs Transporter zur Verfügung, die von 6 Zerstörern, 3 Minensuchern und 9 U-Jägern gedeckt wurden.

Einer seiner Minensucher wurde bei der Landung versenkt, der Zerstörer „Harukaze“ durch Bombentreffer beschädigt und das Flaggschiff

„Natori“ durch einen Nahtreffer leicht beschädigt.

Die Landungen am 11. Dez. bei Vingan standen unter dem Kommando von KAdm. Nishimura. Auf seinen sechs Maru-Transportern waren 4400 Soldaten der 14. Armee eingeschifft. Diese Landung ging planmäßig voran und war bis zum Abend des Landetages abgeschlossen.

Unter Führung von KAdm. Kubo war Legaspi das Ziel des weiteren Überraschungsverbandes. Auch dieser US-Stützpunkt fiel nach schwacher Verteidigung, und damit hatten die japanischen Truppen den Weg zur großangelegten Landung gegen Manila geebnet. Japanische Luftbasen wurden sofort eingerichtet und in Betrieb genommen. Die Nordwest- und Nordküste von Luzon war nun in japanischer Hand. US-Luftangriffe gegen die Schiffe dieser Landungsverbände blieben erfolglos.

*

Im Lingayen-Golf vor der Nordküste von Luzon fuhr die Invasionsstreitmacht, bestehend aus dem von der 48. ID gestellten Landungsverband, mit einer Reihe von Spezialeinheiten der 14. Armee unter Führung von Generalleutnant Homma, auf 73 Transportfahrzeugen auf ihr Ziel zu. Dieser Verband erreichte am 22. Dez. zehn Minuten nach Mitternacht die Ausgangsstellung zum Angriff.

Der dortige Verteidiger, General MacArthur, hatte die von ihm angeforderten U-Boote noch nicht zur Verfügung. Lediglich fünf U-Boote versuchten, den Gegner zu halten.

Befehlshaber dieser neu zusammengestellten Angriffsgruppe war VAdm. Takahashi, der seine Streitmacht in drei Kampfgruppen geteilt hatte. Zur 1. Gruppe gehörten neben 27 Transportern der leichte Kreuzer „Natori“ mit KAdm. Hara als Befehlshaber an Bord. Ihm standen sechs Zerstörer und neun Kleinkampfeinheiten zur Verfügung. In der Gruppe 2 unter der Führung von KAdm. Nishimura auf dem Leichten Kreuzer „Naka“ standen 28 Transporter, sieben Zerstörer und zwölf kleine Kriegsfahrzeuge. Die Gruppe 3 wiederum, geführt von KAdm. Hirose auf dem Zerstörer „Yamagumo“, verfügte über vier Torpedoboote, sechs kleine Marineeinheiten und 21 Transporter. Die Unterstützungsgruppe bestand aus den Schweren Kreuzern „Ashigara“ und „Maya“ und dem Leichten Kreuzer „Kuma“.

Unter KAdm. Kondo befand sich eine Deckungsgruppe im Seegebiet westlich von Luzon. In ihr vereinigt waren die Schlachtschiffe „Kongo“ und „Haruna“, die Schweren Kreuzer „Atago“, „Takao“ und „Chokai“ sowie acht Zerstörer. Die Marinefliegergeschwader 21 und 23 sowie die 5. Heeresfliegerdivision bildeten die Luftunterstützung.

Die Landung im Lingayen-Golf verlief planmäßig. Die zum Einsatz gekommenen fünf US-U-Boote erzielten nur drei Treffer.

Ein weiterer japanischer Landungsverband ging bei Davao an Land. Der hier nicht mehr benötigte Rest wurde in Richtung Jolo weitergeführt, wo am 24. Dez. die Südphilippinengruppe unter KAdm. Tanaka mit neun Transportern die 56. Infanteriebrigade der Japaner auf Jolo landete.

Am 24. Dez. erfolgte noch eine Landung in der Lamon-Bucht südostwärts Manila. Dieser Verband landete ohne Gegenwehr und setzte alsbald zu der geplanten südlichen Zangenbewegung gegen Manila an.

Mit diesen dicht aufeinanderfolgenden Landungsoperationen hatte die japanische Führung alle Voraussetzungen zur Eroberung der gesamten Philippinengruppe geschaffen. Von diesen neugewonnenen Luftstützpunkten konnte Japan seine Luftsicherung bei der geplanten Eroberung von Borneo starten. Alle Weichen waren gestellt, um auch das angepeilte große Ziel, *Java*, zu erreichen.

Wenden wir uns jedoch zunächst Malaya und Thailand zu, wo sich in den ersten Tagen dieses titanenhaften Ringens für die Britische Force „Z" ein Desaster ereignen sollte.

Malaya im Fadenkreuz

Beginnend mit dem 8. Dez. 1941 griffen japanische Streitkräfte die Ostküste der Halbinsel Malaya an. Unter Führung von VAdm. Ozawa war die Südexpeditionsflotte im Anmarsch auf dieses Ziel. Auf dem Leichten Kreuzer „Kashii" befehligte der Kampfgruppenführer die Fregatte „Shimushu", den Minenleger „Hatsutaka", mehrere U-Jäger-Divisionen und Transporter. Dazu kam die unter dem Kommando von KAdm. Jurita stehende Unterstützungsgruppe mit den Schweren Kreuzern „Mogami", „Mikuma", „Suzuya" und „Kumano", dem 3. Kreuzergeschwader und dem Leichten Kreuzer „Sendai" als Flottillenführer der 15 Zerstörer.

Die 3. Heeresfliegerdivision und das Marinefliegergeschwader 22 bildeten die Luftsicherung. Auf den Transportern war die 5. japanische ID eingeschifft. Ihre Ziele hießen: Singora, Patani und Kota Bharu.

Die sechs Boote des U-Boot-Geschwaders bildeten dazu einen Vorpostenstreifen, während die Deckungsgruppe unter VAdm. Kondo von den Schlachtschiffen „Kongo" und „Haruna", den Schweren Kreuzern „Atago", „Takao" und „Chokai" und acht Zerstörern gebildet wurde.

In den frühen Morgenstunden des 8. Dez. begannen die Landungen in Kota Bharu. Während der Leichte Kreuzer „Sendai" mit seinen vier Zerstörern den schwachen Widerstand brach, der hier aufflackerte, stürmten die japanischen Marineinfanteristen an Land.

Auch bei Singora gelangten japanische Truppen unbehelligt an Land, und im Verlaufe dieses Tages erfolgte an fünf weiteren Stellen weitere erfolgreiche Landungsunternehmen. So auch im Golf von Kra vor Thailand.

Die Tragödie der Force „Z“

Gegen diese Landungsunternehmen lief die britische Force „Z“ unter dem Kommando von Admiral Phillips, dem Oberbefehlshaber der britischen Fernostflotte, am 8. Dez. um 17.05 Uhr aus Singapore aus und versuchte, die Transporter zu stellen, die irgendwo weiter im Norden stehen mußten.

Die Force „Z“, bestehend aus dem Schlachtschiff „Prince of Wales“, dem Schlachtkreuzer „Repulse“ und vier Zerstörern, hatte nur eine Möglichkeit der Luftaufklärung, weil nur ein Bordflugzeug auf der „Prince of Wales“ vorhanden war.

Am Morgen des 9. Dez. 1941 sichtete das japanische U-Boot I 56, zwischen Regen und Wolkenbänken auftauchend, nahe der Procondor-Insel zwei große Feindschiffe. Es waren die beiden Großkampfschiffe der Force „Z“.

Am Morgen des 9. Dez. sichteten die Ausgucks der „Repulse“ ein dicht über dem Horizont sichtbar werdendes Flugzeug, das offensichtlich an den britischen Schiffen Fühlung hielt, aber nach etwa 30 Minuten wieder verschwand.

Nun wurde auf der „Prince of Wales“ das Walrus-Amphibienflugzeug gestartet. Lt. Bateman, sein Pilot, erhielt Befehl, nach Kuantan zu fliegen, Küste und Hafen zu beobachten und nach Feindschiffen Ausschau zu halten. Der Leutnant sichtete nichts. Und auch als die Kampfgruppe „Z“ selber Landsicht hatte, wurde nichts festgestellt, was auf eine Invasion hindeutete.

Als dieser Kampfverband, der in Richtung der vermuteten Feindlandung bei Kuantan lief, in diesem Raum keine Kampfhandlungen bemerkte, drehte er zunächst nach Norden und lief schließlich auf Ostkurs.

Admiral Phillips beschloß nun, nach Singapore zurückzukehren. Von seinem Chef des Stabes in Singapore erhielt er kurz darauf die Nachricht: „Feind berichtet von seiner Landung auf Kuantan.“ Kuantan, ein Punkt an der Ostküste von Malaya, genau zwischen Singapore und Kota Bharu gelegen, war also das Ziel des Gegners gewesen.

Eine Stunde nach Mitternacht des 10. Dez. ließ Admiral Phillips direkten

Kurs auf Kuantan legen, wo allerdings ebenfalls noch kein einziger Japaner gelandet war.

Um 02.10 Uhr wurde der Kampfverband diesmal von I 58 gesichtet. Das Boot lief zum Angriff an und schoß sechs Torpedos auf den britischen Schlachtkreuzer „Repulse“, die sämtlich vorbeiliefen. Nicht ein Mann an Bord des Schlachtkreuzers ahnte etwas von der Gefahr, der ihr Schiff gerade entkommen war.

Die Meldung von I 58, die mit genauer Standortangabe erfolgte, ließ um 02.30 Uhr fünf japanische Flugzeuge in der Cam-Rhan-Bucht an der Ostküste von Französisch Indochina starten. Sie tankten auf der Insel Pulo Kondor im Mekong-Delta auf und starteten von dort um 04.30 Uhr zum letzten Etappenflug zum Ziel.

Von Saigon aus wurde um 05.25 Uhr eine aus neun Maschinen bestehende Aufklärerstaffel eingesetzt, und zwischen 06.14 und 07.30 Uhr stiegen von den Flugfeldern um Saigon drei Angriffsgruppen mit 34 Bombern und 51 Torpedoflugzeugen zum Einsatz gegen diese Kampfgruppe auf.

Die Angriffsgruppen waren: 1. Genzan-Angriffsgruppe unter LtCdr. Nakanishi mit drei Staffeln zu neun, acht und neun Flugzeugen, von denen die 3. Staffel unter Lt. Nikaido Bomben, die beiden anderen Torpedos geladen hatten. 2. Die Kanoya-Angriffsgruppe unter LtCdr. Miyauchi mit den Staffeln 1, 2 und 3 und ebenfalls neun, acht und neun Flugzeugen. Alle drei Staffeln dieser Gruppe hatten Torpedos geladen. 3. Die Mihoro-Angriffsgruppe mit vier Staffeln, von denen drei Bombenträger und die vierte Torpedoträger waren. Die neun Aufklärer des Typs Mitsubishi 96 G3M2 –Nell 23– wurden vom Genzan-Geschwader gestellt.

Damit waren nach dem Start der letzten Maschinen um 08.00 Uhr insgesamt neun Aufklärer, 34 Bomber und 51 Torpedoflugzeuge unterwegs. Alle in der Luft befindlichen Verbände erhielten um 11.20 Uhr unmittelbar nach der neuesten Sichtung des englischen Schiffsverbandes dessen Standort. Ab 11.48 Uhr griffen die japanischen Flugzeuge an. Nicht weniger als 84 Maschinen kamen zum Schuß, Bomben- oder Torpedoabwurf.

Nach der Japanese Official History mußten die angreifenden Torpedobomber mit einer Geschwindigkeit von 150 kn/h, das sind etwa 180 Meilen, in einer mittleren Abwurfhöhe von 33 m angreifen. Die Torpedos wurden im allgemeinen aus Entfernungen zwischen 1500 und 600 m gelöst.

Die fünf Schiffe der Force „Z“ – der Zerstörer „Tenedos“ war nicht mehr dabei, weil er zur Brennstoffübernahme nach Singapore zurückgeschickt worden war – wurden schwer eingedeckt. Die „Repulse“ erhielt fast gleichzeitig zehn Torpedotreffer an Backbord vom Bug bis zum Heck und vier Treffer an Steuerbord vorn. Eine 250-Kilo-Bombe schlug mittschiffs ein. An vielen Stellen durchlöchert, von Explosionen durchgeschüttelt, sank die „Repulse“ um 12.03 Uhr.

Die „Prince of Wales“ erhielt je einen Torpedotreffer vorn und achtern an Backbord und fünf Treffer auf der Steuerbordseite. Achtern schlugen zwei 500-Kilo-Bomben ein. Das Schiff sank um 12.50 Uhr. Die drei Zerstörer wurden nur leicht beschädigt.

Die Force „Z“ war vernichtet. Admiral Phillips fiel. Nichts war mehr vorhanden, womit man Malaya noch verteidigen könnte. Alle noch fahrbereiten britischen Kriegsschiffe liefen entweder nach Niederländisch Indien oder kehrten zu ihren alten Stützpunkten im Indischen Ozean zurück. Der Malayafeldzug sollte von nun an nur noch ein reiner Landkrieg sein.

Wie aber sah dieser vernichtende Angriff aus der Sicht der Betroffenen aus? Hier die Augenzeugenberichte beider Seiten:

Die Augenzeugenberichte

Kurze Zeit nach dem ergebnislosen Angriff von I 58 auf die „Repulse“ kam Admiral Phillips auf die Brücke seines Flaggschiffes, des Schlachtschiffes „Prince of Wales“, um einen Ausblick nach den verdächtigen vier Booten zu tun, die etwa 100 Meilen vor Kuantan gesichtet worden waren. „Prince of Wales“ und „Repulse“ waren von drei Zerstörern eskortiert, während der vierte Zerstörer, die „Tenedos“, zur Beölung nach Singapore zurückgelaufen war.

Um diese Zeit starteten in Saigon 85 japanische Hoch- und Torpedobomber sowie neun Aufklärer zu einem Angriff ohne große Chancen, die gemeldeten britischen Schiffe noch finden zu können. Die Aufklärer befanden sich bereits wieder auf dem Rückflug, als einer davon zwei Schlachtschiffe und drei Zerstörer 70 Meilen südostwärts Kuantan sichtete und sofort eine Meldung mit Standortangabe durchgab.

15 Minuten später hatte man den Kontakt mit den 26 Torpedoflugzeugen der Kanoya-Kampfgruppe hergestellt, die nun, in drei Staffeln aufgeteilt, ihren Kurs nach den Angaben des Aufklärers änderten.

Leutnant Haruki Iki, Kapitän der 3. Staffel, der mit seinen neun Maschinen den Ehrentitel „Champion der Marine“ hielt, sichtete wenig später ein britisches Bordflugzeug und wußte, daß der Feind nun sehr nahe sein mußte.

Die Genzan-Kampfgruppe erhielt die gleiche Nachricht. Hier rief Leutnant Sadao Takai, Kapitän der 2. Staffel, über Sprechfunk seinen Männern zu, sie sollten der 1. Staffel folgen.

Um 11.07 Uhr quäkten aus den Lautsprechern der „Repulse" die Warnungen: „Feindliche Flugzeuge im Anflug! – – – Alle Mann auf Gefechtssationen!" Sekunden später war eine Reihe von neun aus Süden kommenden Torpedobombern zu sehen. Rasend schnell kamen sie näher. Plötzlich sahen die Männer auf dem Wachdeck der „Repulse" eine wahre Wolke von Bomben fallen und größer und größer werden. Dann dröhnten schwere Schläge, die das Schiff durchschüttelten. „Feuer auf dem Bootsdeck!" plärrte der Lautsprecher. „Feuer unten im Schiff!" fügte er hinzu.

Die beiden Staffeln der Genzan-Gruppe erreichten die Ziele und erhielten den Befehl des Kommodore: „Angriffsformation!" – und Sekunden später: „Geht hinein!" Leutnant Takai ging auf 450 Meter herunter, er hatte ein Schlachtschiff entdeckt. Flakfeuer peitschte ihm entgegen. Er drehte in die Wolken zurück, um den Gegner zu täuschen. Als er diese willkommene Deckung wieder verließ, war er nur noch zwei Meilen von der „Repulse" entfernt.

Auf dem Schiff erscholl ein Hornsignal. Dann wieder die Stimme aus dem Lautsprecher: „Fertig zum Schnellfeuer!" Einige Flak schossen auf die neuen Maschinen von Leutnant Takai. Die Torpedobomber drehten ein, flogen nun bereits das Schiff an und warfen ihre Torpedos. „Mit der Grazie eines tanzenden Elefanten dampfte die ‚Repulse' jeden einzelnen Torpedo aus." Auf der Brücke dieses Schiffes hatte Captain Tennant kurz nach dem Bombenangriff auf die „Prince of Wales" am Signalmast des Schlachtschiffes das Signal „Nicht unter Kontrolle" ausgemacht. Er fragte sofort: „Welche Schäden haben Sie? Was kann ich für Sie tun?" Aber er erhielt keine Antwort. „Prince of Wales" lag mit 13 Grad nach Backbord über und hatte seine Fahrt auf 15 Knoten verringert. Die Backbordschraubenwelle war beim ersten Angriff beschädigt worden, und die Steuerung des Schiffes funktionierte nicht mehr.

Captain Tennant signalisierte an Admiral Phillips: „Wir haben 19 Torpedos ausmanövriert. Schäden von einem Bombentreffer sind unter Kontrolle." Auch diesmal erhielt er keine Antwort. Jetzt ließ Tennant an Radio Singapore funken: „Feindliches Luftbombardement!" Ein drittes Mal ließ Captain Tennant Flaggensignale an Admiral Phillips übermitteln. Er reduzierte die Fahrt der „Repulse" auf 20 Knoten und lief näher an das Schlachtschiff heran, um diesem Hilfe anzubieten.

Gerade in diesem Augenblick tauchten weitere Torpedobomber auf. Es war eine Staffel der 3. Sektion, der Mihoro-Luftgruppe, geführt von Leutnant Katsusaku Takahashi. Dieser flog zuerst die „Prince of Wales" an, dachte ein paar Sekunden lang, diese sei ein japanisches Schiff, bis er beschossen wurde und die Admiralsflagge sehen konnte. Er drehte auf die

„Repulse“ ein. In weniger als 60 Meter Höhe fliegend, befahl er in 2500 Meter Distanz „Fertig“. Dann schließlich „Feuer!“. Der Navigatorbombenschütze drückte den Auslöseknopf, doch der Torpedo löste sich nicht.

Takahashi drehte und kam nun von der anderen Seite. Aber auch diesmal löste sich der Torpedo nicht. Zum dritten Angriff drehte der Leutnant abermals, um auch diesmal einen Fehlangriff zu fliegen. Aber ein Flugzeug seiner Staffel hatte die „Repulse“ schwer getroffen.

*

Leutnant Iki flog mit seinen neun Torpedobombern in nur knapp 40 Metern Höhe in das Abwehrfeuer der „Repulse“ hinein. In nur 540 Meter Distanz zum Schlachtkreuzer schoß er seinen Torpedo an der Steuerbordseite. Das Flugzeug hinter ihm wurde zum Feuerball, als der Torpedo unter Beschuß explodierte; auch die nächste Maschine explodierte. Am Bug des Schlachtkreuzers aber dröhnten die Torpedodetonationen, und masthohe Wassergeysire sprangen in die Höhe.

Die „Repulse“ drehte sich wie verrückt. Ein Torpedo war an der Steuerbordseite eingeschlagen und zwei an der Backbordseite. Der vierte, Leutnant Ikis Torpedo, rief die größte Zerstörung hervor. Er traf nahe dem Waffenraum und beschädigte das Ruder des Schiffes. Die „Repulse“ war zum Untergang verdammt.

Captain Tannants Bericht zu den Treffern auf der „Repulse“ lautete: „Ich wußte, daß die ‚Repulse‘ das nicht überleben würde, und gab sofort Befehl, daß alle Mann an Deck kommen und Carley-Flöße klarmachen sollten.–

Für einen Kommandanten ist die Entscheidung, jegliche Tätigkeit im Innern des Schiffes einzustellen, unendlich schwer, aber da ich die Bauart des Schiffes gut kannte, war ich sicher, daß es vier Torpedos nicht überstehen konnte.“ (Siehe: Middlebrook Martin und Mahoney Patrick: Schlachtschiffe).

Über Lautsprecher meldete sich also Captain Tennant: „Alles bereitet sich zum Verlassen des Schiffes vor!“ Dann lobte er die Besatzung, daß sie sich so gut gehalten habe.

Als sich das Schiff weit überlegte, wandte er sich an seinen Stab, der ihn umringte. „Also, Gentlemen, es ist besser, wenn Sie jetzt das Schiff verlassen!“ Er selber ging auf die Brücke. Einige Männer griffen nach ihm. Er wehrte sich, wurde aber aufgehoben und fortgetragen.

„Die Männer formierten sich in Ordnung zum Verlassen des Schiffes. Die ‚Repulse‘ sank tiefer und tiefer. Dann hob sich der Bug aus der See, und aus dem Verteidigungskontrollturm etwa 50 Meter über Wasser sprang einer der Wache haltenden Männer ins Wasser. Der nächste schlug auf dem Deck auf, und ein dritter prasselte in den Schornstein hinein. An Heck sprangen einige Matrosen über Bord und wurden von den laufenden Propellern des Schiffes eingesaugt." Die „Repulse" sank genau 11 Minuten nach dem ersten Torpedotreffer. (Siehe: Toland, John: a.a.O.) Zwei Zerstörer bargen im Feuer die Überlebenden.

Die 26 angreifenden Flugzeuge der Kanoya-Einsatzgruppe hatten insgesamt neun Treffer erzielt, von denen fünf die „Prince of Wales" und vier die „Repulse" erreicht hatten. Sie hatte dabei zwei Flugzeuge durch Abschüsse verloren, drei wurden schwer beschädigt und fünf leicht. Eines der schwer beschädigten Flugzeuge stürzte bei der Landung ab.

Die durch fünf Torpedos tödlich getroffene „Prince of Wales" trieb hilflos auf dem Wasser, als neun japanische Hochbomber auftauchten, das Schiff direkt anflogen und um 12.44 Uhr ihre Bomben warfen. Nur eine Bombe traf das Schlachtschiff und ließ es schwanken. Nach diesem Treffer erst begann die „Prince of Wales" zu sinken. Captain Leach befahl: „Alle Mann aus dem Schiff!" Admiral Phillips stand auf der Brücke und beobachtete die aussteigende Besatzung. „Good Bye, Sir!" rief Captain Leach ihm zu. „Danke Ihnen, Leach! Viel Glück und Gott schütze Sie!" erwiderte der Admiral.

Als Captain Leach den Befehl „Alle Mann aus dem Schiff" gab, waren in der Runde um die Untergangsstelle der „Repulse" die Bergungsarbeiten im vollen Gange. Die Zerstörer „Electra" und „Vampire" retteten im Wasser schwimmende Überlebende. Aber die „Prince of Wales" schwamm noch genau acht Minuten.

Um 13.19 Uhr sank das Schlachtschiff mit dem Spitznamen „Die Unsinkbare" über das Heck und war eine Minute später von der Wasseroberfläche verschwunden. Mit dem Schlachtschiff gingen Captain Leach und Admiral Phillips in die Tiefe.

Bei der „Prince of Wales" fischte der Zerstörer „Express" die von Bord gegangenen Seeleute. Der Kommandant der „Electra", Commander C. W. May, wurde nach dem Untergang der „Prince of Wales" dienstältester Offizier. Er ließ um 13.18 Uhr jenen Funkspruch tasten, der Großbritannien erschütterte: „H. M. S. Prince of Wales gesunken!"

Es war 14 Uhr, als die Suche nach den Überlebenden und Toten der beiden untergegangenen Schiffe beendet wurde. Von da an wurden noch eine Stunde lang weitere Schiffbrüchige durch die „Vampire" geborgen, die ebenfalls, als sie voll belegt war, nach Singapore entlassen wurde, während „Electra" bis zum Schluß an der Untergangsstelle blieb. Um 16.00 Uhr lief dieser Zerstörer zu den letzten Schiffbrüchigen hinüber, die auf einem kleinen Floß zusammengedrängt hockten. Dann wurde noch ein letzter Mann gesichtet; in weitem Bogen hielt „Electra“ auf ihn; auch er wurde an Bord genommen.

Die drei Zerstörer hatten insgesamt 2081 Mann aufgefischt. Der kleine australische Zerstörer „Vampire“ konnte als vierter und einziger die genaue Zahl der von ihm Geretteten angeben. Es waren neun Offiziere, darunter Captain Tennant von der „Repulse“, 213 Soldaten und der Kriegsberichter Gallagher vom Daily Express sowie zwei Männer von der „Prince of Wales“.

Die Liste der Toten: Repulse: Gefallen 7 Offiziere und 486 Mann; Prince of Wales: Gefallen 20 Offiziere und 307 Mann.

*

Im Marinehauptquartier Tokio fiel es nach den ersten eingehenden Meldungen schwer, diese Nachricht von der Versenkung eines Schlachtschiffes und eines Schlachtkreuzers durch eine Handvoll Flugzeuge zu glauben. Diese Versenkung auf offener See bedeutete nämlich für die Marine das Ende ihres Konzeptes des Seekrieges.

Die japanische Luftflotte hingegen frohlockte. Auf Kosten von nur vier abgeschossenen Flugzeugen hatte sie der britischen Force „Z“ eine vernichtende Niederlage beigebracht.

Am nächsten Tag überflog Leutnant Iki die Untergangsstelle der beiden britischen Schiffe und warf dort Blumensträuße für einen tapferen unterlegenen Gegner ab.

Der Kampf um Borneo

Shanghai besetzt

Mit dem alten Panzerkreuzer „Izumo“ landeten am 8. Dez. japanische Marine- und Armeeinheiten bei der internationalen Niederlassung von Shanghai. Das britische Kanonenboot „Peterel“, das sich dem Verband entgegenstellte, sank nach kurzem Schlagabtausch. Das US-Kanonenboot „Wake“ wiederum strich die Flagge und ergab sich. Im Hafen von Shanghai erbeuteten die Japaner 13 Handelsschiffe Englands, der USA und Panamas.

Der Malaya-Kampfverband unter VAdm. Kondo, der nach Aufklärermeldungen vom 9. Dez. auf die Force „Z“ angesetzt worden war, war mit den beiden Schlachtschiffen „Kongo“ und „Haruna“ und den Schweren Kreuzern „Atago“, „Chokai“ und „Takao“ zum Angriff auf die Force „Z“ eingeschwenkt. Der erste Angriff sollte jedoch von den näher am Ziel stehenden Schweren Kreuzern „Kumano“, „Mikuma“, „Mogami“ und „Suzuya“ geführt werden.

VAdm. Kondo erhielt laufende Standortmeldungen von I 58 und auch über Aufklärer. Doch die japanischen Seestreitkräfte kamen nicht heran. Sie mußten den Kampf der Luftwaffe überlassen. Diese leistete denn auch ganze Arbeit.

Durch die vorher geschilderten Einsätze gegen Malaya und die damit dort notwendig gewordene Kräftekonzentrierung konnte das britische Oberkommando in Singapore keinerlei Kräfte zur Verteidigung von Britisch Borneo abstellen. Diese Insel war nunmehr das Ziel der japanischen Angreifer.

Borneo fällt

Am 13. Dez. 1941 lief ein japanischer Konvoi aus der Cham-Ranh-Bucht aus. Er bestand aus zehn Transportschiffen, die von drei Zerstörern und einem U-Jäger geleitet und gesichert wurden. Im Verlauf des Kriegsmarsches stießen der Leichte Kreuzer „Yura“, der Seeflugzeugtender „Kamikawa Maru“ und schließlich die Schweren Kreuzer „Kumano“ und „Suzuya“ mit zwei Zerstörern hinzu.

Gegen nur schwachen Widerstand erfolgte am 16. Dez. die Landung. Die Engländer hatten bereits am 8. Dez. die Raffinierie von Lutong

Admiral C. E. Helfrich der Königl. Niederländischen Marine

Konteradmiral Takeo Takagi, der Sieger der Schlacht in der Java-See

Oberst James Doolittle, der Chef der Doolittle-Tokyo-Raiders

Oben: *Avenger-Bomber greifen an. Der Torpedo fällt.*

Unten: *Japanische Bomben fallen auf das Flugdeck eines Trägers.*

Oben: *Der britische Schlachtkreuzer ›Repulse‹*

Unten: *Eine Hellcat kommt nicht richtig auf und gerät beim Aufprall in Brand.*

Oben: *Schwerer Kreuzer ›Indianapolis‹, das letzte bekannte Bild, bevor er versenkt wurde*

Unten: *Das Schlachtschiff ›Washington‹*

gesprengt und auch die Erdölfelder von Miri und Seria außer Betrieb gesetzt: beides besondere Ziele der Angreifer, die sich dieser Raffinerien und Erdölfelder versichern mußten, wenn sie einen längeren Krieg und den damit verbundenen hohen Erdölverbrauch durchstehen wollten.

Die an Land gesetzten Truppen erreichten gegen den hinhaltenden britischen Widerstand bis zum 24. Dez. den bei Kuchin in Sarawak errichteten britischen Flugplatz. Am 25. Dez. zogen sich die britischen Streitkräfte endgültig nach Niederländisch Borneo zurück.

Im Verlauf dieser Kämpfe wurde der japanische Zerstörer „Shinonome" durch niederländische Flugzeuge versenkt. Der Zerstörer „Sagiri" ging durch einen U-Boot-Torpedo verloren. Vor Kuching an der Nordküste von Sarawak wurden insgesamt ein Zerstörer durch Flugzeuge und vier durch niederländische U-Boote versenkt. Erst am 19. Jan. 1942 erfolgte in Sandakan die formelle Übergabe von Britisch Borneo an die Japaner.

Nunmehr mußten auch die Niederlande damit rechnen, daß Niederländisch Indien an die Reihe kommen würde. Zum einen, weil die Niederlande ja am selben Tage wie die USA und Großbritannien Japan den Krieg erklärt hatten, zum anderen, weil dort die für Japan lebensnotwendigen reichen Erdölfelder und Raffinerien lagen. (Japan erklärte im übrigen den Niederlanden erst am 11. Jan. 1942 den Krieg.)

Java als nächstes Ziel

Java war das nächste erklärte japanische Ziel; als Auftakt dazu sollten zunächst einige der Außeninseln Niederländisch Indiens in Besitz genommen und zu Luftstützpunkten ausgebaut werden, ehe das große Ziel an die Reihe kommen konnte.

Der kaiserliche Generalstab befahl eine doppelte Umfassungsoperation. Und zwar sollten zwei Kampfverbände den östlichen Keil bilden, während die Westflanke einen Expeditionsverband und einen Sicherungsverband aufwies.

VAdm. Ibo führte die beiden östlichen Kampfgruppen. Er hatte seine Flagge auf dem Schweren Kreuzer „Ashigara" gesetzt und befand sich in Davao.

Die Kampfgruppen erhielten die offizielle Bezeichnung östlicher und mittlerer Invasionsverband. Ziele des östlichen Invasionsverbandes waren: Bangka-Reede, Kema Menado und Kendari auf Nordcelebes, die Inseln Ambon, Makassar, Bali, Lombok und Timor.

Als Abschirmungsverband wurde dieser Gruppe die Trägerflotte unter Admiral Nagumo zugeteilt.

Der mittlere Invasionsverband hatte Tarakan, Balikpapan und Bandjermasin auf Niederländisch Borneo zum Ziel erhalten. Er sollte nach dem Fall von Singapore Ostjava angreifen.

Der südliche Expeditionsverband unter VAdm. Ozawa sollte mit seinem Hauptkeil aus der Cam-Ranh-Bucht in Französisch Indochina auslaufen und zunächst die Anambus-Inseln besetzen, sodann aber vor allem der Armee bei der Eroberung von Malaya und Singapore helfen. Nach dem Fall von Singapore sollten Bangka und Palembang erobert und gleichzeitig damit der Angriff auf Südostsumatra vorgetragen werden. Danach sollte dieser Kampfverband, dem als Fernsicherung ein Verband schwerer Streitkräfte unter Admiral Kondo zur Seite stand, Westjava erobern.

Als Unterstützungsverband für den östlichen Invasionsverband stand die Kampfgruppe unter KAdm. Takagi bereit. Sie diente als Nahsicherungsgruppe.

Wenden wir uns vorher jedoch noch einmal der anderen Seite zu! Was haben die US-Streitkräfte bis zu diesem Zeitpunkt getan? Welche Einsätze hatten sie gefahren und geflogen? Wo standen sie überhaupt und in welcher Zusammensetzung?

Allgemeine Übersicht über die US-Streitkräfte

Nach diesem furiosen japanischen Auftakt des Krieges im Pazifik sah es zunächst so aus, als seien die US-Streitkräfte völlig paralysiert. Die japanischen Operationen hämmerten wie Paukenschläge auf die US-Truppen nieder. Niemand wußte zu sagen, wo die Japaner als nächstes angreifen würden und was sie noch planten. Die verhältnismäßig geringen US-Kräfte auf den Inseln wurden einfach ins Meer gefegt oder – wie bei Wake – nach hartem Kampf vernichtend geschlagen.

Die US-Flotte im Pazifik befand sich in einer schwierigen, undurchsichtigen Lage. Der von KAdm. Finch geführte Kampfverband mit dem Träger „Saratoga“ und den drei Schweren Kreuzern der 6. Kreuzerdivision, „Astoria“, „Minneapolis“ und „San Francisco“, war am 10. Dez. in Pearl Harbor zur Beölung und Versorgung eingelaufen. Bereits in diesem Falle zeigte sich, wie schwerwiegend die japanische Unterlassung der Bombardierung der Tanklager war. Am 14. Dez. hatte dieser Verband neues Treiböl gebunkert. Ebenso wurden die Schweren Kreuzer „Chicago“, „Indianapolis“ und „Portland“ in Pearl Harbor beölt und erhielten Weisung, auf direktem Wege zum Flottenverband von Admiral Fletcher zu stoßen und diesen zu verstärken.

Nachdem als letzter der Träger „Saragota“ beölt hatte, lief er am 16.

Dez. um 11.15 Uhr aus. Geleitsicherung für ihn fuhren die Kreuzer „Minneapolis“, „Astoria“ und „San Francisco“ und die gesamte 4. Zerstörersquadron unter Captain Dessez.

Am 21. Dez. stand „Saratoga“ 600 sm von Wake entfernt, und am folgenden Tage ließ Admiral Fletcher erneut beölen. Dieser Vorgang dauerte bei den sehr hohen und langen Wellen, die die Herabsetzung der Geschwindigkeit auf 6–8 kn/h erzwangen, sehr lange. Der Träger konnte die Beölung erst am 23. Dez. beenden und stand immer noch 500 sm von Wake entfernt, konnte also dort nicht mehr rechtzeitig eingreifen.

Der Angriff der 4. japanischen Flotte auf Wake hatte bereits begonnen, und am 23. Dez. war Wake in japanischer Hand.

Der geheime US-Operationsplan „Regenbogen fünf“ konnte nicht durchgeführt werden, weil die gesamte US-Schlachtflotte in Hawaii außer Gefecht gesetzt worden war. Die Träger „Lexington“ und „Enterprise“ wurden auf eine Falschmeldung hin nach Süden angesetzt, während die japanischen Schiffe nach Nordwesten und später nach Westen abgelaufen waren.

Der Kampf im Pazifik sollte jedoch erst beginnen. Den ersten Schlag gegen die Japaner, deren Aktivität beängstigende Formen angenommen hatte, geschah in der Malalag-Bucht. Dort erlebte der japanische östliche Invasionsverband einen ersten Luftangriff. Es war genau 11.00 Uhr an diesem 4. Januar 1942, als dort zehn Bomber des Typs B 17 der US-Army Air Force auftauchten und aus einer Höhe von etwa 10 000 Metern die hier liegende Schiffsansammlung anflogen. Wie ein Blitz aus heiterem Himmel fielen die Bomben. Der Schwere Kreuzer „Myoko“ wurde von einer 100-Kilo-Bombe auf dem Turm II getroffen. Der Schwere Kreuzer „Nachi“ erhielt Treffer von Bombensplittern, und auf dem Seeflugzeug-Mutterschiff „Chitose“ wurden vier Flugzeuge beschädigt. „Myoko“ lief zur Reparatur nach Sasebo und war bereits am 26. Febr. 1942 wieder voll einsatzbereit.

Von den zehn angreifenden Maschinen wurde trotz des hektischen Abwehrfeuers keine einzige abgeschossen. Der japanische Angriff konnte jedoch nicht aufgehalten werden. Er begann am 9. Jan. 1942 bei der östlichen Invasionsflotte an der Nordküste von Celebes.

Tarakan und Celebes in japanischer Hand

Geführt von VAdm. Takahashi, landeten am frühen Morgen des 11. Jan. 1942 um 03.00 Uhr aus den elf Transportern bei Menado auf Celebes die Truppen. Während die Geleitgruppe unter KAdm. Tanaka mit dem Leichten Kreuzer „Jintsu“ und zehn Zerstörern sowie acht kleineren

Einheiten die Nahsicherung übernahm, war die Deckungsgruppe mit den Schweren Kreuzern „Nachi", „Haguro", „Myoko" und zwei Zerstörern sowie einer Luftsicherung, bestehend aus dem Träger „Zuiho" und dem Seeflugzeugträger-Mutterschiff „Chitose", zu Beschießungsaufgaben und zur Ferndeckung aufmarschiert. Die 1. Speziallandungsgruppe aus Kure ging bei Menado an Land. Die niederländischen Besatzungstruppen wurden in kürzester Zeit überwältigt.

Die aus Davao hierher geschafften 334 Fallschirmjäger, die in 27 Maschinen anflogen, wurden aus zu großer Höhe abgesetzt und landeten so weit auseinander, daß sie zu keinem geschlossenen Einsatz kamen. Dennoch trugen auch sie zum raschen Erfolg dieses Unternehmens bei, indem sie die verstreuten Vorpostenstellungen der Niederländer vernichteten.

Gleichzeitig mit dieser Gruppe war die von KAdm. Hirose geführte Zentralgruppe mit dem Leichten Kreuzer „Naka" als Flottillenführer sowie sieben Zerstörern mit zwei Minenlegern und zwei Tendern der 21. Fliegergruppe auf Tarakan angesetzt. Die Insel Tarakan war wegen der reichen Ölfelder begehrt. Dicht vor der Ostküste von Borneo liegend, bot sie außerdem einen guten Absprungplatz. Am Nachmittag des 10. Jan. erreichten die 14 Transporter mit Soldaten des Heeres und Marineinfanterie an Bord die Landungsstellen.

Der niederländische Kommandant auf Tarakan verfügte über 1300 Mann. Er befahl sofort die Sprengung und Inbrandsetzung der Ölfelder und des Flugplatzes.

Um 24.00 Uhr griffen die Landungstruppen an, und am Morgen des 12. Jan. kapitulierte Tarakan. Angriffe niederländischer Flugzeuge machten schließlich den Flugplatz von Tarakan weiter unbenutzbar. Dennoch konnten dank intensiver Pionierleistungen am 17. Jan. 1942 die ersten Staffeln der 23. japanischen Marineluftflotte ihr Hauptquartier auf Tarakan einrichten.

Das nächste Ziel auf Borneo war Balikpapan, im Süden gelegen. Auch hier gab es reiche Ölfelder. Um sie zu sichern, wurde in Tarakan der Angriffsverband für diesen Vorstoß zusammengestellt. Über Funk wurden die niederländischen Behörden in Balikpapan aufgefordert, die Erdölfelder unzerstört zu übergeben.

Am 23. Jan. 1942 erreichten die 15 Transporter den Landungsplatz. Auf allen Schiffen konnte man die dicken Rauchwolken sehen, die über den Ölfeldern lagen und anzeigten, daß auch diese wichtigen Erdölquellen in Brand gesteckt worden waren.

Um 15.25 Uhr wurde dieser Kampfverband, der von Admiral Nishimura geführt wurde, von drei aus Surabaja kommenden B 17 angegriffen. Zwei Transporter erhielten Treffer. Dennoch konnte der Landungsverband ausgesetzt werden. Ein niederländisches U-Boot, K 18, kam kurz vor Mitternacht in günstige Schußposition und versenkte um 24.00 Uhr den Tansporter „Tsuruga Maru".

Gegen diesen Landungsverband kämpften die US-Zerstörer der Gruppe de Meester. „Pope" torpedierte den Transporter „Sumanoura Maru", der explodierte und sank. „John D. Ford" versenkte den Transporter „Kuretake Maru" durch Torpedoschuß. „Parrot" und „Paul Jones" torpedierten gleichzeitig die „Tatsugami Maru".

Dennoch landeten die japanischen Truppen am frühen Morgen des 24. Jan. in Balikpapan. Es kam hier zu mehrere Wochen dauernden Rückzugsgefechten. Am 8. März erst ergaben sich die letzten niederländischen Soldaten in Muaranmuntai.

Von Balikpapan aus wurden japanische Truppen zu dem 80 km südsüdostwärts gelegenen Bandjarmarsin geschafft. Dort wurden sie ausgeschifft und traten den Landmarsch auf Bandjarmasin an.

Eine weitere japanische Kampfgruppe marschierte von Balikpapan aus die 250-km-Distanz über Land dorthin. Bandjarmasin fiel am 16. Febr. in japanische Hände. Beide Flugplätze dort wurden kurz nach der Einnahme der Stadt durch die 23. Jan. Marineluftflotte in Betrieb genommen.

Mit der Einrichtung dieser Luftstützpunkte hatte die japanische Führung den Vormarschweg auf Singapur, Sumatra und Westjava gesichert. Der Anmarschweg nach Ostjava war durch die Eroberung von Celebes und einiger anderer Inseln in der Molukkensee ebenso wie in der Floressee geschützt.

Am 24. Jan. 1942 wurde auch der Flugplatz von Menado für die 21. japanische Luftflotte in Betrieb genommen.

Südost-Celebes war das nächste Ziel, dem sich der Kampfverband zuwandte. Es wurde am 24. Jan. erreicht und Kendari bis zum Abend dieses Tages in Besitz genommen. Der dortige Flugplatz wurde noch am selben Tage der 21. japanischen Luftflotte übergeben. Er war völlig unzerstört in die Hand der Landungstruppen geraten. Von hier aus konnten japanische Kampfflugzeuge Surabaja auf Java erreichen. In der Telekbucht wurde sofort mit der Anlage eines großen Marinestützpunktes begonnen.

Ambon und Makassar gefallen

Nachdem diese Landungen beinahe reibungslos und mit geringen Verlusten durchgeführt waren, kam es darauf an, sich so rasch wie möglich auch in den Besitz von Ambon zu setzen. Hier würde den Japanern jedoch nach der Feindlagemeldung eine Truppe von mindestens 2600 Soldaten gegenüberstehen. Im Dezember war noch ein australisches Bataillon dorthin verlegt worden, und auch die Royal Australian Air Force hatte sich mit einer Hudson-Staffel mit 13 Flugzeugen dort eingenistet.

Dennoch konnten die Japaner nicht auf Ambon verzichten, weil dieser Stützpunkt einmal den eigenen Stützpunkt Kendari bedrohte und zum anderen auch als Barriere vor der Eroberung von Timor liegen würde. Zumindest konnte von Ambon aus die Inbesitznahme von Timor verzögert werden.

Die Träger „Hiryu" und „Soryu" liefen heran und starteten ihre Bomber zum Sturmreifbomben von Ambon. Am 24. Jan. begann das Bombardement, in das auch landgestützte Flugzeuge eingriffen. Die australische Hudson-Staffel hatte sich rechtzeitig zurückgezogen, so daß es auf Ambon keine Abwehrmöglichkeit gegen die anfliegenden Bomber gab, die systematisch alle Widerstandsnester zertrümmerten.

Bis zum 29. Jan. dauerte die Bombardierung. Dann stießen elf Transporter, gesichert durch eine Reihe kleiner Einheiten, vor. Sie ankerten in genügender Entfernung und setzten ihre Landungsfahrzeuge aus. Die Luftsicherung übernahmen Jäger der beiden Träger „Chitose" und „Mizuho", die auf Bangka-Reede bei Celebes lagen. Die Garnison leistete starken Widerstand, wurde aber systematisch zerschlagen. Am Abend des 3. Febr. ergaben sich die letzten Verteidiger, und am anderen Morgen war ganz Ambon in japanischer Hand.

Makassar an der Südspitze von Celebes war das nächste japanische Ziel. Diesmal aber stand ihm ein Kampfverband gegenüber, der ad hoc aufgestellt worden war und dessen Einsatz im Anschluß an diesen Kurzreport geschildert werden soll.

Makassar wurde am 8. Febr. durch einen aus Kendari ausgelaufenen japanischen Marinelandungsverband besetzt. Die Nahsicherung aus fünf Zerstörern und vier Minensuchbooten hatte keine Mühe, den Landungsverband zu sichern. Die unter dem Befehl von KAdm. Kubo stehende Deckungsgruppe mit dem Kreuzer „Nagara" und sechs Zerstörern brauchte ebensowenig wie die Fernsicherungsgruppe unter KAdm. Takagi mit den Kreuzern „Nachi" und „Haguro" einzugreifen. Der Gegner zeigte sich hier nicht. Lediglich das US-U-Boot S 37, Lt. Dempsey, kam zum Schuß und versenkte den japanischen Zerstörer „Natsushio".

Was aber war mit dem Flottenverband, der unter dem niederländischen KAdm. Doorman am 4. Febr. gegen Mitternacht von Bunda-Reede ankerauf gegangen war?

Das amerikanisch-britisch-niederländisch-australische Kommando ABDA

Vorbemerkungen

Als am Nachmittag des Neujahrstages 1942 ein Patrouillenfahrzeug der niederländischen Marine vor dem Hafen von Surabaja ein aufgetaucht laufendes U-Boot sichtete, war es von der Ankunft dieses Bootes bereits unterrichtet worden. Das U-Boot führte die Flagge eines Admirals der US-Navy am ausgefahrenen Sehrohr. Es war Admiral Thomas C. Hart, der auf dem U-Boot „Shark“ von Manila aus hierhergekommen war.

Admiral Hart, Commander-in-Chief der Asiatic Flotte der US-Navy, war hierhergekommen, um von einer neuen Basis aus den Kampf aller zusammengefaßten Kräfte gegen den gemeinsamen Feind zu koordinieren. Vor ihm war KAdm. Glassford nach Surabaja gekommen und hatte mit seinem Stab einen Gefechtsstand eingerichtet. Hier sollte er die neue Task Force 5, die Striking Force, zusammenstellen.

Der Chef der US-Marineoperationen jedoch hatte die Versorgungsbasis für diese Task Force 5 in Port Darwin, Australien, einrichten lassen.

Nunmehr waren in Surabaja auf Java die Streitkräfte von drei Nationen versammelt, die zu einer Kampfgruppe zusammengefaßt werden sollten. Zwei Wochen lang schien das Durcheinander unentwirrbar zu sein, dann aber stand das neue Kommando mit dem Kürzel ABDA, das den Kampf im Seeraum um Burma aufnehmen und die Philippinen, das Südchinesische Meer und den Ostteil des Indischen Ozeans sichern sollte.

Nach Südosten, an dieses ABDA-Seegebiet angrenzend, befand sich das AZAC-Gebiet, in dem VAdm. Leary die Befehle gab. Dieses Gebiet umfaßte den Seeraum um Australien, Neuseeland, Britisch Neuguinea, die Salomonen, die Loyality- und die Fidji-Inseln. ABDA, der erste Versuch eines multinationalen Kommandos in Ostasien, wurde weiter ausgebaut. Oberbefehlshaber wurde Feldmarschall Sir Archibald Wavell. Er war für die Koordination der drei Länderstabschefs verantwortlich. Generalleutnant Brett von der US-Army war sein Stellvertreter. Der britische General Pownall wurde Chef des Stabes. Unter diesem neuen Oberkommando standen: der Marinebefehlshaber Admiral Hart, der Einsatzbefehlshaber der Landstreitkräfte, Generalleutnant Hein ter Poorten, der Luftbefehlshaber Luftmarschall Sir Richard Peirse der RAF.

Diese Befehlsführung wurde bereits wenig später geändert, als Staatssekretär Knox KAdm. Glassford in den Rang eines Vizeadmirals beförderte und ihm befahl, die Führung sämtlicher Marinestreitkräfte in diesem Raum zu übernehmen. Admiral Hart wurde als Koordinator zu Feldmarschall Wavells Hauptquartier eingesetzt, das in Lembang nahe Bandung im Innern Westjavas errichtet worden war.

Die Asiatic Fleet wurde in Westjava stationiert. Port Darwin als Ausrüstungs- und Versorgungsbasis lag 1200 Seemeilen von diesem Stützpunkt entfernt und würde im Ernstfall nicht in der Lage sein, besonderen Anforderungen gerecht zu werden. Die Anträge der Verlegung der Versorgungsbasis nach Java wurde von der Obersten Marineführung abgelehnt.

Die von dem niederländischen KAdm. Doorman geführte Combined Striking Force sollte Anfang Februar den ersten Einsatz unternehmen, der von Doorman selbst geführt werden würde.

Die eigene Luftaufklärung hatte drei japanische Kreuzer, mehrere Zerstörer und etwa 20 Transportschiffe auf Südkurs in Richtung auf die Makassar-Straße gemeldet. Auf diesen Verband wollte Doorman operieren.

Es sah so aus, als versuchten die Japaner, in Richtung Makassar Town oder Bandjarmasin durchzustoßen. Wenn dies gelang und sich die Japaner dort festsetzten, dann verfügten sie über die Luftherrschaft und Luftkontrolle über das gesamte Gebiet der Javasee.

Erster Vorstoß der Combined Striking Force

Um 00.00 Uhr des 4. Febr. 1942 lief KAdm. Doorman auf dem Führerkreuzer „De Ruyter“ mit den Kreuzern „Houston“, „Marblehead“ und „Tromp“, geleitet von vier niederländischen Zerstörern, aus der Bundastraße in Richtung zum Treffpunkt vier sm nördlich des Meyndertsdroogte Light. Von hier aus wurde der Marsch in Richtung Kollisionskurs zu den japanischen Seestreitkräften fortgesetzt. Auf dem Treffpunkt waren vier US-Zerstörer zu Doormans Kampfgruppe gestoßen und hatten sie beträchtlich verstärkt. Sie flankierten nunmehr die Kreuzer. Die vier niederländischen Zerströrer, die mit ausgelaufen waren, bildeten die Nachhut.

Um 09.35 Uhr wurde KAdm. Doorman gemeldet, daß 37 Feindflugzeuge mit Flugrichtung Surabaja gesichtet worden seien. Er befahl: „Auf Gefechtsstationen!“ Diese gesichteten Feindflugzeuge waren auf dem Flugfeld von Kendari gestartet. Es waren 37 2-mot-„Nells“ der 11. japanischen Luftflotte, die in vier Gruppen zu jeweils neun Bombern – die 37. Maschine hatte wegen eines Motorschadens zur Basis zurückkehren müssen – ab 09.49 Uhr in Sicht kamen.

KAdm. Doorman befahl „Einzelkampf“. Damit wollte er die angreifenden Flugzeuggruppen veranlassen, sich aufzulösen, um für seine Schiffe eine größere Entkommenschance zu schaffen. Die vier Catalina-Flugboote, die über dem Schiffsverband Sicherung flogen, steuerten auf Kollisionskurs mit dem Gegner. Sie wurden binnen kurzer Zeit abgeschossen und gingen brennend auf See nieder.

Es war genau 09.54 Uhr, als die erste Staffel von neun Bombern die beiden führenden Kreuzer angriff und „Tromp“ sowie die Zerstörer der Nachhut unbeachtet ließen. Im Breitkeil, auf 4200 Meter heruntergehend, flogen die Bomber mit 150 kn Geschwindigkeit weiter. Als sie fast in Wurfposition gekommen waren, befahl Captain Robinson, der Komandant der „Marblehead“: „Hartruder Backbord!“ Der Kreuzer drehte, und in diesem Moment warfen auch die Angreifer ihre Bomben, die sämtlich vorbeigingen. Der zweite Angriff wurde ebenfalls ausmanövriert. Auch der dritte brachte keinen Treffer. Die Luftabwehr der Kreuzer und Zerstörer schoß aus allen Flakwaffen. Eine der Dreizöllerflak holte einen Bomber herunter, der mit dem Volltreffer auseinanderplatzte.

Unmittelbar nach dem dritten Angriff aber stieß ein japanischer Bomber in einer steilen Spirale direkt auf „Marblehead“ herunter. Er war ebenfalls getroffen worden, und sein Pilot wollte ihn offenbar auf den Kreuzer werfen. Als er in den Schußbereich der Schnellfeuerwaffen geriet, wurde er aus allen Rohren beschossen und drehte doch noch ab. Flammenlanzen peitschten in diesen Bomber hinein, und in einer roten Explosionsrosette barst er auseinander. Die Wrackteile schlugen um den Kreuzer herum in die See. Wenig später griffen sieben Bomber von der Backbordseite an. Es war 10.27 Uhr, als „Marblehead“ von mehreren dünnwandigen Hochexplosivbomben getroffen wurde. Eine schlug in das Steuerbordmotorboot hinein, durchbohrte das Deck und explodierte darunter. Sie zerfetzte die Offiziersmesse und die daneben liegenden Räume. Weitere schwere Treffer verwüsteten den Handsteuerraum. Die Explosion dieser Bomben ließ einen Teil des Hauptdecks aufbrechen. Chlorinegas entwich dort aus beschädigten Batterien. Feuer flammte auf, und mit einem Schlag explodierte das Achterschiff der „Marblehead“; grelle Flammen stoben aus dem Kreuzer in die Höhe. Das Ruder des Kreuzers schlug hart nach Backbord aus, und „Marblehead“ begann mit zehn Grad Steuerbordruder zu drehen. 15 Soldaten waren bis dahin gefallen, 34 weitere verwundet. Ein Teil davon hatte schwerste Verbrennungen erlitten. Captain Robinson konnte die „Marblehead“ nicht mehr steuern. Aber die Männer an den Abwehrwaffen kämpften weiter. Sie schossen auch auf die nächste Bomberstaffel, die sich auf „De Ruyter“ stürzte. Auch die nächste angreifende Gruppe wählte das Flaggschiff von KAdm. Doorman zum Ziel. Der Kreuzer wurde von einigen Nahtreffern durchgeschüttelt. Einige Treffer hieben in das Schiff ein. Die Feuerkontrolle der Luftabwehr fiel aus.

Der Kreuzer „Houston“, der bis dahin nur leicht getroffen war, schoß im Salventakt auf die Bomber und holte einige herunter, von denen einer mit seinen Bomben explodierte und in Fetzen gerissen wurde. Eine der letzten Bomben des vierten Angriffs auf die „Houston“ traf das Hauptdeck dieses Kreuzers und tötete 50 Seeleute. Sie setzte den achteren Geschützturm außer Gefecht. In der Pulverkammer brach ein Brand aus. Hier der Bericht des Marinesoldaten Oxwain Madson dazu: „Die Bombensplitter trafen den Turm an hundert Stellen gleichzeitig und setzten die Pulverkammer in Brand. Die Besatzung am Elektrikdeck des Pulverkreises und am Granatendeck sowie die Besatzung von Turm III wurden mit Ausnahme von zwei Männern sämtlich getötet. Sie verbrannten. Die Reparaturgruppe wurde ebenfalls ausgeschaltet, mit Ausnahme von Eddy Collins.“ Die „Houston“ lief in Richtung Bali-Straße weiter und konnte in eine Regenwand flüchten, die sie deckte. (Siehe dazu auch „Houstons Survivors' Report“ in: „Saga of a Stout Ship“ in The Times Magazin, 3. März 1946)

Die Flugzeuge, die diesen Verband angegriffen hatten, meldeten die Vernichtung von zwei Kreuzern und die Beschädigung zweier weiterer. (Siehe „Japanese War Diary“) Zwar war keiner der Kreuzer Doormans gesunken, aber die „Marblehead“ war schwer getroffen und erreichte mit letzter Kraft am 5. Febr. Tjilatjap. „Houston“ und „De Ruyter“ waren ebenfalls getroffen worden, davon der erstere schwer. Aber auch sie gingen nicht verloren.

KAdm. Doorman auf „De Ruyter“ ließ nunmehr auf einen Kurs entlang der Südküste von Java steuern. „Marblehead“ folgte, und Admiral Hart, „entrüstet über die Flucht des Verbandes“ (Siehe Morison Samuel Eliot: History of United States Naval Operations in World War II), befahl Doorman, nach Tjilatjap zurückzukehren und ihm am 8. Febr. Bericht zu erstatten.

Die Schiffe liefen wieder ein, und als die Besprechung beendet war, inspizierte Admiral Hart die Schäden der „Houston“ und „Marblehead“. Obgleich beide Schweren Kreuzer „Houston“ und „De Ruyter“ achtern nicht mehr kampffähig waren, weil Bombentreffer ihre achteren Türme ausgeschaltet hatten, entschloß sich Hart, diese beiden Kreuzer weiter einzusetzen, bis Ersatz herangekommen war, denn sie hatten immerhin noch die gleiche Feuerkraft wie beispielsweise der englische Kreuzer „Exeter“. Allerdings sollten sie keine selbständigen Kampfaufträge mehr erhalten, sondern nur noch als Konvoisicherung dienen und Truppentransporte von Port Darwin nach Timor begleiten.

„Marblehead“ aber lief heimwärts, nachdem sie im kleinen Trockendock von Tjilatjap notdürftig repariert worden war. Sie erreichte Brooklyn Navy Yard am 4. Mai 1942.

Am 13. Febr. waren die Schäden auf den anderen Einheiten beseitigt, und KAdm. Doorman verfügte damit wieder über „De Ruyter“, „Java“ und „Tromp“, den britischen Kreuzer „Exeter“, den australischen Leichten Kreuzer „Hobart“, vier niederländische und sechs US-Zerstörer.

Das schlechte Wetter Mitte Februar machte für einige Tage jeden Aufklärungsflug unmöglich. KAdm. Doorman war jetzt auf die Feindlagemeldungen des Nachrichtendienstes angewiesen. Diese berichteten von einem japanischen Konvoi von 22 Schiffen im Südchinesischen Meer auf Süd- bis Südostkurs. Dieser Kurs deutete darauf hin, daß möglicherweise Sumatra angelaufen und dort eine Landungsoperation durchgeführt werden sollte. Auch die starke Geleit- und Unterstützungsflotte deutete dies an.

Bei dem Konvoi handelte es sich um die südliche Expeditionsflotte der Japaner unter VAdm. Ozawa. Dieser führte auf dem Schweren Kreuzer „Chokai“. Zu seiner Verfügung standen der Träger „Ryujo“, die Kreuzer „Kumano“, „Suzuya“, „Mikuma“, „Mogami“, ferner „Yura“ als Zerstörerführer mit sechs Zerstörern.

Diese Kampfgruppe hatte bereits am 9. Febr. die Cam-Ranh-Bucht verlassen. Ihr folgte am 9. und 11. Febr. jeweils eine große Transportergruppe nach, als die Deckungsstreitkräfte ihre Sicherungspositionen bezogen hatten.

Die Eroberung von Sumatra und Java sollte in Angriff genommen werden. KAdm. Doorman ließ seine Kampfgruppe in Pigi Bay südlich Java beölen und lief am 13. Febr. mit dem gesamten Verband in Richtung Sumatra.

Die japanische Westgruppe unter VAdm. Ozawa führte auf 22 Transportern die Masse der 38. japanischen ID in Richtung Palembang, Sumatra. Als dort aus 100 japanischen Flugzeugen 700 Fallschirmjäger abgesetzt waren, gingen auch die Landungsgruppen in die Boote und landeten in der Bangka-Straße nördlich Palembang.

Am frühen Morgen des 14. Febr. hatte sich damit für KAdm. Doorman der Verdacht bestätigt, daß es sich bei der gesichteten Flotte um eine Invasionsstreitmacht gegen Sumatra handelte. Er versuchte nunmehr, gegen diese Landungsflotte zum Angriff zu gelangen. Doch bevor er Kampfberührung erhielt, wurde er am 15. Febr. ab 10.00 Uhr von mehreren Wellen japanischer Hochbomber angegriffen. Die Angriffe dauerten bis 18.30 Uhr an. Es gelang den Schiffen, mit Hartruderlegen und wechselnden Fahrtstufen alle Angriffe auszumanövrieren und den Bombenwürfen zu entkommen. Doch bereits in dieser Situation erkannte

KAdm. Doorman, daß er ohne Jagdschutz mit seiner neuen Streitmacht keinen Angriff auf die japanische Landungsflotte wagen durfte. Seine Absicht, in die Bangka-Straße einzulaufen, gab er um 13.00 Uhr auf und kehrte durch die Gaspar-Straße in die Javasee zurück.

Dieser „Ausflug" der Kampfgruppe Doorman wurde in Morisons Seekriegswerk der US-Navy wie folgt bewertet: „Außer Admiral Helfrich, der ein vollendeter Seemann war und im Kommando stets vorwärts drängte, waren die übrigen Niederländer abgeneigt, entsprechende Risiken einzugehen. Dies gilt nicht für die niederländischen U-Boot-Fahrer; sie hatten einen feinen Angriffsgeist." (Siehe Morison, Samuel Eliot: a.a.O.)

Die niederländische Exilregierung, die bis zu diesem Zeitpunkt noch nichts über den Zusammenschluß des ABDA-Kommandos wußte, jetzt aber informiert worden war, setzte nunmehr Admiral Helfrich ein. Immer wenn Admiral Hart von Helfrich einen Einsatz forderte, entgegnete der Stab des Admirals stereotyp: „In Ordnung! Wenn Ihr Land uns mehr Flugzeuge zur Luftsicherung stellt, gehen wir sofort ankerauf." (Siehe Morison, Samuel Eliot: a.a.O.) Aber auch Admiral Hart mußte mit dem auskommen, was er hatte. Und das war für diesen Seeraum mit seinen unendlichen Weiten soviel wie nichts.

Die japanischen Angriffskampfgruppen warteten jedoch nicht, bis sich die Alliierten über die Weiterführung ihrer Operationen geeinigt hatten. Sie eröffneten beinahe jeden Tag eine neue Luft- und Seeoffensive, mit jedem neuen Angriff erschwerten sie die alliierte Lage in diesem Gebiet und brachten neue Spannungen im ABDA-Kommando zum Vorschein.

Der Hauptschauplatz dieser Streitigkeiten war aber nicht Niederländisch Indien, sondern Washington. Dort erschien täglich der niederländische Botschafter im Foreign Office und plädierte dafür, Admrial Hart abzusetzen und einen Niederländer an dessen Stelle zu bringen. Schließlich mischte sich sogar Winston Churchill, zum Schluß auch noch Präsident Roosevelt in dieses Gezeter ein. Roosevelts Staatssekretär Knox und Admiral King kamen zu der Überzeugung, daß Java nicht länger zu halten sein würde; es sei auch „von der Optik her richtiger", daß ein Niederländer diesen Schlag der Inbesitznahme Javas durch Japan zu tragen habe.

So erhielt denn am 12. Febr. 1942 Feldmarschall Wavell von den Combined Chiefs of Staff den Befehl, daß zwar Admiral Hart nominell das Kommando über ABDA behalte, daß aber die operativen Dienstobliegenheiten an Admiral Helfrich übergehen sollten. Am 16. Febr. verließ Admiral Hart Java, und damit lag der Schwarze Peter der bevorstehenden Übergabe Javas an die Angreifer bei den Niederländern.

Bombardierung von Port Darwin

Die japanischen Absichten, mit der Eroberung Javas auch die Inselverbindungen nach Australien zu durchtrennen und insbesondere den Zusammenhalt der ABDA-Streikräfte mit der Versorgungsbasis Port Darwin zu unterbinden, war einen großen und entschlossenen Einsatz wert. Man bot denn auch eine starke Trägerflotte auf, um diese alliierte Basis zu erschüttern und zu Fall zu bringen.

Eine starke Steitmacht lief aus, geführt von VAdm. Kondo. Auch die Trägerflotte unter VAdm. Nagumo ging am 15. Febr. in Davao ankerauf. Zum Kampfverband gehörten die vier Schweren Träger „Kaga", „Akagi", „Hiryu" und „Soryu". Hinzu kamen die Schweren Kreuzer „Tone" und „Chikuma". Die Sicherung wurde durch den Leichten Kreuzer „Abukuma" mit sieben Zerstörern gebildet.

Mit dem ersten Büchsenlicht des 19. Febr. waren die Ausgangspositionen zur Bombardierung von Port Darwin erreicht. Ab 06.15 Uhr starteten von den vier Trägern gleichzeitig je neuen Zero-Jäger. Danach stiegen von der „Kaga" 27 Kampfflugzeuge auf und von „Akagi", „Hiryu" und „Soryu" jeweils 18. Danach folgten jeweils 18 Bomber von „Kaga", „Akagi" und „Soryu" und 17 von „Hiryu". Insgesamt griffen 188 japanische Flugzeuge an. Zu diesen Angreifern kamen 54 Flugzeuge von Kendari hinzu. Mit diesem starken Trägerangriff gut koordiniert, griffen landgestützte Flugzeuge von Kendari und Ambon aus an. Es war genau 10.00 Uhr, als die Angreifer über den Zielen erschienen und die Flugplätze und militärischen Anlagen von Port Darwin angriffen.

Dicht bei dicht lagen im Hafen von Port Darwin die Schiffe, als die Bomben aus den Schächten fielen und mit anschwellendem Geheule hinunterstürzten. Schiffe wurden schwer getroffen, Flammen stoben aus ihnen empor. Reihenwürfe machten die Flugfelder unbrauchbar, abgestellte Flugzeuge wurden getroffen und gingen in Flammen auf. Flammen und dicke Qualmwolken stoben aus Hallen, Speichern und Treibstoffbehältern empor. Acht Schiffe sanken nach diesem mörderischen Angriff. 13 weitere Schiffe, so zwei große und wichtige Transporter für die Versorgung der ABDA-Streitkräfte, wurden schwer beschädigt, unter ihnen auch der Seeflugzeugtender „William Preston". Versenkt wurde auch der Zerstörer „Peary", der 80 Besatzungsmitglieder in die Tiefe nahm. Die 18 auf dem Platz zerstörten Flugzeuge hätten Port Darwin im Falle eines Luftangriffs verteidigen sollen. Sie waren nicht mehr zum Start gekommen.

Die Stadt, zum Großteil aus Holzhäusern errichtet, wurde von den japanischen Flugzeugen im Tiefangriff mit Bordwaffen in Brand geschossen. Der Flugplatz war mit allen militärischen Anlagen vernichtet, und damit war von hier aus keinerlei Hilfe mehr für Java oder die ABDA-Streitkräfte zu erwarten. Das Ziel dieses Angriffes, ein zweites Pearl Harbor zu schafften, durfte als erreicht gelten. Gegen 12.00 Uhr landeten die Flugzeuge wieder auf ihren Trägern. Insgesamt waren bei diesen Angriffen nur zwei Maschinen verlorengegangen.

In der Timorsee – Bali, Lombok und Timor

Vizeadmiral Kondo hatte nunmehr die Absicht, mit seinem Hauptverband am 19. Febr. im Südteil der Timorsee aufzutauchen. Er wollte gegen Morgen das Ziel erreichen, weil ein Nachteinsatz in den gefährlichen Gewässern der Banda-See unmöglich erschien.

Bereits am 17. Febr. hatte das ABDA-Command die ersten Meldungen vom Nahen dieses großen Flottenverbandes erhalten. Admiral Doormans Flaggschiff „De Ruyter", der Kreuzer „Java", fünf niederländische und zwei US-Zerstörer lagen zu dieser Zeit in Tjilatjap vor Anker. Der Leichte Kreuzer „Tromp" befand sich in Surabaja, und die übrigen US-Zerstörer beölten gerade in Ratai-Bay auf Sumatra.

Admiral Doorman faßte den Entschluß, den Gegner in drei Gruppen anzugreifen. Die erste Gruppe wurde von ihm persönlich geführt. Seine Absicht war es, den Gegner mit Artillerie- und Torpedofeuer zu bedienen und dann durch die Lombok-Straße zurückzulaufen.

Zwei oder drei Stunden darauf sollte Commander J. B. de Meester auf „Tromp" mit den vier US-Zerstörern die Japaner ein zweites Mal angreifen und alle Torpedos schießen. Die dritte Gruppe, bestehend aus fünf niederländischen Motortorpedobooten, sollte anschließend zu einem dritten Torpedoangriff anlaufen und den Japanern den Rest geben. VAdm. Glassford und sein Stab kannten diesen Plan, sie waren dagegen, konnten aber Doorman nicht umstimmen.

Am Abend des 18. Febr. führte KAdm. Doorman die erste Kampfgruppe mit den beiden Kreuzern „De Ruyter" und „Java" und den Zerstörern „Piet Hein", „Pope" und „John D. Ford" von Tjilatjap aus nach Sanur-Reede an der Südküste von Bali.

Die in Surabaja ankerauf gegangene Gruppe mit „Tromp" und den US-Zerstörern „Stewart", „Parrot", „John D. Edwards" und „Pillsbury" sollte unmittelbar nach Doormans Angriff in der Bandung-Straße eintreffen; während Doorman mit seinem Verband nach Norden ablief, sollte dieser Verband unter Commander Meester angreifen. Danach sollten auch die Motortorpedoboote zum Angriff gelangen.

Als die Kampfgruppe Doorman am Ziel eintraf, hatten die Japaner ihr

Landungsunternehmen bereits durchgeführt. Der Ausguck auf „Java“ sichtete die zurücklaufenden Schiffe, und um 22.25 Uhr eröffneten die Einheiten Doormans das Feuer. Die japanischen Zerstörer „Asashio“ und „Oshio“, die als Nachhut liefen, erwiderten dieses Feuer. Aber die Geschwindigkeiten beider Verbände war zu groß und das Wetter zu unsichtig, als daß einer der beiden Kontrahenten einen Treffer hätte erzielen können. Lediglich der Transporter „Sasago Maru“ wurde von den Granaten der „De Ruyter“ getroffen. Die von den US-Zerstörern geschossenen Torpedos verfehlten ihre Ziele bis auf einen, der von „Pope“ geschossen wurde. Der japanische Zerstörer „Asashio“ traf den niederländischen Zerstörer „Piet Hein“ so schwer, daß er sank. Die zweite Welle unter Commander de Meester mit den vier US-Zerstörern, die Commander Binford unterstanden, erreichten Kap Tafel und sahen die Abschußfeuer und die Explosionen. De Meesters Versuch, mit dieser ersten Gruppe in Funkkontakt zu kommen, scheiterte. Es war gegen Mitternacht, als „Tromp“, hinter den US-Zerstörern laufend, mit ihren 15,2-cm-Geschützen in den Kampf eingriff, ohne Erfolge zu erzielen.

Das Seegebiet um Serangan Island wurde erreicht und um 01.35 Uhr mit 25 kn Fahrt passiert. Auch hier hatten die Japaner unmittelbar vorher ihre Landungstruppen abgesetzt. Eine Reihe Torpedos wurde von den US-Zerstörern in mehreren Anläufen geschossen. Danach eröffneten alle Einheiten das Geschützfeuer. Der Gegner erwiderte dies und schaltete „Pillsbury“ aus. Der Zerstörer „Stewart“ wurde ebenfalls getroffen. „Tromp“ wiederum traf die beiden japanischen Zerstörer „Oshio“ und „Asashio“ mehrfach.

Als die fünf Schiffe der ersten Kampfgruppe unter Doorman eine Position nördlich Nusa Besar erreichten, ließ Admiral Kubo auf „Nagara“ die vor dem Landungsstrand stehenden drei Zerstörer auf das Gefechtsfeld zumarschieren. Diese liefen durch die Lombok-Straße ein und eröffneten um 02.19 Uhr das Feuer. „Edwards“ und „Stewart“ hatten den ersten Granatenabtausch mit diesem neuen Gegner. „Pillsbury“ kam hinzu und konnte den japanischen Zerstörer „Michishio“ so zusammenschießen, daß dieser regungslos auf der See liegenblieb.

Die zweite Kampfgruppe unter Commander de Meester lief nach Ende des Gefechtes nach Surabaja ein. Die dritte Gruppe der Motortorpedoboote sichtete keinen Gegner und kehrte unverrichteter Dinge zurück.

Der japanische Versuch, auf Bali und ihrer Schwesterinsel Lombok zu landen, war gelungen. Die beiden japanischen Transporter, die ein Bataillon der 48. ID dort gelandet hatten, entkamen dank des Einsatzes von KAdm. Kubo, der mit seinem Führerkreuzer „Nagara“ und sieben Zerstörern den Gegner am frühen Morgen des 20. Febr. aufgehalten hatte.

Mit Bali hatte die japanische Führung einen neuen Luftstützpunkt gewonnen, von dem aus Angriffe gegen das nur 100 Meilen entfernte Surabaja geflogen werden konnten.

Gleichzeitig mit den Landungen auf Bali und Lombok war eine weitere Kampfgruppe, bestehend aus 14 Transportschiffen und einem Sicherungsverband unter KAdm. Tanaka, mit dem Kreuzer „Jintsu“ und neun Zerstörern bei Kupang auf Timor gelandet. Diese größte der Kleinen Sundinseln wollte Japan erobern, weil sie als Auftankmöglichkeit für australische Reichweitenflugzeuge ausgeschaltet werden sollte.

Die in der Nähe des Flugplatzes gelandeten japanischen Truppen nahmen nach kurzem Kampf den Platz in Besitz. Von hier aus wurden die mit den Truppen gleichzeitig auf die Insel gebrachten Fallschirmjäger am nächsten Tag gestartet und über Kupang, der Hauptstadt von Niederländisch Timor, abgesetzt. Bis zum 24. Febr. war auch Timor – der niederländische Teil ebenso wie der portugiesische – fest in japanischer Hand. Damit war Java von Australien abgeschnitten, auf sich allein gestellt und völlig eingekreist.

Der Kampf um Sumatra

Die japanische Seekriegsleitung hatte am 9. Febr. 1942 den ersten Konvoi aus der Cam-Ranh-Bucht auslaufen lassen. Am 10. Febr. folgte die südliche Expeditionsflotte unter Admiral Ozawa. Einen Tag später lief ein Geleitzug mit Truppentransportern aus, die stark gesichert waren.

Diese Angriffsstreitmacht war gegen Palembang auf Sumatra gerichtet. Sumatra verfügte über mehr als die Hälfte allen Erdöls von ganz Niederländisch Indien.

General Wavell, der Verteidiger von Singapore, befahl am 11. Febr. KAdm. Doorman, sich mit seinem Kampfverband westlich von Java zu versammeln. Doorman jedoch, der mit den Schiffen südlich Bali operierte, befahl allen Einheiten, sich sofort nördlich der Sundastraße mit seinen Schiffen zu vereinigen. Er wollte einen Rettungsversuch für Palembang unternehmen.

Am 14. Febr. lief Admiral Doorman mit seiner Flotte, die sich nördlich der Sundastraße versammelt hatte, in jenes Untergangsbild hinein, das sich gebildet hatte, als der Exodus der Zivilbevölkerung aus Singapore begann. Auf Hunderten von Schiffen aller Größen bis hin zum Ruderboot versuchten diese Menschen zu fliehen, denn Singapore würde sich nicht mehr lange halten können; das war klar. Alle diese Flüchtlingsschiffe aber mußten durch die Bangka-Straße laufen, den Hauptschiffahrtsweg nach Java oder

Sumatra.

Als auch Admiral Ozawas Kampfverband in der Bangka-Straße auftauchte und schließlich auch der Invasionsverband für Bangka und Palembang dort eintraf, war die Verwirrung ungeheuerlich. Fast alle Flüchtlingsschiffe wurden beschossen und versenkt.

KDAdm. Doormans Flotte, bestehend aus dem Flaggschiff „De Ruyter" mit den beiden Leichten Kreuzern „Tromp" und „Java", dem britischen Schweren Kreuzer „Exeter", dem australischen Leichten Kreuzer „Hobart", mit vier niederländischen und sechs US-Zerstörern, erreichte Bangka. Hier lief der niederländische Zerstörer „Van Ghent" auf ein Riff und sank. KAdm. Doorman, der in diesem Tumult kein Gefecht führen wollte, befahl den Rückzug.

Damit waren Bangka und Palembang verloren. Beide Städte fielen denn auch am nächsten Tage, dem 15. Febr. 1942. Die niederländischen und britischen Verteidiger zogen sich nach Java zurück. Auf Sumatra war es ihnen nicht gelungen, die Ölfelder und Raffinierien zur Gänze zu zerstören. Südostsumatra war in japanischer Hand, und bald darauf begannen die Ölfelder wieder zu produzieren. Java war nun auch von Westen her abgeschnitten.

Der Kampf um Hongkong und Singapore

Hongkong, einer der Eckpfeiler britischer Vormachtsstellung im Fernen Osten, auf der Insel Victoria und der Halbinsel Kowloon gelegen, wurde von sechs britischen Bataillonen, überwiegend Kanadiern, verteidigt. Die japanische 38. ID landete zunächst auf dem Festland vor Hongkong.

Die Kämpfe begannen hier bereits am 8. Dez. 1941. Am 13. Dez. gaben die Verteider nach hartnäckigem Ringen das Pachtgebiet der New Territories auf. In der Nacht zum 19. Dez. griffen japanische Truppen die Insel Victoria an. Das hier verteidigende indische Bataillon, das beim North Point und in der Aldrich Bay stand, wurde von den Angreifern völlig aufgerieben. Die Japaner schnitten die Insel in zwei Teile und trieben die Kanadier auf die Halbinsel Stanley. Die beiden englischen Bataillone, die Royal Scotchs und die Middlesex sowie die Inder drängten sie in die Stadt hinein. Im Westteil der Insel wurden die Briten eingekesselt. Gouverneur Sir Mark Young mußte am 1. Weihnachtstag 1941 kapitulieren.

Im Hafen von Hongkong wurden 26 Schiffe erbeutet, von denen einige durch die vorhergegangenen Luftangriffe beschädigt waren. Es waren insgesamt 26 Einheiten unter verschiedensten Flaggen mit zusammen über 50 000 BRT.

Während der Kämpfe und kurz vor der Kapitulation wurden der britische Zerstörer „Thracian", ein Minenleger, vier Kanonenboote, acht Schnellboote und vier Hilfskriegsschiffe im Kampf versenkt oder versenkten sich selbst.

*

Bedeutend härter war der Kampf um Singapore. Man war der festen Überzeugung, diesen Eckpfeiler britischer Macht halten zu können.

Zur See hin war Singapore stark befestigt. In Buena Vista und an der Spitze von Changi standen fünf Geschütze vom Kaliber 38 cm. Diese hatten eine Reichweite von 36 Kilometern. In Tekong Besar und Blackang Mati waren 23,4-cm-Geschütze eingesetzt und entlang der Küste noch eine Reihe von 15-cm-Batterien. Sechs Bataillone standen zur Verteidigung bereit.

Die britische Führung hatte zur Verteidgung der Halbinsel Malaya, von woher 38 Prozent der Weltproduktion an Gummi und 58 Prozent der Weltproduktion an Zinn herkamen, das III. indische AK abgestellt. Die 9. und 11. ID dieses Korps standen als Verstärkung bereit. Hinzu kamen zwei Gurkha-Brigaden und eine australische Division. Darüber hinaus verfügte die Verteidigung noch in Singapore über zwei motorisierte Brigaden. Damit belief sich die Kopfzahl der Verteidigungskräfte auf 100 000 Mann, die genügen sollten, Singapore und damit die Halbinsel Malaya zu halten.

Befehlshaber dieser Streitkräfte war GenLt. Percival, der wiederum unter dem Befehl des Oberbefehlshabers in Südostasien, Sir Robert Brooke-Popham, stand. Kommandeur der 8. australischen ID war GenMaj. Gordon Bennett.

In der Mitte der Halbinsel hatte sich die 9. ind. ID eingerichtet, im Norden, nahe der siamesischen Grenze, stand die 11. ind. ID.

Als um 03.00 Uhr Ortszeit am 8. Dez. 1941 (dies war 17.15 Uhr des 7. Dez. Greenwicher Zeit) die ersten japanischen Truppen landeten, fielen *hier* und nicht etwa in Pearl Harbor die ersten Bomben, wurden an diesem Ort die ersten Schüsse abgefeuert. Angriffszeit in Pearl Harbor war der 7. Dez., 18.25 Uhr Greenwich-Zeit.

Die japanische Angriffsflotte hatte sich im Golf von Siam geteilt. Während der eine Kampfverband nach Kota Bharu lief, steuerte der zweite einen auf Patani gerichteten Kurs, während der dritte, stärkste Verband den kleinen thailändischen Hafen Singora ansteuerte. Als den Japanern dort das erste MG-Feuer entgegenschlug, rief ein japanischer Dolmetscher in einer Kampfpause zu den Gegnern hinüber: „Wir sind die japanische Armee und kommen, um euch von der weißen Knechtschaft zu befreien."

Diese Angriffe wurden von der 25. japanischen Armee geführt, von der eine Division in der Heimat zurückgeblieben war. Eine zweite hatte auf Bangkok abgedreht, um die Regierung Thailands friedensbereit zu machen.

Insgesamt verfügte die ganze 25. japanische Armee über nur 17 230 Soldaten. Das IR 56 wurde auf Kota Bharu angesetzt, das 42. IR auf Patani und die Regimenter 11 und 41 auf Singora. Gen.Lt. Tomoyoku Yamashita führte die Armee.

48 Stunden genügten den japanischen Verbänden, die indischen Truppen auseinanderzujagen. Die Kampfgruppen von Singora und Patani vereinigten sich miteinander und drangen nach Westmalaya vor. Die Kampfgruppe von Kota Bharu marschierte nach Osten, und bis Weihnachten war ganz Nordmalaya in japanischer Hand. Nur Singapore hielt sich noch.

Bis zum ersten Büchsenlicht des 31. Jan. 1942 hatten sich die letzten britischen Verbände in die Festung Singapore zurückgezogen. Als der letzte Mann den Damm verlassen hatte, zündeten die Pioniere die vorbereiteten Sprengladungen. Der Damm, der Singapore mit dem Festland verband, brach in Stücke, und die See ergoß sich darüber hin.

Alle Briten in diesem Bereich konnten noch immer nicht ganz begreifen, daß die Japaner den Weg von der Landenge von Kra aus bis nach Jahore zur Straße von Jahore in nur 65 Tagen geschafft hatten. Nur zwölf japanische Bataillone waren im Anfang gelandet und hatten diese großen Erfolge erzielt, wo doch allein die Garnison von Malaya über 31 Bataillone verfügte und man zudem den Vorteil der festen Plätze und der ausgebauten Stellungen hatte.

Erst nachdem hier auch die Gardedivision „Konoye" eingesetzt wurde, verfügte auch Japan über 30 Bataillone in diesem Raum. Aber die Briten hatten in der Zwischenzeit Verstärkungen in Höhe von weiteren 15 Bataillonen erhalten.

Beim Gefecht von Dschitra hatte eine japanische Vorhut in Stärke von zwei Bataillonen, geführt von Oberstleutnant Sakki, die gesamte 27. indische Division zurückgeworfen, 50 Geschütze erobert und 3000 Gefangene gemacht. Dabei verlor sie nur 27 Mann an Toten.

Die Kampfmoral der japanischen Truppen war jener der Commonwealth-Truppen bei weitem überlegen. In Dschitra fielen den Japanern riesige Verpflegungslager in die Hände. Die 5. jap. ID (mot.) verfügte schließlich durch die erbeuteten britischen Fahrzeuge über ein Dreifaches des Sollbestandes an Fahrzeugen.

Singapore aber sollte eisern gehalten werden. Man war in der Stadt zuversichtlich. Nur London war besorgt, was die Lage Singapores anging.

Das kam in der Versammlung des Kriegskabinetts unter Winston Churchills Führung am 29. Jan. 1942 zum Ausdruck. Der Leiter des Kriegskabinetts, General Sir Henry Ismay, bemerkte, daß Churchill verstohlen fluchte. Dieser hatte soeben ein Telegramm von Feldmarschall Wavell erhalten, der General Brooke-Popham als Oberbefehlshaber Südostasiens abgelöst hatte. Darin wurde zum Ausdruck gebracht, daß Singapore nicht länger gehalten werden könne. Und dies bei einer gewaltigen Festung und einer Artillerie, wie sie nirgendwo anders in Ostasien zur Verfügung stand.

Churchill beschloß, Singapore räumen zu lassen, die dabei freiwerdenden Truppen in Richtung Burma in Marsch zu setzen und den dort ebenfalls bereits seit Kriegsbeginn laufenden japanischen Vorstoß zu stoppen.

Dennoch wurde der britische Kriegspremier zunächst dazu gezwungen, den Befehl zur Verteidigung von Singapore zu geben. In diesem Befehl betonte er, daß die Garnison notfalls kämpfend untergehen müsse.

Der Kampf um Singapore selbst begann in der Nacht zum 9. Febr. 1942. Von Jahore aus waren japanische Streitkräfte in einer Zangenbewegung in Richtung Singapore vorgestoßen. Japanische Artillerie beschoß Stadt und Flugplatz. Tiefflieger schossen aus allen Bordwaffen in die Häuser hinein.

Binnen sechs Tagen verlustreicher Kämpfe drangen die Japaner bis auf 5 km an den Stadtrand vor. Das Verteidigungszentrum Singapores auf dem Hügel von Bukit Timah wurde am 10. Febr. angegriffen. In der kommenden Nacht wurde diese Höhe überrannt und die dort verteidigenden Kampfgruppen bis auf den letzten Mann vernichtet. Von hier aus stürmten die japanischen Angriffsformationen über die lange gerade Straße, die Bukit Timah Road, direkt nach Singapore hinein.

General Wavell, der eigentlich in Singapore hätte bleiben müssen, wo er sich an diesem entscheidenden Tage zu einer Inspektion aufhielt, erhielt ein Telegramm Churchills, in welchem dieser ihn beschwor: „Die Generale müssen mit ihren Soldaten sterben, und Sie, Wavell, haben die Chance, in die Geschichte einzugehen."

Doch General Wavell dachte gar nicht daran. Er telegrafierte folgenden Text an Sir Winston Churchill zurück: „Im Begriff, mich auf mein Torpedoboot zu begeben und nach Java zurückzukehren, bin ich auf dem dunklen Kai ausgerutscht und gestürzt. Der Arzt hat mir soeben mitgeteilt, daß ich zwei kleine Knochen am Rückenende gebrochen habe. Nichts Ernstes, aber ich muß ins Lazarett und werde zwei bis drei Wochen festliegen."

Der Aufruf Churchills wurde von den Soldaten Singapores nicht beachtet, im Gegenteil: Deserteure versuchten, die letzten Singapore verlassenden Schiffe zu stürmen. Sie wurden von der Militärpolizei unter Anwendung von Schußwaffen zurückgetrieben.

Am 15. Febr. 1942 befahl General Percival, der sein Hauptquartier nach Fort Canning verlegt hatte, zu einer Kommandeursbesprechung. Zu der genauen Zeit, da diese Besprechung beginnen sollte, drangen japanische Truppen in die Innenstadt ein. Das Munitionsdepot flog in die Luft.

Die Kommandeure der Divisionen, Brigaden und Bataillone und der Befehlshaber des Luftschutzes meldeten in Fort Canning, wie die Sache stehe. Die Lage war – das erkannte man aus den Situationsberichten – hoffnungslos geworden. Nachdem der Befehlshaber General Percival alle Abschnittskommandeure gehört hatte, sagte er: „Wenn es so um uns steht, dann bleibt mir nichts anderes übrig, als zu kapitulieren!" Dies war möglich geworden, nachdem Winston Churchill von seiner Parole der „Verteidigung bis zum letzten Mann" abgerückt war und General Wavell Percival freigestellt hatte, ob und wann er den Widerstand einstellen wollte. Percival beauftragte Captain Wild, nach vorn zu fahren, wo ein japanischer Unterhändler gemeldet worden war.

*

Als der japanische Unterhändler, Oberst Ichiji Sugita, am Morgen des 15. Febr. 1942 nach vorn fuhr, um sich mit dem britischen Parlamentär zu treffen, sah er noch auf Fort Canning in der Mitte von Singapore den Union Jack flattern. Als er auf Captain Cyril H. D. Wild stieß, lautete seine erste Frage: „Sie wünschen zu kapitulieren?" Der britische Captain erwiderte: „Wir tun es!" Oberst Sugita sagte ihm, er möge zurückfahren und mit General Percival und seinem Stab zurückkehren. Als schließlich General Percival eintraf, sagte Oberst Sugita: „Wir haben für mehr als zwei Monate gegeneinander gekämpft. Nun sind wir zum Schluß gekommen. Ich beglückwünsche Sie zum britischen Widerstand."

Am nächsten Tage kam es nach einigem Hin und Her zwischen Generalleutnant Yamashita und General Percival, bei dem schließlich Yamashita die energische Frage stellte, ob er nun kämpfen oder kapitulieren wolle, zur Erklärung von General Percival, daß er unterschreiben werde. Percival fragte vorher, ob die kaiserliche Armee Frauen, Kinder und britische Zivilisten schonen werde. Yamashita erwiderte: „Wir werden sehen, was wir tun können. Bitte unterschreiben Sie die Urkunde!" Um 07.50 Uhr des 16. Febr. 1942 unterzeichneten die beiden Soldaten. Fünf Minuten später verstummten plötzlich alle Kriegsgeräusche.

„Singapore, die Stadt des Löwen, die beste Festung der Welt" war japanisch. In 70 Tagen hatte General Yamashita unter Inkaufnahme von 9824 Mann an Verlusten 650 Meilen der Malayischen Halbinsel aufgerollt und Singapore erreicht. Die Briten hatten weniger tödliche Verluste, aber mehr als 130 000 Mann an Gefangenen verloren.

Oberst Hiedo Ohira, der Chef der Presseabteilung des Heeres, sagte zu diesem Sieg in der Asahi Shimbun: „Die Besetzung von Singapore Island in drei Tagen konnte nur durch unsere kaiserliche Armee erfolgen. Japan ist die Sonne, die für den Weltfrieden scheint. Jenen, die in dieser Sonne leben wollen, wird sie scheinen; und jene, die Widerstand leisten, werden ihren Untergang erleben. Beide, die USA und Großbritannien, sollten die 3000 Jahre der japanischen Geschichte bedenken. Ich erkläre feierlich, daß mit dem Fall von Singapore die Hauptkriegssituation bereits bestimmt ist. Der Endsieg wird unser sein.“ (Siehe Toland, John: a.a.O.)

Die Eroberung von Java

Der Angriff auf Java wurde der 48. japanischen ID übertragen. Mit einer Reihe von Truppentransportern lief diese Division aus dem Hafen von Jolo auf den südlichen Philippinen aus. Es ging zunächst nach Balikpapan, wo das IR 76 dieser Division aufgenommen wurde, das dort im Einsatz gestanden hatte. Am 23. Febr. 1942 lief der Konvoi abermals aus und traf zwei Tage später in See mit dem zweiten Angriffsverband zusammen, der von dem Leichten Kreuzer „Jintsu“ mit neun Zerstörern geleitet wurde.

Zur Eroberung von Batavia, der in Westjava gelegenen Hauptstadt der Insel, hatte die japanische Heeresleitung den Führungsstab der 16. Armee, der 2. ID und des 230. IR der 38. ID zusammengestellt. Dieser riesige Konvoi bestand aus 56 Transportern, die bereits am 18. Febr. in der Cam-Ranh-Bucht ankerauf gingen.

Dieser Verband wurde zunächst vom Leichten Kreuzer „Natori“ (als „Führerschiff“) mit acht Zerstörern gesichert. Als sich die Landungsgruppe den drei vorgesehenen Landeköpfen näherte, wurde sie durch den Unterstützungsverband West mit vier Kreuzern und drei Zerstörern, dem Kreuzer „Yura“ mit weiteren acht Zerstörern, dem Leichten Träger „Ryujo“ und den Seeflugzeug-Mutterschiffen „Chitose“ und „Mizuho“ gedeckt.

Als der östliche Angriffsverband gesichtet wurde, befahl Admiral Helfrich, der die Führung aller in diesem Raum stehenden Seestreitkräfte übernommen hatte, KAdm. Doorman, alle einsatzbereiten Kampfschiffe in Surabaja zu sammeln. Dazu gehörten auch die noch der in See stehende Schwere Kreuzer „Exeter“, der Leichte Kreuzer „Perth“ und drei Zerstörer, die sich bei Batavia befanden.

Ohne das Herankommen dieser Einheiten abzuwarten, welche die Kampfkraft seiner Flotte erheblich verstärkt hätten, ließ KAdm. Doorman am Abend des 25. Febr. 1942 zu einer Aufklärungsfahrt ankerauf gehen. Commodore Collins, der den Verband mit der „Exeter“, „Perth„ und drei Zerstörern in Tanjong Priok führte, ließ sofort nach Surabaja in See stechen. Doorman war jedoch bereits mit seinen drei Kreuzern und sieben Zerstörern entlang der javanischen Küste in Richtung Bawean Island gelaufen. (Siehe dazu: „Admiralty Battle Summary No 28, „Battle of the Java-See.“)

Nach mehreren Kreuz-Suchschlägen, wobei die Einheiten mehrfach von japanischen Flugzeugen angegriffen wurden, ließ KAdm. Doorman am 27. Jan. um 09.30 Uhr den Rückmarsch nach Surabaja antreten. Eine halbe Stunde später setzte Admiral Helfrich einen Funkspruch an Doorman ab, der folgenden Inhalt hatte: „Ungeachtet der Luftangriffe haben Sie weiter nach Osten vorzugehen und eine Angriffsmöglichkeit gegen den Feind zu suchen.“ – „Der alte Seebär Helfrich konnte Doormans Vorsicht nicht verstehen“, kommentierte Captain Morison diesen Funkspruch.

KAdm. Doorman ignorierte diese Weisung und lief weiter auf Rückmarschkurs. Als seine Kampfgruppe einlaufend den äußeren Eingang von Surabaja-Harbor erreichte und diesen passierte, erhielt Doorman um 14.27 Uhr definitive Auskunft über den Standort und die Stärke des Gegners. Und zwar direkt von Admiral Helfrich, denn 40 Minuten zuvor hatte ein Aufklärer Standort und Stärke des Gegners über Funk bekanntgegeben. Es waren von diesem Aufklärer drei Feindgruppen gesichtet worden, und zwar Gruppe eins mit zwei Kreuzern und sechs Zerstörer sowie 25 Transporter westlich von Bawean Island, Gruppe zwei mit mehreren Transportern und Zerstörern 65 sm nordwestlich der Insel, Gruppe drei mit einem einzeln laufenden Kreuzer 70 sm achtern der zweiten Gruppe.“

Die zunächst stehende Gruppe war jene von Admiral Nishimura. Die genaue Dislozierung dieser Kampfgruppen, von denen der Aufklärer nur Teile gesichtet hatte, lautete: Westgruppe: Auf 56 Transportern die versammelte 2. ID mit den Stäben der 16. Armee, bei Anambas (nordostwärts Singapore). Sicherungsgruppe dafür: 7. Kreuzergeschwader unter KAdm. Kurita mit den Schweren Kreuzern „Kumano“, „Suzuya“, „Mogami“, „Mikuma“, den Zerstörergeschwadern 3 und 5 mit den Leichten Kreuzern „Sendai“, „Natori“ und „Yura“ sowie 23 Zerstörern. Flugzeugträger „Ryujo“, Seeflugzeugträger-Mutterschiff „Chiyoda“, Tender „Kamikawa Maru“ und zwei weitere Zerstörer. Ostgruppe: 41 Transporter mit der 48. ID bei Balikpapan (Borneo). Sicherungsgruppe: 4. Zerstörergeschwader, KAdm. Nishimura, mit Kreuzer „Naka“, sieben Zerstörern, Minenleger „Wakataka“ und sechs Kleinkampfeinheiten. Darüber hinaus: KAdm. Takagi mit den Kreuzern „Nachi“ und „Haguro“ und das 2. Zerstörergeschwader mit dem Leichten Kreuzer „Jintsu“ und sieben Zerstörern. Gesamtführung der Operation (bei der Ostgruppe stehend): VAdm. Takahashi mit den Kreuzern „Ashigara", „Myoko" und zwei Zerstörern. Deckungsgruppe für die Abschirmung nach Süden: Kondo mit den Schlachtschiffen „Kongo", „Hiei", „Haruna", „Kirishima", den Trägern „Akagi", „Soryu", „Hiryu", „Shokaku", „Zuikaku", den Kreuzern „Chikuma", „Tone" und „Abukuma" und acht Zerstörern.

Vorgesehen waren die Landungen für den 26. Febr. 1942. Als aber zwei alliierte Kreuzerverbände in See stehend erkannt wurden, ließ die japanische Führung die Landungsoperationen zweimal verschieben.

Einer der Verbände war jener von KAdm. Doorman, der, wie vorher geschildert, zu einer Erkundungsfahrt aufgebrochen war. Bei dem zweiten Verband handelte es sich um die am 21. Febr. 1942 zusammengestellte westliche Angriffsgruppe, die aus „Hobart", dem Leichten Kreuzer „Danae" sowie „Dragon" und zwei Zerstörern bestand. Diese Gruppe war durch Admiral Helfrich nahe an Batavia heranbeordert worden mit der Weisung, eine japanische Schiffsgruppe zu suchen, die aus dem Südchinesischen Meer erwartet wurde. Als der Feind diese Kampfgruppe fast erreicht hatte, drehte sie am 26. Febr. in Richtung Bakna-Straße ab, ohne Kontakt bekommen zu haben.

Flugzeuge der japanischen westlichen Angriffsgruppe aber sichteten diesen kleinen Verband, und Admiral Kurita stellte zwei Schwere und zwei Leichte Kreuzer sowie drei Zerstörer ab, diesen Gegner abzufangen. Aber auch diese japanische Kampfgruppe konnte mit der genannten kleinen alliierten Kampfgruppe nicht in Kontakt kommen. Diese fünf britischen Schiffe kehrten ohne Feindberührung nach Tanjong Priok zurück, beölten dort am 27. Febr. und wurden nach Tjilatjap entlassen. Sie passierten am 28. Febr. die Sundastraße und liefen nach Ceylon weiter. Ob dies aufgrund eines britischen Befehls geschah oder ob Admiral Helfrich (durch britischen Druck dazu gezwungen) dieses Befehl gab, konnte von den US-Historikern nicht eruiert werden.

„Damit stand ein Drittel der alliierten Seestreitkräfte in diesem Raum nicht mehr für den Endkampf zur Verfügung." (Siehe Report von Admiral Glassford Seite 37–38).

Der Kampfgruppe unter KAdm. Doorman aber sollte keine Hafenliegezeit beschieden sein. Als die Schiffe am 27. Febr. um 15.00 Uhr in den Hafen von Surabaja einliefen, erhielt das Führerschiff den strikten Befehl von Admiral Helfrich: „Der ostwärts von Bawean stehende Feind ist sofort anzugreifen!" Die Kreuzer bildeten, in Kiellinie laufend und drehend, um 15.25 Uhr eine neue Kiellinie auf Gegenkurs. Vorn das Führerschiff „De Ruyter", dahinter „Exeter", „Houston", „Perth" und „Java". Sie liefen nun mit Kurs 315 Grad und 20 kn Fahrt wieder aus. Die britischen Zerstörer sicherten vorn, die niederländischen bildeten mit den amerikanischen die Sicherung der Backbordflanke und die Nachhut.

Bei diesem schnellen Wendemanöver, das alle Konzentration forderte, war es KAdm. Doorman nicht möglich gewesen, einen neuen Operationsbefehl herauszugeben. Dies in Fahrt zu tun, war wegen des fehlenden Signalcodes für alle Schiffe ebenfalls nicht möglich. Alle Befehle Doormans mußten erst von einem US-Verbindungsoffizier auf „De Ruyter“ übersetzt und dann zu „Houston“ übermittelt werden. Von dort konnten sie schließlich über die Funksprechverbindung an die übrigen Einheiten weitergegeben werden. (Siehe: „Houston Senior Survivors Report from 16. 11. 1945).

Nach einem Luftangriff der Japaner, der keine Schäden verursachte, forderte KAdm. Doorman abermals um 16.00 Uhr Luftsicherung an. Doch die vorhandenen acht niederländischen Brewster-Flugzeuge waren im Einsatz, um einige Tiefbomber zu decken, die die japanischen Transporter angriffen.

Um 16.12 Uhr des 27. Febr. 1942 wurde der erste Gegner gesichtet. Es war ein Kreuzer, der mit einem großen Zerstörer den Kurs der Kampfgruppe Doorman von Steuerbord nach Backbord kreuzte. Die Schlacht konnte beginnen.

Die Seeschlacht in der Java-See

Der Verband von KAdm. Doorman war bereits einige Zeit vorher durch die japanische Luftaufklärung erfaßt worden. KAdm. Takagi, der Befehlshaber des Deckungsverbandes der Ostgruppe, ließ sofort einen Kampfverband zusammenstellen und dem gesichteten Gegner entgegenschicken. Dieser Verband bestand aus den Schweren Kreuzern „Nachi“, „Haguro“, dem Leichten Kreuzer „Jintsu“ unter KAdm. Tanaka mit den Zerstörern „Hatsukaze“, „Kawakaze“, „Sazanami“, „Tokitsukaze“, „Ushio“, „Yamakaze“ und „Yukikaze“. Unter KAdm. Nishimura auf dem Zerstörerführer (Leichter Kreuzer) „Naka“ standen die Zerstörer „Asagumo“, „Harusame“, „Minegumo“, „Murasame“, „Samidare“ und Yudachi“.

Beide Kampfgruppen liefen nun in großer Fahrt aufeinander zu und mußten noch vor Einfall der Dunkelheit Gefechtsberührung erhalten. Es war 16.13 Uhr, als KAdm. Doorman den Befehl gab, mit der Fahrt auf 26 kn heraufzugehen und den um 16.12 Uhr gesichteten Gegner anzugreifen. Die Kreuzer „Perth“ und „Houston“ griffen an. In diesem Moment tauchten die Masten weiterer japanischer Kriegsschiffe über der Kimm auf.

KAdm. Takagi befahl „Feuereröffnung“, und um 16.16 Uhr eröffneten die Schweren Kreuzer „Haguro“ und „Nachi“ das Feuer auf ihr Gegenüber „Exeter“ und „Houston“. Gleichzeitig damit ließ KAdm. Takagi den Leichten Kreuzer „Jintsu“ (mit KAdm. Tanaka an Bord) und seine Zerstörerflottille in Reihe auf eine Distanz bis 18 000 Meter an die britischen Zerstörer herangehen und das Feuer eröffnen.

Von den ersten beiden Salven wurde der britische Zerstörer „Elektra“ getroffen. Als sich die Distanz auf 15700 m verringert hatte, erwiderten „Elektra“ und „Jupiter“ das Feuer, konnten aber den Gegner mit ihren Geschützen noch immer nicht erreichen. Auch diesmal erwies sich der Einsatz von leichten Kreuzern als Führerschiffe für Zerstörerflottillen von besonderem Wert.

Falls die Absicht der Japaner gelang, KAdm. Doormans Kampfgruppe, die in T-Formation lief, zu kreuzen, konnten sie mit „Nachi“ und „Haguro 20 Geschütze von 20,3-cm-Kaliber zum Einsatz bringen. „Exeter“ und „Houston“ verfügten nur über neun Geschütze dieses Kalibers, weil „Houston's“ schwerer achterer Turm nicht einsatzbereit war.

KAdm. Doorman konnte, parallel zum feindlichen Kurs laufend, nur versuchen, seine leichten Kreuzer in der inneren Reihe zu führen. Doorman ließ um 16.21 Uhr seine Kampfgruppe um 20 Grad nach Backbord auf den neuen Kurs 295 Grad drehen. Er mußte diese Kursänderung vornehmen, weil er nur dann auch die achteren Geschütze der „Exeter“ zum Einsatz bringen konnte.

„Exeter“ eröffnete denn auch das Feuer, und „Houston“ fiel nur Sekunden später ein. Die US-Kreuzer benutzten karmesinrote Farbe in ihren Granaten, um die eigenen Salven lokalisieren zu können und daraus Korrekturmöglichkeiten zu erkennen. So sah man denn auch bald die hohen blutroten Geysire rings um die japanischen Einheiten aus der See emporspringen. Diese blutroten flammenartigen Fontänen erschreckten denn auch einige junge Offiziere der „Nachi“, wie dies im Kriegstagebuch dieses Schiffes vermerkt ist.

„Exeter“ und „De Ruyter“ erhielten beinahe gleichzeitig einige Nahtreffer, die beide Kreuzer zwar beutelten, aber nicht beschädigten.

Dieses erste Duell dauerte insgesamt acht Minuten, und als das Feuer um 16.29 Uhr gestoppt wurde, ließ Doorman seinen Verband mit einer weiteren Kurskorrektur auf 248 Grad drehen.

Beide Kampfgruppen liefen nun parallel zueinander. Die Leichten Kreuzer waren inzwischen in den Feuerbereich der 15,2-cm-Geschütze gelangt. Der zunächst laufende Kreuzer der Japaner war „Naka“ mit KAdm. Nishimura an Bord.

Drei Bordflugzeuge der Kreuzer tauchten über dem US-Verband auf und lenkten das Feuer der japanischen Kreuzer. Aus diesem Grund lag ihr Feuer auch genauer als jenes der Kampfgruppe Doorman. „De Ruyter" und „Exeter" wurden ständig eingegabelt. Auch die anderen Schiffe Doormans erhielten Treffer in diesen acht Minuten. Bereits nach zwei Minuten war „De Ruyter" getroffen; zum Glück für die Besatzung war diese großkalibrige Granate ein Blindgänger.

Vier Minuten nach der letzten Kursänderung befahl KAdm. Doorman eine weitere Kursänderung auf 267 Grad. Damit wollte er die Distanz zum schießenden Gegner verringern, um auch seine Zerstörer mit ihren leichteren Waffen zur Wirkung bringen zu können. Als Admiral Takagi auf „Nachi" diesen Schachzug bemerkte, befahl er den Torpedoangriff seiner beiden Zerstörer-Flottillen. „Naka" leitete mit ihren sieben Zerstörern den Angriff ein, indem diese Flottille quer zum Bug der Doorman-Kreuzer lief. „Jintsu" hingegen lief mit ihren Zerstörern auf der Flanke zum Angriff an.

Während der folgenden 15 Minuten schossen insgesamt 16 Einheiten 43 Torpedos, von denen kein einziger traf, weil sie aus zu großer Distanz geschossen waren und ausmanövriert werden konnte. Nachdem die japanischen Zerstörer ihre Torpedos geschossen hatten, stießen sie in die feindliche Kreuzerreihe hinein und legten einen dichten Rauchschleier. Dadurch wurde den alliierten Schiffen die Sicht genommen, während die Japaner noch immer durch ihre Flugzeuge eingewiesen werden konnten. Übrigens verfügte keines der Schiffe von KAdm. Doorman über ein Radargerät.

KAdm. Tanaka, der seinen Verband von dem Leichten Kreuzer „Jintsu" aus leitete, drehte ab, bevor ihn die Alliierten unter Feuer nehmen konnten. Kurz nach 17.00 Uhr aber stieß er in einer abermaligen Drehung wieder heran, um zu einem überfallartigen Torpedo- und Artillerieangriff anzutreten. Um 17.07 Uhr schossen seine Zerstörer die Torpedos. Sie hatten normalerweise nur eine geringe Chance, eines von KAdm. Doormans Schiffen zu treffen. Eine Minute nach dem Schuß liefen die Einheiten Doormans jedocht weit auseinander und somit genau in die Torpedolaufbahnen hinein. Diese Kursänderung war nicht etwa willkürlich gegeben, sie hatte einen besonderen Grund. Während KAdm. Tanaka den Kampf gesucht hatte, war die Gruppe unter Führung von Admiral Takagi mit den Kreuzern „Nachi" und „Haguro" mit hoher Fahrt nach Westen weitergelaufen, und während sich noch KAdm. Doorman mit seinem Verband mit der stärker bestückten Gruppe von KAdm. Tanaka herumschlug, erwartete er nunmehr den Angriff von KAdm. Takagi mit seinen Schweren Kreuzern und ließ auseinanderziehen, um diesen kein geschlossenes Ziel zu bieten. Dies also war der Grund für die Kursänderung, die unglücklicherweise genau in die Torpedolaufbahnen hineinführte.

Es war 17.08 Uhr, als die erste panzerbrechende Granate der Japaner auf einer Flak-Geschützstellung der „Exeter“ einschlug und in der darunter liegenden Pulverkammer detonierte. Der schwer beschädigte britische Kreuzer wurde langsamer und drehte mit Hartruder Backbord weg, um eine Kollision mit „Houston“ zu vermeiden, der ja als dritter Kreuzer in der Reihe und damit hinter „Exeter“ lief und doppelt so schnell lief wie die „Exeter“.

Zwar hatte KAdm. Doorman eine Drehung in Reihe hinter dem führenden Flaggschiff her befohlen, doch „Houston“ drehte an Backbord der „Exeter“ vorbei, und die ihr folgenden „Perth“ und „Java“ taten es „Houston“ nach.

Um 17.15 Uhr explodierte der niederländische Zerstörer „Kortenaer“ und sank binnen kürzester Zeit. Er war höchstwahrscheinlich von einem Torpedo der „Jintsu“ getroffen worden. Damit war die Kampfgruppe Doormans völlig in Unordnung geraten. „De Ruyter“ dampfte für einige Minuten ganz allein weiter, und die britischen Zerstörer drehten nach Backbord aus dem Kurs heraus, den sie an der Backbordseite als Sicherung gelaufen waren.

KAdm. Takagi beobachtete, wie die feindliche Kampfgruppe herumschwang und sich aufzulösen schien; er sah, daß sie nunmehr einen für einen Torpedoangriff günstigen Kurs lief. Er befahl seinem Verband: „Sofort mit Torpedos angreifen und den Feind vernichten!“ Seine zwei Schweren Kreuzer und Nishimuras Zerstörer mit dem Leichten Kreuzer „Naka“ als Flaggschiff drehten hart Backbord und schossen alle Torpedos, die in den Rohren bereitlagen.

KAdm. Doorman lief mit „De Ruyter“ seinen weiten Bogen. „Exeter“, nach dem schweren Treffer nur noch 15 kn/h laufend, von dem explodierenden Pulver in Brand gesetzt und schwarz qualmend, drehte ebenfalls in einem weiten Bogen nach Backbord ab. „Perth“, vom Rauch der Feindzerstörer völlig eingehüllt, lief nach ausgeführter Drehung zeitweise wieder auf seinem alten Kurs, um dann auch in einem weiten Kreis zu drehen.

KAdm. Doorman ließ dem australischen Kreuzer signalisieren, ihm zu folgen, und befahl den britischen Zerstörern, zur „Exeter“ zu laufen, diese zu sichern und dann einen Gegenangriff zu versuchen.

Der älteste Offizier auf dem Zerstörer „Electra“ befahl einen Angriff mitten durch den Rauch nordwestlich in Richtung auf die „Jintsu“ mit ihren sieben Zerstörern. Durch Rauch und Explosionswolken war die Sichtweite auf weniger als eine Meile herabgesetzt. Das gesamte Kampffeld war in dichten Pulverdunst gehüllt. Ab und zu konnten die übrigen Einheiten vom Führerzerstörer „De Ruyter“ Lichtsignale empfangen, mit denen Befehle übermittelt wurden.

„Electra", „Jupiter" und „Encounter" liefen nun mit Höchstfahrt in den Rauchschleier hinein, als eben auch „Jintsu" mit drei Zerstörern sich anschickte, ihn zu durchstoßen. Beide Gruppen bekamen sich gleichzeitig in Sicht. „Encounter" schoß eine schnelle Salve und lief wieder in den schützenden Mantel des Rauches zurück. „Elcktra" schoß Schnellfeuer, mit dem es die „Jintsu" traf, und erhielt ihrerseits einen Treffer in den Kesselraum zwei. Wenig später setzte ein zweiter Treffer die Bordverständigungsanlage auf der Brücke außer Betrieb.

Derweilen war „Jintsu" mit noch zwei Zerstörern in den Rauch eingedrungen mit dem Auftrag, der „Exeter" den Fangschuß zu geben. Doch inzwischen waren drei Zerstörer in den Nahbereich der „Exeter" gelangt und schützten ihn. Einer davon, der Niederländer „Witte de Witt", war durch die Explosion einer eigenen Wasserbombe beschädigt. Diese Bombe war bei einer Hartruderdrehung über Bord gefallen und detoniert.

Nacheinander wurden die Geschütze der „Electra" durch die japanischen Zerstörer und den Leichten Kreuzer „Jintsu" zum Schweigen gebracht. Um 18.00 Uhr mußte Commander May den Befehl „Alle Mann von Bord!" geben.

Während die britischen Kreuzer, von der Hauptstreitmacht abgesetzt, ihren eigenen Einsatz durchführten, sammelte KAdm. Doorman seine Schiffe und ließ einen Funkspruch an VAdm. Glassford in Bandung absetzen. Er bat darin um die Entsendung von U-Booten. Diese sollten nördlich von Zentraljava die Fährte der feindlichen Großkampfschiffe aufnehmen und diese angreifen. Er selbst – so ließ er übermitteln – würde Admiral Takagis Streitmacht überwinden oder sie umrunden, um an die Transporter heranzukommen und diese zu vernichten.

Es war 17.30 Uhr, als KAdm. Doorman seine Streitmacht wieder vereinigt hatte. „De Ruyter" führte, gefolgt von „Perth", „Houston" und „Java". Auf Südostkurs lief der Verband weiter. Ab und zu wurden zwischen Rauch und Pulverdunst die beiden Gegnerschiffe „Nachi" und „Haguro" gesichtet und mit ihnen Salven gewechselt. „Houston" lief dauernd Zickzackkurse. Dadurch entging er zwar den japanischen Granaten, konnte aber selber ebenfalls nicht sicher schießen.

Dennoch wurde „Houston" wenig später abermals von den Granaten eines japanischen Kreuzers getroffen. Eine durchschlug den Bug und peitschte ins Wasser. Glücklicherweise war sie ein Blindgänger. Zwei waren Nahdetonierer.

Um diese Zeit hatte „Houston" bereits alle Munition für die beiden vorderen Türme verschossen. Die Besatzung mußte die schweren Acht-Zoll-Granaten vom achteren Turm zu den vorderen Türmen eins und zwei schleppen. Dies bei der herrschenden Hitze unter Deck und den ständigen Hartruder-Kursänderungen.

Admiral Takagi gab in dieser Situation den Befehl an alle Einheiten aus, zuerst die Transportgruppen mit den Landungsverbänden zu schützen und sicherzustellen, daß sie die Küste von Java erreichten. Gleichzeitig damit liefen „Naka" und ihre Zerstörer in die Kiellinie von KAdm. Doormans Streitmacht hinein.

Die zurückgebliebene „Exeter", das sahen die Männer auf den Brücken der anderen Einheiten, schoß noch immer, wenn auch in größeren Abständen. „Naka" antwortete ihr mit schnellen und immer deckend liegenden Salven.

Um 17.50 Uhr wechselte der Leichte japanische Kreuzer „Naka" seinen Kurs. Die sechs Zerstörer folgten ihm, und jeder schoß, als die Drehung beendet war, vier Torpedos aus etwa 4300 Meter. Einer dieser 24 Torpedos mußte treffen.

KAdm. Doorman ließ seinen Verband auf Südkurs, 190 Grad, drehen, um die Torpedolaufbahnen auszumanövrieren. Dann befahl er den vier US-Zerstörern den Gegenangriff mit Torpedos. Commander Binford auf „Edwards" griff sofort an. Aber um 18.15 Uhr signalisierte ihm der Signalgast auf „De Ruyter": „Decken Sie meinen Rückzug!" Commander Binford ließ zurückblinken: „Der beste Rückzug ist der Angriff!"

Als unmittelbar darauf „Nachi" und „Haguro" in Sicht kamen, griffen seine Zerstörer an. Der Angriff erfolgte um 18.22 Uhr auf die Breitseiten der beiden Schweren Kreuzer, und es wurden von den Zerstörern die Steuerbordtorpedos geschossen. Diese wurden jedoch rechtzeitig erkannt und ausmanövriert. Da sie aus einer Distanz von etwa 10000 m geschossen waren, hatte der Gegner Zeit genug, ihnen zu entkommen.

Als Commander Binford den Kurs ändern ließ, um auch die Backbordtorpedos zu schießen, wurden auch diese vorzeitig bemerkt und ausgedampft. So wurde der zweifache Torpedoangriff zu einem ebensolchen Fiasko. Die Zerstörer hatten es versäumt, nahe genug heranzugehen und das Risiko einiger Treffer auf sich zu nehmen, dafür aber mit absoluter Sicherheit auch Treffer zu erzielen.

Zwar erzielten Binfords Zerstörer im Artilleriekampf noch einige Treffer auf japanischen Zerstörern, ehe sie zum Gros zurückkehrten, doch das änderte nichts an dem Mißerfolg.

Durch Signalspruch von „De Ruyter" erfuhren sie, daß die „Houston" inzwischen ausgeschaltet worden sei. Um 18.31 Uhr erhielt Commander Binford den Befehl Doormans: „Folgen Sie mir!"

Jetzt wollte KAdm. Doorman die japanischen Transporter angreifen und vernichten. Während des Kampfes hatte er über Funk neue Nachrichten erhalten, daß ein japanischer Konvoi nordwestlich der Kangean-Inseln stehe. Offensichtlich war dies einer jener Konvois, die KAdm. Takagi gedeckt hatte. Um 18.30 Uhr ließ Doorman einen FT-Spruch an Admiral Helfrich absetzen: „Feind zieht sich nach Westen zurück! Wo ist der Konvoi?“

Kurze Zeit darauf begann die dritte Phase dieser Schlacht in der Java-See; an ihrem Ende sollte die Vernichtung der Kampfgruppe Doorman stehen. Admiral Takagi hatte aus Sicherheitsgründen um 18.30 Uhr den Konvoi auf Nordkurs drehen lassen. Somit stand dieser nun etwa 30 sm nordwestlich von ihm. Er wartete jetzt auf die nächste Aktion seines niederländischen Gegenspielers. Würde dieser nach Surabaja zurücklaufen? Würde er noch einmal angreifen? Oder wollte er den Konvoi erwischen? Als die japanischen Ausgucks die in Kiellinie laufenden Kreuzer der Kampfgruppe Doorman sichteten, liefen diese auf nordöstlichen Kursen. Das veranlaßte Admiral Takagi zu dem Befehl an „Jintsu“, mit seiner Kreuzersquadron zwei heranzuschließen. Er selbst beschrieb mit seiner Flotte einen großen Halbkreis, der ihn schließlich in eine Position 20 sm südöstlich des Konvois brachte, womit dieser von zwei Seiten geschützt und gedeckt war. Und nur von diesen beiden Seiten konnte KAdm. Doorman angreifen.

Von „Jintsu“ und „Naka“ stiegen in der kommenden Stunde Aufklärer auf, um die Kurse von Doormans Flotte zu melden. KAdm. Doorman, der keine Aufklärer zur Verfügung hatte und auch nicht über Radargeräte verfügte, „hatte die Jagd eines blinden Mannes zu führen“. (Siehe Morison, Samuel Eliot: a.a.O.) Die Nachrichten, die ihn über Surabaja erreichten, kamen alle zu spät. Der Konvoi beispielsweise, der ihm zuletzt 20 sm westlich von Bawean-Island gemeldet worden war, hatte in der Zwischenzeit 50 sm nach Westen Raum gewonnen und hielt nun geringfügig südlich auf die Insel zu. Damit war er den Kreuzern Doormans sehr nahe gekommen, doch dieser ahnte nichts von der großen Chance, die sich ihm nun bot, und konnte sie auch nicht wahrnehmen.

Um 18.40 Uhr, zehn Minuten, nachdem die Japaner die Doormansche Streitmacht wieder gesichtet hatten, ließ dieser nach Nordwesten drehen. Die US-Zerstörer, die ihren erfolglosen Torpedoangriff beendet hatten, schwenkten als Nachhut hinter den Kreuzern ein und versuchten, mit AK Anschluß zu gewinnen. Aber sie waren nur alte Kästen und machten nicht mehr als 28 bis 29 kn/h.

Die Verständigung war inzwischen völlig zusammengebrochen. Dennoch hätte nach allen Mißgeschicken noch einmal das Glück winken können, denn Doormans Flotte steuerte nun genau auf eine der drei großen Transportergruppen zu. Wenn Doorman auch nur einen Aufklärer zur

Verfügung gehabt hätte, wäre der Konvoi mit Sicherheit gesichtet, angegriffen und vernichtet worden. Aber die Würfel waren gegen den Niederländer gefallen; KAdm. Doorman sollte glücklos bleiben.

Um 19.27 Uhr sichteten die Kreuzer, auf Gegenkurs zueinander laufend, in der sich verdichtenden Dunkelheit ihre jeweiligen Gegenüber. „Nachi" leitete „Haguro" und „Jintsu" mit einigen Zerstörern. Nur etwa 13000 m südlich davon lief auf Gegenkurs „De Ruyter", gefolgt von „Perth", „Houston" und „Java" mit den vier als Nachhut laufenden Zerstörern.

Als das Bordflugzeug von „Jintsu" Leuchtfallschirme über den feindlichen Schiffen abwarf, eröffneten „Perth" und „Houston" um 19.35 Uhr das Feuer. Ihre ersten Salven lagen zu kurz. Der Gegner schoß ständig Sterngranaten, und als der Kommandant von „Perth" um 19.36 Uhr eine Reihe von Blitzen auf der Feindseite erkannte, glaubte er, der Gegner habe Torpedos abgefeuert, und drehte mit Hartruder Steuerbord auf den neuen Kurs von 60 Grad. Glücklicherweise folgten die übrigen Schiffe diesem Ruderbefehl fast gleichzeitig, so daß Kollisionen vermieden werden konnten.

Um 19.38 Uhr erreichte „De Ruyter" wieder die Spitze des Verbandes und steuerte Ostkurs wie der ihm folgende Verband auch. KAdm. Doorman wußte noch immer nicht, wo der feindliche Konvoi stand und wieviel an Feuerkraft des Gegners zwischen ihm und dem Konvoi lag, den er vernichten wollte. Er beschloß nunmehr, Kontakt mit der Deckungsgruppe unter KAdm. Takagi aufzunehmen und hoffte, beim geschlossenen Vorstoß entlang der Küste von Java doch noch auf den Konvoi zu treffen.

Um 19.55 Uhr befahl er eine Kursänderung auf Südkurs und lief damit genau auf die javanische Küste zu. Dies war eine geringe Chance, den Gegner auszumanövrieren.

Als die Kreuzergruppe um 21.00 Uhr flaches Wasser erreichte, ließ Doorman nach Steuerbord drehen und parallel zur Küste weiterlaufen. An dieser Stelle verließen die US-Zerstörer die Kampfgruppe und liefen auf Ostkurs nach Surabaja zurück, um dort zu beölen. Von Surabaja aus sollten sie – weil sie ihre Torpedos verschossen hatten – nach Tanjong Priok weiterlaufen.

Die Streitmacht Doormans aber fuhr auf Westkurs entlang der Küste. Die Minenfelder waren gut lokalisiert. Dennoch erscholl um 21.25 Uhr eine wüste Explosion, und das letzte Schiff der Kiellinie, der Zerstörer „Jupiter", meldete: „Ich bin torpediert worden!" Der Zerstörer war jedoch auf eine Mine gelaufen. Nur 78 Mann seiner Besatzung erreichten die nahe Küste, einige wurden von japanischen Fahrzeugen geborgen. Das Gros ging mit der „Jupiter" unter. Kurz nachdem „Jupiter" gesunken war, ließ KAdm. Doorman den Kurs wieder auf Norden umlegen und lief auf

Vizeadmiral Thomas C. Kinkaid

Oben: *Die ›Hornet‹*

Unten: *Die ›Hornet‹ wird versenkt*

›Yorktown‹ im Gefecht mit japanischen Torpedobombern

Vizeadmiral Marc A. Mitscher führte verschiedene Trägergeschwader im Kampf.

Träger ›Enterprise‹, eine Bombe detoniert auf dem Flugdeck

demselben Längengrad nach Norden zurück, den er vorher schon einmal genommen hatte.

Um 22.27 Uhr durchliefen die vier Kreuzer das Gebiet, in dem die Überlebenden des Zerstörers „Kortenaer“ im Wasser schwammen. Hier erhielt Zerstörer „Encounter“ Befehl, sich um die Schiffbrüchigen zu kümmern. Damit hatte der letzte Zerstörer den Kreuzerverband verlassen. Dennoch wollte KAdm. Doorman noch einen Versuch unternehmen, die feindliche Landungsflotte zu stellen und die Truppenlandungen auf Java zu verhindern. Der Verband lief im Zickzacksuchkurs nach Norden. Als um 23.00 Uhr die Schweren japanischen Kreuzer „Haguro“ und „Nachi“ in Sicht kamen, wußte Doorman, daß er einen Fehler begangen hatte, den er nicht wiedergutmachen konnte. Beide Gruppen eröffneten aus großer Distanz das Feuer.

Tödliches Ende der Schlacht

Nach einigen Salven von beiden Seiten, die nicht ins Ziel trafen, drehten die Japaner auf Nordkurs ein, und um 23.20 Uhr liefen beide Verbände auf Parallelkurs zueinander in einem Zwischenraum von nur noch 8000 m.

Aus dieser Distanz eröffneten die Japaner das Torpedoschießen auf ihre Gegner. Ihre weitgestreuten Fächerschüsse erreichten „De Ruyter“ und „Java“. Beide Kreuzer standen wenige Minuten nach den aufspringenden Torpedofontänen über alles in Flammen und stoppten. An Bord des Führerkreuzers wurde die Besatzung von den überall ausbrechenden Bränden über Deck getrieben, und als auch noch die 4-cm-Munition explodierte, gab KAdm. Doorman den Befehl zum Verlassen des Schiffes. Wenig später mußte auch die „Java“ nach einigen schweren Explosionen verlassen werden. Auch dieser Kreuzer sank wie die „De Ruyter“.

KAdm. Doorman hatte kurz vorher noch befohlen, daß keine Einheit beim Verlust einer anderen stehenbleiben dürfe, sondern sich nach Batavia zurückziehen solle. „Perth“ und „Houston“ liefen demzufolge auf diesem Kurs weiter und standen gegen Mitternacht vor Tanjong Priok. Hier signalisierten sie Admiral Helfrich das Ergebnis ihres Einsatzes in der Schlacht in der Java-See. Der Signalspruch lautete: „Kampfgruppe Doorman ist binnen 12 Stunden vernichtet worden. Konteradmiral Doorman ist mit dem Führerkreuzer untergegangen.»

In diesem Kampf hatten die Japaner kein einziges Schiff verloren. Lediglich einer ihrer Zerstörer wurde beschädigt.

Der Schwere Kreuzer „Exeter“ wurde nunmehr, von zwei Zerstörern geleitet, in den Indischen Ozean entlassen. „Houston“ unter Captain Rooks und „Perth“ liefen am Abend des 28. Febr. um 19.30 Uhr aus Tanjong Priok aus, um zusammen mit dem niederländischen Zerstörer „Evertson“ entlang der Küste von Java zu marschieren, einen Truppentransporterkonvoi zu suchen, ihn anzugreifen und zu vernichten.

Zu dieser Zeit lag die japanische westliche Kampfgruppe unter KAdm. Kurita in Bantan Bay. Eine starke Geleitflotte, bestehend aus vier Schweren Kreuzern und dem Träger „Ryujo“, stand etwa 20 sm nördlich von Bantan Bay mit dem Auftrag, die Landungsflotte zu sichern. Die Kreuzer „Mogami“ und „Mikuma“ waren nahe genug, um sofort eingreifen zu können; der Leichte Kreuzer „Natori“ mit seiner Zerstörerflottille sicherte die Transporter, die ihre Truppen ausschifften.

Zwischen 22.40 und 22.55 Uhr sichtete der Zerstörer „Fubuki“, der auf Sicherungspatrouille lief, die beiden Feindkreuzer, die sich Bantan Bay näherten. Wenig später wurden die ankernden Transporter von „Houston“ und „Perth“ gesichtet. Beide Kreuzer eröffneten das Feuer auf die Transporter. Sie waren mitten in eine amphibische Aktion der Japaner hineingelaufen, und dies im Augenblick ihrer größten Verwundbarkeit. Aber sie waren nur zu zweit, und es war schon sehr spät, vielleicht schon *zu* spät, für einen erfolgreichen Angriff.

Als man um 23.25 Uhr den japanischen Zerstörer sichtete, hoffte man an Bord von „Perth“, diesen Gegner täuschen zu können. Aber der Japaner antwortete mit der Frage nach dem Codezeichen. Als dieses nicht gegeben werden konnte, schoß „Fubuki“ neun Torpedos aus der kurzen Distanz von nur 3000 m. Mit Hartruder Steuerbord entgingen beide Kreuzer den Torpedos. Diese liefen weiter, trafen einige der ankernden japanischen Transporter und stifteten dort große Verwirrung.

Als die beiden Kreuzer durch die enge Passage nach Norden zwischen Panjang Island und St. Nicolas Point drehten, entkamen sie der einen Falle, um spornstreichs in die nächste hineinzulaufen. Nunmehr lagen ein Leichter Kreuzer und neun Zerstörer zwischen ihnen und der Sundastraße.

Währenddessen waren aufgrund der Meldungen von „Fubuki“ die Schweren Kreuzer „Mogami“ und „Mikuma“ mit weiteren Zerstörern in eine entsprechende Abfangrichtung gehetzt worden. „Perth“ und „Houston“ hatten das Feuer auf die Transporter eröffnet. Vier der großen, vollbeladenen Schiffe wurden durch schnelle Salven vernichtet. Eines von diesen vieren, die „Sakuru Maru“ sank sofort. Die übrigen drei konnten noch brennend auf Strand gesetzt werden. Zwei davon waren

Truppentransporter. Auf dem einen befand sich General Imamura, der Befehlshaber der Landungsstreitkräfte. Er mußte mit den Soldaten über Bord springen und wurde nach 20 Minuten aufgefischt. Das Schiff aber sank. (Siehe Japanese School Report.)

Die beiden Kreuzer waren eingeschlossen. Ihr Endkampf gegen eine überwältigende Übermacht begann um 23.40 Uhr. Es herrschte volles Mondlicht, und die Schußdistanzen wechselten zwischen 5000 und 500 m. Der erste japanische Torpedoangriff traf die „Perth“ mit vier Torpedos. Viermal stieg der Feuergeysir der Detonation masthoch empor, wurde der Kreuzer durchgeschüttelt. Zerstörer „Harukaze“ hatte das Ruder der „Perth“ getroffen. Wenig später wurde dieser Kreuzer von sechs weiteren Torpedos getroffen. 25 Minuten nach den ersten Treffern, um 00.05 Uhr des 1. März 1942, sank die „Perth“, von Torpedo- und Granattreffern förmlich durchsiebt. Fast die gesamte Besatzung ging mit ihrem Kreuzer unter oder war schon vorher durch die Torpedos und Granateinschläge getötet worden. – „Houston“ kämpfte noch. Eine seiner Artilleriesalven traf die Kraftanlage des Schweren Kreuzers „Mikuma“, der noch weitere Treffer erhielt, sich dann aber durch Abdrehen dem tödlichen Feuer entziehen konnte. Auch „Mikuma“ hatte der „Houston“ eine Reihe schwerer Treffer versetzt.

Nunmehr hatten sich alle auf Schußdistanz herangekommenen Einheiten auf die „Houston“ konzentriert. Der Schwere Kreuzer hatte bereits starke Steuerbordschlagseite. Als um 00.10 Uhr eine ganze Salve in den achteren Maschinenraum schlug, der kochendheißen Dampf in die Kampfstände blies und die Kanoniere zum zeitweiligen Rückzug zwang, erhielt „Houston“ auch noch einen Torpedotreffer vorn, der die Hauptbatterie in die Luft fliegen ließ. Die Crew, die nach vorn rannte, wurde von einer mitten unter sie detonierenden Granate getötet. Für einige Minuten konnte man an Bord der „Houston“ aufatmen, als die Japaner eines ihrer eigenen Schiffe mit den Suchscheinwerfern einfingen und unter Feuer nahmen, bis dieser Irrtum geklärt wurde. „Houston“ versenkte den Minensucher „AM-2“, aber um 00.20 Uhr traf eine Granate den Turm zwei, gerade als die Pulverbeutel geladen waren. Feuer brach aus, und Captain Rooks mußte das Pulvermagazin fluten lassen. Damit hatten aber die beiden Haupttürme keine Möglichkeit mehr zu schießen. Drei Torpedos hatten den Schweren Kreuzer insgesamt an der Steuerbordseite getroffen, Sprengstücke der Granaten die Aufbauten durchsiebt. Das Deck der „Houston“ war mit Toten und Schwerverwundeten bedeckt. Im Schiff stand das Wasser bereits einen Meter hoch, und um 00.25 Uhr mußte Captain Rooks „Alle Mann aus dem Schiff!“ befehlen. Einen Augenblick später, als er sich neben einem MG-Stand befand, wurde er samt dessen

Besatzung durch eine detonierende Granate getötet.

Commander David Roberts, der Erste Offizier, übernahm das Kommando zur Bergung der Verwundeten. Das Schiff neigte sich weit nach vorn über den Bug ins Wasser, ohne zu sinken. Es wurde mit den wenigen Waffen weitergeschossen, die noch feuerbereit waren. Die japanischen Zerstörer liefen nahe heran und schossen aus allen leichten Waffen einschließlich der MG auf die „Houston". Commander Roberts befahl noch einmal: „Alle Mann von Bord!" Dies war um 00.33 Uhr, und zwölf Minuten später war die „Houston" von der Wasseroberfläche verschwunden. Sie überrollte seitlich und sank. (Siehe: „Mahers Offizial Report".)

Von den japanischen Zerstörern angeleuchtet, schwammen die Überlebenden der „Houston" im Wasser. Über 1000 Mann Besatzung waren an Bord des Schweren Kreuzers gewesen. Aufgefischt wurden von den Japanern 368 Überlebende. Sie gerieten in Gefangenschaft. „Sie und die Überlebenden der ‚Perth' mußten über drei Jahre in japanischer Gefangenschaft verbringen. Sie haben oft gewünscht, lieber untergegangen zu sein." (Siehe Morison, Samuel Eliot: a.a.O.)

Das Ende der Kampfgruppe Doorman war gekommen. Nur ein Schwerer Kreuzer war noch übriggeblieben, die „Exeter", die den Rückmarschbefehl bekommen hatte und im Geleit der beiden Zerstörer „Encounter" und „Pope" durch die Minenfelder vor Surabaja lief und Richtung Ceylon nahm. Durch die erlittenen Beschädigungen der Kesselanlagen war der Kreuzer nur für 23 kn Höchstfahrt klar. Captain O. L. Gordon hatte Befehl erhalten, ostwärts an Bawean Island vorbei in die Sundastraße zu laufen.

Am Morgen des 1. März 1942 um 04.00 Uhr sichteten die Ausgucks der „Exeter" ein kleines und zwei große Schiffe. Da der Befehl lautete, die Schiffe zu evakuieren und nicht anzugreifen, wich Captain Gordon diesen drei Schiffen aus und meldete lediglich, daß er zwei große Handelschiffe mit einem Zerstörer gesichtet habe. (Siehe: „‚Exeter' Report corroborated by Chihaya Track Chart.") „Exeter" hoffte ausweichen zu können, aber die feindlichen Schiffe wechselten plötzlich ihren Kurs und starteten einen Aufklärer. Der britische Kreuzer lief nun im Zickzackkurs in Generalrichtung Südwesten weiter. Als er um 09.35 Uhr wieder auf Westkurs schwenkte, traten die Masten von zwei schweren japanischen Kreuzern über die Kimm. Es war Admiral Takagi mit „Nachi" und „Haguro". Captain Gordon drehte auf Nordwestkurs ab, um einem ungleichen Kampf zu entgehen, der ihn zwangsläufig als Opfer sehen würde. Die schweren japanischen Kreuzer drehten mit und entwickelten sich nach vorn.

Zur gleichen Zeit lief Admiral Takahashis Flaggschiffgruppe mit „Ashigara", „Myoko" und zwei Zerstörern nach Nordwesten; damit waren „Exeter" und ihre beiden Zerstörer von vier Schweren japanischen

Kreuzern eingeschlossen. Um 10.20 Uhr eröffneten die Japaner mit „Ashigara“ und „Myoko“ das Feuer, in das „Nachi“ von der Takagi-Gruppe einfiel. Die drei angegriffenen alliierten Schiffe drehten mit Hartruderlage nach Steuerbord und machten mit der Höchstfahrt von 25 bis 26 kn, die „Exeter“ gerade noch laufen konnte, eine Schwenkung aus dem Feuerbereich der Gegner hinaus. Beide Zerstörer legten einen dichten Rauchschleier um die „Exeter“.

Das Duell aus Distanzen zwischen 16000 und 14000 m begann. Unmittelbar nach der Feuereröffnung fiel auf der „Exeter“ auch noch die Feuerleitanlage aus, so daß keine Koordination der Salven mehr bestand. Alle Salven dieses Schiffes waren schlecht gezielt, während die japanischen Schweren Kreuzer, wieder durch Luftaufklärer eingewiesen, ihre Ziele voll trafen.

Bis 11.00 Uhr war die Aussicht auf ein Entkommen hoffnungslos geworden. „Exeter“ schoß alle Torpedos auf „Myoko“ und „Ashigara“, aber aus zu großer Distanz, als daß sie etwas hätten treffen können. Feindzerstörer schlossen den Fluchtweg auf der Steuerbordseite ab und wurden von den Geleitzerstörern der „Exeter“ beschossen.

Es war 11.20 Uhr, als die „Exeter“ die ersten schweren Treffer in den Kesselraum erhielt. Das Schiff verlor an Fahrt und blieb schließlich gestoppt liegen. Es sank langsam tiefer. „Pope“ und „Encounter“ konnten dem Kreuzer nicht mehr helfen und liefen mit Höchstfahrt ab. Der sinkende Kreuzer machte nur noch vier kn Fahrt, und alle japanischen Kreuzer schossen auf das brennende und explodierende Wrack. Captain Gordon mußte den schwersten Befehl seiner Laufbahn geben: „Alle Mann von Bord!“ Einige Minuten darauf, als alle Soldaten das Schiff verlassen hatten, beendete einer der 18 Torpedos, die von Admiral Takahashis Zerstörer geschossen worden waren, das Schicksal der „Exeter“. Sie rollte herum und sank.

„Encounter“, ebenfalls schwer getroffen, sackte zurück. Der Zerstörer wurde mit einigen weiteren Salven versenkt. „Pope“, ein alter Zerstörer des Ersten Weltkrieges, mußte allein weiterlaufen. Commander Blin versuchte, im Schutz der Dunkelheit die Küste von Borneo zu erreichen. Aber sechs Tiefflieger griffen um 12.30 Uhr „Pope“ im Einzelflug an. Nach dem elften Anflug traf einer der geworfenen Torpedos das Torpedorohr vier von „Pope“. Ein riesiges Leck klaffte auf, und um 12.50 Uhr mußte auch Commander Blin den Befehl zum Verlassen des Schiffes geben. Nach einer letzten Salve der herangekommenen Feindzerstörer sank nun auch das letzte Schiff der Kampfgruppe Doorman in der Java-See.

Das ABDA-Marinekommando wurde am 1. März 1942 aufgelöste. Alle noch fahrbereiten Schiffe erhielten Befehl, in den Exmouth-Golf Australiens zu laufen. Der Kampf in der Java-See war zu Ende. Er hatte den Japanern große Erfolge gebracht. Was aber war an Land geschehen?

Landungsoperationen auf Java

Durch die vorher geschilderten Seekämpfe, die zur Vernichtung der Kampfgruppe Doorman führten, wurden die japanischen Landungsoperationen nicht gestört. Diese Landungen erfolgten auf den Landeplätzen Merak, Bantam-Bucht und Eretenwetan.

General Imamura, der Oberbefehlshaber der 16. jap. Armee, dirigierte von Bord der „Ryujo Maru" gerade die zweite Welle der Landungsboote, als er durch eine Explosion auf dem Schiff über Bord geschleudert wurde. Er benötigte drei volle Stunden, um ölverschmiert an Land zu gelangen, nachdem er von einem kleinen Fahrzeug nach 20 Minuten im Ölwasser aufgefischt worden war.

Die Landungsoperationen gelangen nach Ausschaltung der gesamten ABDA-Streitmacht. Bei Kragan nahe Surabaja gingen die Truppen in den ersten Morgenstunden des 1. März an Land. An diesem Tage gelangen den japanischen Streitkräften einige Versenkungserfolge. So wurde durch Trägerflugzeuge der „Soryu" der große US-Marinetanker „Pecos" mit 14 800 BRT versenkt. Die Schlachtschiffe „Hiei" und „Kirishima" schossen mit wenigen Salven den US-Zerstörer „Edsall" buchstäblich in Fetzen. Weitere US-Zerstörer und Kanonenboote wurden versenkt. Die gelandeten Truppen nahmen sehr rasch die Stellungen der Verteidiger in Besitz.

Der Oberbefehlshaber der Verteidigung auf Java, Admiral Helfrich, und seine von niederländischen Offizieren geführte Truppe kamen sehr rasch zu der Überzeugung, daß ein Guerillakrieg gegen die Japaner aussichtslos sei.

Etwas nach Mitternacht des 2. März 1942 verließ das letzte amerikanische Flugzeug Java mit 35 Passagieren an Bord. Zur gleichen Zeit startete ein Flugboot von einem See nahe Bandung in Richtung Ceylon. An Bord befand sich Admiral Helfrich mit seinem Stab.

Die japanischen Streitkräfte näherten sich von zwei Seiten Batavia und Bandung. Die niederländischen Kommandeure der alliierten Truppen waren der Meinung, daß bei der Feindseligkeit der Eingeborenen gegenüber ihren niederländischen Herren ein Guerillakrieg nicht in Frage kommen könne. Sie befahlen am 8. März, die Waffen niederzulegen.

Die letzte Nachricht aus Java kam von einer kommerziellen Rundfunkstation aus Bandung. Sie lautete: „Wir schließen jetzt unseren Betrieb. Auf Wiedersehen bis zu besseren Zeiten! Lang lebe die Queen!"

Wie Singapore war nun auch Java gefallen. In einem hoffnungslosen Kampf zur See hatte ABDA versucht, das Blatt zu wenden und wenigstens Java zu halten. Nun war nur noch eine kleine Stelle des Widerstandes mitten im japanischen Großimperium zurückgeblieben: Bataan und Corregidor.

Die Japaner hatten binnen dreier Monate ganz Südostasien erobert. Der japanische Blitzfeldzug hatte damit gigantische Ausmaße angenommen. Und überall, nicht nur in Amerika, fragte man sich: Sind die Japaner überhaupt noch aufzuhalten?

Zusammenfassung

Nach dem Fall von Java war die Lage auf Bataan verzweifelt. Dort hatte General MacArthur die beiden ihm zur Verfügung stehenden Armeekorps – das unter General Wainwright links und jenes unter General Parker rechts von Abucay – eingesetzt.

Eine japanische Kampfgruppe unter Oberst Takeshi war in den Dschungel eingedrungen und hatte die Hälfte der Halbinsel besetzt. Im Rücken der Verteidiger konnte ein gelandeter japanischer Überraschungsverband abgewiesen werden. Diese Soldaten gruben sich bei Kap Quinauan und bei Longoskawajan ein.

Die Verteidiger von Bataan bekamen nur noch Hungerrationen. In den Lazaretten wurden die wichtigsten Medikamente knapp und fielen dann ganz aus. Auf der Insel Corregidor, die nur 1500 m vor Bataan lag, war die Lage zunächst relativ besser.

Am 22. Febr. schlug Präsident Roosevelt Admiral King vor, General MacArthur aus Corregidor zurückzuberufen. Er sollte nun das Kommando im Südpazifik antreten, wo die gesamte Verteidigung nach den japanischen Siegen dort und dem Zusammenbruch von ABDA aus den Fugen zu geraten drohte.

Anfänglich weigerte sich der General, auch hier abzudampfen und gewissermaßen als erster Mann das sinkende Schiff zu verlassen, das ihn bis zuletzt auf der Brücke hätte sehen müssen. Bataan, eines der malariaverseuchtesten Gebiete der Erde, lag im Sterben. 500 Soldaten hatten Malaria, viele litten unter Ruhr, als der März 1942 begann.

Am 10. März wurde General Wainwright nach Corregidor befohlen, wo General Sutherland ihn darüber informierte, daß General MacArthur in der nächsten Nacht auf einem Torpedoschnellboot nach Mindanao gehen werde. Sutherland erklärte dem General, daß dieser alle Truppen auf Luzon befehligen sollte. General MacArthur erschien aus einem schmalen

Haus am Ostende des Malintatunnels und sagte zu Wainwright: „Ich bitte Sie, allen meinen Truppen bekanntzumachen, daß ich diesen Platz nur unter Protest und auf ausdrücklichen Befehl aus Washington verlasse.“

General Wainwright stimmte dem zu, und MacArthur erklärte abschließend: „Wenn ich jetzt nach Australien gehe, dann denken Sie daran, daß ich zurückkommen werde, so schnell ich kann. Goodbye, Jonathan!“ Der Oberbefehlshaber gab Wainwright eine Kiste voll Zigarren und zwei Tuben Rasiercreme. Als sie einander die Hände reichten, meinte MacArthur noch, daß er seinen Gegenüber zum Generalleutnant machen werde.

Am nächsten Morgen, dem 11. März 1942, startete das Motortorpedoboot PT 41, geführt von Leutnant John Bulkeley, mit General MacArthur, seiner Frau, ihrem vierjährigen Sohn, seinem Chef des Stabes, Generalmajor Sutherland, und einer Reihe weiterer Offiziere. Für 35 hektische Stunden navigierte der Leutnant das PT 41 durch feindbesetztes Gebiet, ehe er an der Nordküste von Mindanao nahe Del Monte landete. Bulkeley und seine Besatzung erhielten den Silberstern. Am 16. März landeten hier die drei B 17, die die ganze Gruppe übernahmen. Am nächsten Morgen traf General MacArthur mit den Seinen und seinem Stab auf dem Batchelor Field ein. Dieses liegt 35 Meilen südlich von Darwin, Australien.

General Wainwright richtete sich in seinem neuen Hauptquartier in Corregidor ein. Aus dem Kriegsdepartment erhielt er unmittelbar darauf seine Ernennung zum Generalleutnant und gleichzeitig zum Oberbefehlshaber aller Truppen auf den Philippinen. Der Endkampf konnte beginnen.

Endkampf um Bataan und Corregidor

Am 2. April, dem Geburtstag des ersten legendären japanischen Kaisers Jinmu, eröffneten 50000 japanische Soldaten, darunter 15000 Mann neuer Truppen, den Großangriff auf das Hauptverteidigungszentrum von Bataan. Hinter ihnen wurden 150 Kanonen und Haubitzen nach vorn geschafft.

General Homma, der durch Premierminister Tojo und den Generalstabschef der Armee, General Sugiyama, alle Hilfen erhalten hatte, die er zum Endsieg benötigte, konnte am Abend dieses ersten Angriffstages in sein Kriegstagebuch eintragen: „Unsere vier Angriffsgruppen haben auf einer Frontbreite von 25 Kilometer den Einbruch in die Verteidigungslinien des Gegners geschafft und zehn Flaggen erbeutet.“

Aber der Mount Samat, der sich hinter den amerikanischen Linien etwa 580 Meter hoch erhob, blieb nach wie vor in amerikanischer Hand und war das Zentrum der Verteidigung. In der Verteidigungslinie kämpften 78000 hungernde Amerikaner und Philippinos, aber nur 27000 von ihnen waren ausgebildete Soldaten, und dreiviertel von allen waren von der Malaria befallen.

Um 10.00 Uhr begann der Artillerieeinsatz der Japaner. Dann tauchten verabredungsgemäß die Bomber der 22. Fliegerbrigade auf und zerschlugen jenen nur 2½ Quadratmeilen großen Widerstandsblock vor dem Mount Samat. Die Bambuswildnis ging in Flammen auf. Alle Verteidiger wurden aus ihren Löchern aufgescheucht und zogen sich auf die zweite Verteidigungslinie zurück.

Als der umspringende Wind dann die Flammen auch in diese Linie trieb, waren die Männer in einem Kreis von Flammen eingeschlossen. Hunderte verbrannten. Wem es gelang zu entkommen, floh in wilder Panik zurück. Durch den Rauch und die Flammen vor Sicht geschützt, stürmte dann die japanische Infanterie um 15.00 Uhr vorwärts. Eine Stunde später hatte sie eine drei Meilen breite Lücke aufgeschlagen.

General George Parker, Kommandierender General des II. philippinischen Korps, das die östliche Hälfte von Bataan verteidigte, lernte nichts aus diesem massierten Angriff. Er befahl 600 Mann nach vorn, um dieses Loch zu stopfen. Aber es war zu spät. Am Ende des kommenden Tages stürmte General Akira Nara westlich des Mount Samat mit frischen, aus Shanghai herübergeholten Truppen rund um die andere Seite dieses Hügels.

Am Morgen des 5. April, dem Sonntag im Osten, als Amerikaner und Philippinos die Verteidiger auf dem Hügel versorgen wollten, explodierten über ihren Köpfen Granaten. Die Japaner hatten mit einem erneuten Artilleriefeuerschlag den Angriff eröffnet. Die japanischen Kampftruppen stürmten nun hügelaufwärts, und nach dem Frühstück bereits pflanzten sie auf dem Gipfel dieses Hügels ihre Flagge mit der aufgehenden Sonne auf. Das feindliche Verteidigungssystem brach zusammen, und der von General Parker befohlene Gegenangriff wurde unter schweren Verlusten abgewiesen. Bis zum Sonnenuntergang dieses Tages hatte Parker die Hälfte der Soldaten seines II. Korps verloren.

Östlich des Mount Samat versuchte Brigadegeneral Clifford Bluemel mit der 31. ID einen weiteren Gegenangriff. Aber der Zusammenbruch der linken Flanke zwang ihn zum Abbruch dieses Verzweiflungsschrittes. Ohne Befehl errichtete er eine neue Verteidigungslinie entlang dem kleinen San Vicente River. Hier konnte er die demoralisierten philippinischen Truppen halten und in seinen Verteidigungsbereich einbeziehen.

Oberst Hattori, der Generalstabschef von General Nishiura, der nach Bataan gekommen war, um den in Tokio ausgearbeiteten Angriffsplan zu überwachen, sah nahebei die Truppen von General Nara vorwärtsstürmen. Im Osten war der Angriff der aus Shanghai kommenden Truppen auf

Brigadegeneral Bluemels Abwehrlinie gestoßen, die noch allein hielt. Schon in dieser Nacht schlug Oberst Hattori die Vernichtung der Abwehrlinie vor. Als Brigadegeneral Bluemel am anderen Morgen nach vorn fuhr, kam ihm bereits ein erstes Fahrzeug entgegen, aus dem gerufen wurd: „Die San-Vicente-Linie ist durchbrochen!" Weiter vorfahrend, sah Bluemel amerikanische Truppen im Gefecht, während philippinische Soldaten ihm entgegenströmten. Er zog seine Pistole und befahl ihnen, auf der anderen Seite der Straße eine neue Auffanglinie zu bilden. Als die ersten Granaten hier einschlugen, jagten die Soldaten in wilder Flucht nach Süden.

Generalmajor Edward P. King jun., der das Kommando über die Luzon-Kampfgruppe von General Wainwright übernommen hatte, erhielt am 7. April, einige Stunden nach dem Durchbruch der Japaner durch die Bluemel-Linie, einen Telefonanruf aus Corregidor. General Wainwright war am anderen Ende der Leitung und sagte, nachdem die Truppen auf der westlichen Seite der Halbinsel noch intakt seien, solle man nach rechts drehen und in Richtung auf Manila Bay angreifen, um General Hommas Truppen in zwei Hälften zu spalten.

Generalmajor King war sicher, daß diese intakte linke Hälfte nicht in der physischen Kondition sei, einen Angriff mit einiger Aussicht auf Erfolg zu starten. Auch ein Gespräch mit Generalmajor Jones führte zu keinem Ergebnis.

Wainwright überließ King die Befehlsgewalt und legte auf. King befahl Generalmajor Jones, mit seinen Truppen in vier Phasen zurückzugehen, und schickte seinen Chef des Stabes, Brigadegeneral Arnold J. Funk, nach Corregidor zu General Wainwright mit der Nachricht, daß der Zusammenbruch und die Übergabe in der nächsten Zeit erfolgen würde. Wainwright konnte Funks Bitte um Zustimmung zur Kapitulation nicht akzeptieren. „General", sagte er als Antwort, „Sie gehen zurück zu General King und sagen ihm, er dürfe nicht kapitulieren. Sagen Sie ihm, er soll angreifen! Dies ist mein Befehl!"

Am nächsten Nachmittag pflanzte der japanische Oberst Takeo Imai auf der Spitze des Mont Limay, einem der Hügel des südlichen Vulkans, das Sonnenbanner auf. Er sah, wie im Südteil von Bataan die Munitionslager in die Luft flogen. Dann beobachtete er, wie die japanischen Truppen die fliehenden amerikanischen und philippinischen Soldaten in die Spitze der Halbinsel zurücktrieben. Am Ende von Bataan, in der Stadt Mariveles, wurden die letzten Fliehenden auf Booten nach Corregidor übergeführt. Bataan war erledigt.

Von seinem Stabsquartier im Malinta-Tunnel telefonierte General Wainwright am Abend des 8. April eine halbe Stunde vor Mitternacht mit General King und sagte ihm, er möge mit dem Ersten Korps unter Jones einen Angriff nach Norden führen. King gab diesen Befehl an Jones weiter, und dieser erwiderte, daß dies unmöglich sei. „Dann vergessen Sie den Angriff", entgegnete King.

Um Mitternacht rief General King seine Stabsoffiziere zusammen. Die Lage war hoffnungslos. Das Leben von 78 000 Soldaten schien ihm mehr zu bedeuten als seine eigene Ehre. „Ich habe die Übergabe von Bataan angeordnet", sagte er seinen Offizieren. „Ich habe mich darüber nicht mit General Wainwright abgesprochen, weil ich ihm nicht auch noch meinen Teil der Verantwortung aufbürden will."

Kurz vor 02.00 Uhr morgens rief General Jones an. Als King abgenommen hatte, erschütterte, noch bevor einer der beiden ein Wort sagen konnte, eine fürchterliche Explosion die Luft. Das Dach des Hauptquartiers von General King hob sich und stürzte dann zerbrochen herunter. Der Himmel war wie mit Flammen überschüttet. Das große Munitionslager von Bataan war in die Luft geflogen.

General King berichtete Jones, daß er um 06.00 Uhr kapitulieren werde, und befahl ihm, entlang seinen Linien die weiße Flagge zu hissen und seine Artillerie und MGs zu zerstören.

Nach noch nicht vier Stunden wurde auch General Wainwright im Malinta-Tunnel vom wachhabenden Offizier der Nacht über General Kings Kapitulation informiert. Abermals beschwor Wainwright King, daß er dies nicht tun dürfte, aber es war zu spät. General Wainwright meldete über Funk an General MacArthur, der ihm den Floh vom Gegenangriff unter allen Umständen ins Ohr gesetzt hatte: „Um 06.00 Uhr an diesem Morgen hat General King ohne meinen Befehl einen Parlamentär mit Waffenstillstandsflagge an den japanischen Befehlshaber geschickt. Es war zu spät, um noch einzugreifen. Dies beendet den Widerstand auf Bataan."

Als General King mit seinen beiden Stabsoffizieren, den Majoren Tisdelle und Cothran, am Morgen des 9. April die japanischen Linien erreichte, wurde er dort von Oberst Nakayama, dem ältesten Stabsoffizier von General Homma, erwartet. Als dieser hörte, daß nicht General Wainwright komme, sondern General King, forderte er, General Wainwright müsse kommen, weil die Japaner nur eine von ihm ausgesprochene Übergabeerklärung akzeptieren könnten. General King entgegnete, daß seine Truppen nicht mehr kampffähig seien, daß er weiteres Blutvergießen nicht verantworten könne und daß er keine Verbindung mit General Wainwright habe. General King akzeptierte die bedingungslose Kapitulation.

Nun galt es für die Japaner nur noch, Corregidor zu vernichten. General Hommas Geschütze begannen damit, Corregidor in ein Niemandsland zu verwandeln. Die Verteidiger wußten, daß sie die Insel nicht mehr lange würden halten können. Dennoch dauerte es bis zum 29. April, ehe die

Japaner am frühen Morgen das Artilleriefeuer zum letzten Sturmangriff eröffneten. Die Bomber warfen ihre Bomben und pflügten das Land abermals um.

Der Geburtstag des Tennos wurde in Tokio an diesem Tage gefeiert, und die japanischen Streitkräfte wollten ihrem Kaiser mit der Eroberung von Corregidor ein besonderes Geburtstagsgeschenk auf den Gabentisch legen. Zwei große Munitionsdepots wurden getroffen. Flammen breiteten sich über die kleine Insel aus, die von dicken Rauchwolken völlig bedeckt wurde. Das Feuer konzentrierte sich auf die Artillerie-Batterie Geary und den Weg, der Corregidor mit Bataan verband.

Am Morgen des 2. Mai 1942 flog diese Batterie mit einer Eruption wie von einem Erdbeben in die Luft. Die achtzehn Tonnen schweren Mörser flogen wie Spielzeug durch die Luft und landeten 150 Meter weiter seitwärts.

Kerntruppe der Verteidigung auf Corregidor war das berühmte Marineregiment vier. Von den anfänglich 4000 Mann Gesamttruppen waren beim Fall von Bataan noch 3000 übriggeblieben, unter ihnen noch 1300 Mann dieses Regimentes.

In dem Stollensystem des Malinta-Tunnels lebten etwa 10000 Menschen. Hier waren sie verhältnismäßig sicher, auch wenn der Staub das Atmen beschwerlich machte und der Dunst der Toten sich vom Hospital aus in allen Gängen ausbreitete.

Am 3. Mai wurde General Wainwright gemeldet, daß das Wasser knapp werde. Er ließ einen FT-Spruch an General MacArthur absetzen: „Unsere Lage hier wird verzweifelt."

Am nächsten Tag explodierten 16000 Granaten des Gegners auf dieser kleinen Insel. Das Trommelfeuer trieb manchen Soldaten zum Wahnsinn.

Am Morgen des 4. Mai stand General Homma in dem kleinen Hafen von Lamoo und beobachtete das Einschiffen von 2000 seiner Soldaten in Landungsfahrzeuge, mit denen sie noch in der Dunkelheit nach Corregidor übersetzten. Sie sollten in zwei Wellen am Nordstrand von Corregidor gelandet werden und dann nach Westen in Richtung Malinta Hill vorstoßen.

In der Dunkelheit wurde die kleine Invasionsflotte eine Meile weit vom Ziel abgedriftet, und als die ersten Boote den Strand erreichten, erhielten sie das Feuer von zwei 7,5-cm-Kanonen. Boot nach Boot wurde vernichtet. Nur ein Drittel der Landungsstreitkräfte konnte sich retten. Diese, geführt von Colonel Gempachi Sato, drangen nach Osten in Richtung des Malinta-Tunnels vor.

Um Mitternacht eilte ein Marinemann in den Tunnel und meldete, daß 600 Japaner gelandet seien. Drei Stunden später wurde die Meldung hereingegeben, daß die 7,6-cm-Flak einen Teil der Gegner vernichtet habe. Die nächste Mitteilung kam von Präsident Roosevelt: „Die Verteidiger von Corregidor sind die lebenden Symbole unserer Kriegsziele und die Garantie für den Sieg.“ Unmittelbar vorher waren die letzten 500 Mann Reserve, durchweg mit Waffen ungeübte Seeleute, aus der Mündung des Tunnels ins Freie gelangt, um den Gegner zu stoppen. Sie begannen einen Überraschungsangriff, der die auf Flugzeuge und Panzer wartenden Japaner völlig überrumpelte. Die Japaner wichen bis zu ihren Booten zurück.

Um 10.00 Uhr aber erklangen die rumpelnden Geräusche vieler Panzer. Der erste Panzer tauchte am Tunnel auf und schoß mit allen Waffen hinein. General Wainwright schickte seine letzte Meldung aus dem bereits brennenden Funkraum an den US-Präsidenten: „Mit gebrochenem Herzen, aber nicht in Scham melde ich Eurer Exellenz, daß ich heute Termine für die Übergabe aller besetzten Inseln der Manila-Bucht arrangieren muß. Dies ist meine Aufgabe, die ich für mein Land und für meine tapferen Truppen zu erfüllen habe: diese Menschenopfer und dieses Blutvergießen zu beenden. Wenn Sie mit mir übereinstimmen, Mr. President, dann sagen Sie bitte der Nation, daß meine Truppen und ich alles Menschenmögliche getan haben und daß wir die Tradition der Vereinigten Staaten und ihrer Armee aufrechterhalten haben. Gott schütze und erhalte Sie! Er führe Sie und die Nation in ihrer Anstrengung zum Endsieg!“ Alle amerikanischen Geschütze stoppten ihr Feuer.

General Wainwright wurde, nachdem er von Oberst Nakayama empfangen worden war, nach Bataan zu General Homma gebracht. Um 17.00 Uhr stand er diesem gegenüber. General Wainwright übergab ihm Corregidor und die Forts Hughes, Drum und Frank und die vier Inseln in der Bucht von Manila.

Weil er nicht auch die Visayan Islands und Mindanao übergeben konnte, wo General Sharp führte, schienen die Verhandlungen zu platzen. General Homma schlug vor, den Kampf fortzusetzen. General Wainwright überwand sich und erklärte, daß er angesichts des Widersinns unnötigen Blutvergießens auf den Philippinen das Risiko des Kommandos über alle Truppen der USA auf den Philippinen übernehmen wolle, auch auf die Gefahr eines Verweises durch seine Regierung nach dem Kriege hin. Nun schloß General Homma die Sitzung und verließ den Raum.

Wenn auch in Washington General Marshall eine Meldung General MacArthurs erhielt, daß Wainwrights Haltung nicht gebilligt werde, der Kampf auf Corregidor war dennoch zu Ende.

Für drei Jahre sollte diese kleine Insel in japanischer Hand bleiben; sie hatte den größten und verlustreichsten Kampf im pazifischen Kriegsschauplatz erlebt. Später sollten 5000 japanische Verteidiger diesen Kampf elf Tage hindurch mit umgekehrten Vorzeichen wiederholen.

Der Weg nach Midway

Allgemeine Übersicht über die Lage

Am 9. Mai 1942 meldete die New York Times: „Die Japaner gehen in der großen Schlacht im Pazifik das erste Mal zurück. 17 ihrer 22 Schiffe sind gesunken oder schwer beschädigt. Der Feind ist auf der Flucht, verfolgt von alliierten Kriegsschiffen." Die japanische Zeitung „Times and Advertiser" hingegen berichtete mit ebensolcher Überzeugungskraft: „Der Feind befindet sich im Pazifik-Streik." Was war passiert, das diese beiden Ansichten hätte festigen können, die einander genau diametral gegenüberstanden?

Die Japaner hatten binnen dreier Monate Südostasien zur Gänze erobert und waren nach der am 9. März erfolgten Kapitulation von Java Herren dieses gesamten Gebietes. Doch in den USA sann man auf Rache, und nach Pearl Harbor und nach der Beschießung von Los Angeles durch ein japanisches U-Boot wurden Überlegungen angestellt, wie es möglich wäre, einen harten, spektakulären Schlag gegen den Gegner zu landen.

Man beschloß zunächst, Tokio zu bombardieren. Nach einer Beratung mit dem nationalchinesischen Führer Tschiang Kai-schek gab dieser für eine Landung der vom Angriff auf Tokio zurückkehrenden US-Piloten fünf Flugfelder in China frei, auf denen Bombenflugzeuge (die von einem Flugzeugträger starten würden) landen konnten. Auf einen Träger hätten sie nicht wieder zurückkehren können.

Die US Air Force suchte Freiwillige, die dieses Unternehmen mitmachen wollten. Es meldeten sich über 200 Piloten, von denen nach langem Training 80 Mann ausgesucht wurden, welche schließlich die Besatzung von 16 B25 bildeten.

Die Idee zu diesem Angriff war von Admiral King und dem Army Air Corps gekommen. Anfang März begannen zunächst 24 Besatzungen auf dem Englin Flugplatz in Kalifornien mit dem Training, dessen Ziel es war, einen zweimotorigen Bomber des Typs B25 auf einem nur 150 Meter langen Rollfeld vom Boden abzuheben.

Zum Kommandeur dieses „verlorenen Haufens", wie er genannt wurde, hatte man Oberstleutnant James H. Dolittle gemacht, der Luftwaffenforscher und berühmter Flieger zugleich war. Dolittle war der erste, der den Flug quer über die USA in zwölf Stunden geschafft hatte. Außerdem hatte er die erste Blindlandung eines Flugzeuges durchgeführt.

Am 1. April 1942 waren 16 Besatzungen imstande, die gestellten

Anforderungen zu erfüllen. Sie waren an Bord des Flugzeugträgers „Hornet" gebracht, der im Hafen der Alameda Air Base in Kalifornien lag. Am nächsten Tag versammelte Dolittle die Piloten und ihre Crews in der Messehalle und erklärte ihnen: „Wir werden starten, um Japan zu bombardieren. Und zwar werden 13 Bomber ihre vier Bomben auf die japanische Hauptstadt Tokio werfen. Drei weitere einzelne Flugzeuge werden zur gleichen Zeit Nagoya, Osaka und Kobe angreifen. Die Navy wird uns zum Ziel bringen. Nach dem Angriff werden wir nicht wieder zum Flugzeugträger zurückkehren, sondern Japan überfliegen und auf kleinen Feldflugplätzen in China landen. Möchte jetzt einer aussteigen?"

Niemand wollte aussteigen. Kurz vor Mittag dieses Tages lief der Träger „Hornet" mit den 16 Bombern an Deck, geleitet von einem Leichten Kreuzer und vier Zerstörern, unter der Golden Gate-Brücke aus. Diese geheime Operation wurde damit unter Mitwisserschaft von Tausenden von Zuschauern eingeleitet, die diesen Auszug erlebten.

Der lange Marsch in Richtung Japan begann. Die aus Pearl Harbor auslaufende „Enterprise" mit zwei Schweren Kreuzern, vier Zerstörern und einem Tanker gesellten sich am 8. April hinzu. Das Gesamtunternehmen stand von nun an unter der Leitung von Admiral Halsey. Oberstleutnant Dolittle befehligte die Flugzeugbesatzungen.

Zwei Tage später wurde vom japanischen Nachrichtendienst der Verbundenen Flotte eine Nachricht zwischen den zwei Kampfgruppen und Pearl Harbor aufgefangen. Man schätzte, daß die Amerikaner, wenn sie ihren westlichen Kurs beibehielten, mit Sicherheit Tokio angreifen wollten. Die Angriffsentfernung wurde mit 400 Meilen vom Ziel angenommen, und so beschloß man, daß man erst bei Annäherung der US-Streitkräfte bis auf 700 Meilen an Japan den Angriff gegen diesen Feind eröffnen werde, bevor die Flugzeuge Gelegenheit hatten zu starten.

Diese Überlegung hatte jedoch einen Fehler. An Bord der „Hornet" befanden sich keine gewöhnlichen Seeflugzeuge mit 400 Meilen Aktionsradius, sondern B25-Bomber, die einen solchen von mindestens 500 Meilen hatten.

Am 13. April formierten sich die beiden Einzelverbände zu einer großen Gruppe, der Task Force 16; diese steuerte von nun an direkten Kurs auf Tokio.

Drei Tage später wurden die Schiffsbesatzungen, die nichts von ihrem Ziel wußten, von Radio Tokio aufgeschreckt. Der Sender berichtet: „Eine Propagandasendung von Reuters British New Agency meldete, daß drei US-Bomber Bomben auf Tokio geworfen hätten. Dies ist eine lächerliche Story, denn es ist völlig unmöglich für den Feind, aus einer Entfernung von 500 Meilen und mehr vor Tokio Flugzeuge gegen die japanische Hauptstadt zu starten."

Am nächsten Tag wurden die Flieger zum Flugdeck gebeten. Dort überreichte Captain Mark A. Mitscher fünf Medaillen an Oberstleutnant Doolittle. Diese Medaillen waren in Bombenform geprägt. Sie waren mit einer Inschrift versehen: „Wir denken nicht daran, die Welt in Brand zu setzen, nur Tokio!"

Am frühen Morgen des 18. April wurden auf den Radarschirmen der führenden US-Schiffe zwei kleinere Schiffe gesichtet. Eines davon war das Patrouillenboot Nr. 23, „Nitto Maru", das vom Ausguck der „Hornet" gemeldet worden war. Es wurde von dem sofort das Feuer eröffnenden Kreuzer „Nashville" versenkt.

Damit war die Anwesenheit der US-Task Force 16 nur 650 Meilen vor der japanischen Küste bekannt. Admiral Halsey schlug vor, das Unternehmen abzubrechen und den Rückmarsch anzutreten. Doch Oberstleutnant Doolittle war für die Fortsetzung des Angriffs, der nun allerdings nicht erst in der Nacht, sondern so schnell wie möglich erfolgen müsse.

Es war genau 07.20 Uhr, als die erste Maschine, Doolittles B25, auf dem 467 Fuß langen Startweg der „Hornet" anrollte. Die Maschine war bereits auf vollen Touren, als die Blöcke vor den Rädern fortgezogen wurden. Mit herabhängender linker Tragfläche verließ Doolittle das Flugdeck, sackte etwas tiefer, fing die Maschine ab und beschrieb einen weiten Kreis um die „Hornet". Die nächsten Starts klappten reibungslos. Alle Maschinen waren mit Zusatztanks für weitere 150 Meilen Flug ausgerüstet. Sie kamen trotz des Mehrgewichtes vom Deck los. Es dauerte insgesamt eine Stunde, bevor alle Flugzeuge in der Luft waren.

Das Marinehauptquartier in Tokio erhielt die Warnung vor einem Luftangriff durch die „Nittu Maru". Doch die Position dieses Schiffes war derart, daß der Angriff erst am anderen Tage erfolgen konnte. Alle verfügbaren Flugzeuge – es waren 90 Jäger und 116 Bomber – wurden alarmiert. Vizeadmiral Kondo wurde befohlen, mit seiner Kampfgruppe, bestehend aus sechs Schweren Kreuzern und zehn Zerstörern, die Yokosuka Marine Basis zu verlassen und die amerikanischen Angreifer abzufangen.

Um 09.45 Uhr meldete ein japanisches Aufklärungsflugzeug, daß es 600 Meilen vor Land einem zweimotorigen Bomber begegnet sei. Doch seine Meldung wurde als Hirngespinst abgetan, denn es war ja bekannt, daß auf US-Trägern keine zweimotorigen Bomber stationiert waren. Der Bombenangriff konnte erst am kommenden Morgen erfolgen.

Gerade als der letzte Bomber die „Hornet" verlassen hatte, begann eine Luftschutzübung der japanischen Luftstreitkräfte im Großraum Tokio. Die Bevölkerung ignorierte wie vorher auch die Warnungen der offiziellen

Luftwarngruppen, die Schutzräume aufzusuchen, weil dies ja nur eine Übung war.

Gerade als die Übung beendet, die Sperrballone niedergeholt und alle Flugzeuge bis auf drei gelandet waren, erreichten 12 der 13 für Tokio angesetzten Maschinen die japanische Küste. Der Navigator der Maschine hinter Doolittle, Carl Wildner, suchte die Luft nach Jägern ab. Aber er sah nur einige Übungsflugzeuge.

Am selben Morgen hatte Premierminister Tojo erfahren, daß ein feindlicher Schiffsverband weit vor der Küste gesichtet worden sei. Er brach die geplante Inspektion der Mio-Mito-Flugzeugführerschule nicht ab. Als sich seine in den USA gebaute Verkehrsmaschine dem Flugfeld näherte, flitzte an der rechten Flanke ein zweimotoriger Bomber vorbei. Tojos Sekretär, Oberst Nishiura, sah den Bomber, der so nahe vorbeiflog, daß er das Gesicht des Piloten deutlich erkennen konnte. „Es ist ein Amerikaner!“ rief Nishiura. Dann war er schon vorbei, ohne einen Schuß abzugeben.

Es war genau 12.30 Uhr, als sich die zwölf Maschinen unter Oberstleutnant Doolittle über dem Ziel befanden. Der Bomberschütze Fred Braemer löste die ersten Bomben aus. Noch immer hatte keine Gegenwehr durch Flak und Jäger eingesetzt. Bomber nach Bomber warf seine Bomben ab. Dann setzte die Flak ein und traf eines der Flugzeuge.

Tokio erlebte den ersten Luftangriff dieses Krieges. Arsenale, Kasernen, Stahlwerke, Schulen und Tempel wurden gleicherweise von Bomben getroffen.

Nach dem Abwurf seiner Bomben meldete Captain Edward York, daß er nicht genügend Treibstoff habe, um so tief nach China zu fliegen, bis er einen der Landeplätze erreicht haben würde. Er meldete weiter, daß er auf Nordkurs gehen werde, um den sowjetischen Flugplatz Wladiwostok zu erreichen. Das Flugzeug erreichte sein Ziel und landete als einziges der gesamten Kampfgruppe sicher.

Die elf übrigen Maschinen kamen nicht an ihre Ziele. Alle Besatzungen mußten mit dem Fallschirm aussteigen. Vier Maschinen machten eine Bauchlandung. Die Besatzungen der Maschinen von Lieutenant Farrow und Lieutenant Hellmark wurden von den Japanern gefangengenommen und von einem Kriegsgericht zum Tode verurteilt. Der Bombenschütze, Sergeant Spaatz, hatte gestanden, eine Schule angegriffen zu haben, nachdem man ihn „peinlich“ (unter der Folter?) befragt hatte. Die Besatzungen wurden durch Köpfen hingerichtet. Was aber war mit den anderen?

Oberstleutnant Doolittle hatte vor dem Start befohlen, weder Schulen noch Krankenhäuser oder den Kaiserlichen Palast anzugreifen. Während die Bomben auf Tokio niedergingen, hatte Admiral Halsey der Flotte längst den Rückmarsch befohlen. Mit großer Fahrt lief die Task Force 16 heimwärts in Richtung Pearl Harbor.

Die drei einzelnen Maschinen hatten ihre Ziele ebenfalls angegriffen. Die genaue Verlustmeldung lautete: Fünf Besatzungsmitglieder des in Wladiwostok niedergegangenen Bombers wurden von den Sowjets interniert. Die UdSSR hatte ja ein Nichtangriffsabkommen mit Japan abgeschlossen. Die übrigen 15 Bomber gingen im japanisch besetzten Teil Chinas nieder. Drei Männer wurden bei Bruchlandungen getötet, acht wurden gefangengenommen und in Tokio vor Gericht gestellt. Der Rest, einschließlich Oberstleutnant Doolittle, erreichte auf verschiedenen Wegen die nationalchinesischen Linien.

Diese Bombardierung war eine besondere moralische Stärkung für die Amerikaner nach den verschiedenen laufenden Verlustmeldungen. Es sah nun so aus, als wollten die US-Streitkräfte zum Angriff übergehen.

In Japan aber erlitten die Menschen einen physischen Schock. Seit Jahrhunderten war das Mutterland von feindlichen Angriffen verschont geblieben. Die Flieger Doolittles wurden als Dämonen verschrien: „Sie führten einen inhumanen unersättlichen und wahllosen Bombenangriff auf Zivilisten und Nichtkombattante durch."

Die Unternehmung selbst war, das mußten sich die Verantwortlichen eingestehen, ein Fehlschlag. Dennoch wurden vier Jäger-Gruppen aufgestellt mit dem Ziel, Japan weiter anzugreifen. Die China-Expeditionsarmee wurde angewiesen, ihre Operationen darauf abzustellen, möglichst nahe an Japan gelegene Flugfelder und Luftbasen im Tschiang Kai-schek-Gebiet vorzubereiten.

Ein weiterer Schlag wurde Japan im Korallenmeer versetzt. Vorerst jedoch noch ein japanischer Angriffsschlag.

Tödlicher Sommer

Der Kampf um Ceylon

Mit der Schlacht um Ceylon wurde der Krieg auch in den Indischen Ozean hineingetragen. Dieser Schlag war nach dem Fall von Singapore möglich, auch wenn sich die Verteidigung der Alliierten voll auf Ceylon konzentrierte und Admiral Layton eine Anzahl guter Verbände für die Defensive zu Lande zur Verfügung standen.

Admiral Somerville, Befehlshaber der British Eastern Fleet in diesen Gewässern, standen die Träger „Indomitable", „Formidable", und der kleine Träger „Hermes" zur Verfügung. Hinzu kamen der Veteran von Norwegen, das Schlachtschiff „Warspite", und die vier alten Schlachtschiffe „Ramillies", „Resolution", „Revenge" und „Royal Sovereign". Außerdem zwei Schwere Kreuzer, 16 Zerstörer und sieben U-Boote.

Admiral Nagumo, der mit der Führung der Angriffsstreitkräfte gegen Ceylon beauftragt worden war, verfügte über eine Trägerflotte mit den Flugzeugträgern „Akagi", „Hiryu", „Shokaku", „Soryu" und „Zuikaku". Hinzu kamen die schnellen Schlachtschiffe „Kongo", „Haruna", „Hiei" und „Kirishima", die Schweren Kreuzer „Atago", „Maya" und „Takao", ein Leichter Kreuzer acht Zerstörer. Am 26. März lief dieser Verband aus Kendari auf Celebes aus, mit Kurs auf den Raum südlich Java.

Zur gleichen Zeit wurde ein zweiter Kampfverband unter Vizeadmiral Ozawa von der Malaya-Kampfgruppe in Marsch gesetzt. Sein Ziel war der Golf von Bengalen mit Stoßrichtung Kalkutta. In dieser Kampfgruppe waren zusammengefaßt: „Kumano", „Mikuma", „Mogami" und „Suzuya", ein Leichter Kreuzer und vier Zerstörer. Der Verband war in Mergui ankerauf gegangen.

Derjenige, der allein diese starken japanischen Streitkräfte vorzeitig stoppen konnte, war Admiral Somerville, der ostwärts von Ceylon nahe den Malediven-Inseln stand, wo die British Eastern Fleet eine Basis eingerichtet hatte, die den Japanern nicht bekannt war.

Am 2. April verließen die japanischen Kampfverbände die Javasee und befanden sich damit im Indischen Ozean. Zwei Tage darauf wurde die auf Ceylon operierende Trägerflotte der Japaner von einem britischen Flugboot südwestlich Ceylon gesichtet.

Am frühen Morgen des 5. April begann 200 Seemeilen vor Ceylon der Angriff mit dem Start von 36 Jägern, 90 Bombern und 54 Sturzkampffliegern der japanischen Träger gegen Colombo. Von Colombo aus stieß diesem mächtigen Bomberverband und den ihn schützenden 36 Jägern ein englischer Flugzeugverband, bestehend aus 42 Hurricane-Jägern und einer Reihe von Swordfish-Torpedoflugzeugen, entgegen. In dem entbrennenden Luftkampf wurden 19 der angreifenden Hurricanes und sechs Torpedoflugzeuge abgeschossen. Die Japaner erlitten sieben eigene Verluste, lauter Jäger.

Der Angriff auf Colombo und den Hafen Trinkomalee schlug hundertprozentig durch. Nach den von ihm geführten schweren Schlägen gegen Pearl Harbor und Port Darwin griffen Admiral Nogumos Flieger zum drittenmal mit allen Kräften an. Der Hilfskreuzer „Hector“, 11198 BRT, sank im Hafen, ebenso der Zerstörer „Tenedos“.

Als die japanische Luftaufklärung südwestlich Ceylons die ablaufenden Schweren Kreuzer „Cornwall“ und „Dorsetshire“ erfaßte, starteten 80 Sturzkampfflugzeuge. In einem Furioso von detonierenden Bomben wurden beide Schwere Kreuzer versenkt.

Unmittelbar nachdem die Meldung des britischen Flugbootes die Flotte Somervilles erreichte, die sich im Raume des Atolls Addu befand, befahl dieser eine Wendung nach Westen und lief mit seiner schnellen Division, den beiden großen Trägern, der „Warspite“, dem Kreuzer „Emerald“, Träger „Enterprise“ und 6 Zerstörern von Addu nach Nordwesten. Die langsamere Division mit den alten Schlachtschiffen, drei Kreuzern und 5 Zerstörern erhielt Weisung, im Kielwasser zu folgen.

Im Verlauf des 5. April betrug die Distanz, die den japanischen von dem britischen Verband trennte, zeitweise nur noch 200 Seemeilen. Während sich die japanische Trägerflotte vom 5. bis zum 8. April nach Südwesten absetzte, hatte die Malaya-Kampfgruppe unter Admiral Ozawa den Golf von Bengalen erreicht und ihre Operationen begonnen. Flugzeuge vom Träger „Ryujo“ griffen Vizagapatam und Cocanada an. Der Hafen von Kalkutta wurde abgeriegelt und Burma isoliert. Die Schiffe wandten sich nun dem Kreuzerkrieg zu und versenkten oder kaperten 23 alliierte Handelsschiffe mit insgesamt 112000 BRT. Alles sah bereits nach einem vollständigen japanischen Sieg aus.

Am 8. April meldete ein britisches Flugboot, daß der japanische Trägerverband abermals anlaufe und sich wahrscheinlich zu einem neuen Angriff vorbereite. Sofort erteilte Admiral Somerville Befehl an die in Trinkomalee liegenden Einheiten seiner Flotte, nach Süden auszuweichen und dicht unter der Küste zu bleiben. Am folgenden Tage – es war der 9. April 1942 – griffen insgesamt 170 japanische Flugzeuge der Trägergruppe Trinkomalee an. 13 britische Bristol-Blenheim-Bomber, die sich dem angreifenden Luftverband als einzige greifbare Streitmacht entgegenwarfen, wurden derart beschossen, daß neun abstürzten. Nur vier Bomber entkamen. Die japanischen Aufklärer konnten die nach Süden ablaufenden Einheiten sichten und melden. Ein Stukaverband aus 80 Maschinen griff nunmehr an. Der Leichte Träger „Hermes", der Zerstörer „Vampire", die Korvette „Hollyhock" und zwei Flottentanker wurden derart schwer getroffen, daß sie binnen kurzer Zeit sanken.

Damit war im Indischen Ozean der Anfang vom Ende für die britische Eastern Fleet erreicht. Doch das Große Hauptquartier in Tokio war der Ansicht, daß damit der Sieg im Indischen Ozean errungen sei. Die Admirale Nagumo und Ozawa erhielten den Rückmarschbefehl. Die Flotte marschierte in den Pazifik zurück. Als sie diese Gewässer erreichte, teilte sie sich. Der Hauptverband unter Admiral Nagumo kehrte mit den Schlachtschiffen und drei Trägern nach Japan zurück, um die fällige Überholung durchzuführen. Die von KAdm. Tadaichi geführte kleine Kampfgruppe mit den Trägern „Zuikaku" und „Shokaku" drehte auf Südostkurs, um in einen neuen Einsatz zu laufen.

Nach diesem schweren Schlag kam natürlich der US-Luftangriff auf Tokio gelegen, um die niedergeschlagenen Gemüter wieder aufzurichten.

Gewaltenteilung im Pazifik

Im Pazifik hatten inzwischen die USA die Führung ganz übernommen. Um dieses riesige Seegebiet besser unter Kontrolle halten zu können, wurden zwei Kampfzonen gebildet, das Gebiet des Pazifischen Ozeans und das Gebiet des Südwestpazifik. Im ersten Sektor führte Admiral Nimitz, im zweiten General MacArthur.

General MacArthur, der auf Revanche brannte, befahl die Aufstellung einer Armee. Aus den USA wurden ihm die 41. ID, die 32. ID und die 37. ID zugeführt und zunächst nach Neuseeland geschafft. In der Mitte des März standen etwa nur 34000 US-Soldaten im Südpazifik, weitere 23000 befanden sich auf der Überfahrt.

Sowohl General MacArthur als auch Admiral Nimitz waren sich darüber im klaren, daß die Japaner zunächst Port Moresby an der südöstlichen Küste von Neuguinea angreifen würden, denn diese Küste war Australiens Nordküste zugewandt. Rabaul, an der Ostküste Neubritanniens gelegen, war seit Januar in japanischer Hand und bildete einen vorzüglichen Absprungplatz. Demzufolge sammelten sich japanische Truppen dort und auf Truk. Es war also klar, daß der nächste Kriegsschauplatz das Korallenmeer sein würde.

Dort befand sich seit Februar Admiral Fletchers Kampfgruppe mit dem Träger „Lexington" im Einsatz. Der Admiral konnte über 150 Flugzeuge, elf Zerstörer und acht Kreuzer verfügen, unter ihnen die beiden Schweren australischen Kreuzer „Australia" und „Hobart".

Der japanische Plan sah eine amphibische Landung bei Port Moresby vor. Zugleich damit sollte auf der südlichen Salomonen-Insel Tulagi, einer Nachbarinsel von Guadalcanal, ein japanischer Luftstützpunkt errichtet werden. Befehlshaber der dafür vorgesehenen großen Kampfgruppe wurde Vizeadmiral Inoue. Ihm standen vier Kampfgruppen zur Verfügung.

Die Tulagigruppe wurde von KAdm. Shima geführt. Ihm standen ein Minenschiff, acht Hilfsminensuchboote, einige kleinere Fahrzeuge und ein großer Transporter zur Verfügung. Teile des Dritten Kure-Landungsverbandes kamen hinzu.

Die für Port Moresby vorgesehene bedeutend größere Gruppe unter KAdm. Kajioka verfügte über den Kreuzer „Yubari", ein Minenschiff, sechs Zerstörer, einige kleine Einheiten und 11 Transporter mit dem Gros des Dritten Kure-Landungsverbandes. An Bord der Transporter befand sich das Südsee-Detachement unter Führung von GenMaj. Horrii.

Zur Unterstützung dieser beiden Landungsverbände war unter KAdm. Marumo eine Kampfgruppe zusammengestellt worden, die mit den beiden Kreuzern „Tenryu" und „Tatsuta", einem Flugzeugmutterschiff und drei Kanonenbooten kampfstark genug war, um die Landungen in den beiden Gebieten zu erzwingen.

Die Deckungsgruppe unter KAdm. Goto war schließlich noch stärker, weil ihre Aufgabe die schwierigste sein würde. Sie verfügte über die Kreuzer „Aoba", „Furutaka", „Kako" und „Kinugasa", den Flugzeugträger „Shoho" und einen Zerstörer.

Als schlagkräftigstes Instrument aber war die Träger-Gruppe anzusehen, die von KAdm. Hara geführt wurde und aus den Trägern „Zuikaku" und „Shokaku" bestand; sie war wiederum von VAdm. Takagi mit den Kreuzern „Haguro" und „Myoko" und sechs Zerstörern geschützt, die auch die mitlaufenden Flottentanker zu decken hatten.

Admiral Fletcher, dem Gegenspieler von Admiral Inouye, standen mit der Task Force 17 die Träger „Yorktown" und „Lexington", die Kreuzer „Minneapolis", „Astoria", „Chester", „New Orleans" und „Portland" sowie neun Zerstörer zur Verfügung.

In seiner Unterstützungsgruppe befanden sich unter Führung von KAdm. Grace die Kreuzer „Astoria", „Chicago" und „Hobart", zwei Zerstörer, eine Tankergruppe mit zwei Zerstörern als Bedeckung und elf U-Boote.

*

Die japanischen Landungen auf Tulagi erfolgten am 3. Mai 1942. Am nächsten Tage griffen Flugzeuge des Trägers „Yorktown“ die japanische Kampfgruppe vor Tulagi an. Der Zerstörer „Kikutsuki“ erhielt drei schwere Treffer und sank. Drei der Minensucher gerieten mitten in den Bombenhagel hinein; sie wurden in Brand geworfen und sanken ebenfalls. Vier weitere Schiffe wurden beschädigt, konnten aber teilweise auf Strand gesetzt werden.

Um auch die japanische Landungsflotte für Port Moresby entscheidend zu treffen, liefen die beiden Träger „Yorktown“ und „Lexington“ mit den insgesamt sechs weiteren Trägern mit 72 und 70 Flugzeugen nach einer Beölung auf See gegen den Moresby-Verband, um ihn durch einen Luftangriff zu vernichten. Die japanische Trägergruppe unter KAdm. Hara drang an diesem 5. Mai von Osten her in die Korallensee ein.

Der 6. Mai brachte trotz beiderseitigen Einsatzes von Luftaufklärern keine Sichtmeldungen, so daß es zu keiner Konfrontation kam. Das Wetter war so unsichtig, daß beide Verbände bis auf 70 Seemeilen aneinander näher kamen und sich dennoch nicht sichteten.

Als ein japanischer Aufklärer am 7. Mai den Tanker „Neosho“ und einen Zerstörer sichtete, wurden zwei Wellen von Hochbombern und 34 Tiefbombern angesetzt. Sie versenkten den Zerstörer „Sims“ (es war kein Kreuzer) und beschädigten den Tanker schwer. Doch während sich die japanischen Streitkräfte Takagis noch auf diese kleineren Einheiten konzentrierten, suchten die US-Trägerflugzeuge lohnendere Ziele.

Von „Yorktown“ und „Lexington“ starteten insgesamt 93 Flugzeuge. Sie fanden den Leichten Träger „Shoho“ und begannen einen Bomben- und Torpedoangriff. Und zum erstenmal nach fünf Monaten der Erfolglosigkeit gelang es Lieutenant Commander Robert Dixon, ein japanisches Schiff zu versenken, das größer als ein Zerstörer war. Er meldete dies: „Treffer auf einem Flugzeugträger! Dixon an Träger: Treffer auf einen Flugzeugträger!“ (Siehe: Toland, John: a.a.O.) Nach mehreren Volltreffern sank der Träger „Shoho“; er nahm seinen Kommandanten, Kapt. z. S. Izawa, und den Großteil der Besatzung mit in die Tiefe. Nur 100 Schiffbrüchige des Trägers konnten durch den Zerstörer „Sazanami“ gerettet werden.

In Rabaul befahl Vizeadmiral Shigeyoshi Inoue, OB dieser Operation, den Rückmarsch, weil die See in diesem Gebiet von amerikanischen Streitkräften beherrscht werde. Am Nachmittag starteten einige Aufklärungsflieger. Kurz vor Mitternacht hatten die beiden feindlichen Flotten den Kontakt zueinander verloren.

Admiral Takagi, der sich an Bord eines Schweren Kreuzers eingeschifft hatte, fragte über Funk bei KAdm. Hara an: „Können Sie Ihre Trägerflugzeuge zu einem Nachtangriff starten?" Hara, auf „Zuikaku" eingeschifft, ließ zurückfunken: „Wir sind bereit, 27 Flugzeuge zum Angriff bei Nacht zu starten." Diese Flugzeuge starteten und wurden auf dem Wege zu den Zielen von Jägern der US-Träger angegriffen. Neun wurden abgeschossen, die übrigen fanden ihren Weg. Ein Schwarm von sieben Maschinen fand einen Flugzeugträger. Als das erste Flugzeug ihn überflog, wurde es von einem Granatentornado getroffen und in Fetzen zerrissen. Die übrigen aber warfen. Sie hatten den Träger „Yorktown" angegriffen, erzielten aber keinen Treffer.

Nach diesem Mißerfolg befahl Admiral Takagi den Rückmarsch nach Norden. Einige Stunden später drehte er zurück in Richtung der US-Träger und lief mit 26 Knoten auf diese zu. Kurz vor der Morgendämmerung des 8. Mai ließ er 27 Aufklärungsflieger starten. Die erste Träger-Luftschlacht des Seekrieges im Pazifik stand unmittelbar bevor. Von japanischer Seite starteten 121, von Seiten der USA 122 Trägerflugzeuge. Um 08.15 Uhr sichtete der erste US-Aufklärer die japanische Kampfgruppe. Er drehte eine Runde um die Schiffe und funkte: „Zwei Flugzeugträger, vier Schwere Kreuzer, viele Zerstörer steuern 120 Grad, 20 Knoten Fahrt. Ihre Position ist 175 Meilen Nordost."

Admiral Fletcher befahl nun allen Trägern, die Flugzeuge zu starten. Um 11.00 Uhr hoben 39 Flugzeuge von „Yorktown" ab. Sie erreichten den Träger „Shokaku", der von schweren Kreuzern und Zerstörern geleitet wurde. „Zuikaku" stand etwa zehn Meilen entfernt und war hinter einer Bö verborgen. „Shokaku" gelang es, den geworfenen Torpedos auszuweichen. Doch die Tiefbomber erzielten zwei Treffer auf dem Träger, die einen Brand auslösten. Die zweite Welle, bestehend aus 24 Bombern der „Lexington", fand die japanischen Träger ebenfalls und traf „Shokaku" mit einer Bombe. Dieser Träger entkam. Die Besatzung hatte in der Zwischenzeit den Brand unter Kontrolle gebracht, und das Schiff trat den Rückmarsch an.

Zur gleichen Zeit fanden japanische Flugzeuge die US-Ziele. 70 Flugzeuge erreichten die beiden Träger Fletchers und begannen mit dem Bombardement. Das Flugdeck der „Yorktown" wurde von einer Bombe getroffen. Der ausbrechende Brand konnte rasch unter Kontrolle gebracht werden. „Lexington" aber erhielt zwei Torpedotreffer an der Backbordseite, einige leichte Bomben krachten auf das Hauptdeck.

Damit hatten die Luftangriffe auf beiden Seiten Opfer gekostet. Es war das erste Seegefecht, bei dem die Schiffe einander nicht mehr sahen und auch nicht durch Kanonenfeuer in den Kampf eingreifen konnten. Zunächst sah Admiral Fletcher als Sieger aus. Seine Flugzeuge hatten einen Leichten Träger, einen Zerstörer und drei kleine Schiffe versenkt, während er selber nur einen Zerstörer und einen Tanker verloren hatte. Dann aber wurde die getroffene „Lexington" durch zwei Explosionen im Innern über alles in Brand gesetzt. Etwas nach 05.00 Uhr rief KAdm. Fitch, Befehlshaber der Trägergruppe, zum Kommandanten der „Lexington" hinüber: „Well, Ted, lassen Sie die Besatzung von Bord gehen!" (Siehe Toland, John: a.a.O.) Die Besatzung der „Lexington" verließ das nicht mehr zu rettende Schiff. Als letzter ging Captain Ted Sherman von Bord. Wenig später schoß der Zerstörer „Phelps" vier Torpedos, die den Träger an der Steuerbordseite trafen; die „Lexington" sank.

Mit diesem Verlust war der taktische Sieg an die Japaner übergegangen. Dennoch: der Einsatz der Kampfgruppe von Admiral Fletcher veranlaßte Admiral Takagi, die Port Moresby-Operation abzublasen. Damit war zum erstenmal seit Pearl Harbor eine japanische Invasion endgültig abgewiesen worden.

Midway – das Gibraltar im Pazifik – Vorbemerkungen

Bereits unmittelbar nach Pearl Harbor waren die Verteidigungsanlagen von Midway verstärkt worden. Midway war in den Augen der Amerikaner so etwas wie ein Gibraltar im Pazifik. Auf Midway waren Flieger der US Army, des US Marinecorps und der Navy stationiert. Das verstärkte 6. Bataillon des Marinecorps war als Landstreitmacht mit 2138 Ledernacken auf Midway vertreten. Diese wurden von Oberstleutnant Harold D. Shannon geführt. Hinzu kam eine starke Kompanie Pioniere des Constructions Bataillons, der „See Bees".

Auf den beiden Atollen Dand und Eastern Island befanden sich Anlagen für Luftwaffe, Heer und Marine, auf Eastern Island beispielsweise Rollfelder und unterirdische Treibstofftanks, Lagerhäuser und Kasernen. Als der OB der Pazifikflotte, Admiral Chester W. Nimitz, Eastern Island besuchte, fand er diese winzige Insel mit Waffen aller Art gespickt und von Minen umsäumt.

Die erklärte Absicht der Japaner war es, ihre unter dem Befehl des Oberbefehlshabers stehende Vereinigte Flotte nach einem Ablenkungsvorstoß in Richtung Aleuten mit allen Einheiten zu einem Luft- und Invasionsangriff gegen Midway anzusetzen.

Japanischerseits war es klar, daß man sich keinen lange dauernden Abnützungskrieg würde leisten können; dafür waren die Vorräte an Rohstoffen und Treibstoff für die Flotte zu gering. Es mußte eine schnelle Entscheidung gesucht werden, und diese Zwangslage hatte bis dahin auch die japanischen Angriffe bestimmt, die mit der Schlacht um Midway ihren Höhepunkt und krönenden Abschluß finden sollten.

Die Operation Midway begann am 26. Mai 1942 mit der gewaltigsten Flottenkonzentration der Seekriegsgeschichte. Admiral Yamamoto leitete diese großangelegte Luft- und Seeschlacht selbst. Er hatte seine Flagge auf dem Superschlachtschiff „Yamato" setzen lassen, dem größten Schlachtschiff der Welt. Die Planung sah vor, daß zuerst die drei Aleuteninseln Attu, Adak und Kiska besetzt werden sollten. Das zweite Ziel dieser Großoffensive war die Inbesitznahme von Midway. Gesamtziel dieser gigantischen Anstrengungen war es, der US-Flotte, die in der Schlacht in der Korallensee gezeigt hatte, daß sie noch vorhanden und äußerst schlagkräftig war, endgültig den Todesstoß zu versetzen. Man erwartete also, daß die US-Flotte, soweit sie verfügbar war, zum Einsatz herankommen würde.

Zum Einsatz gegen die Aleuteninseln war die 5. Flotte unter VAdm. Boshiro Hosogaya angetreten. Sie setzte sich aus folgenden Einheiten zusammen: Leichte Träger „Ryujo" und „Junyo", fünf Kreuzer, zwei Landungsgruppen. Daß dieser Teil der Planung möglicherweise den Sieg bei Midway und vielleicht den Gesamtsieg der Japaner verschenkte, wird für wahrscheinlich gehalten. Zum einen waren seine operativen Möglichkeiten gleich Null, und zum anderen schwächte er die japanische Hauptstreitmacht bei Midway. Die Ablenkungsgruppe unter KAdm. Kakuta wiederum zielte auf Dutch Harbor, den US-Flottenstützpunkt.

Mit der Eroberung von Midway war VAdm. Kondo beauftragt worden. Ihm standen dazu die Schlachtschiffe „Kongo" und „Hiei", neun Kreuzer, 20 Zerstörer und eine Menge Hilfsschiffe zur Verfügung. Dicht dahinter würden die modernen Schlachtschiffe „Nagato", „Mutsu" und „Yamato" als erste Gruppe stehen, gefolgt von der zweiten Gruppe mit den Schlachtschiffen „Ise", „Hyuga", „Fuso", „Yamashiro" und drei Leichten Kreuzern. In der dritten Gruppe waren der Träger „Hosho", die Seeflugzeugträger „Nishin" und „Shiyoda" und zwei Zerstörergruppen eingeteilt.

An der Spitze aber würde – wie bisher stets – die Trägerflotte unter VAdm. Nagumo, seit Pearl Harbor berühmt, marschieren. Es waren diesmal nur vier Träger, weil „Shokaku" und „Zuikaku" wegen ihrer Beschädigungen ausgefallen waren. Diese vier waren: „Akagi", „Kaga", „Hiryu" und „Soryu" mit insgesamt etwa 250 Flugzeugen. Als Sicherungsstreitkräfte standen der Trägerflotte die Schlachtschiffe „Haruna" und „Kirishima", die Schweren Kreuzer „Chikuma" und „Tone", der Leichte Kreuzer „Nagara" als Zerstörerführer und 11 Zerstörer zur Verfügung.

Ohne die Aleuten-Teilgruppe verfügten die Japaner zum Angriff auf Midway und zur Vernichtung der US-Flotte über 200 Schiffe. An Kriegsschiffen waren versammelt: 22 Schlachtschiffe, fünf Flugzeugträger, 22 Kreuzer und 65 Zerstörer. Die Zahl der US-Streitkräfte belief sich nach Meldungen des japanischen Nachrichtendienstes auf zwei Schlachtschiffe, zwei Flugzeugträger, neun Kreuzer und 30 Zerstörer.

Was aber stand den USA auf Midway definitiv zur Verfügung: Es waren 121 Flugzeuge der verschiedensten Typen, da diese kleine Insel von den Amerikanern als Flugzeugträger betrachtet wurde. Die größte Gruppe bestand aus 32 Seeflugzeugen, 20 veralteten Buffalo-Jägern, sieben Wildcats. Hinzu kamen an Bombern: 16 Dauntless, elf Vindicators und 16 Avenger-Torpedoflugzeuge der Marine. Diese galten als gute Waffe. Die Army Air Force stellte auf Midway vier B26 und 19 Flying Fortresses.

Träger-Luftschlachten bei Midway

Der Angriff begann am 3. Juni mit der Ablenkungsgruppe unter KAdm. Kakuta. Die von den Trägern „Ryujo" und „Junyo" startenden Flugzeuge wurden frühzeitig erkannt und erzielten nur wenig Wirkung. Der Ablenkungsangriff verpuffte wirkungslos, denn noch am Vormittag dieses 3. Juni wurde die unter Befehl von VAdm. Kondo stehende Landungsgruppe durch die US-Luftaufklärung erkannt und am Nachmittag von neun B17-Bombern angegriffen, die keinen Treffer erzielten. Erst in der Nacht zum 4. Juni erzielten Catalina-Flugboote einen Treffer auf dem Tanker „Akebono Maru".

Am Morgen des 4. Juni wurde um 03.00 Uhr auf Midway Alarm gegeben. Die Flugzeuge standen startbereit. Eigene Aufklärer hatten einen sich der Insel nähernden Luftverband gesichtet und gemeldet. Auch die japanischen Schiffe, die sich Midway näherten, waren gesichtet worden. Der Radarposten auf Midway meldete um 05.52 Uhr: „Many planes 89 miles, 320 Grad!" Um 04.30 Uhr hatte VAdm. Nagumo den Befehl zum Start gegeben. Als erste flogen die Jäger, dicht gefolgt von den Bombern. Es dauerte nur 15 Minuten, bis alle 108 Maschinen in der Luft waren. In dichter Formation nahmen sie Kurs auf Midway, das etwa 240 Meilen entfernt lag.

Die zweite Welle, bestehend aus Stukas und Bombern, wurde auf die Decks gehoben. Von den Schlachtschiffen, dem Kreuzer „Tone" und den Trägern „Kaga" und „Akagi", waren mit der ersten Welle sieben Aufklärer gestartet, die den Seeraum bis 110 Meilen jenseits von Midway überwachen sollten.

Wenig später starteten sämtliche einsatzbereiten Flugzeuge auf Midway zum Gegenschlag und zum Stoppen des Gegners vor Erreichen der Insel.

Die Buffalo-Jäger übernahmen die Spitze, dicht gefolgt von den Wildcats. Eine Maschine war ausgefallen. Sie stießen auf die erste Angriffswelle der Japaner, die neben den 36 Kate-Bombern und 35 Sturzkampfflugzeugen noch aus 36 Zero-Jägern bestand.

Die japanischen Jäger stürzten sich auf die Buffalos, die von Major Parks geführt wurden und in dramatischen Luftkämpfen den Feind zu halten versuchten. „Die Buffalos fielen vom Himmel, daß es aussah wie ein Taubenschießen", sagte Lieutenant Brewster; er flog eine der neun Maschinen, die von den insgesamt 26 gestarteten zum Stützpunkt zurückkehrten. Von den neun konnten weitere sieben nicht mehr eingesetzt werden. Damit hatten ganze zwei Jäger diesen Angriff überlebt.

Die Kampfflugzeuge erreichten beinahe unangefochten Midway und begannen ihr Bombardement. Alle wichtigen Gebäude wurden schwer getroffen. Dennoch war der Angriff nicht von vollem Erfolg gekrönt, da die Rollbahn auf Eastern Island intakt geblieben war. Die Waffen der Verteidiger waren ebenfalls nicht ausgeschaltet worden.

Auf dem Rückflug gab Kapitänleutnant Tomonaga durch Funkspruch bekannt, daß ein zweiter Angriff notwendig sei. Er selbst hatte aus seinem Verband über zehn Flugzeuge verloren. Es war genau 07.20 Uhr, und die gestarteten US-Bomber näherten sich nun den japanischen Schiffen. Die sechs Avenger-Torpedoflugzeuge hatten den ersten Kontakt. Japanische Zeros stürzten sich auf sie und schossen fünf ab, noch ehe sie zum Torpedowurf kamen. Die sechste Maschine warf. Der Torpedo ging fehl, und diese Avenger machte unmittelbar vor Midway eine Bauchlandung ins Wasser.

Die zweite Angriffsgruppe, vier Marauders, die ebenfalls mit Torpedos ausgestattet waren, geriet in das hektische Flakfeuer der japanischen Schiffe. Zwei wurden schwer getroffen und explodierten mitsamt ihren hochgehenden Torpedos. Die beiden anderen brachen den Angriff ab, drehten und kehrten nach Midway zurück, von vielen Einschüssen durchsiebt. – Um 07.55 Uhr griffen die Dauntless an. Major Henderson flog die vorderste Maschine. Alle Flugzeuge gerieten in das dichte Flakfeuer der Schiffe von Admiral Nagumo hinein. Trotz des Flakfeuers stürzten sich außerdem Zero-Jäger auf sie. Nur acht der Dauntless überstanden dieses Feuer. Keine der von diesen Maschinen geworfenen Bomben traf ein Ziel. – Danach tauchten in riesiger Höhe 15 B 17 unter Führung von Oberstleutnant Sweeney auf. Sie griffen die Flugzeugträger an. Ihre Bomben fielen weitab, obgleich sie einige Treffer meldeten. – Die elf Vindicators kamen nicht in die Nähe der japanischen Schiffe. Sechs von ihnen kehrten zur Basis zurück, ohne einen einzigen Erfolg melden zu können.

Ein auf Befehl Admiral Nagumos hin vom Kreuzer „Tone" gestarteter

Aufklärer, der allerdings wegen eines Schadens erst 45 Minuten später gestartet war, meldete entgegen seinen dreiviertel Stunden vorher gestarteten Kameraden, die nichts gesichtet haben, um 07.28 Uhr an „Akagi“: „Schiffsverband, bestehend aus 10 Einheiten, gesichtet!“

Admiral Nagumo hatte noch vor Kenntnis der Annäherung dieser Schiffe um 08.15 Uhr befohlen, die 93 auf den Flugdecks seiner Träger wartenden Bomber der zweiten Welle wieder in die Hangars hinunterzuschaffen, die Torpedos abzurüsten und sie wieder mit Bomben zu beladen, weil diese gegen Midway besser wirken konnten; nun dauerte das erneute Umrüsten auf Torpedos eine weitere Stunde. Der Aufklärer von „Tone“, der am Feind geblieben war, meldete um 08.09 Uhr abermals: „Feindliche Seestreitkräfte, bestehend aus fünf Kreuzern und fünf Zerstörern, in Sicht.“ Minuten darauf tastete er eine Ergänzungsmeldung: „Der Feind wird anscheinend von einem Flugzeugträger begleitet.“

Und das war, wie sich kurze Zeit darauf herausstellte, noch nicht alles. Zu dieser drohenden Gefahr kamen offensichtlich zwei weitere Flugzeugträger hinzu. Es waren die „Enterprise“ und die „Hornet“, die sich noch zwei Wochen vorher im südlichen Pazifik befunden hatten, dann aber durch Admiral Nimitz nach Pearl Harbor befohlen worden waren, um sie im Kampf um Midway einzusetzen. Von ihm wußte die Feindnachrichtenabteilung, die nach wie vor den Purpurcode entschlüsselte, Definitives.

Während Admiral Theobald mit seinem Kreuzerverband in den Raum der Aleuten marschierte, wurden die Task Forces 16 und 17 mit ihren Sicherungsstreitkräften, bestehend aus Kreuzern und Zerstörern, in Richtung Midway geschickt. Sie trafen nun in letzter Sekunde ein.

Admiral Halsey, der die Task Force 16 geführt hatte, mußte auf Hawaii ins Lazarett; an seiner Stelle führte nun KAdm. Raymond A. Spruance. Er erhielt von Admiral Nimitz folgende Weisungen: „Midway ist zu verteidigen und dem Feind der größtmögliche Schaden zuzufügen.“ (Siehe Morison, Samuel Eliot: a.a.O.)

Die Task Force 17 war mit der beschädigten „Yorktown“, zwei Kreuzern und sechs Zerstörern nach Pearl Harbor eingelaufen. Dort kam der Träger zur Beseitigung seiner während der Schlacht im Korallenmeer erlittenen Schäden am 27. Mai ins Trockendock. Zur Beseitigung der Schäden waren drei Monate geschätzt worden. Admiral Nimitz befahl die sofortige Herstellung der Kriegsbereitschaft. Binnen 48 Stunden war der Träger wieder einsatzbereit und konnte weitere 24 Stunden darauf Oahu verlassen. Er lief mit seiner Sicherungsgruppe hinter den beiden anderen Trägern her, um auf dem vereinbarten Treffpunkt, 300 sm vor Midway, zu ihnen zu stoßen. – An Bord der „Yorktown“ war Admiral Frank J. Fletcher eingestiegen.

Dieser Zuwachs an Trägern war von den Japanern nicht ins Kalkül einbezogen worden. Als die US-Flotte am Morgen des 4. Juni mit 25 kn Fahrt auf Westkurs nach Midway lief und ihre Catalina-Flugboote aufeinanderfolgende Feindlagemeldungen funkten, wurden auf der „Yorktown" ebenso wie vorher auf den japanischen Schiffen insgesamt elf Aufklärer gestartet. Sie brachten die Meldungen, daß die japanische Flotte noch 200 sm entfernt stand, was für Admiral Spruance eine zu weite Distanz für einen Angriff schien.

In dieser Lage zeigte sein Chef des Stabes, Captain Miles Browning, Mut, indem er dem Befehlshaber widersprach und erklärte, daß notfalls alle Flugzeuge aufs Spiel gesetzt werden müßten, wenn es darauf ankomme, die Japaner in der Phase ihrer größten Verwundbarkeit zu treffen. Und das war der Fall, sobald die von Midway zurückkehrenden japanischen Flugzeuge wieder zur Landung ansetzten. „Genau zu dieser Zeit mußte ein überraschender Schlag gegen sie erfolgen, ganz gleich, wie weit entfernt wir stehen, soweit diese Distanz noch im Bereich der eigenen Flugzeuge liegt." (Siehe Morison, Samuel Eliot: a.a.O.)

Um diesen Zeitpunkt nicht zu verpassen, mußten die Flugzeuge unverzüglich starten. VAdm. Spruance stimmte zu. Um 06.56 Uhr änderten „Enterprise" und „Hornet" ihren Kurs und liefen zum Start der Flugzeuge mit kleiner Fahrt gegen den Wind. Sechs Minuten später starteten auf beiden Trägern die Flugzeuge. 64 Minuten später war die letzte Maschine in der Luft, und alles hatte sich staffelweise zum Angriff formiert. 119 US-Flugzeuge flogen auf Südostkurs den gemeldeten Feindeinheiten entgegen. Es waren 20 Wildcats, 29 Torpedobomber des Typs Devastator und 70 Stukas des Typs Dauntless. An der Spitze flog die Torpedostaffel unter Major John C. Waldron. Die Stukas der „Hornet" befehligte Major Ring. – Von der „Yorktown" starteten um 08.38 Uhr zehn Jäger, zwölf Torpedoflugzeuge und 17 Bomber.

Als Major Ring mit seiner Staffel den gemeldeten Standort der japanischen Flugzeugträger erreichte, waren diese nicht mehr zu finden. Admiral Nagumo, der schlaue Fuchs, hatte nach der Sichtung und dem Abflug der feindlichen Beobachter auf Nordkurs drehen lassen. Da Major Ring mit seinen Stukas nach Süden einschwenkte, weil er der Meinung war, daß die Japaner näher an Midway herangegangen sein müßten, fand er nichts. Die zehn Jäger der „Hornet" folgten ihm ebenfalls, obgleich sie die Torpedoflugzeuge geleiten sollten, und damit waren auch sie auf der falschen Fährte.

Die drei Torpedostaffeln jedoch drehten auf Nordwestkurs. Major Waldron sichtete als erster den Gegner. Es waren japanische Jäger, die sich auf Waldrons Staffel stürzten. Links und rechts von Major Waldron wurden die zwei Staffelmaschinen abgeschossen. Dann schmierte auch die Maschine von Lt. Gay ab, als sie von Treffern der Jäger durchsiebt wurde. Der gesamte Torpedoflieger-Verband wurde aufgerieben. Die Maschinen hatten die „Kaga“ und „Akagi“ angegriffen und waren von allen in der Luft befindlichen japanischen Abwehrkräften gestoppt worden. 20 Zeros flitzten durch die Phalanx der Torpedoflieger und ließen diesen keine Chance. Brennend und explodierend, auf der See aufschlagend und in Brand geratend, wurde diese Staffel zerfetzt.

Als Major Lindsay, Commander der Torpedostaffel von „Enterprise“, die „Kaga“ angriff, erhielt er derartiges Feuer, daß keine der Maschinen ungeschoren davonkam. Dann stürzten sich auch Zero-Jäger, den eigenen Flakbeschuß nicht achtend, ins Gemenge, und von den insgesamt 14 Maschinen Lindsays stürzten binnen weniger Minuten zehn tödlich getroffen in die See. Die Männer an Bord der japanischen Schiffe sahen mit wilder Begeisterung, wie der Gegner förmlich zerfetzt wurde.

Noch schlimmer erging es der Torpedostaffel der „Yorktown“, die unter der Führung von Major Massey den Träger „Soryu“ angriff. Diese 13 Maschinen flogen mitten in den Todesorkan der feindlichen Jagdflugzeuge hinein. Als das Gehämmer der Bordwaffen der Zeros verstummt war, flog nur noch eines der 13 Torpedoflugzeuge. Alle übrigen wurden zersägt und vernichtet. Die US-Streitkräfte hatten insgesamt 41 Torpedoflugzeuge eingesetzt. Von ihnen kehrten ganze sechs zu ihren Trägern zurück. Ein Desaster ungeheuren Ausmaßes zeichnete sich ab.

Keines der japanischen Schiffe war getroffen worden. Der Sieg schien den japanischen Streitkräften nicht mehr zu entreißen. Größer, entscheidender als Pearl Harbor zeichnete er sich in seiner ganzen Glorie ab.

Inzwischen aber hatte Admiral Nagumo erfahren, daß nicht nur der eine zuerst gemeldete Träger in der Nähe stand, sondern mindestens zwei, wenn nicht drei. Nunmehr waren alle Bomber der „Soryu“ und der „Hiryu“ wieder auf Torpedos umgerüstet worden. Aber Admiral Nagumo wartete noch. Er wollte erst die Klarmeldungen von „Kaga“ und „Akagi“ abwarten, um mit den vereinten Kräften seiner vier Träger loszuschlagen. „Starten, sobald alles fertig ist!“ befahl er. Um 10.24 Uhr war es soweit. Und als eben die ersten Bomber gestartet waren, meldeten die Ausgucks auf den japanischen Schiffen plötzlich: „Feindliche Bomber in Sicht!“ Es waren die Dauntless-Stukas, die nun, nachdem die japanischen Jäger gelandet waren, freie Bahn hatten. Sie stürzten sich auf den Gegner, dessen Flak das Feuer eröffnete.

Als ersten traf es den Träger „Akagi“; er erhielt eine Reihe Bombentreffer, die das Schiff vom Bug bis zum Heck trafen. Mittschiffs am Aufzug für die Flugzeuge schlug eine große Bombe ein und riß ein riesiges Loch. Der

Aufzug stürzte hinunter auf die dort stehenden Flugzeuge. Eine dieser Maschinen fing Feuer, dann eine zweite. Bordwaffenmunition explodierte, und die Kettenreaktion riß immer mehr Flugzeuge in diesen tosenden Feuerkessel hinein.

Fast gleichzeitig damit hatten beinahe ganze US-Staffeln die Träger „Soryu" und „Kaga" angegriffen und verwandelten diese Träger in brennende Särge. Alle drei japanischen Flugzeugträger waren kurz nacheinander so schwer getroffen worden, daß von ihnen kein einziges Flugzeug mehr starten konnte.

Der Commodore der Stukas der „Enterprise", der den Gegner ebenfalls nicht am vorgesehenen Standort gefunden hatte, war nach Nordosten eingeschwenkt. Major McClusky hoffte den Gegner dort zu sichten. Als er nach 50 Meilen Flug bereits wieder umkehren wollte, sichtete er plötzlich Schiffe, und zwar zunächst einen nach Nordwesten ablaufenden Zerstörer, dann Flugzeugträger. „Alles mir nach!" rief er über die Bordsprechverbindung. Die Maschinen drehten, und alle sichteten wenige Minuten später diese drei japanischen Träger. „Wir greifen die beiden uns zunächststehenden Schiffe an!" entschied der Commodore. Fast gleichzeitig mit dieser Staffel sichtete auch Major Leslie, Chef der Stukastaffel der „Yorktown", eine Rauchfahne, der er folgte, womit er zu dem Träger „Soryu" gelangte.

Alle Sturzkampfflieger stießen mit ihren Maschinen direkt auf ihre Ziele herunter. Dann fielen die Bomben. Vier der großen Bomben von Leslies Staffel trafen die „Soryu" schwer. Eine riß ein großes Loch am vorderen Aufzug. Die zweite schlug dicht neben dem achteren Aufzug ein. Die dritte traf das Heck an der Steuerbordseite, und die vierte schlug mittschiffs neben der Insel ins Deck. Flammen stoben masthoch aus der „Soryu" heraus. Geschütze und MG-Stände wurden über Bord gewirbelt, dicke Stahlplatten bogen sich wie Pappe hoch, wurden abgerissen und flatterten über Bord, weit in die See. Alle Sturzkampfflugzeuge zogen wieder hoch, keine Maschine wurde abgeschossen. Sie drehten ab und verschwanden.

Auf der brennenden „Akagi" stand Admiral Nagumo und beobachtete den Untergangswirbel, der ihm den nahen Sieg aus den Händen riß. Dieser einzige fürchterliche Konterschlag beraubte ihn aller Chancen. „Herr Admiral, Sie müssen auf den Kreuzer ‚Nagara' umsteigen, um weiter führen zu können!" beschwor der Stabschef, Kpt. z. S. Oishi, seinen Admiral. Die Niedergänge der „Akagi" standen bereits in Flammen. Über ein Tau mußte sich Admiral Nagumo, begleitet von seinem persönlichen Adjutanten, Leutnant z. S. Nishibayashi, auf das Ankerdeck hinunterlassen und ging von dort an Bord eines heranbefohlenen Zerstörers, der ihn zum Kreuzer bringen würde.

Alle drei Träger waren verloren. Binnen weniger Minuten hatten 54

US-Grumman-Jäger über Guadalcanal, Dezember 1942

Oben: *Erfolgszeichen an der Flanke der ›South Dakota‹ (BB–57), die drei japanische Kreuzer bei Guadalcanal versenkte und 32 Flugzeuge abschoß.*

Unten: *Ausblick durch ein Loch der Schiffswand der ›San Francisco‹ (CA–38), die bei Sevo beschädigt wurde. Admiral Nimitz geht an Bord.*

amerikanische Flugzeuge „Kaga“ und „Suryu“ so schwer getroffen, daß sie am Nachmittag sanken. „Akagi“ trieb noch in der folgenden Nacht hilflos auf der See, ehe dieser Träger auf Befehl von Admiral Yamamoto durch eigene Zerstörer den Fangschuß erhielt. Lediglich „Hiryu“ war diesem Untergangswirbel entkommen.

Admiral Nagumo mußte abgelöst werden, er war nicht mehr in der Lage, Befehle zu erteilen. An seine Stelle trat nun KAdm. Yamaguchi.

In dieser Situation ließ Admiral Yamamoto die beiden mit der Aleutengruppe laufenden Flugzeugträger zurückrufen. Er wollte Rache nehmen für diesen bitteren Verlust. Und dazu hatte er noch Chancen, denn alle seine Schlachtschiffe und Kreuzer standen ihm noch zur Verfügung. Unmittelbar nachdem er das Kommando übernommen hatte, ließ KAdm. Yamaguchi die Flugzeuge des überlebenden Trägers „Hiryu“ um 10.40 Uhr gegen den US-Träger starten, dessen Standort ihm bekannt war. Es war die „Yorktown“.

Von der „Hiryu“ starteten 12 Jäger, 18 Bomber und 18 Torpedoflugzeuge. Um ein Haar hätten diese den Träger nicht gefunden, als plötzlich die zurückkehrenden Tiefbomber von Major Leslie auftauchten und ihnen den Weg zeigten. Die Jäger der „Yorktown“ flogen in die herankommende japanische Formation hinein und schossen einige Japaner ab. Eine starke Gruppe aber durchstieß diese Widerstandslinie und warf ihre Bomben.

Drei Bomben trafen das Flaggschiff von Admiral Fletcher und zerstörten zwei Kesselanlagen. Die ausbrechenden Brände schlugen rasch durch und brachten das Schiff um 12.30 Uhr zum Stillstand. Ruderlos, nicht mehr zu steuern und über alles in Flammen gehüllt, sah es so aus, als sei „Yorktown“ endgültig verloren. Aber das Feuer wurde unter Kontrolle gebracht, und schließlich nahm die „Yorktown“ wieder Fahrt auf. Doch nicht für lange.

Die zweite Welle von der „Hiryu“, es waren Torpedoflugzeuge, kam, von sechs Jägern geleitet, heran. Die Jäger des Trägers wurden unterflogen, und im Feuer der Luftabwehrgeschütze der „Yorktown“ kamen die Torpedoflugzeuge auf Wurfweite heran. Zwei der geworfenen Torpedos, die um 15.00 Uhr ihr Ziel trafen, erschütterten das Schiff so schwer, daß Captain Buckmaster „alle Mann aus dem Schiff!“ befehlen mußten. Aber noch war die „Yorktown“ nicht gesunken.

Eine halbe Stunde später wurde alles, was KAdm. Spruance noch an Bombern greifbar hatte, zu einem Vernichtungsangriff gegen „Hiryu“ angesetzt. Es waren 24 Flugzeuge. Spruance hatte versucht, von Admiral Fletcher Weisungen zu erhalten. Dieser war auf den Kreuzer „Astoria“ übergewechselt und erhielt den Funkspruch nicht, er konnte demzufolge auch nicht antworten. KAdm. Spruance handelte selbständig.

Von „Enterprise“ und „Hornet“ kommend, den beiden letzten Trägern der Amerikaner, erreichten Jäger und Bomber die „Hiryu“. Dichtes Flakfeuer peitschte ihnen entgegen. „Hiryu“ schoß aus allen Rohren und versuchte, mit 30 kn Fahrt, Zickzackkurse laufend, den Angriffen zu entgehen. Doch die Angreifer durchstießen den Feuervorhang und warfen ihre Bomben. Vier davon trafen „Hiryu“, die binnen weniger Sekunden völlig in Flammen gehüllt war. Der Rest der US-Bomber erhielt nun Weisung, auf andere Ziele zu operieren. Sie flogen die Schlachtschiffe „Haruna“ und „Kirishima“ an. Diese liefen mit AK und aus allen Rohren „Vorhang“ schießend ab.

Eingehüllt in dichte Flammen, starben auf dem Träger „Hiryu“ Hunderte Männer, ehe KAdm. Yamaguchi Befehl gab, daß sich die Besatzung auf dem Oberdeck versammeln sollte. Es waren noch 800 Soldaten, die sich hier einfanden und denen Yamaguchi das Verlassen des Schiffes befahl.

Es war der 5. Juni um 02.30 Uhr, als die „Hiryu“ verlassen wurde. Yamaguchi blieb an Bord, während die Besatzung von einem längsseits kommenden Zerstörer aufgenommen wurde. Auch Kapitän z. S. Kaku blieb an Bord. Der Träger wurde von einem Zerstörer mit vier Torpedos versenkt.

Die Schlacht um Midway war praktisch bereits beendet, noch ehe die gewaltige japanische Flotte mit ihrem Superschlachtschiff „Yamato“ zum Schlagen gekommen war. Diese starke Flotte versammelte sich am 5. Juni westlich Midway zum Rückmarsch, der von Admiral Yamamoto befohlen worden war, obgleich er bestürmt wurde, den Kampf fortzusetzen. Aber er wußte genau, was es hieß, ohne ausreichenden Jagdschutz den US-Bombern preisgegeben zu sein. Der Verlust seiner Flugzeugträger hatte zugleich auch den Verlust der Entscheidungsschlacht im Pazifik gebracht.

Bei den Wendemanövern zum Rückmarsch kam es noch zwischen den beiden Schweren Kreuzern „Mikuma“ und „Mogami“ zu einer schweren Kollision. Beide Kreuzer wurden allein zurückgelassen. Das US-U-Boot „Tambor“ brachte über Funk Fliegende Festungen an die Kreuzer heran. Diese bombten „Mikuma“ so schwer, daß der Kreuzer nach mehreren Stunden verbissenen Ringens um den Erhalt des Schiffes aufgegeben werden mußte. „Mogami“ erreichte schwerbeschädigt mit den ebenfalls schwer getroffenen Zerstörern „Asashio“ und „Arashio“ einen eigenen Stützpunkt.

Die Japaner hatten eine schwere Niederlage erlitten, die auch nicht durch die Inbesitznahme der kleinen Inseln Attu und Kiska wettgemacht werden konnte.

Es gibt keinen Zeitpunkt in der Geschichte des Duells im Pazifik, der so wie Midway aus einem „Beinahesieger“ in letzter Minute noch einen so dramatischen Verlierer machte. Die große Wende war durch insgesamt 54 Flugzeuge herbeigeführt worden, die zur rechten Zeit an der richtigen Stelle auftauchten und alle Siegesgewißheit der Japaner unter ihrem Bombenhagel begruben.

Der beschädigte Träger „Yorktown“ wurde von Commander Yahachi Tanabe gesichtet. Auf dem Turm seines U-Bootes I 168 stehend, sah Tanabe den Träger, umgeben von einem Ring von Zerstörern. Noch hoffte man den Träger halten zu können. I 168 unterlief die Zerstörersicherung und schoß auf den Träger und den Zerstörer „Hammann“. Beide Torpedos, aus kurzer Distanz geschossen, trafen die Ziele. Vier Minuten nach dem Volltreffer sank der Zerstörer. Die „Yorktown“, der Veteran der ersten beiden Trägerschlachten im Pazifik, starb wesentlich langsamer. Er sank erst am nächsten Tag nach Sonnenaufgang „mit allen Schlachtflaggen, die gehißt worden waren“.

Dies war eine kleine Rache gegenüber jenen vier Trägern, die die Japaner verloren hatten. Eine der größten Seeschlachten aller Zeiten war vorüber. Alle japanischen Pläne, die auf der Eroberung von Midway aufbauten, waren gescheitert.

Japanischerseits war geplant, nach der Eroberung von Midway auch Neukaledonien, die Fidjiinseln und Samoa in Besitz zu nehmen. Damit und mit der dann im Bereich des Möglichen liegenden Eroberung von ganz Ostneuguinea konnte Australien hermetisch abgeriegelt werden. Danach würde dann die Eroberung des fünften Kontinentes in Angriff genommen werden können.

Doch diese Weisungen des 1. Mai, des Tages, an dem man alles im kaiserlichen Hauptquartier zu Tokio besprochen hatte, wurden am 11. Juli vom Tenno widerrufen. Die Japaner hatten zwei Drittel ihrer Trägerwaffe verloren. Die Zeit weiträumiger Operationen in der Tiefe des Pazifik war vorüber. Von nun an konnten nur noch Einsätze mit begrenztem Ziel geführt werden; die Zeit der Inselspringer war herangerückt.

Amerikanische Reorganisation

Am 7. Juni 1942 meldete die Chicago Tribune das Geheimnis, das den Sieg bei Midway möglich gemacht hatte: die Brechung des japanischen Flotten-Codes. Der Sieg über die japanische Flotte sei nur deshalb möglich gewesen, weil die US-Führung mehrere Tage vor Beginn der großen Schlacht alle geplanten Operationen des Gegners kannte. Man wußte, daß Dutch Harbor und Midway die Ziele der japanischen Flotte waren. Dies alles war der Zeitung durch den Pazifik-Korrespondenten Stanley Johnston gemeldet worden. Dieser konnte sogar die Namen der vier vernichteten Träger nennen, ebenso die Namen der vier leichten Kreuzer, die die Invasionsstreitmacht begleiteten. Die japanische Marine war nun überzeugt, daß bei solchen detaillierten und genau zutreffenden Berichten ihr Code gebrochen sein mußte.

Die nach Japan zurückgekehrten Überlebenden dieser verlorenen Seeschlacht wurden streng isoliert, damit nichts von der vernichtenden Niederlage an die Öffentlichkeit dringe. Am 10. Juni verlautbarte das kaiserliche Hauptquartier, daß die japanische Herrschaft im Pazifik gesichert sei und daß der Krieg quasi in einer Schlacht entschieden worden sei. Die begeisterte Bevölkerung von Tokio feierte diesen „Sieg" in einer Flaggenparade und mit einem Laternenfest.

*

Um die Mitte des März 1942 war die Dislokation der US-Navy für den Pazifik nicht günstig. Von den neun neuen Schlachtschiffen standen zwei im Atlantik. Die Zahl der Flugzeugträger betrug im Atlantik drei und im Pazifik fünf. Von den 17 Schweren Kreuzern standen ebenfalls vier im Atlantik, und bei den Leichten Kreuzern war das Verhältnis noch schlechter, weil von den 20 einsatzbereiten Einheiten deren acht im Atlantik stationiert waren. Die am 15. März von den Chiefs of Staff beschlossene Marschrichtung war folgende:

1. Sicherung des Territoriums und der Küstengewässer der USA,
2. Sicherung der Transatlantikrouten und der Luftrouten mit Hilfe britischer und kanadischer Assistenz,
3. Sicherung von Großbritannien und seiner Inseln einerseits und unserer Ostküste und Panama andererseits,
4. in Schach halten der japanischen Streitkräfte, wo sie auch immer standen, und dauernde Versuche, diese zu schwächen,
5. das Abgeben von Verbänden zur Hilfeleistung für die Verteidigung der Indien-Burma-China-Gebiete,
6. Verstärkung der angloamerikanischen Anstrengungen für die Eröffnung einer Offensive gegen Deutschland.

Am 10. Juni erhielt die Pazifikflotte unter Admiral Nimitz, mit dessen Chef des Stabes KAdm. Spruance, folgende neue Einheiten: das Schlachtschiff „North Carolina", den Schweren Kreuzer „Quincy", den Leichten Kreuzer „San Juan" und sieben Zerstörer, die durch den Panamakanal in den Pazifik liefen. Es war dies die erste größere Verstärkung der Navy im Jahre 1942. Die Trägergruppen wurden vom Commander in Chief Pazifik wie folgt reorganisiert:

Task Force 11: KAdm. Fitch mit einem Träger, den Schweren Kreuzern „Minneapolis“, „New Orleans“ und „Astoria“, 1. Zerstörer-Flottille. – Task Force 16: KAdm. Fletcher mit einem Träger, den Schweren Kreuzern „Chester“, „Louisville“ und „Portland“, Leichter Kreuzer „Atlanta“ und 6. Zerstörer-Flottille. – Task Force 17: KAdm. Mitscher mit einem Träger, den Schweren Kreuzern „Northampton“, „Salt Lake City“ und „Pensacola“, Leichter Kreuzer „San Diego und 2. Zerstörer-Flottille. – Task Force 18: KAdm. Noyes mit einem Träger, den Schweren Kreuzern „Quincy“, „San Francisco“ und „Vincennes“, Leichter Kreuzer „San Juan“ und 15. und 23. Zerstörer-Flottille.

Damit war eine schlagkräftige Streitmacht im Pazifik neu formiert. Das große Rätselraten „was kommt nun?“ beherrschte die Gespräche an Bord all dieser Einheiten.

In der amphibischen Kampfgruppe des Südpazifik stand unter dem Befehl von KAdm. McCawley noch die Task Force 62 mit: Schwerer Kreuzer „Australia“, Capt. Farncomb (RAN), Schwerer Kreuzer „Canberra“, Capt. Getting (RAN), Schwerer Kreuzer „Chicago“, Capt. Bode, Leichter Kreuzer „Hobart“, Capt. Showers (RAN). Dieser Verband sollte noch in den bald beginnenden Kämpfen um Guadalcanal von sich reden machen.

In der Feuer-Geleitgruppe unter Captain Riefkohl standen ferner noch die Schweren Kreuzer „Vincennes“, Captain Moore, und „Astoria“, Captain Greenman. Es ging nach den Worten des amerikanischen Seekriegshistorikers Samuel Eliot Morison darum: „die Japse in die Luft zu blasen.“

Vier Tage nach der Schlacht um Midway überreichte General MacArthur bereits den Vereinigten Stabschefs den Plan für eine Großoffensive in Richtung Rabaul. Die erste Phase dieser Offensive sollte die Rückeroberung der von den Japanern besetzten Inseln Tulagi und Guadalcanal sein.

Die Lage der Japaner nach Midway

Die japanische Flotte, von der kein einziges der Großkampfschiffe bei Midway ein feindliches Schiff zu Gesicht bekommen hatte, war in die Heimatgewässer zurückgelaufen. Die Batterien des riesigen Schlachtschiffes „Yamato“, von dem man soviel erwartet hatte, waren stumm geblieben.

Nachdem der Tenno tropfenweise von der schweren Niederlage erfahren hatte, hob er – beraten vom kaiserlichen Hauptquartier – den kaiserlichen Befehl vom 18. Mai mit den großangelegten operativen Weisungen am 11.

Juli auf. Die Zeit der weiträumigen Operationen Japans war vorbei. Zwei Drittel der Trägerwaffe, unter deren Schirm diese Unternehmungen möglich gewesen waren, bestanden nicht mehr. Von nun an mußte eine Offensive der kleinen Schritte an die Stelle der großangelegten Seeoperationen über Tausende von Meilen gestellt werden, und zwar der Sprung von Insel zu Insel unter dem Schutz von landgestützten Flugzeugen. Gemessen an den gigantischen Distanzen im Pazifik war dies gleichbedeutend mit einem Stellungskrieg.

Die nächste japanische Planung sah eine Landung bei Port Moresby und die Eroberung der Hauptstadt von Neuguinea vor. Und zwar sollte dieser Angriff von Rabaul aus starten, mit einer Landung bei Buna an der Nordküste der Landzunge. Von dort aus sollte Port Moresby nach einem Landmarsch genommen werden. Aber wer in Buna landete, der hatte auf dem Wege nach Port Moresby jene unergründliche, wilde Urnatur Neuguineas mit der Owen Stanley Range zu überwinden, deren höchste Gipfel bis 4000 m emporragten. Dazwischen lag eine Wildnis, in deren Urwäldern giftige Pflanzen und ebenso giftiges Getier lauerten.

Ein weiteres Ziel der Japaner war die Festigung der Lage auf Tulagi und Guadalcanal. Guadalcanal und die benachbarte Insel Tulagi waren von den Japanern besetzt, Tulagi seit dem 3. Mai 1942. Damit war eine weitere Basis zum Landungsversuch bei Port Morseby gewonnen worden. Ebenso wurde Guadalcanal von den Japanern als südlichster Vorposten für eine Marineoperation im Salomonengebiet von schwachen Kräften besetzt gehalten. Diese 92 Meilen lange und 23 Meilen breite Insel, zehn Grad unterhalb des Äquators gelegen, war ein verlorenes Paradies, malariaverseucht mit Bananenstauden und Papayabäumen, Krokodilen, giftigen Pilzen und dauernden Gewittern. Sie wurde von einer Gruppe von Vulkanen überragt, die bis zu 2400 m hoch waren.

Im späten Juli fand Leutnant-Commander Haruki Itoh vom Zentrum des Marine-Nachrichtendienstes in Tokio zwei neue alliierte Funkstellen im südwestlichen Pazifik. Da beide Stationen ihren Funkverkehr auf dem Funkring der Commander-in-Chiefs abwickelten und gleichzeitig auch mit Pearl Harbor direkt in Verbindung standen, folgerte Itoh daraus, daß eine davon das Hauptquartier für eine neue feindliche Task Force sein könne. Am 1. August lokalisierten Funkpeiler eine der Stationen in Noumea auf Neukaledonien und die andere in der Nähe von Melbourne. Die erste, vermutete Itoh, war das Hauptquartier von Admiral Ghormley und die zweite die Basis der britischen oder australischen Streitkräfte.

Konsequenterweise schlossen er und sein Stab daraus, daß die Alliierten hier eine neue Offensive gegen die Salomonen oder Neuguinea vorbereiteten. Eine dringende Warnung wurde über Funk an Truk und Rabaul gerichtet, aber sie wurde auf beiden Plätzen ignoriert.

Um die Lage für eine neue Offensive gut vorzubereiten, begannen Mitte Juni 1942 japanische Pioniereinheiten mit dem Bau eines Flugplatzes auf Guadalcanal. Zur gleichen Zeit fürchtete die Marineführung Japans einen Gegenangriff der US-Streitkräfte in den japanischen Gewässern. Aus diesen Gründen wurden im Juli eine Reihe Abwehrmaßnahmen getroffen, die nicht zum Tragen kamen, weil die US-Navy keinen solchen Schlag beabsichtigte.

Diese Ruhezeit nützten auch die Japaner zur Neubildung und Neuaufstellung kampfstarker Flottenverbände. Gleichzeitig brachten die Stäbe bereits wieder neue Pläne für einen weiteren Entscheidungsschlag zum Vorschein. Daß es außerdem darum ging, die gewonnenen Inselgebiete zu sichern und zu versorgen, wurde klar, als immer mehr Transportverbände und deren Sicherungsverbände in Marsch gesetzt werden mußten.

In Australien, das hatte der japanische Horchfunk klar erkannt, wurden MacArthurs Streitkräfte von Tag zu Tag größer und schlagkräftiger. Aus dieser Tatsache und dem Zwang, diese Zufuhr zu unterbinden, wurde ein Schlachtplan zur Eroberung von Samoa und der Fidschiinseln entworfen.

Die japanische Armee, die noch immer der Meinung war, daß genügend Schiffsraum zur Verschiebung ihrer Truppen an beliebige Plätze des Pazifik zur Verfügung stehe und daß außerdem auch die Deckungsstreitkräfte vorhanden seien, plante weiträumige Operationen, um den japanischen Verteidigungsgürtel weiter auszudehnen, und bezog sogar Nordaustralien in ihre Operationspläne mit ein.

Dies ließ Port Moresby als erstes und wichtigste Ziel erscheinen. Bei der Operationsplanung „MO“ gilt dies als Grundlage. Da ein direkter Angriff auf Port Moresby keine ausreichende Luftsicherung hatte, weil die Reichweiten dann für die Luftwaffe zu groß sein würden, ging die Errichtung von Flugplätzen auf Tulagi und Guadalcanal weiter.

Mit dieser Vorbereitungsoperation aber war dem kaiserlichen Hauptquartier eine verhängnisvolle Fehleinschätzung unterlaufen, denn auch Guadalcanal lag außerhalb der Reichweite der eigenen Luftwaffe, und die Seestreitkräfte, vor allem die Flugzeugträger, von denen aus die Luftunterstützung hätte durchgeführt werden können, standen nicht zur Verfügung.

Mit dem Bau eines Flugplatzes auf Guadalcanal aber rief die japanische Armee konsequenterweise auch die US-Truppen auf den Plan, die vom ersten Augenblick an, da sie Nachrichten darüber hatten, eine Großoperation gegen Guadalcanal planten.

Da der japanische Angriff gegen Port Moresby nicht von Lae und Salamaua ausgeführt werden konnte, mußte die Armee in einem vorausgehenden Angriff, der Unternehmen RI genannt wurde, Buna und das nahegelegene Gona in ihren Besitz bringen. Diese beiden Ortschaften lagen am östlichen Beginn des berüchtigten Kokodapfades, der über das Owen-Stanley-Gebirge nach Port Moresby führte.

Auf dem Kokoda-Trail

Am frühen Morgen des 21. Juli 1942 landeten Teile der neugebildeten achten japanischen Flotte unter VAdm. Mikawa 2000 Mann des Südsee-Detachements in Buna an der Nordostküste von Neuguinea. Von hier aus sollten diese Soldaten jene 160 Kilometer Urwald mit dem Gebirge der Owen-Stanley Range im Fußmarsch überwinden.

Die beiden Schnelltransporter mit den Truppen wurden von dem Leichten Kreuzer „Tatsuka" als Zerstörerführer, den Zerstörern „Asanagi", „Uzuki" und „Yuzuki" und dem Minenleger „Tsugaru" gesichert. Während diese harte, kampferprobte Truppe in den Dschungel eindrang, erfolgte in den nächsten vier Wochen das Nachführen weiterer Verbände, denn der Dschungel fraß die Männer förmlich. Insgesamt wurden zum Angriff auf Port Moresby bei Buna 13500 Mann gelandet.

Die in den Dschungel vordringenden Soldaten wurden durch laufende Bombardierungen ihrer Nachschubstraßen, die Flugzeuge aus Australien vornahmen, von der Milnebucht und Port Moresby und somit von ihrer Versorgung abgeschnitten.

Die schwüle Hitze, die unerhört hohe Luftfeuchtigkeit und einfach unvorstellbare wolkenbruchartige Regenfälle verwandelten den Dschungel in einen fieberbrütenden Sumpf. Binnen weniger Wochen brachen die schwersten Dysenteriefälle aus. Weitere Tropenkrankheiten kamen hinzu. Malaria folgte. Als schließlich der Sumpfwald durchmessen war, hatte die Truppe gegen senkrechte Wände anzugehen, die ihr den Weg versperrten. Als es auf den Höhen durch riesige Grasfelder ging, stellten sich die mannshohen Gräser als scharf geschliffene Säbel heraus, die Kleidung, Beine und Arme zerschnitten.

Der Kokoda Trail, der auf einer Hängebrücke über den tief eingeschnittenen Kumusifluß führte und sich bis zum Engpaß auf der Höhe an der Flanke des Berges hinaufschlängelte, wurde für viele zu einem Pfad ohne Wiederkehr. Einzeln, Mann hinter Mann, mußte die Enge der Paßhöhe überwunden werden. Danach ging es bergab in Richtung Port Moresby und hinein in einen Urwaldgürtel von 16 Kilometer Breite.

Als die überlebenden Japaner, vor Schwäche taumelnd, viele im Fieberwahn, schließlich Ende September 1942 das Dorf Ioribawaia, nur noch 30 Kilometer von Port Moresby entfernt, erreichten, waren sie am Ende ihrer

Kraft. Zu Skeletten abgemagert, ohne jede Nahrung, weil die Nachschublinien einschließlich der Hängebrücke über den Kumusi durch Bombenangriffe vernichtet worden waren, stürzten sie sich in die Gärten der eingeborenen Bevölkerung und gruben alles aus, was sie finden konnten.

Generalleutnant Hyakatuke, der diesen Verband durch alle Unbilden begleitet und ihn unerbittlich vorangetrieben hatte, mußte nun, dicht vor dem Ziel, als bereits drei Viertel seiner Männer ausgefallen waren, den Rückmarschbefehl auf Kokoda geben.

Bis Mitte September hatte General MacArthur bereits Port Moresby durch zwei Infanterie-Brigaden verstärken lassen; eine weitere Brigade war zum Schutz der Flugplätze in der Milnebucht dorthin geworfen worden.

Auf dem Marsch von Kokoda aus hinunter ins Tal und auf Port Moresby zu waren die Angreifer immer wieder von kampfstarken Spähtrupps angegriffen und aufgehalten worden.

Zur Unterstützung für die „RI“ genannte Operation, die schon in ihren Anfängen von den daran teilnehmenden Offizieren als undurchführbar erkannt worden war, hatten die japanischen Marine-Streitkräfte auf der Insel Rabi vor der Milnebucht am Südende von Neuguinea landen müssen. Diese Operation, die später auch die Insel Samarai einbeziehen sollte, wurde ein Fehlschlag. Bereits 50 sm nordostwärts der Insel Rabi wurde der Transporter „Nankai Maru“ von einer in Port Moresby gestarteten Bomberstaffel angegriffen und gebombt. Das Schiff wurde schwer beschädigt. Es gab 20 Tote und eine Reihe Verwundeter.

Dennoch gingen am 26. Aug. 1942 1202 Soldaten in drei Gruppen an Land. Zwar kamen die Angreifer bis dicht an den Platzrand heran, dann aber wurden sie von australischen Truppen im Gegenangriff geworfen. Von den insgesamt durch Nachlandungen auf 2500 Mann gebrachten Invasionstruppen konnten nach dem Fehlschlag der Operation 1318 Mann, darunter 312 Schwerverwundete, abgelandet werden. 311 Mann waren gefallen, 700 gelten als vermißt. Am 6. September wurde diese Operation abgebrochen.

Als die 25. australische Brigade am 28. Sept. gegen die vermuteten vorderen Linien der Japaner antrat, hatten sich diese bereits zurückgezogen und bei Buna und dem nahe gelegenen Gona Verteidigungsstellungen errichtet.

Die hier zurückbleibenden Besatzungen waren dem Untergang geweiht. Jene Geleitzüge, die neue Soldaten bringen sollten, wurden schwer gebombt, bis schließlich die hier führende 18. Armee Japans keinen Entsatz mehr hinschickte und die dort verteidigenden Männer ihrem Schicksal überließ.

Ein letzter Versuch, zwei Geleitzüge nach Buna durchzubringen, wurde am 17. Nov. 1942 gestartet. Der erste Konvoi mit 1000 Mann auf fünf Zerstörern kam durch und entlud Truppen, Material und Verpflegung. Der zweite Konvoi mit 500 Soldaten an Bord konnte Buna ebenfalls erreichen und ausladen. Doch in der hellen Nacht wurden die ausgeladenen Schiffe von Bombern entdeckt und mit Bomben belegt. Die Zerstörer „Umikaze“ und „Kawakaze“ erhielten schwere Treffer.

Der letzte Kampf um Buna und Gona am Kumusifluß sollte durch die neu dorthin zu schaffende 21. japanische Brigade gestoppt werden. Doch dieser Konvoi, der am 28. Nov. Rabaul verließ, wurde am nächsten Tag gebombt. Zerstörer „Shiratsuyu“ erhielt einen Treffer am Bug. „Makigumo“ erhielt einige Nahtreffer, die ein Feuer auslösten. Diese beiden Zerstörer kehrten nach Rabaul zurück. Die beiden übriggebliebenen Zerstörer „Kazagumo“ und „Yugumo“ erreichten Buna.

Danach konnten noch einmal 642 Soldaten des Oda-Verbandes am 5. Dez. mit fünf Zerstörern gelandet werden. Sie erreichten den Ausschiffungspunkt. 591 Mann waren ausgeschifft, als ein neuer Luftangriff einen der Zerstörer beschädigte und alle übrigen den Rückmarschbefehl erhielten. 51 Mann gingen beim Ausschiffen verloren.

Buna und Gona wurden nun endgültig abgeschrieben, weil der bereits begonnene Kampf auf Guadalcanal so starken Einsatz erforderte, daß der unwichtig gewordene Stützpunkt Buna nicht mehr benötigt wurde. Die letzten auf der Papua-Halbinsel kämpfenden Japaner wurden mit einem Bombardement und nachfolgendem Sturmangriff am 3. Jan. 1943 vernichtet. Keiner der Japaner hatte sich an dieser Stelle ergeben. Damit hatten die japanischen Verluste einschließlich jener der daran beteiligten Marineverbände 12000 Mann gekostet. Die Australier verloren etwa 5700 Soldaten und die Amerikaner 2800.

Hier waren zum erstenmal im Pazifik-Duell Zerstörer zum Transport der Truppen eingesetzt worden, also für Unternehmungen, für die sie nicht bestimmt waren.

Was aber war in der Zwischenzeit auf Guadalcanal geschehen?

Guadalcanal – das Verdun im Pazifik

Vorbereitungen zur US-Invasion

Die US-Feindnachrichtendienste hatten bereits sehr früh genaue Informationen darüber, daß die Japaner auf Tulagi einen Seefliegerhorst errichtet hatten. Als man am 4. Juli 1942 erfuhr, daß die auf Guadalcanal liegenden 2000 Mann japanischer Pioniere und Baubataillone einen Flugplatzbau in Angriff genommen hatten, war man alarmiert. Es galt zu verhindern, daß die Japaner sich hier eine neue Absprungbasis schafften.

Die Vereinigten US-Stabschefs beschlossen in ihrer Sitzung am 2. Juli 1942, die 1. Division des Marine Corps, die sich bereits im Überführungsmarsch nach Nouméa auf Neukaledonien befand, umzuleiten und sie zur Rückeroberung von Guadalcanal und Tulagi einzusetzen. Diese Operation erhielt den Codenamen „Watchtower". Allerdings waren die Pläne viel weiter gesteckt als nur zu diesen Inseln, von denen Guadalcanal noch nicht einmal namentlich genannt wurde. Die Eroberung dieser Inseln sollte der erste Schritt zu einer großräumigen Offensive mit dem Endziel der Rückeroberung von Rabaul sein.

Die US-Operationen gegen Guadalcanal und Tulagi begannen bereits am 28. und 31. Juli 1942 mit den Landungen auf Koro Island und auf den Fidji-Inseln. Von hier aus sollte der endgültige Angriff mit Zielrichtung Cap Esperance auf Guadalcanal erfolgen.

Die Landungen auf Guadalcanal

In der ersten amphibischen US-Operation des Pazifikkrieges sollten US-Landungstruppen an der Nordseite der Insel Guadalcanal am frühen Morgen des 7. Aug. 1942 an Land gehen.

Am Vortage gab KAdm. Turner, Befehlshaber der Amphibious Force, jene Parole aus, die alle mitriß: „Am 7. August will die Pazifikflotte Tulagi und Guadalcanal zurückerobern, die noch in der Hand des Feindes sind. Es ist ein sicheres Zeichen des Sieges, daß wir alle hier, die Streitkräfte der US-Navy und der Army, mit den Australiern und den neuseeländischen Land- und Luftstreitkräften Schulter an Schulter stehen. Ich habe das Vertrauen, daß alle Teile dieser Armada sich geschickt und couragiert erweisen werden und daß sich alle Männer in dem Bewußtsein schlagen, für eine gemeinsame große Sache zu kämpfen. Gott segne Sie alle!" Diese

Worte wurden auch als Tagesbefehl für den Angriff herausgegeben.

Der Angriff begann am frühen Morgen des 7. August um 06.13 Uhr, als der erste Kreuzer das Schweigen brach und die Beschießung der feindlichen Küste eröffnete. Alle übrigen Schiffe der Feuer-Geleitgruppe fielen darin ein, und westlich von Luga Point wurde die Erde von den einschlagenden Granaten umgepflügt. 44 Flugzeuge von „Saratoga“ und „Enterprise“ starteten zum Bombardement, und dann landeten die amphibischen Streitkräfte unter KAdm. Turner die 1. Marinedivision von den 15 Transportern an der Nordseite von Guadalcanal und von vier weiteren Transportern auf Tulagi.

Am Nachmittag wurde der Kampf fortgesetzt. Auch die Japaner starteten ihre Flugzeuge. Es gelang dem Kreuzer „San Juan“ bereits am Morgen, die Funkstation auf Tulagi zum Schweigen zu bringen und die Landung der Marinetruppen zu ermöglichen. Bis zum Abend dieses Tages waren zwei Brückenköpfe auf der Insel in den Händen der Angreifer.

Die japanische 8. Flotte, die von der noch intakten Funkstelle Tulagi alarmiert worden war, lief unter VAdem. Mikawa mit fünf Schweren und zwei Leichten Kreuzern von Rabaul aus, um den Gegner zu stellen. Als Sicherung marschierten einige Zerstörer mit.

Die japanischen Langstreckenbomber unter KAdm. Yamada, die in der 25. Luftflotte zusammengefaßt waren, starteten nach Bekanntwerden der Landungen auf Tulagi und wurden am 7. Aug. um 13.15 Uhr durch das Radar des Kreuzers „Chicago“ geortet. Sie erzielten keinen Erfolg.

Am nächsten Morgen wurde der Zerstörer „Jarvis“ beim Angriff japanischer Torpedoflugzeuge versenkt. Ein Transporter wurde durch einen abstürzenden Stuka getroffen und sank.

In der Nacht zum 9. August war es einem japanischen Kreuzerverband mit „Chokai“, „Aoba“, „Furutaka“, „Kako“, „Kinugasa“, „Tenryu“ und „Yubari“ mit einem Zerstörer möglich, unbemerkt an den beiden Wache laufenden US-Radar-Zerstörern vorbei in die Enge zwischen Savo Island und Guadalcanal einzudringen. Es gelang, die südliche Deckungsgruppe völlig zu überraschen. Diese bestand aus den Kreuzern „Canberra“ und „Chicago“ mit den Zerstörern „Patterson“ und „Bagley“.

Dieser Verband unter KAdm. Crutchley stand südostwärts von Savo auf und ab und lief zwölf kn, um als Patrouille alles im Blickfeld zu haben. Hinzu kam der Schwere Kreuzer „Australia“. Die nördliche Sicherungsgruppe unter Captain Riefkohl lief mit nur 10 kn Fahrt in dem Quadrat zwischen Savo- und Florida Island und drehte jede halbe Stunde um 90 Grad. Hier führte „Vincennes“ vor „Quincy“ und „Astoria“, während die Zerstörer „Helm“ und „Wilson“ breitseits beiderseits des führenden Kreuzers liefen.

Ob nun wirklich die beiden Zerstörer „Talbot“ und „Blue“ keine Warnung herausgaben, ist zweifelhaft. Es wird sogar als sicher angenommen, daß dies geschehen ist. Doch offenbar hatte Crutchley keine Möglichkeit, mit den Kommandanten der drei nördlichen Kreuzer in Kontakt zu treten, weil er nicht an Bord war. Admiral Turner hatte ihn aufgefordert, zum Flaggschiff der amphibischen Kampfgruppe zu kommen, um mit ihm zu sprechen. Dieses Schiff, die „McCawley“, lag in Luga Point.

An Bord des Kreuzers „Australia“ verließ Crutchley die Gruppe und gab Captain Bode auf der „Chicago“ Weisung, die Kampfgruppe zu übernehmen. Captain Bode, der nun also die südliche Kampfgruppe führte, hoffte, daß KAdm. Crutchley bis Mitternacht zurück sein würde.

Im Norden drehten die Schiffe von Captain Riefkohl ihre monotonen Runden. Als um 23.13 Uhr Flugzeuge gesichtet wurden, gab Zerstörer „Talbot“ folgendes durch: „Warnung – Warnung! Flugzeug über Savo, fliegt Ostkurs.“ Dieser Ruf erreichte Admiral Turner nicht. Auch „Quincy“ und „Vincennes“ sichteten das Flugzeug und glaubten, es sei ein eigenes. Es war jedoch eine Aufklärungsmaschine von Admiral Mikawas Kreuzern. So konnte 90 Minuten lang das Flugzeug ungeschoren über den Schiffen kreisen und exakte Informationen an Admiral Mikawa durchtasten.

Admiral Mikawa hatte seine Kreuzer in Kiellinie gegliedert. An der Spitze „Chokai“, gefolgt von „Aoba“, „Kako“, „Kinugasa“ und „Furutaka“. Die Leichten Kreuzer „Tenryu“ und „Yubari“ und der Zerstörer „Yunagi“ machten den Schluß. Ihre Gesamtbewaffnung bestand aus 62 Torpedorohren, 34 21-cm-Geschützen, zehn Geschützen vom Kaliber 14 cm und 25 12,7-cm-Geschützen.

Admiral Mikawa hatte den Befehl ausgegeben: „Einzeln in den Sund hineinstoßen! Zuerst die US-Kriegsschiffe vor Guadalcanal angreifen, danach jene vor Tulagi! Bei Tagesanbruch: Blitzangriff auf den Feind!“

Um 00.25 Uhr wurde Admiral Mikawa gemeldet, daß drei Schwere Kreuzer südlich Savo stünden. 20 Minuten später wurde „Auf Gefechtsstationen!“ befohlen, und um 00.54 Uhr sichtete „Chokai“ den Zerstörer „Blue“ über den Steuerbordbug. Die Kampfgruppe ging auf ihrer Fahrt auf 25 kn herauf. Aber „Blue“ machte keine Sichtmeldung, weil seine Ausgucks nach achtern und nicht nach vorn die See absuchten.

Wenig später wurde auch „Talbot“ gesichtet, und Admiral Mikawa befahl um 01.05 Uhr den Wechsel auf den neuen Kurs von 150 Grad. Savo passierte an der Backbordseite, und als die Insel umrundet war, wurde um 01.32 Uhr der Kurs auf 95 Grad gelegt. Eine Minute darauf gab Admiral Mikawa den Angriffsbefehl.

Mit der Sichtmeldung über „Chicago“ und „Canberra“ erfolgte der

Feuerbefehl. Zwei Salven Torpedos wurden geschossen. Noch immer waren die japanischen Kreuzer nicht entdeckt worden. Erst um 01.43 Uhr meldete „Patterson“: „Warnung – Warnung! – Große Schiffe dringen in den Hafen ein.“ Es war nun zu spät, denn Sekunden darauf warfen japanische Flugzeuge in einem ausgezeichneten Timing Leuchtbomben, und die beiden Kreuzer standen im hellen Licht. Alle japanischen Zerstörer eröffneten aus Distanzen zwischen 4500 und 10 000 m das Feuer. Als „Canberra“ gerade das Feuer erwidern wollte, wurde der Kreuzer von zwei Seiten durch Torpedos getroffen, die fünf Minuten vorher von den Japanern abgeschossen worden waren. Zwei trafen die Steuerbordseite. Zur gleichen Zeit hämmerten etwa 24 Granaten in die Decks hinein und zersiebten sie. Captain Getting wurde getötet, mit ihm sein Artillerieoffizier und eine Reihe Soldaten. Der Kreuzer schoß noch zwei Torpedos ab, bevor er still auf der Wasseroberfläche als Fackel liegenblieb. Binnen fünf Minuten nach den Treffern der Tropedos war dieses Schiff vernichtet und von der Wasseroberfläche verschwunden.

Die „Chicago“ schoß Sternschüsse, um das Gefechtsfeld aufzuhellen, als eine Wache Tropedolaufbahnen sichtete und einen lauten Warnruf ausstieß. „Hartruder Backbord!“ befahl Captain Bode, aber es war schon zu spät. Es war genau 01.47 Uhr, als der erste Torpedo in den Bug des Kreuzers hineinschmetterte. Ein riesiger Wasserstrahl stob in die Höhe. Dann war das Schiff vom Bug bis zum ersten Schornstein überschwemmt. Unmittelbar darauf waren Admiral Mikawas Kreuzer vorbeigerauscht und erhielten um 01.44 Uhr Befehl, auf die „Vincennes“-Gruppe hin nach Nordosten anzugreifen. Bei einer Kursänderung kollidierte „Furutaka“, der fünfte in der Kiellinie, mit „Kinugasa“. Er schor nach Steuerbord aus und lief nun direkt auf die Nordgruppe zu. Die Leichten Kreuzer „Tenryu“ und „Yubari“ folgten der Drehung, und damit war Mikawas Streitmacht in eine westliche und östliche Gruppe geteilt. (Siehe: Campain of the Pacific War, USSBS Nr. 255).

Es war 01.47 Uhr, als „Chokai“ die „Vincennes“-Gruppe sichtete. Die Kreuzer „Vincennes“, „Quincy“ und „Astoria“ erhielten um 01.43 Uhr die Warnmeldung der „Patterson“ und führten gerade ihre Drehung von Südwest nach Nordost durch. Um 01.48 Uhr schoß „Chokai“ die ersten vier Torpedos auf die Nordgruppe. Einer dieser Aale traf „Astoria“, die unmittelbar darauf auch von Granaten getroffen wurde. Nach vier Salven hatte „Chokai“ sich eingeschossen, und ab der fünften schlugen mehrere 20,3-cm-Granaten mittschiffs in „Astoria“ hinein. Flammen stiegen aus dem Schiff in die Höhe und erhellten, gespenstisch im Wind flackernd, die Kampfszene.

Jede der nun folgenden Granaten traf, aus 6000 m geschossen, ihr Ziel.

„Astoria“ gelang es noch, elf Salven aus ihren schweren Türmen zu schießen. Als der Kommandant um 02.02 Uhr eine Steuerbordschwenkung befahl, weil sein Schiff genau zwischen der „Quincy“ und dem Gegner lag, traf eine Granate die Steuerbordseite der Brücke. „Astoria“ war für kurze Zeit steuerlos, bis Bootsmannsmaat Young, obwohl schwerverwundet, wieder auf die Füße kam und das Schiff auf nordwestlichen Kurs zurückbrachte. „Astoria“ machte nur noch sieben kn Fahrt, weil die Kesselräume hatten verlassen werden müssen. Feindliche Granaten machten aus dem Schiff ein Sieb. Aber es entkam noch einmal.

„Quincy“, die der „Astoria“ am nächsten stand, wurde vom Scheinwerfer des Schweren Kreuzers „Aoba“ erfaßt, und als die ersten Granaten nahebei einschlugen, eilte LtCdr. Heneberger, der ArtOffz., in den Artillerie-Feuerleitstand und befahl, auf das Schiff, das mit seinen Suchscheinwerfern leuchtete, zu feuern. Aus 8000 m Distanz wurden nacheinander neun Salven geschossen. Dann mußte eine Kurskorrektur befohlen werden, damit man nicht mit der vorauslaufenden „Vincennes“ kollidierte. Bevor diese ausgeführt war, traf eine japanische Granate eine auf dem Katapult stehende Bordmaschine. Nun benötigte der Gegner keine Suchscheinwerfer mehr, um die „Quincy“ zu finden. Der brennende Kreuzer stand wenige Sekunden später bereits im japanischen Kreuzfeuer. Turm 2 wurde getroffen und flog in einer wüsten Munitionsdetonation in die Luft. Captain Moore wurde wenig später tödlich getroffen. Das Leben im Führerhaus erstarb nach diesem Treffer. Dann hämmerte ein Torpedo an der Backbordseite in den Kesselraum 4 hinein. Feuer und Explosion wüteten und forderten hohe Opfer an Toten und Verwundeten. „Quincy“ war am Ende, und als LtCdr. Heneberger einen Läufer zur Brücke schickte, um Instruktionen zu holen, kam dieser schreckensbleich zurück und stammelte: „Die ganze Brücke ist ein Schlachthaus toter Körper. Es leben vielleicht noch drei oder vier Männer. Im Pilothaus steht nur noch der Signalmaat. Er hat das Ruder übernommen und versucht, das Schiff nach Steuerbord zu drehen und in den Hafen zu bringen.“ Der Läufer berichtete weiter: „Ich ging zur Backbordseite des Ruderhauses und schaute hinaus, um Savo Island zu finden, und bemerkte, daß unser Schiff sehr schnell mit Backbordschlagseite über den Bug sank.“ (Bericht des Artillerie-Adjutanten Andrew)

Nun befahl LtCdr. Heneberger: „Alle Mann aus dem Schiff!“ Das ganze Vorschiff stand bereits unter Wasser, als die Lebensrettungsflöße und Wrackteile über Bord geworfen wurden. Um 02.35 Uhr kenterte „Quincy“ nach Backbord, drehte sich noch einmal herum und sank als erstes jener Schiffe, die diesem Sund später den Namen „Eisenboden-Sund“ gaben.

„Vincennes“, Führerkreuzer der nördlichen Patrouillengruppe, hatte zwar den Gegner zuerst gesichtet, griff aber als letzter Kreuzer in den Kampf ein. Captain Riefkohl war erst eine Stunde vorher in seine Koje gekrochen. Commander Mullan vertrat ihn auf der Brücke, und LtCdr. Craighill hatte die Artilleriekontrolle. Sie hatten die Funkwarnung von „Talbot“ gehört, und wenig später fielen auch die Leuchtbomben der japanischen Flieger.

Nun wurde Captain Riefkohl wieder auf die Brücke gerufen. Als wenig später dumpfe Unterwasserdetonationen erschollen und aus Süden Kanonenabschüsse sichtbar wurden, glaubte man noch, daß auf Flieger geschossen würde, die Bomben abgeladen hatten. Captain Riefkohl ließ die Fahrt auf 15 kn erhöhen, aber den alten Kurs fortsetzen. Als um 01.50 Uhr Scheinwerfer dreier Schiffe aufflammten, glaubte er immer noch, daß dies die eigene Südgruppe sei. Doch dann beendete der Kreuzer „Kako“ sehr schnell alle Zweifel, als er die erste Salve auf „Vincennes“ feuerte, die einige hundert Meter zu kurz lag. Diese antwortete um 01.53 Uhr mit einer 21,3-cm-Vollsalve aus vier sm Distanz.

Mit der zweiten Salve wurde „Kinugusa“ getroffen. Zur gleichen Zeit schmetterten die ersten Treffer mittschiffs in die „Vinny“ hinein. Die auf den Katapulten stehenden beiden Flugzeuge gingen in Flammen auf. Captain Riefkohl ließ vor anlaufenden Torpedos nach Backbord drehen. Aber mehrere Treffer auf sein in helle Flammen gehülltes Schiff verhinderten die Ausführung dieses Befehls. Aufbauten wurden zerschmettert, Geschütze zum Schweigen gebracht, die Bordverständigung außer Betrieb gesetzt. Das Feuer erfolgte von zwei Seiten, und Riefkohl versuchte nun, durch Hartruderlegen nach Steuerbord zu entkommen. Zwischen dieser um 01.55 Uhr beginnenden Drehung wurde der Kreuzer von zwei oder drei Torpedos der „Chokai“ getroffen, die den Kesselraum 4 an der Backbordseite zerstörten. Im Kesselraum 2 wurden die Soldaten von dem entweichenden Dampf verbrannt. Im hinteren Raum herrschte die gleiche weiße Hybris, und um 02.03 Uhr wurde das Schiff von einem Torpedo der „Yubari“ im Kesselraum 1 getroffen.

Nun stoppte die „Vinny“ und lag regungslos unter dem auf sie einhauenden Feuer. Als Captain Riefkohl eine große rote Flagge vorn setzen ließ, wähnte man auf seiten des Gegners, dies sei die Admiralsflagge, und verstärkte das Feuer noch. Es kam zu einem fürchterlichen Hagel an Treffern, Explosionen und Bränden, und „als der Gegner, der das Schiff beleuchtete, um 02.15 Uhr das Feuer stoppte und seine Scheinwerfer erloschen, war die ‚Vincennes‘ vernichtet. Sie sank um 02.50 Uhr in einem dichten Schleier aus Wasser und Qualm.“ (Siehe Morison, Samuel Eliot: a.a.O.)

Um 02.00 Uhr ließ Admiral Mikawa die „Chokai“ aus dem nördlichen

Verband herausdrehen. Seine Gruppe folgte ihm, die vorher genannte Teilgruppe jedoch nicht. Es war 02.05 Uhr, als zwei Granaten der mit dem Tode ringenden „Quincy“ das japanische Flaggschiff trafen. Die erste setzte den Kartenraum des Admiralstabes außer Gefecht, die zweite detonierte nahe dem Flugzeugkran, und eine dritte traf einen der vorderen Türme.

Um 02.20 Uhr signalisierte das Flaggschiff an sämtliche Schiffe: „Alle Einheiten ziehen sich zurück!“ In zwei Reihen drehten die Kreuzer der Japaner und verschwanden so schnell, wie sie gekommen waren. Die von der „Furutaka“ angeführte zweite Gruppe lief zu dieser Zeit auf den Zerstörer „Talbot“ zu. „Tenryu“ und „Yubari“ eröffneten das Feuer auf „Talbot“ aus 4500 und 6000 m Distanz. Es wurden mehrere Granattreffer und ein Torpedotreffer erzielt. Dann ging es Schlag auf Schlag, und als „Talbot“ in Flammen stand und starke Schlafseite erhalten hatte, lief der Gegner ab.

Admiral Mikawa wollte seinen Verband sammeln und noch einmal mit geballter Feuerkraft zuschlagen. Doch dazu kam es nicht mehr, weil sein Stab ihm (nach seinen Angaben, die er 1949 in den USA machte) meldete, daß alle Torpedos verschossen seien und daß bei Tageslicht ein Angriff amerikanischer Trägerflugzeuge zu hohen Verlusten führen könnte.

Die japanische Kampfgruppe lief ab. Sie hatte „Canberra“ so schwer beschädigt, daß dieser Kreuzer am Morgen versenkt werden mußte. Der Zerstörer „Blue“, das einzige Schiff, das in der Nacht keinen Schuß abgefeuert hatte, lief zur „Canberra“ und rettete 680 Schiffbrüchige.

„Quincy“ war um 02.35 Uhr gesunken. 15 Minuten darauf war „Vincennes“ ihr gefolgt. „Astoria“ starb nur sehr langsam. Als die Brücke wegen Munitionsexplosionen verlassen werden mußte, lief der Zerstörer „Bagley“ auf den treibenden Kreuzer zu und nahm bis 04.45 Uhr alle Verwundeten an Bord. Eine Reihe kleiner Schiffe kamen, um die Flammen einzudämmen und zu löschen. Um 11.00 Uhr aber explodierte ein weiteres Munitionsmagazin. Am Mittag überlief die See das Oberdeck, und 15 Minuten später drehte das Schiff über die Backbordseite in die Tiefe.

Die japanische Kampfgruppe war kaum gezeichnet davongekommen. „Aoba“ hatte einen Treffer erhalten und brannte leicht. Auf „Chokai“ wurde der Kartenraum ausgeschaltet, und auf „Kinugasa“ fiel der Maschinenraum 1 aus. Alles in allem hatten die Japaner nur 58 Tote und 53 Verwundete. (Siehe: Detailed Battle Report 6th CruDiv. WDC No. 160,997). Was wunder, daß nun alle Menschen in Japan und nicht wenige in den USA die japanische Flotte für unbesiegbar hielten.

Am 10. Aug. wurde der zurücklaufende Kreuzer „Kako“ von dem US-U-Boot S 44, LtCdr. Moore, gesichtet. Alle Torpedos trafen, und „Kako“

sank binnen fünf Minuten. Übrigens überlebte keines der siegreichen Schiffe von Savo Island den Krieg. „Furutaka" sank in der Schlacht bei Cap Esperance, „Kinugasa" in der Schlacht um Guadalcanal, „Tenryu", „Yubari" und „Yunagi" wurden durch US-U-Boote versenkt. „Chokai" sank in der Schlacht von Samar und „Aoba" im Trägerraid von Kure.

Dieser Kampf von Savo Island war die erste große Überwasserschlacht seit dem Kampf in der Javasee. Japan hatte nach dem Seesieg von Savo Island die Initiative zurückgewonnen.

Am 21. Aug. 1942 befahl Admiral Yamamoto den Angriff aus dem Gebiet um Truk. Er ließ dort drei Flugzeugträger, drei Schlachtschiffe, fünf Kreuzer und acht Zerstörer zusammenziehen. Zur gleichen Zeit sammelte in Rabaul Admiral Tsukahara vier Kreuzer und fünf Zerstörer. Die Luftflotte 11 stellte ihm 100 Flugzeuge zur Verfügung. Die Trägerschlacht bei den Salomonen konnte beginnen.

Die japanischen Kreuzer, die dazu aufgeboten wurden, waren: Kreuzer-Division 4 mit „Atago", „Maya", „Takao"; Kreuzer-Division 5 mit „Myoko" (an Bord Führer der Vorhutstreitkräfte, VAdm. Takagi) und „Haguro". In der Angriffskampfgruppe stand die Kreuzerdivision 7 mit „Suzuya", „Kumano" und „Chikuma". Sie wurde von KAdm.Nishimura geführt; die Kreuzer-Division 6 unter KAdm. Goto mit „Aoba", „Kinugasa" und „Furutaka" stand bei den südöstlichen Streitkräften.

Im östlichen Salomonengebiet kam es nunmehr zur Trägerschlacht. „Enterprise", im weiten Kreis durch Kreuzer und Zerstörer geschützt, und „North Carolina", ebenfalls durch Kreuzer gedeckt, starteten ihre Trägerflugzeuge. Die Flugzeuge des Trägers „Saratoga" unter der Führung von VAdm. Fletcher fanden den Gegner nicht.

Als am Morgen des 24. Aug. die Gruppe um den Träger „Ryujo" von der US-Luftaufklärung erfaßt worden war, starteten abermals von „Saratoga" Torpedo- und Hochbomber. Von Torpedos und Bomben mehrfach getroffen, ging dieser japanische Träger binnen kurzer Zeit unter. Der Kreuzer „Tone", der bei dem Träger stand, erhielt ebenfalls schwere Treffer, überlebte aber diesen Angriff.

Inzwischen hatte aber auch die japanische Luftaufklärung den US-Trägerverband entdeckt. Von „Shokaku" und „Zuikaku", den beiden Trägern von VAdm. Nagumo, starteten alle Angriffsgruppen. Sie erzielten trotz des massierten Abwehrfeuers drei schwere Bombentreffer auf der „Enterprise". „North Carolina" aber wehrte im Verein mit den beiden Kreuzern „Portland" und „Atlanta" und den sechs Zerstörern den Luftangriff erfolgreich ab. Ihr Schnellfeuer holte sieben oder acht Angreifer aus dem Himmel herunter.

Am frühen Morgen des 25. Aug. griffen dann 21 Bomber und 13 Jäger der Japaner Henderson Field an; in der kommenden Nacht starteten Bordflugzeuge der Kreuzer „Kinugasa", „Furutaka" und „Yura" und bombten das Lagunengebiet. US-Sturzbomber trafen den Kreuzer „Jintsu" und den Zerstörer „Mutsuki" sowie einen Transporter schwer. Nunmehr brachen die japanischen Führer den Angriff ab.

Die beschädigte „Enterprise" wurde von Kreuzer „Portland" und vier Zerstörern nach Pearl Harbor geleitet. „North Carolina" und „Atlanta" sowie zwei Zerstörer wurden der „Saratoga"-Gruppe zugeführt. Der japanische Versuch, Guadalcanal mit allen vorhandenen Mitteln rasch zurückzugewinnen, war trotz des großen Einsatzes gescheitert. Dies bedeutete nicht etwa, daß der Plan aufgegeben wurde.

In bedeutend kleinerem Rahmen zwar, aber dennoch mit aller Kraft wurden die Landungsversuche weitergeführt. Es war der sogenannte „Tokio-Expreß", der jetzt mit schnellen Zerstörer-Konvois durchzukommen trachtete.

Auf Guadalcanal übernahm General Kawaguchi die Führung aller japanischen Truppen. Er verpflichtete sich gegenüber dem kaiserlichen Hauptquartier, Guadalcanal bis zum 10. Oktober zurückzugewinnen.

Der weitere Kampf auf und um Guadalcanal

Von Pionieren und Soldaten ließ General Kawaguchi nunmehr eine Straße durch den Dschungel der Insel bauen. Ziel dieser Straße war die immer noch einsatzbereite Operationsbasis Henderson Field. Bis auf drei Kilometer kamen die Japaner an das Flugfeld heran. Als sie am 12. September am Schwerpunkt der dortigen Verteidigungskräfte, dem Edson's Ridge, so genannt nach seinem Verteidiger Oberst Edson, zum Angriff antraten, kam es zu erbitterten Nahkämpfen. Hier erhielt die Höhe den Namen „Bloody Ridge". Die Kämpfe waren von solcher Härte, daß selbst die stoischen japanischen Soldaten schließlich die Flucht ergriffen und sich in den undurchdringlichen Dschungel zurückzogen. Sie hatten auf dem Blutigen Rücken 600 Mann verloren, und der Rückzug kostete abermals etwa 1000 Männern das Leben.

Es war General Vandegrift mit seiner Truppe, den Ledernacken und den Soldaten der American Legion, gelungen, den Gegner zu werfen. Auf dem Rücken, dem Gegner direkt gegenüber stand Major William J. McKennon. Er wußte, daß seine Kompanie hier halten und Henderson Field retten konnte und mußte.

Der Kampf um den Bloody Ridge wurde von den Verteidigern gewonnen. Aber die Sieger waren nur noch Wracks, geschwächt durch Verwundungen, Fieber, Dysenterie, Pilzinfektionen und Malaria.

General Kawaguchi zog sich bis in die Küstenstellungen zurück. Der Nachschub geriet ins Stocken, und Guadalcanal erhielt von den Soldaten beider Seiten einen neuen Namen: Hungertod-Insel.

Vier Tage nach dieser Schlacht am Bloody Ridge wurden die Mariner aufgefrischt durch 4200 Soldaten des 7. Marineregimentes. Sie landeten mit schwerem Pioniergerät, Munition, Verpflegung und Material aller Art. General Vandegrift hatte die Lage voll unter Kontrolle. Ihm standen jetzt insgesamt 23 000 Mann zur Verfügung und eine kleine, aber angriffsfreudige Air Force.

Als der Kriegskorrespondent der New York Times, Hanson Baldwin, am Tag nach dem Eintreffen des Nachschubs bei General Vandegrift erschien und ihn fragte, ob er Guadalcanal und den Strand würde halten können, erwiderte der General: „Zur Hölle, warum nicht?“

Für General Kawaguchi trafen ebenfalls Verstärkungen ein. Es war eine Infanteriegruppe der 2. ID unter Generalmajor Yumio Nasu. Das Gros der Division sollte nachfolgen. Nasu führte die Vorhut für eine neue Offensive gegen Henderson Field. In Rabaul hatte sich General Hyakutake dazu entschlossen, nach Guadalcanal zu gehen und die Gesamtführung der Operation zu übernehmen. Er brachte die 17. Army-Feldartillerie mit, bestehend aus 15-cm-Haubitzen und 10-cm-Kanonen.

Zu einer Reihe von Gesprächen zwischen Army und Navy wurden die Chefs und Kommandeure ins Hauptquartier der 17. jap. Armee gerufen, um alle Operationen zu koordinieren. Sie sprachen schier endlos über den Transport des Gros' der 2. ID nach Guadalcanal. Die Marine war bereit, diese in einem der üblichen „Raten-Expreß“ (von Teilgruppen) zu überführen. Aber für General Hyakutake schien das Risiko zu groß. Er wollte die Überführung der Division als einen einzigen Einsatzverband in einem großen Konvoi, mit einer kraftvollen Marine-Eskorte, nach Guadalcanal ausgeführt haben. Dies wiederum erschien der Marine umöglich. „Wir haben keinen genügenden Transportraum dafür“, sagten deren Vertreter. General Hyakutakes Antwort lautete: „Wenn der Marine die Kraft fehlt, diesen Transport in einem Zuge durchzuführen, dann werden wir ohne Eskorte losfahren, und das Hauptquartier der 17. Armee wird den Konvoi leiten.“ (Siehe Toland, John: a.a.O.)

Einer der Beobachter des kaiserlichen Hauptquartiers, Oberstleutnant Tsuji, erbot sich gegenüber General Hyakutake, zu einem Vieraugengespräch nach Truk in das Hauptquartier von Admiral Yamamoto zu fliegen und des Generals Argumente dem Oberbefehlshaber der Flotte direkt zu unterbreiten. General Hyakutake nahm dieses Anerbieten an.

Oberstleutnant Tsuji erstattete Admiral Yamamoto auf dem Schlachtschiff „Yamato“ Bericht. Der Oberstleutnant sprach dramatisch von den Soldaten, die auf Guadalcanal standen, daß sie sich teilweise von Gras und Wurzeln ernährten und sogar gefiltertes Seewasser trinken müßten, um zu überleben. „Die 2. Division muß voll intakt auf die Insel gelangen, sonst wird sie auch verloren sein. Sie muß mit einer großen Eskorte versehen werden. Sonst wird General Hyakutake allein fahren und die Insel zurückerobern“, erklärte er.

Admiral Yamamoto erwiderte: „Ich, Yamamoto, werde mich persönlich darum kümmern, und wenn es notwendig werden sollte, werde ich den Konvoi persönlich mit dem Schlachtschiff ‚Yamato‘ bis zur Insel bringen; ich verspreche, daß der Konvoi auf dem Wege, den die 17. Armee wünscht, geleitet wird. Sagen Sie Hyakutake-san, daß er an Bord eines Zerstörers gehen möge, damit er sicher an Land gebracht wird. Seine Führungsqualitäten werden auf Guadalcanal nötig gebraucht.“

Bevor Oberstleutnant Tsuji das Schlachtschiff „Yamato“ verließ, hatte Admiral Yamamoto bereits seinen Befehl zu Papier gebracht. Die kombinierte Flotte sollte die 2. ID nach Tassafaronga Point transportieren, während Henderson Field durch Schlachtschiffe mit dichtem Feuer belegt wurde, um den Start von Flugzeugen dort zu verhindern. Zugleich sollte General Hyakutake einen Angriff auf Henderson Field starten. Die kombinierte Flotte würde die US Navy zwingen, einen größeren Einsatz zu führen. Damit wollte Admiral Yamamoto noch einmal versuchen, die amerikanischen Seestreitkräfte im Gebiet der Salomonen-Inseln zu vernichten und solcherart gleichzeitig den Anfang vom Ende der amerikanischen Beherrschung des Pazifik einleiten. Fieberhaft arbeitete das kaiserliche Hauptquartier daran, die zu diesem großen Angriff notwendigen Seestreitkräfte zu versammeln, die in der zweiten Schlacht im Gebiet der Salomonen-Inseln eingesetzt werden konnten. Insgesamt kamen 58 Kriegsschiffe zusammen. Auf den Trägern befanden sich 177 Flugzeuge.

*

Die US-Navy, der diese Kräftemassierung nicht entgangen war, zog ebenfalls ihre Seestreitkräfte in diesem Großraum zusammen. Sie brachte es auf 30 Schiffe, allerdings verfügte sie über mehr Träger, die insgesamt 259 Flugzeuge an Bord hatten.

Der US-Träger „Wasp“ wurde allerdings am frühen Morgen des 23. Aug. zur Treibstoffergänzung nach Süden geschickt und konnte nicht mehr an der an diesem Tage beginnenden Schlacht teilnehmen. Damit waren jene 83 Flugzeuge des Trägers „Wasp“ nur als Reserve anzusehen.

Zu dieser zweiten Schlacht im Gebiet der Salomonen-Inseln trat die vereinigte Flotte unter Admiral Yamamotos Führung in folgender Aufstellung an:

Der Unterstützungsverband unter der Führung von Admiral Yamamoto mit dem Schlachtschiff „Yamato“, dem Träger „Taiyo“, den Zerstörern „Akebono“ und „Ushio“. – Dritte Flotte (als Träger-Kampfverband) – VAdm. Nagumo mit: Schweren Trägern „Zuikaku„ und „Shokaku“, Zerstörern: „Kazagumo“, „Yugumo“, „Makigumo“, „Akigumo“, „Hatsukaze“, „Akizuki“. – Dritte Flotte (als Eingreifverband), KAdm. Hara, mit: Leichtem Träger „Ryujo“, Schwerem Kreuzer „Tone“, Zerstörern: „Amatsukaze“ und „Tokitsukaze“. – Zweite Flotte, VAdm. Kondo, Nahunterstützung, KAdm. Abe, mit: Schlachtschiffen: „Hiei“, „Kirishima“, Schweren Kreuzern: „Kumano“, „Suzuya“, „Chikuma“, Zerstörern: „Nowaki“, „Tanikaze“, „Maikaze“.

Unterstützungsverband, VAdm. Kondo, mit: Seeflugzeug-Mutterschiff „Chitose“, Schweren Kreuzern „Atago“, „Maya“, „Takao“, „Myoko“, „Haguro“, Leichtem Kreuzer (als Zerstörerführer): „Yura“ mit Zerstörern: „Kuroshio“, „Oyashio“, „Minegumo“, „Hayashio“, „Natsugumo“ und „Asagumo“.

Verfügungsgruppe: Leichter Träger „Junyo“, Unterstützungsverband für die Troßschiffe: Schlachtschiff „Mutsu“, Zerstörern: „Harusame“, „Samidare“, „Murasame“.

Achte Flotte (Streitkräfte der äußeren Südsee): Verstärkungsverband: VAdm. Mikawa, Nahdeckungsverband: VAdm. Mikawa, Schwere Kreuzer: „Chokai“, „Aoba“, „Kinugasa“, „Furutaka“.

Geleitstreitkräfte: KAdm. Tanaka, Leichter Kreuzer „Jintsu“, Zerstörer: „Kagero“, „Mutsuki“, „Ayoi“, „Isokaze“, „Kawakaze“, „Umikaze“, „Uzuki“. Transportverband: drei Transporter mit 1500 Soldaten, vier Bewacher.

Die US-Navy trat mit folgenden Verbänden und Einheiten in diese Schlacht:

Task Force 61, VAdm. Fletcher, und

Task Force 11:

Schwere Träger „Saratoga“,

Schwere Kreuzer: „Minneapolis“ und „New Orleans“,

Zerstörer: „Phelps“, „Farragut“, „Dale“, „Worden“ und „McDonough“ –

Task Force 16: Schwerer Träger: „Enterprise“, Schlachtschiff: „North Carolina“, „Schwerer Kreuzer: „Portland“, Leichter Kreuzer: „Atlanta“,

Zerstörer: „Balch“, „Benham“, „Maury“, „Ellet“, „Grayson“ und „Monssen“. –

Task Force 18:
Schwerer Träger „Wasp“,
Schwere Kreuzer: „San Francisco“ und „Salt Lake City“,
Leichter Kreuzer: „San Juan“,
Zerstörer: „Farenholt“, „Aaron Ward“, „Buchanan“, „Lang“, „Stack“, „Sterett“, „Selfridge“.

*

Die Vereinigte Flotte der Japaner sollte ostwärts der Salomonen-Inseln die durch die Ablenkungsgruppe unter KAdm. Hara abgelenkten US-Trägergruppen fassen und vernichten.

Am Morgen des 23. Aug. wurde die japanische Landungsgruppe um 09.50 Uhr von der US-Luftaufklärung erfaßt. Die auf Befehl von VAdm. Fletcher von dem Träger „Saratoga“ aufgestiegenen Flugzeuge fanden um 14.45 Uhr den Konvoi jedoch nicht und kehrten unverrichteter Dinge um. Ebenso erfolglos blieben die Flugzeuge, die von Guadalcanal gestartet waren.

Die japanischen Seestreitkräfte, die ostwärts der Salomonen auf Südostkurs liefen, befanden sich in sicherer Entfernung von den Inseln. Zur gleichen Zeit steuerte die US-Navy auf Nordostkurs etwa 150 Meilen ostwärts der Insel Malaita.

Damit war ein erstes Zusammentreffen an diesem 23. Aug. noch nicht möglich. Erst am nächsten Tag sollte es zum Kampf kommen. Ein Beobachter der US-Navy meldete am 24. Aug. die Gruppe von KAdm. Hara um 09.05 Uhr auf Südkurs. Nach den Berechnungen mußte dieser Verband 250 Meilen von der Task Force 61 entfernt stehen. Nach einer weiteren Sichtung um 11.29 Uhr war die Ryujo-Kampfgruppe bereits bis auf 215 Meilen herangekommen. Ab 11.00 Uhr war auch die Task Force 61 durch ein japanisches Flugboot entdeckt worden.

Um 12.30 Uhr erhielt „Enterprise“ Befehl, 23 Flugzeuge zu einer Suchoperation zu starten.

Zehn Minuten vor dieser Zeit hatte der japanische Träger „Ryujo“ seine Angriffsposition bereits erreicht. Von ihm startete um 12.20 Uhr die erste Welle mit sechs Kampfflugzeugen und sechs Zeros als Jagdschutz nach Guadalcanal. Das Ziel war: gemeinsam mit den in Rabaul gestarteten Bombern Henderson Field auszuschalten. Um 12.48 Uhr startete eine zweite Welle, bestehend aus neun Jagdflugzeugen.

Admiral Fletcher, der noch immer nicht genau erkannte, welche Gegner ihm insgesamt gegenüberstanden, wußte um diese Zeit mit Sicherheit nur von der „Ryujo“. Erst um 14.30 Uhr wurden ihm die beiden Träger

„Shokaku“ und „Zuikaku“ gemeldet. Unmittelbar danach wurde auch die japanische Vorhut gesichtet. Aber Fletcher hatte seine Flugzeuge von „Enterprise“ und „Saratoga“, von letzterem 30 Bomber und neun Torpedoflugzeuge, bereits gestartet. Lediglich die 54 ihm insgesamt zur Verfügung stehenden Wildcat-Jäger waren zurückgehalten worden.

Der japanische Träger „Ryujo“ war nach dem Start seiner Flugzeuge (auch er hatte neun Jagdflugzeuge einsatzbereit an Deck zurückgehalten) eine Stunde nach Norden abgelaufen. Danach drehte er, um zum Aufnahmepunkt seiner Flugzeuge zurückzukehren. Als er um 13.51 Uhr von einer Flying Fortress angegriffen wurde, starteten sechs Jäger, die den Bomber vertrieben und dann als Eskorte zum Träger zurückkehrten, aber in der Luft blieben. Der nächste Angriff von B 17 erfolgte um 14.55 Uhr.

Eine bereits um 14.00 Uhr eingehende Meldung des Angriffsverbandes besagte, daß der Angriff gegen Guadalcanal bei Verlust von zwei Jägern und drei Bombern erfolgreich verlaufen sei.

Inzwischen hatten die Maschinen des Trägers „Enterprise“ die „Ryujo“ entdeckt. Damit konnte dieser Träger seine Flugzeuge nicht wieder aufnehmen und hatte auch nicht mehr genügend Flugzeuge, um den Angriff zu vereiteln.

Um 15.57 Uhr griffen 30 Stukas an. Allen Bomben wich die „Ryujo“ aus. Eine war ein Nahdetonierer. Achtern erhielt „Ryujo“ einen Torpedotreffer.

Der Schwere Kreuzer „Tone“ wurde ebenfalls angegriffen, erhielt aber keinen Treffer. Durch den Treffer im Heck hatte „Ryujo“ Ruderversager und lief einen engen Kreis. Der Träger stand wenig später in Flammen. Diese Flammen breiteten sich rasch aus, und er bekam Schlagseite. Die noch in der Luft befindlichen eigenen Flugzeuge erhielten Weisung, in Buka zu landen.

Zerstörer „Amatsukaze“ erhielt Befehl, längsseits zu kommen und die aussteigende Besatzung des Trägers zu übernehmen. Kapitän z. S. Kato, der Kommandant des Trägers, hatte „Alle Mann von Bord!“ befohlen. 300 Überlebende von einer Gesamtbesatzung von 924 Mann übernahm der Zerstörer. Der Träger „Ryujo“ sank um 20.00 Uhr. Kurz darauf trafen seine letzten Flugzeuge ein. Sie kreisten über den Rest des Verbandes, bis sie in die See stürzten. Sieben Piloten wurden gerettet.

Unmittelbar nachdem der Schwere Kreuzer „Chikuma“ mit seinem Seeaufklärer die Task Force 61 gesichtet hatte, wurde diese ständig unter Kontrolle gehalten. Um 14.55 Uhr starteten die Flugzeuge der Träger „Shokaku“ und „Zuikaku“ zum Angriff auf diesen US-Verband. Von ersterem 18 Bomber und vier Jäger, von „Zuikaku“ neun Bomber und sechs Jäger. Die beiden Träger der Task Force 61, „Enterprise“ und

„Saratoga“, waren von ihren Sicherungsschiffen umringt und standen jeweils in der Mitte des Sicherungsgürtels. Über der Task Group flogen 52 Wildcats Sicherung.

Als die „Enterprise“ um 16.38 Uhr angegriffen wurde, gelang es den Zero-Jägern der Japaner, die US-Jäger von den Sturzkampfflugzeugen abzudrängen. Trotz des flammenden Abwehrvorhangs durchstießen die Stukas die Deckung und stürzten auf die „Enterprise“ herunter. Die erste Bombe traf den mittleren Aufzug, durchschlug zwei Decks und detonierte auf dem dritten. Der Einschlag der zweiten Bombe lag keine zehn Meter von jenem der ersten entfernt. Die dritte Bombe traf das Deck hinter der Insel, ohne großen Schaden anzurichten.

„Enterprise“ brannte überall. Auf diesem Träger hatte der Angriff 74 Tote und 95 Verwundete verursacht. Aber noch schwamm die „Enterprise“. Das Schlachtschiff „North Carolina“ wurde ebenfalls angegriffen. Das hektische Abwehrfeuer ließ die Angreifer ausweichen. Sie warfen entweder zu früh oder zu weit seitlich herausgesetzt.

Es war genau 16.00 Uhr, als die zweite Welle japanischer Angreifer startete. Diese fand infolge eines Navigationsfehlers des Fliegerleitoffiziers die Task Force 16 nicht. Dies bedeutete nach Meinung der Sachverständigen die Rettung der „Enterprise“. Dieser Träger nahm nun die ersten Flugzeuge wieder auf. Doch nachdem eine Reihe Geräte nacheinander ausgefallen waren und außerdem das Ruder klemmte, konnte die „Enterprise“ nicht einmal mehr in Schlepp genommen werden. Erst als ihre Ruderanlage wieder intakt war, lief die Task Force 61 mit Südkurs ab und beendete dieses Gefecht. Die meisten der Flugzeuge der „Enterprise“ mußten nach Guadalcanal umgeleitet werden. Sie blieben dort und verstärkten die Verteidiger der Insel.

Als sich die japanischen Schiffe nach Norden absetzten, waren immer noch 13 Bomber und 12 Torpedomaschinen der Amerikaner in der Luft. Zwei Stukas sichteten um 17.40 Uhr das Seeflugzeugmutterschiff „Chitose“ und griffen es an. Zwei Nahtreffer setzten das Schiff in Brand. Die Backbordmaschine fiel aus. Dennoch konnte „Chitose“ mit eigener Kraft nach Truk laufen, von wo aus sie den Rückmarsch antrat.

Inzwischen war der japanische Geleitzug mit den 1500 Soldaten für Guadalcanal nach dem Auslaufen von den Shortland-Inseln gut zwei Stunden nach Mitternacht des 25. Aug. durch ein US-Flugboot entdeckt. Der Truppentransport steuerte an diesem Morgen Taivu Point zu. Der Zerstörerführer, Leichter Kreuzer „Jintsu“ und die Zerstörer „Kagero“, „Isokaze“, „Kawakaze“ und „Yayoi“, die Guadalcanal und Henderson Field auf Guadalcanal beschossen hatten, waren gegen 07.40 Uhr zum Transportverband zurückgekehrt oder im Begriff, dies zu tun, als drei

Flugzeuge die „Jintsu“ angriffen.

Der Zerstörerführer erhielt einen schweren Bombentreffer, der den Funkraum zerstörte. Der Kommandant mußte das Munitionsmagazin fluten lassen, um eine Explosion des Kartuschenraumes zu verhindern, zu dem sich das Feuer durchzufressen drohte.

Um 08.07 Uhr erfolgte ein weiterer Luftangriff. Der Transporter „Kinyo Maru“ wurde von einer Bombe getroffen und mit Bordwaffen beschossen. Das Schiff stand eine Minute nach dem Treffer in Flammen. Die Munitionsladung brannte ebenfalls, Explosionen stoben gen Himmel. Das Schiff fiel zurück.

KAdm. Tanaka, der auf „Jintsu“ führte, befahl den beiden Zerstörern „Yayoi“ und „Mutsuki“ nebst zwei Bewachern, zum Transporter zu laufen. Sekunden später befahl er der „Boston Maru“ und der „Taifuku Maru“, mit den Geleitzerstörern „Umikaze“ und „Kawakaze“ den Rückmarsch anzutreten.

Als „Mutsuki“ bei ihrer Rettungsarbeit war, wurde sie mit dem schwer getroffenen Transporter um 10.27 Uhr von drei Fliegenden Festungen angegriffen. „Mutsuki“ erhielt einen Treffer im Maschinenraum. Nun war es an dem Zerstörer „Yayoi“, die Überlebenden beider Schiffe zu übernehmen. Um 10.53 Uhr wurde die „Mutsuki“ durch Torpedos der „Yayoi“ versenkt. Der Konvoi wurde aus der Reichweite der US-Flugzeuge herausgeführt. Danach lief „Jintsu“ nach Truk zurück. Admiral Yamamoto befahl dem Träger „Zuikaku“, mit drei Zerstörern den Konvoi gegen weitere Luftangriffe zu schützen. Um die gleiche Zeit griff ein Verband von 22 landgestützten japanischen Flugzeugen und 12 Zeros des Trägers Guadalcanal an.

Der Geleitzug mit den Truppen erreichte die Shortlands; er wurde hier auf kleinere schnelle Schiffe umgeladen, und der Marsch nach Guadalcanal begann unverzüglich wieder.

Admiral Yamamoto zog sich trotz der Meldung, daß „Enterprise“ abgelaufen sei und ihm nur noch ein Träger gegenüberstehe, nach Norden zurück.

Japan hatte einen weiteren Träger verloren. Die US-Navy mußte einen großen Träger beschädigt zurückmarschieren lassen. Für die Japaner fiel noch die „Chitose“ beschädigt aus. Die Schlacht war vorüber, ohne daß auch nur ein Schiff der einen oder anderen Seite einen einzigen scharfen Schuß auf ein anderes Schiff abgeschossen hätte.

Japanischer und amerikanischer Truppennachschub – Die Kämpfe zu Lande

Im Kaiserlichen Hauptquartier in Tokio war man sich Mitte August 1942 immer noch nicht über die wirkliche Stärke des Gegners auf Guadalcanal im klaren. Man hatte mit 2000 amerikanischen Soldaten auf der Insel gerechnet.

General Togo erhielt entsprechend dem allgemeinen Operationsplan von der Operationsabteilung des Heeres einen Angriffsplan, laut welchem General „Hyakutake in Rabaul Weisung erhielt, für Guadalcanal 6000 Mann mit einer Landungs-Kampfgruppe von 500 Mann bereitzustellen. Hyakutake standen zunächst das Kawaguchi-Detachement mit 3500 und das Ichiki-Detachement mit 2000 Mann zur Verfügung. Diese Kampfgruppen hätten eigentlich Midway besetzen sollen, waren dort aber nicht zum Einsatz gelangt. Nun war ihre Stunde gekommen. Am 15. Aug. wurden die Kommandeure der Abteilungen informiert, daß sie zu einer entscheidenden Unternehmung eingeschifft werden würden. Wenig später stachen diese beiden Kampfgruppen auf zwei 1000-Tonnen-Schiffen in See. Drei Tage lang lief der Konvoi mit 15 Knoten Fahrt, von Zerstörern geleitet, nach Südosten in Richtung Rabaul.

Sechs Zerstörer brachten schließlich die erste Staffel der Ichiki-Abteilung bei Taivu Point, an der Nordseite von Guadalcanal, nur 25 Meilen vom Guadalcanal-Luftkorridor der Amerikaner entfernt, an Land. Es war kurz vor Mitternacht des 18. August, als Oberst Kiyono Ichiki mit seinen 915 Soldaten auf Guadalcanal eintraf. „Wir sind gelandet!“ ließ Ichiki zum Hauptquartier der 17. Armee nach Rabaul funken, die die Führung dieser Operation übernommen hatte. Der Oberst erhielt Weisung, einen Brükkenkopf zu bilden und das Herankommen seiner zweiten Gruppe abzuwarten, die etwa eine Woche später nachfolgen sollte. Noch am 20. August ließ Oberst Ichiki nach Rabaul funken: „Nirgendwo Feind! – Ich beabsichtige, durch das Niemandsland zu marschieren.“ Diesen Vorsatz setzte der japanische Oberst sofort in die Tat um. Als die Truppe am schlammigen Ufer des Ilu River anlangte und eben im Begriff stand, den Fluß zu überschreiten, schlug ihr vom Ostufer, aus gut getarnten Stellungen, dichtes Gewehr- und MG-Feuer entgegen.

Es war das Reservebataillon unter Oberstleutnant Leonard Cresswell, das auf Befehl von General Vandegrift, dem Verteidiger der Insel, hier zum Gegenangriff antrat und sich rechtzeitig zum Empfang des Gegners in dieser ausgezeichneten Stellung eingefunden hatte.

Die Japaner erlitten schwere Verluste und blieben liegen. US-Stoßtrupps überwanden auf den Flanken rechts und links der Japaner den Fluß und schlossen diese in ihren behelfsmäßigen Stellungen ein. Die Japaner kämpften Mann gegen Mann und hielten den Gegner. Erst als am Nachmittag fünf leichte US-Tanks heranrollten, sich einen Weg durch den feindbesetzten Kokoshain freischossen, die MG-Stellungen des Gegners einwalzten und eine große Zahl Japaner mit MG-Salven niederstreckten, kamen auch die US-Fußtruppen vorwärts, die alles niederschossen, was sich regte.

Der Kampf tobte weiter, bis der letzte Japaner kampfunfähig war. Von den 915 Soldaten, die der japanische Oberst um sich versammelt hatte, fielen 803. Oberst Ichiki wurde verwundet. Er ließ die Regimentsfahne verbrennen, damit sie dem Feind nicht in die Hände falle, und beging Harakiri. Die US-Truppen hatten 35 Tote und 75 Verwundete zu beklagen.

Nach dieser Niederlage an Land, mit mißglücktem Landungsversuch des 25. August und der fehlgeschlagenen Seeschlacht hatten die Japaner nur noch eine Möglichkeit, Guadalcanal zu gewinnen: sie mußten die Amerikaner durch Landtruppen von der Insel vertreiben. Dazu war nach wie vor Voraussetzung, daß die japanischen Truppen auf der Insel beträchtlich verstärkt wurden.

Ein Transporter mit 350 Soldaten und Material und Versorgungsgütern wurde eine Stunde vor Mitternacht des 26. August ostwärts Taivu Point gelandet. Die drei sichernden Zerstörer brauchten nicht einzugreifen. In der folgenden Nacht wurde ein weiterer Kleintransport mit 128 Mann nordwestlich Taivu Point an Land gesetzt.

Von Rabaul aus sollte am 28. August ein größerer Transport mit 1250 Mann starten, und in der folgenden Nacht wollte man auf weiteren Zerstörern 750 Mann nach Guadalcanal bringen. Ein drittes, größeres Landungsunternehmen sah 1000 Mann zu landender Nachschubtruppen vor, und zwar in der Nacht des 30. August. In der Nacht des 31. wiederum war ein vierter Transport mit 650 Mann vorgesehen. Er wurde von GenMaj. Kawaguchi geführt, der die Operationen auf Guadalcanal übernehmen sollte. In der letzten der vorgesehenen Landungen würden laut Plan noch einmal 1080 Soldaten an Land gebracht werden. Dies bedeutete, daß die Japaner auf der Insel in fünf Landungsoperationen 4730 Mann Entsatz erhalten würden.

Alle diese Landungsoperationen sollten durch Zerstörer gesichert werden, die im Nebeneinsatz jeweils bei den Landungen Henderson Field beschießen würden.

Diese Geleitzüge gerieten in schweres Abwehrfeuer. Von Henderson Field starteten Stukas und Hochbomber, Jäger und Aufklärer und stürzten sich auf die Konvois. Aus dem Geleitzug des 28. August wurde der Zerstörer „Asagiri" getroffen und sank mit 62 Toten, allem Material und der Munition. Zwei weitere Zerstörer erlitten leichtere Schäden, mußten aber den Rückmarsch antreten.

Der nächste Konvoi kam durch. Währenddessen griffen japanische Flugzeuge Henderson Field beinahe ununterbrochen an. Auch Tulagi und schwimmende Ziele wurden gebombt. Am 30. August versenkten sie den US-Zerstörer „Colhoun“. Auch US-Nachschubschiffe wurden getroffen und versenkt.

Während diese Kämpfe bei Tage stattfanden, stießen in den Nächten japanische Zerstörer des „Tokio-Express“, wie diese schnellen Transporte genannt wurden, nach Taivu Point vor und landeten Soldaten, Munition und Verpflegung.

Am 31. Aug. 1942 wurde Guadalcanal durch das kaiserliche Hauptquartier zum vorrangigen Ziel ernannt, und am 18. September war klar, daß Guadalcanal fallen mußte.

*

Um einer großangelegten japanischen Landung begegnen und Henderson Field mit Flugzeugen versorgen zu können, standen außerhalb der Reichweite landgestützter japanischer Flugzeuge drei US-Träger. Gegen sie operierte am 31. Aug. das japanische U-Boot I 26, das am frühen Morgen dieses Tages die gesamte Chargierung von sechs Torpedos auf den Träger „Saratoga“ abfeuerte. Einer dieser Torpedos traf den Träger mittschiffs auf der Steuerbordseite. Der Träger konnte mit eigener Kraft in die Heimat marschieren, wo er repariert wurde.

In der Nacht zum 5. September liefen neue Transportzerstörer nach Guadalcanal. Sie wurden von drei modernen Kampfzerstörern geleitet. Zur gleichen Zeit liefen die beiden US-Zerstörer „Little“ und „Gregory“ aus, die den Geleitverkehr und Wachdienst zwischen Guadalcanal und Tulagi versahen.

Als die drei japanischen Kampfzerstörer Guadalcanal unter Feuer nahmen, verließen die beiden genannten US-Zerstörer ihre Positionen vor Lunga Point, um diesen Gegner, in der Annahme, daß es sich um ein japanisches U-Boot handle, zu verjagen. Als die US-Zerstörer nahe an die japanischen Zerstörer herangekommen waren, wurden sie vom Leuchtfallschirmlicht eines amerikanischen Flugbootes eingefangen. Der Geleitzerstörer „Yudachi“ sichtete die beiden US-Zerstörer und eröffnete das Feuer. Seine schnellen Salven trafen beide US-Schiffe tödlich. Die japanischen Zerstörer traten nach der Landung der Soldaten den Rückmarsch an.

Mit allem, was schwamm, wurde in den folgenden Tagen die Streitmacht von Generalmajor Kawaguchi verstärkt. Mit diesen Soldaten versuchte der General im ersten Morgenlicht des 12. September Henderson Field zu erobern. Der Angriff blieb im Abwehrfeuer der Amerikaner liegen. Am 16. September wurde er eingestellt, und die Japaner zogen sich auf die Ausgangsstellungen zurück. Von den 3500 Angreifern waren 1100 gefallen.

Inzwischen war die gesamte 35. jap. Brigade auf Guadalcanal gelandet. Man war nunmehr in Tokio der Annahme, daß etwa 7500 US-Soldaten auf Guadalcanal lägen. Doch auch diese Schätzung war noch zu gering. Inzwischen waren 11 000 Amerikaner auf dieser Insel gelandet.

Das war noch nicht alles: Am Morgen des 14. September hatte das 7. Regiment des Marinecorps, der berüchtigten Ledernacken, auf sechs Transportern, von Kreuzern und Zerstörern gesichert, in Espiritu Santo abgelegt, um die Verteidiger der Insel zu verstärken. Als Fernsicherung operierten die Träger „Hornet“ und „Wasp“.

Bereits am Nachmittag des 14. September wurde dieser Konvoi von der japanischen Luftaufklärung erfaßt. Ein U-Boot, es war I 19, schloß mit großer Fahrt heran und kam am 15. Sept. um 14.30 Uhr zum Schuß auf die „Wasp“. Von dem Viererfächer waren drei Torpedos Treffer. Das Flugdeck der „Wasp“ stand Sekunden nach den Treffern bereits in hellen Flammen. Die „Wasp“ war verloren.

Zwölf Minuten später war auch I 15 in Schußposition gelangt. Dieses Boot traf mit einem Torpedo das Schlachtschiff „North Carolina“, das zum Verband der „Wasp“ gehörte, und mit einem zweiten den Zerstörer „O’Brian“, dem der Bug abgerissen wurde. Um 15.00 Uhr dröhnte in der „Wasp“ eine gewaltige Explosion. Der Träger begann zu sinken, und um 15.20 Uhr mußte die Besatzung auf Befehl von Captain F. P. Sherman den Träger verlassen, der von dem Zerstörer „Lansdowne“ torpediert wurde und um 21.00 Uhr sank.

„North Carolina“ konnte nach Pearl Harbor zurücklaufen. Der Zerstörer sank am 19. Okt. nach Notreparatur in Nouméa auf dem Rückmarsch in die USA.

Der Geleitzug mit dem 7. Marineregiment hatte kehrtgemacht. Admiral Turner aber war der Ansicht, daß die Lage auf Guadalcanal so ernst sei, daß der Konvoi durchgebracht werden müsse, und befahl eine erneute Kehrtwendung. Ungefährdet erreichte er Lunga Point. Hier gingen die Ledernacken am Morgen des 18. Sept. um 05.50 Uhr an Land.

Die US-Navy hatte durch diesen schweren Doppelverlust nur noch einen Träger südlich Guadalcanal stehen, ein Schlachtschiff kam hinzu. Japan verfügte hier über zwei Schwere Träger, mehrere Leichte Träger und eine größere Anzahl an Schlachtschiffen und Schweren Kreuzern.

Aber sie griffen den Konvoi mit dem 7. Marineregiment nicht an.

Wenden wir uns noch einmal dem Landkampf auf Guadalcanal zu!

*

General Kawaguchi hatte sich verpflichtet, Guadalcanal bis zum 10. Oktober in Besitz zu nehmen. Er hatte eine Straße durch den Dschungel bauen lassen und kam mit seinen vordersten Einheiten bis auf drei Kilometer an Henderson Field heran. Dort aber lag Edsons Ridge, ein Hügel, der nach seinem Verteidiger Oberstleutnant Edson so genannt wurde. Hier verlor General Kawaguchi einen Großteil seiner Leute im vergeblichen Angriff des 12. September. Er mußte sich in die fieberdurchglühte Dschungelwildnis zurückziehen.

General Vandegrift, der am 23. Sept. über 19 000 Soldaten verfügte, wollte nun in einer Offensive den Gegner endgültig vernichten. Am 23. September schickte er ein Bataillon nach Südwesten. Als dieses die Abhänge des Mount Austen erreichte, drehte es entlang dem Ostufer des Mataniko River zurück zur Küste; der Fluß wurde am 26. Sept. erreicht. Ein anderes Bataillon schloß dicht auf. Sie fanden keinen Widerstand, und als diese beiden Kampfgruppen die Mündung des Flusses erreichten, verbanden sie sich mit einem dritten Bataillon, das den leichten Weg entlang der Küste genommen hatte.

Am folgenden Tage, dem 27. Sept., gingen die Marines über den Fluß. Sie wurden durch völlig unerwartetes Feindfeuer niedergehalten. Eine Meldung darüber an Oberst Edson, den Kommandeur der Verbindungsstreitkräfte, traf nicht rechtzeitig dort ein, so daß „Red Mike", wie Oberst Edson genannt wurde, annahm, daß seine Truppen erfolgreich den Mataniko überschritten hätten. In Konsequenz dazu befahl er einem anderen Bataillon, eine amphibische Landung am Point Cruz anzutreten und die zurückgehenden Feinde zu fangen.

Dieses Bataillon setzte über und drang 350 Meter in die Wildnis ein, ehe das Feindfeuer zu beiden Seiten aufflammte. Schwer angeschlagen arbeiteten sich die Marines bis zum Strand zurück und wurden hier von einem japanischen Zerstörer unter Feuer genommen. Sechzig Männer fielen.

Es waren nicht mehr als 5000 Japaner zu beiden Seiten von Henderson Field, und die Mehrzahl von ihnen war krank oder lag bereits im Sterben. Höchstens die Hälfte war noch imstande, eine Waffe zu heben. Aber diese Japaner waren darauf präpariert worden zu sterben. General Vandegrift fand in ihnen Soldaten, die eine starke Waffe waren.

Nunmehr befahl Admiral Turner, daß es Zeit würde, den Gegner einzukesseln und zu schlagen.

Admiral Nimitz kam am 3. Oktober nach Guadalcanal. Vandegrift erklärte ihm, er sei der Meinung, daß es die Hauptaufgabe der Marines sei, Henderson Field zu halten. Admiral Nimitz versprach ihm neue Luft- und Land- und Seestreitkräfte. General Vandegrift befahl nunmehr den Angriff eines ganzen Regimentes in Richtung Küste und dann nach Osten bis zur Mündung des Mataniko River. Drei Bataillone erhielten Befehl, ein Stück ins Land hinein vorzudringen, im Schutz der Wildnis den Fluß zu überqueren und die Japaner in die Zange zu nehmen. Das Regiment erreichte das Ostufer des Flusses und bereitete sich zu dessen Überschreitung vor. Amphibienpanzer standen bereit. Am Morgen des 9. Okt. stürmten die drei genannten Bataillone über den Mataniko, danach drehten sie scharf nach rechts in Richtung See und schlossen die Japaner entlang dem Westufer des Flusses ein. Artillerie und Werfer schossen im Salventakt auf die eingeschlossenen Japaner. Jene, die über den Rücken zu entkommen trachteten, liefen mitten in das Feuer der Maschinenwaffen hinein. Mehr als 700 Japaner blieben tot am Ufer des Mataniko River liegen. Die Marines hatten 65 Mann verloren.

Bis zu dieser Zeit am 10. Okt. war durch den „Tokio-Express" die 2. Sendai-Division unter General Maruyama nach Guadalcanal geschafft worden. Hinzu kamen 3000 Mann Marineinfanterie. Schließlich belief sich die Kampfstärke der Japaner auf der Insel auf insgesamt 30 000 Mann.

Nunmehr sollten diese Eliteeinheiten Henderson Field endgültig in Besitz nehmen. Um den Angriff bestmöglich zu unterstützen, liefen die Schlachtschiffe „Kongo" und „Hiruna" in der Nacht zum 12. Okt. vor die Küste und eröffneten das Feuer auf Henderson Field, das inzwischen zum unbestreitbaren Brennpunkt der Kämpfe geworden war. Die Hochbrisanzgranaten von 36-cm-Kalibern hatten dünne Geschoßmäntel; wenn sie detonierten, dann zerrissen sie alles in ihrer Umgebung. So wurden Flugzeughallen und Hütten ebenso wie die Kokoswälder der Insel auseinandergefetzt. Treibstofftanks wurden getroffen und standen wenig später in hellen Flammen. Flugzeuge platzten wie reife Früchte auseinander.

Nach den beiden Schlachtschiffen griffen noch die Kreuzer mit ihren 20-cm-Geschützen in den Kampf ein. Es wurde für die Flugzeuggruppen von Henderson Field ein Desaster. Von den 90 Maschinen gingen 48 verloren. Die Zahl der Toten war mit 41 Mann auffallend gering. Auch die Start- und Landebahnen waren nur teilweise beschädigt und konnten in den nächsten 24 Stunden unter Einsatz aller Hilfsmittel wieder befahrbar gemacht werden. Bereits am Nachmittag des 12. Okt. starteten die ersten Flugzeuge wieder von Henderson Field.

Die japanische Führung auf Guadalcanal hatte für den Großangriff auf den Flugplatz zwei Kampfgruppen gebildet. Die eine in Stärke von fünf

Bataillonen wurde von GenMaj. Sumiyoshi mit Panzern geführt. Diese sollte über den Unterlauf des Mataniko River vorstoßen. Die zweite Gruppe stand unter dem Befehl von Oberst Oka. Sie erhielt Befehl, weiter oberhalb den Fluß zu überqueren. Dazu war eine Behelfsbrücke aus Kokospalmstämmen errichtet worden, die als „Nippon Bridge" bekannt wurde.

Den Hauptangriff aber sollte Generalleutnant Maruyama, Kommandeur der 2. ID, an der Spitze der Hauptkampfgruppe, bestehend aus zehn Bataillonen kampferprobter Soldaten, führen.

Um rechtzeitig Artillerie und Munition nach vorn zu bringen, wurde ein halbkreisförmiger Pfad durch den Urwald geschlagen. Er führte hinter dem Mount Austen her und dann in nördlicher Richtung am Lungga River entlang zu einem Punkt genau unterhalb des Flugplatzes. 15 Meilen durch dichtes Urwaldgestrüpp mußte der Trail freigeschlagen werden. Die riesigen Urwaldbäume, die im Wege standen, mußten mit Handsägen gefällt werden. Für alles hatten die japanischen Pioniere und Ingenieure knapp vier Wochen gebraucht. Auf diesem „Maruyama-Trail", so genannt nach seinem Initiator, GenLt. Maruyama, sollte der Hauptvorstoß geführt werden. Der General hatte seinen Männern vor Beginn der Überführung nach Guadalcanal gesagt: „Dies ist die entscheidende Schlacht zwischen Japan und den USA. Eine Schlacht, in welcher Aufstieg oder Fall des japanischen Empire entschieden wird. Wenn wir in der Besetzung dieser Insel nicht siegen, dann wird nicht einer von uns nach Japan zurückkehren." Das waren harte Worte, und sie sollten sich am Ende auch blutig bewahrheiten.

Die erste Antwort auf den vorher bereits geschilderten Ruf von General Hyakutake nach neuen Truppen war eine modifizierte Streitmacht, bestehend aus zwei kleinen Seeflugzeugträgern und sechs Zerstörern. Sie kamen am 11. Oktober durch die Salomonen-Passage und brachten vier schwere Haubitzen, zwei Feldgeschütze, Flak, Munition, Verpflegung und 728 Mann kampferprobter Truppen.

Als dieser Konvoi von einer B 17 gemeldet wurde, setzte sich bei Einfall der Dunkelheit eine US Task Group in Bewegung, die als Sicherung 100 Meilen südlich Guadalcanal in See gestanden hatte. Ihr Befehlshaber war der Seeveteran des Ersten Weltkrieges, KAdm. Norman Scott. Ihm standen zur Verfügung: Schwere Kreuzer „San Francisco" und „Salt Lake City", Leichte Kreuzer „Boise" und „Helena" und die Zerstörer „Buchanan", „Duncan", „Farenholt", „Laffey" und „McCalla".

Sein Befehl an die Task Group lautete: „Mit Höchstfahrt voran! Wir schneiden den Konvoi ab, bevor er seine Truppen und das Material landen kann!" Mit 29 Knoten Fahrtstufe lief der Kampfverband auf Kollisionskurs. Er war auch für einen Nachteinsatz bereit. Was KAdm. Scott nicht ahnte, war, daß hinter diesem Konvoi ein weiterer japanischer Beschießungsverband lief. Unter KAdm. Goto waren in diesem Verband folgende Einheiten zusammengefaßt worden: Die Schweren Kreuzer „Aoba", „Furutaka", „Kinugasa" und die Zerstörer „Hatsuyuki" und „Fubuki". Die Kreuzerschlacht bei Cap Esperance konnte beginnen.

Kreuzerschlacht bei Cape Esperance

Der Kampf um Guadalcanal ging in eine neue Phase, als das IR 164 der American Division, die frühere Nationalgarde, in Stärke von 2837 Soldaten und Offizieren nach Guadalcanal geschafft werden sollte. Admiral Ghormley, der fürchtete, daß die Japaner alles darauf verwenden würden, diese Gruppe abzufangen, führte ihr Marineunterstützung zu, denn immerhin war bekannt, daß die Japaner im Gebiet um Truk-Rabaul starke Marinekräfte bereitstellten, starke Luftstreitkräfte versammelten und auf den westlichen Salomonen mehrere neue Luftstützpunkte eingerichtet hatten.

Drei Kampfgruppen, die „Hornet"-Trägergruppe unter Admiral Murray, die „Washington"-Gruppe unter KAdm. Lee und KAdm. Scott's Kreuzergruppe hatten Weisung, diesen Konvoi unter allen Umständen durchzubringen, denn die Marines auf der Insel waren inzwischen in Bedrängnis geraten. Die Soldaten wurden auf dem Zerstörer „McCawley" und dem Transporter „Zeilin" untergebracht: Sie waren von acht Zerstörern eskortiert, die einen dichten Schirm um diese beiden Schiffe legten.

Am 9. Okt. ging diese Transportergruppe in Noumea ankerauf und erreichte am 13. Okt. die Lunga Roads. „Hornet" bezog Station 180 sm südwestlich vor Henderson Field, „Washington" 50 sm ostwärts von Malaita, und KAdm. Scotts Kreuzer standen nahe Rennell Island. KAdm. Scott hatte seine Flagge auf „San Francisco" gesetzt. Sein Auftrag lautete: Sichern des Konvois bei einem Angriff und Suchen und Vernichten feindlicher Schiffe und Landungsfahrzeuge. Die anderen Kreuzer, die seinem Kommando unterstanden, waren: „Salt Lake City", „Boise" und „Helena". Hinzu kamen fünf Zerstörer.

Sein Gegenspieler war KAdm. Goto mit seinem Beschießungsverband, dem die Schweren Kreuzer „Aoba", „Furutaka", „Kinugasa" und zwei Zerstörer angehörten. Die zweite Gruppe war jene von KAdm. Joshima mit den Seeflugzeugtendern „Chitose" und „Nisshin", mit sechs Zerstörern, die ihre Truppennachlandungen am Strand von Guadalcanal durchführten.

Drei Wochen lang hatte KAdm. Scott seine vier Kreuzer im Nachtkampf trainiert. Nun waren sie für diesen Einsatz bestmöglich vorbereitet. Am Nachmittag des 11. Okt. wurde KAdm. Gotos Beschießungsverband von der US-Luftaufklärung erfaßt und gemeldet. Am Abend dieses Tages ließ KAdm. Scott die Fahrt der Kreuzer auf 20 kn drosseln, um die Beobachtungsflugzeuge starten zu können. Zweien gelang der Start. Die Maschine von „Salt Lake City" jedoch stürzte in die See und „Helenas" Maschine kam nicht ab; sie stürzte über Bord und ging in Flammen auf.

KAdm. Goto befand sich zur Zeit des Starts der Seeaufklärer etwa 50 sm nordwestlich von Scotts Kreuzern. Seine Schweren Kreuzer liefen in einer Reihe mit je einem Zerstörer an jeder Flanke des leitenden Flaggschiffes, so daß diese Formation wie ein großes „T" aussah, das mit 26 kn Fahrt durch die See lief. Um 22.28 Uhr ließ KAdm. Scott den Kurs direkt auf Savo Island legen. Sieben Minuten später befahl er das Einnehmen der Schlachtordnung in einer Kiellinie. Die drei Zerstörer liefen in der Vorhut, dann folgten in Kiellinie „San Francisco" mit Captain McMorris, „Boise" mit Captain Moran, „Salt Lake City" mit Captain Small und „Helena" unter Captain Hoover. In der Nachhut, in einer Distanz von 600 m, folgten die beiden restlichen Zerstörer.

Das Bordflugzeug von „San Francisco" meldete um 22.50 Uhr: „Ein großes und zwei kleinere Fahrzeuge sechs sm vor Savo Island. Auf den Nordstrand von Guadalcanal zulaufend. Will weitersuchen." Die Landungsgruppe von KAdm. Joshima war gesichtet worden. KAdm. Scott ließ auf Nordkurs gehen, um diese Gruppe näher anzusehen und Savo Island 6 sm westlich zu passieren. Um 23.08 Uhr war die Drehung durchgeführt, und um 23.25 Uhr entdeckte „Helena" mit ihrem Radar die ersten japanischen Schiffe in etwa 27 000 m Distanz. „Boise" ortete ebenfalls Gegnerschiffe, die auf Kurs 315 Grad mit 20 kn Fahrt liefen.

„San Francisco", mit einem alten Radargerät ausgerüstet, konnte noch immer nichts entdecken. Als ein weiteres Bordflugzeug um 23.30 Uhr ein großes und zwei kleine Schiffe meldete, ließ Scott auf 230 Grad drehen. „San Francisco" drehte in einem großen Turn nach Backbord, „Boise", „Salt Lake City" und „Helena" folgten ebenso wie die beiden Nachhutzerstörer. Die drei Vorhutzerstörer holten weiter aus und liefen zunächst in einer eigenen Reihe, ehe sie wieder zum Verband stießen.

Zehn Minuten nach der Drehung wurde der nächste Kontakt von „Helena" gemeldet, ein Ziel, 6 sm voraus in 285 Grad. „Boise" meldete um 23.38 Uhr: „Fünf Schatten voraus in 296 Grad. 65 Grad Schiffspeilung." Zerstörer „Duncan" wurde auf diese Peilung angesetzt und lief mit 30 kn Fahrt darauf zu.

Erst um 23.45 Uhr hatte auch „San Francisco" ihren ersten Kontakt, und eine Minute später eröffnete „Helena" auf den sichtbar werdenden Gegner das Feuer. Bereits mit den ersten beiden Salven traf „Helena" den Gegner. „Salt Lake City" folgte sofort und schoß auf einen sichtbar werdenden Kreuzer, der an Steuerbord, nur etwa 4000 m entfernt, auftauchte. Ein japanisches Schiff feuerte nur Sekunden später und erzielte einen Treffer auf „Salt Lake City". „Boise" jagte ihre schweren Granaten in die gesichtete Kreuzerreihe hinein, während ihre Flakbatterien einen auftauchenden Zerstörer unter Feuer nahmen, der an der linken Flanke anlief.

„San Francisco" schoß anschließend auf einen Kreuzer, der in einer Distanz von 4800 m gesichtet wurde. Auch die Zerstörer fielen schnell in das Feuer ein. Das Nachtgefecht hatte begonnen. Der Zerstörer „Duncan", LtCdr. Taylor, sichtete „Furutaka" und machte seine Torpedobatterie klar. Aber „Furutaka" drehte nach Steuerbord und eröffnete mit einer Geschützsalve den Kampf gegen den US-Zerstörer. Mit Hartruder Backbord ließ Taylor den Zerstörer herumgehen und schoß dabei einige Geschützsalven in „Furutaka" hinein. Sekunden später erhielt „Duncan" einen Granattreffer in den Kesselraum 1. Auf der Brücke der „Aoba" wurde der japanische Befehlshaber von den einschlagenden Granaten getroffen. Die Brücke geriet in Brand, und nun standen „Furutaka" und „Aoba" in Flammen. Der erste von „Duncan" geschossene Torpedo ging vorbei. Als der Torpedooffizier fiel, übernahm Chief Torpedoman Boyd den Befehl. Er schoß einen zweiten Torpedo. Dieser traf mittschiffs, und „Furutaka" brach in der Mitte auseinander, überrollte sich und sank. – Zwei Salven setzten „Duncan" wenig später außer Gefecht. Zerstörer „Farenholt" wurde kurz darauf getroffen. Beide Zerstörer, das ergaben spätere Nachforschungen, waren offenbar von eigenen Kreuzern beschossen worden. Als „San Francisco" den japanischen Zerstörer „Fubuki" sichtete, schossen alle Schiffe auf ihn, und um 23.53 Uhr explodierte dieser Zerstörer und sank. Um 23.55 Uhr ließ KAdm. Scott seine Kreuzer auf Nordwestkurs, also parallel zu den japanischen Schiffen, drehen. Während dieses Kurswechsels erhielt „Boise" zwei leichte Treffer. Um 23.53 Uhr traf ein Torpedo von „Buchanan" oder „Duncan" den vorderen Antriebsraum von „Furutaka", den „Duncan" vorher bereits als versenkt gemeldet hatte, was eine Illusion der Besatzung gewesen war. Erst jetzt, um 02.28 Uhr, sank der japanische Zerstörer. Um Mitternacht befahl KAdm. Scott, das Feuer einzustellen. Aber einige Artillerieoffiziere ließen weiterschießen. „Furutaka" sank langsam, und Zerstörer „Fubuki" lief hin, um die Schiffbrüchigen zu retten. „Aoba" stand in Flammen gehüllt auf der See, und Kreuzer „Kinugasa" und Zerstörer „Hatsuyuki" hatten abgedreht und liefen mit AK ab. KAdm. Goto war tot. Bis dahin hatte die Kampfgruppe von KAdm. Scott noch keinen Totalverlust hinnehmen müssen. Doch der Kampf war noch nicht zu Ende.

Als KAdm. Scott „Stop Feuer!" befahl, eröffnete „Kinugasa" aus 8000 m das Feuer auf die US-Kreuzer. Mit Hartruder Steuerbord entging „Boise" den von diesem Kreuzer geschossenen Torpedos knapp. „Aoba", zwar brennend, aber noch immer schießend, traf „Boise" mit vier Granaten, die die Aufbauten durchlöcherten. Drei Minuten lang gingen 20,3-cm-Granaten auf „Boise" nieder und beschädigten den Kreuzer schwer. „Salt Lake City" legte sich zwischen „Boise" und den Gegner und brachte eines der Feindschiffe, welche „Boise" beschossen, zum Schweigen. Als „Boise" die Formation verlassen hatte und in Sicherheit war, eröffnete „Salt Lake City" ihr Feuer auf „Kinugasa". Zweimal wurde auch „Salt Lake City" getroffen, doch die Granaten detonierten nicht. Um 00.20 Uhr wurde das Feuer beendet. Bis 02.40 Uhr war das Feuer auf „Boise" unter Kontrolle gebracht, und Captain Moran brachte sein Schiff in die Reihe hinter „San Francisco" zurück. „Boise" hatte 107 Soldaten durch Tod verloren, 35 weitere waren verwundet. Das Schiff war so schwer beschädigt, daß es in die Werft nach Philadelphia zurücklaufen mußte. „Duncan" aber, der so erfolgreich gegen „Furutaka" gekämpft hatte, war wenig später von zwei schweren Treffern auseinandergerissen worden und gesunken.

Die Kreuzerschlacht bei Cap Esperance war zu Ende. Sie hatte einen US-Seesieg gebracht. Aber man hatte nicht verhindern können, daß die japanischen Truppen Verstärkungen landeten. Dennoch: die japanische Überlegenheit im Kreuzernachtgefecht schien beendet.

Die japanischen Angriffe auf Guadalcanal

Während dieses dramatischen Kampfes landete KAdm. Joshima mit den Seeflugzeugtendern „Chitose" und „Nisshin" sowie sechs Zerstörern Truppen und Material.

Die zur Bergung von Schiffbrüchigen vorgeschickten Zerstörer „Natsugumo" und „Murakumo" wurden am 12. Okt. durch Sturzkampfflieger von Henderson Field gebombt und versenkt. Am selben Tage begann der vorher geschilderte und geplante Großeinsatz der Japaner mit dem Ziel der Eroberung von Henderson Field. Eine der Hauptgruppen, die angesetzt war, Henderson Field zu besetzen, wurde von GenMaj. Kawaguchi geführt, der vor einem Monat dort eine schwere Niederlage erlitten hatte. Er erhielt damit eine neue Chance, diese Scharte wieder auszuwetzen.

Als die Vorbereitungen zu lange dauerten, wurde General Maruyama durch General Hyakutake von der 17. Armee befohlen, anzugreifen, wie immer die Lage auch sei. Damit war das Angriffssignal gesetzt.

Inzwischen hatten auch die Verteidiger Verstärkungen erhalten, so am

13. Okt., als 2852 Mann der amerikanischen Legion mit 16 britischen Bren-Schützenpanzerwagen, zwölf 3,7-cm-Kanonen, Munition und Fahrzeugen unter dem Feuer zweier Bombenangriffe bei Point Lungga gelandet waren. Damit standen General Vandegrift ebenfalls 23 088 Mann zur Verteidigung seiner Stellungen zur Verfügung.

Der japanische Angriff wurde mit einem Bombardement von 24 japanischen Hochbombern eröffnet, die aus 9000 Meter Höhe den Flugplatz genau trafen. Noch ehe die „Sea-Bees" zur Abwehr gestartet waren, folgten 15 Bomber nach.

Während noch Pioniere die Löcher des Flugfeldes stopften, erfolgten auf der Hauptstraße zum Flugplatz Explosionen. Dort schlugen die ersten Granaten der durch den Urwald herangeholten Haubitzen ein. General Sumiyoshi hatte diese 15-cm-Haubitzen gerade zur rechten Zeit in Stellung gebracht.

Dann eröffneten nach Einfall der Dunkelheit „Kongo" und „Haruna" mit sechs Zerstörern das Feuer auf Henderson Field. Es war eine Stunde nach Mitternacht des 14. Okt., als dieses Feuer begann. Henderson Field schien in Flammen aufzugehen. Dort explodierten Munitionsdepots, gingen Öltanks in Flammen auf. 30 Minuten dauerte dieses Feuer. „Guadalcanal hatte sich in ein Schlachthaus verwandelt" (Private George C. Drawn). Nur noch 34 Jäger und sieben Stukas waren einsatzbereit.

In diese Untergangsstimmung platzte die Meldung eines neuen japanischen Konvois hinein, der sich der Insel näherte. Es waren sechs neue große Transporter, mit 4000 Mann, 14 Tanks und einem Dutzend 15-cm-Haubitzen beladen, die von Zerstörern und Jagdflugzeugen geleitet wurden.

General Vandegrift ließ an die Admirale Nimitz, Turner und Ghormley funken, daß nun nach seinen Erkenntnissen 15 000 Japaner auf der Insel gelandet sein müßten.

Der japanische Angriff begann mit dem Anmarsch von 5600 Mann der 2. ID, nicht eingeschlossen die Artillerie, Pioniere und Sanitätstruppen. Ihr Ziel war der Mount Austen. In der Nacht zum 21. Okt. wollte dieser Verband in der Sturmausgangsstellung stehen. General Maruyama führte diesen Verband. Der erste Tag auf dem Weg war leicht. Es ging über Höhenrücken und durch Kokosnußwälder. Aber um Mitternacht begann es zu regnen, die Männer froren.

Der zweite Tage auf dem Trail wurde bereits schwerer. Der weißhaarige General führte seine Truppe an. Neben ihm ging GenMaj. Nasu, der von der Malaria gezeichnet war. Nun wurde der Pfad schmaler, und die Truppe mußte ihn Mann hinter Mann nehmen. Hügel nach Hügel wurde überschritten, Flüsse mußten an den Furten durchwatet werden. Jeder Mann trug zu seinem persönlichen Gepäck noch andere Waffen und Geräteteile.

Alle, von General Maruyama bis zum letzten Soldaten, lebten von der halben Portion Reis am Tage. Noch trugen sie ihre Maschinengewehre. Aber im Verlaufe des dritten Marschtages wurde Gewehr nach Gewehr am Rande des Trails zurückgelassen.

Über Funk ließ General Maruyama an das HQ der 17. Armee melden, daß der Angriffstermin um einen Tag verschoben werden müsse. Am 22. Oktober hatte die Kampfgruppe ihre Sturmausgangsstellungen noch immer nicht erreicht, und der Angriff mußte abermals um einen Tag verschoben werden.

Am Nachmittag des 22. Okt. hatten die Soldaten den Mount Austen umrundet. Nun wurde die Kampfgruppe in zwei Sturmspitzen aufgeteilt. Die eine unter Führung von GenMaj. Nasu sollte von hier aus direkt auf Henderson Field vorstoßen. General Kawaguchi übernahm die rechte Flanke, die nach Südosten schwenken sollte. In ihr gab es drei Infanterie-, drei MG- und Granatwerfer-Bataillone.

General Kawaguchi stieß unmittelbar nach Trennung vom Gros auf Oberst Tsuji. Dieser war vom Hauptquartier nach Guadalcanal geschickt worden und versuchte, dem General eine besondere Angriffstaktik aufzureden. Als Kawaguchi den Vorstellungen des Obersten nicht zustimmte, versuchte dieser, den General absetzen zu lassen, indem er hinter dessen Rücken mit General Maruyama sprach.

Am Morgen des 23. Okt. war Kawaguchi noch immer nicht in der Angriffsposition und mußte zum drittenmal eine Angriffsverschiebung auf den folgenden Tag um Mitternacht bekanntgeben. Der General ließ sich mit GenMaj. Kawaguchi verbinden und Bericht erstatten. Dieser meldete: „Ich werde heute nacht mit meinem Angriffsverband, dem dritten Ichiki-Bataillon, noch nicht angreifen." General Maruyama rief über den Sprechfunk zurück: „Generalmajor Kawaguchi, melden Sie sich sofort im Divisionsgefechtsstand." Das Kommando über die rechte Flanke erhielt Oberst Toshinari Shoji. Oberst Tsuji intrigierte weiter und meldete per Sprechfunk dem HQ der 17. Armee: „Kawaguchi verweigerte den Angriff!"; er berichtete dem Stabschef weiter: „Der Divisionskommandeur enthob Generalmajor Kawaguchi seines Kommandos."

An der Ostküste stand derweilen General Sumiyoshi zum Ablenkungsangriff bereit. Seine schwere Artillerie war einschließlich der Munition im Mannschaftszug in ihre Positionen einige Meilen westlich des Mataniko River geschafft worden. Am frühen Abend des 23. Okt. eröffnete er den Angriff, einen Tag vor der Zeit. Er hatte die Meldung von der dritten Angriffsverschiebung nicht erhalten. Nach einem Feuerüberfall ließ er neun Panzer über die Sandbank des Schwemmlandes zur Infanterievorhut vorrollen. Sie fuhren genau in einen Gegenschlag der US-Artillerie hinein. Nur einer der Tanks erreichte das andere Flußufer. Der Angriff blieb sofort liegen. Die auf die Panzer aufgesessenen Soldaten waren von den Verteidigern heruntergeschossen worden. Die im Fluß lebenden Krokodile fraßen die im Wasser treibenden Toten.

Damit war dieser erste Angriff schon zu Beginn gestoppt. Am nächsten Nachmittag, als Spähtrupps das Herankommen der über den Dschungelpfad sich nähernden Japaner meldeten, und einige Reisfeuer nur zwei Meilen südlich des Ridge gesehen wurden, hatten die Verteidiger auf der Südseite des Henderson Field, die unter dem Kommando von Oberst Puller standen, sich um einige hundert Meter hinter die Sandrücken zurückgezogen und eingegraben.

Auf der linken Flanke des Angriffs standen die Truppen unter Oberst Nasu in Position. Die Truppe von GenMaj. Kawaguchi jedoch, nun von Oberst Shoji geführt, hatte ihre Ausgangsposition noch nicht erreicht.

Eine Stunde vor Angriffsbeginn um Mitternacht begann es zu regnen. Dichter und dichter wurde dieser Regen. Der Stab unter General Maruyama begab sich auf einen niedrigen Hügel, um nicht von den Regenfluten weggeschwemmt zu werden. Einige Minuten nach Mitternacht war von der rechten Flanke Gewehrfeuer zu vernehmen. Kurz darauf erreichte sie die Meldung von Oberleutnant Matsumoto, einem Stabsoffizier der Division, der sich bei Oberst Shoji befand: „Die rechte Flanke greift das Flugfeld an! Der Nachtangriff ist erfolgreich!"

Nun war auch von der linken Flanke Feuer zu vernehmen. Das waren Nasus Streitkräfte. Ihnen antwortete plötzlich mit wüstem Gebelfer die US-Abwehr mit Artillerie- und Grantwerferfeuer.

Die nächste Meldung besagte, daß der Sieg auf der rechten Flanke ein Irrtum gewesen sei. „Sie haben das Flugfeld noch nicht erreicht. Sie überschritten ein weites offenes Feld und dachten, dies sei Henderson Field gewesen."

Oberst Nasus Truppen, das IR 29, mußten vor einem furiosen Gegenstoß der US-Ledernacken zurückweichen. Die Japaner versuchten, diesen Gegenstoß zu stoppen. Es kam zum Nahkampf. Einzelne Gruppen wurden eingekesselt und aufgerieben; das IR 29 verlor die Hälfte seiner Truppen. Der Kommandeur und die Regimentsflagge wurden vermißt.

Maruyama sprach mit Oberst Nasu und sagte ihm, daß die Division ihm alle verfügbaren Reserven zur Verfügung stellen werde „für einen letzten entscheidenden Angriff in der nächsten Nacht".

Die erste Nachricht, die von Guadalcanal an Admiral Yamamoto gefunkt worden war, lautete: „Banzai!" – Dies war der Code dafür, daß japanische Truppen den Flugplatz in Besitz genommen hätten. Die Gegenmeldung erreichte den Admiral um 06.23 Uhr des anderen Morgens. Der Angriff war verpufft. Drei der vier eingesetzten Regimenter hatten in der finsteren Nacht den Weg in die Ausgangsstellungen verfehlt.

Die Kampfgruppe unter Oberst Oka, welche die Nippon-Brücke überquert hatte, blieb im Urwald stecken und konnte die geplante Umfassungsbewegung nicht ausführen.

*

Die Japaner hatten inzwischen wieder eine große Seestreitmacht unter Admiral Kondo 300 Meilen nordöstlich von Guadalcanal versammelt. Diese sollte mit einer weiteren Kampfgruppe Guadalcanal endgültig in Besitz nehmen. Da die US-Navy die Task Force 16 in Nouméa alarmiert und Konteradmiral Kinkaid Befehl erteilt hatte, seine beiden Träger, die ihm zur Verfügung stehenden neun Kreuzer und 24 Zerstörer zu einem Punkt nahe den Santa-Cruz-Inseln 400 Meilen ostwärts von Guadalcanal zu bringen, war die nächste Seeschlacht bereits vorprogrammiert.

Die Seeschlacht bei den Santa-Cruz-Inseln

In der zweiten Oktoberhälfte ließ Admiral Yamamoto, der Oberbefehlshaber der japanischen Marine, zwei starke Kampfverbände zusammenstellen, die Guadalcanal endgültig in Besitz nehmen sollten. Er war der Überzeugung, daß nur eine Gesamtstreitmacht von vier Trägern, fünf Schlachtschiffen, 14 Kreuzern und 44 Zerstörern in der Lage sei, Admiral Halseys Streitkräfte zu vernichten. Diese gewaltige Streitmacht wurde in zwei Gruppen zusammengestellt und im großen Seegebiet zwischen den Marianen und Salomonen bereitgestellt.

Die Vorausgruppe unter VAdm. Kondo bestand aus zwei Schlachtschiffen, einem Träger (der zweite hatte Maschinenschaden und mußte umkehren), den Schweren Kreuzern „Atago“, „Maya“, „Myoko“ und „Takao“, dem Leichten Kreuzer „Isuzu“ und 14 Zerstörern. In der unter dem Befehl von VAdm. Nagumo stehenden Hauptgruppe befanden sich zwei Schlachtschiffe, drei Träger, die Schweren Kreuzer „Kumano“, „Chikuma“, „Tone“ und „Suzuya“, der Leichte Kreuzer „Nagara“ und 15 Zerstörer.

Diesen Kräften konnte Admiral Halsey nur zwei schwächere Gruppen gegenüberstellen. Einmal die „Enterprise“-Gruppe – Task Force 16 – mit dem Träger „Enterprise“, dem Schlachtschiff „South Dakota“, den Kreuzern „Portland“ und „San Juan“ sowie acht Zerstörern. Die „Hornet“-Gruppe – Task Force 17 – unter KAdm. Murray wiederum bestand aus dem

Träger „Hornet“ unter Captain Mason und der Kreuzerdivision 4, geführt von KAdm. Mahlon, mit: „Portland“, Captain DuBose; „San Juan“, Captain Maher (war für TF 16 abgestellt); „Northampton“, Captain Kitts III, „Pensacola“, Captain Lowe; „Juneau“, Captain Swenson; „San Diego“, Captain Perry. Hinzu kamen sechs Zerstörer. „Helena“, „San Francisco“, „Atlanta“ und fünf Zerstörer wurden der Task Force 64, KAdm. Lee, zugeführt.

In der sich entwickelnden Trägerschlacht wurden die Kreuzer als Schutz und zur Abwehr feindlicher Angriffe eingesetzt. Dabei wurde Flakkreuzer „San Juan“ von einer panzerbrechenden Bombe getroffen, die durch das ganze Schiff und den Schiffsboden durchschlug, ehe sie detonierte. Der Träger „Hornet“ erhielt in diesem Angriff japanischer Trägerflugzeuge einige schwere Treffer.

„Northampton“ unter Captain Kitts lief mit kleiner Fahrt zum Träger, um ihn zu decken. Admiral Murray stieg von „Hornet“ auf „Pensacola“ über, um die Task Force von hier aus besser befehligen zu können, denn „Hornet“ war nur noch bedingt einsatzbereit. 875 Seeleute der „Hornet“ (von 1440) wurden von Bord geholt.

Am Nachmittag des 26. Okt. erfolgte ein neuer Angriff von sechs japanischen Torpedofliegern. Es gelang „Northampton“, die geworfenen Torpedos auszumanövrieren. „Juneau“ aber, die die Warnung vor diesen Torpedoflugzeugen mißverstanden hatte, lief aus der Formation heraus, zu KAdm. Kinkaids Gruppe, um die schwerbeschädigte „Hornet“ zu sichern, die bewegungslos im Wasser lag. Neben einigen Bombentreffern hatte sich noch ein japanisches Flugzeug mit seiner Bombenlast auf den Träger gestürzt und war auf dem Flugdeck explodiert.

Die nun angreifenden Torpedoflugzeuge, es waren „Kates“, trafen „Hornet“ achtern mit zwei Torpedos. Eine zweite Maschine stürzte ebenfalls auf „Hornet“, die weitere vier Treffer von 250-Kilo-Bomben erhielt. Es war gelungen, von den 27 angreifenden Flugzeugen 25 abzuschießen, aber „Hornet“ war erledigt.

„Hornet“ wurde am Nachmittag des 26. Okt. noch zweimal schwer getroffen. Das Schiff wurde nun auch von den letzten Männern befehlsgemäß verlassen, und um 19.20 Uhr schoß der Zerstörer „Anderson“ acht Torpedos, von denen sechs trafen. Aber erst um 01.35 Uhr des 27. Okt. nach einem neuerlichen japanischen Torpedoangriff sank dieser Träger.

Admiral Halsey zog am Abend des 26. Okt. seine Schiffe zurück, als ein aus Schlachtschiffen und Kreuzern bestehender weiterer japanischer Verband herankam.

Aber den Japanern gelang es trotz dieses taktischen Erfolges nicht, Henderson Field mit dem Rest der Flugzeuge auszuschalten, was den Weg für ihre Transporter freigemacht hätte.

Der Kampf um Guadalcanal ging weiter. Nach einigen kleineren Scharmützeln kam es zu zwei entscheidenden nächtlichen Gefechten, in denen Kreuzer auf beiden Seiten in einem dramatischen Einsatz standen. Doch vorerst zurück auf die Insel, wo noch einmal ein Angriff versucht wurde.

Das Desaster auf Guadalcanal

Auf der Insel hatte Generalmajor Nasu sein Reserveregiment, das IR 16, auf die linke Flanke geschickt. Die Reste des IR 29 kamen hinzu. Auf der rechten Flanke wurde die von General Maruyama geschickten Reserververbände eingesetzt.

Den Angriff eröffnete General Nasu, an der Spitze seiner Truppen mit gezogenem Säbel vorstürmend. Aus das Abwehrfeuer aufpeitschte, erhielt er als erster einen Brustschuß. Alle automatischen Waffen der Verteidiger schossen Dauerfeuer. Eine Minute nach der Feuereröffnung lagen alle Kommandeure bis hinunter zu den Kompaniechefs der Japaner tot oder verwundet auf dem Angriffsstreifen. Ihre Soldaten rannten weiter vorwärts. Wo auch immer sie gestoppt wurden, fanden sie sich rasch wieder und griffen erneut an.

„Blut für den Kaiser!" riefen die Angreifer in englischer Sprache, und die GI und Marines brüllten zurück: „Blut für Eleanor!" Der Angriff brach endgültig zusammen und die verwundeten Japaner bahnten sich kriechend einen Weg zurück. Der Angriff hatte General Nasu über 2500 Tote gekostet. Der verwundete General Nasu wurde zurückgeschafft. Als er beim Divisionshauptquartier ankam und seine schwache Hand ausstreckte, um General Maruyama zu begrüßen, starb er.

Nunmehr wurden auf beiden Seiten Überlegungen angestellt, Guadalcanal aufzugeben. Zu hohe Opfer hatte diese Insel schon gekostet. Der Verteidiger der Insel, GenMaj. Vandegrift, ersuchte Admiral Halsey, der Admiral Ghormley ersetzt hatte, um die Genehmigung zur Wiedereinschiffung der Truppen und zum Verlassen dieser tödlichen Insel, die auch unter den Amerikanern hohe Verluste insbesondere an Fieberkrankheiten und Malaria gefordert hatte.

Nach langem Hin und Her, in das auch Washington eingeschaltet wurde, erfolgte von dort die Weisung des Präsidenten. Roosevelt schrieb: „Es muß alles Notwendige getan werden, um Guadalcanal zu halten, selbst wenn dies eine Verzögerung in der Durchführung unserer anderen Verpflichtungen mit sich brächte."

Die Würfel waren gefallen, und nun handelte man rasch. Die 1.

MarInfDiv., die auf Guadalcanal schwer angeschlagen worden war, erhielt den Rückmarschbefehl nach Australien. Die 2. MarInfDiv. wurde nach Guadalcanal geschafft; zwei Divisionen der Army kamen hinzu. Auf Guadalcanal wurde neben Henderson Field ein zweiter Stützpunkt errichtet.

Auch auf japanischer Seite hatte man mit dem Gedanken gespielt, die Insel aufzugeben und die Truppen nach Rabaul zurückzubringen. Auch hier war die höchste Instanz bemüht worden, und das kaiserliche Hauptquartier befahl die Verstärkung der Streitkräfte auf der Insel. Als Verstärkungen wurden die 38. und 230. ID sowie die Artillerie und der Armeestab der 17. Armee nach Guadalcanal geschafft. Im November, so lauteten die Direktiven, sollte zu einem neuen Angriff angetreten werden. Vom 2. bis 11. Nov. 1942 brachten Schiffe der 8. Japanischen Flotte unter VAdm. Mikawa von Rabaul und Shortland in zwei Kreuzer- und 65 Zerstörereinsätzen unter KAdm. Tanaka Truppen und Nachschub nach Guadalcanal.

Auf amerikanischer Seite wurden vom 9. bis 11. Nov. unter Führung von KAdm. Turner auf zwei US-Transportgruppen mit vier Truppentransportern und drei Materialtransportern ebenfalls Verstärkungen nach Guadalcanal geschafft. Gegen diese US-Nachschubtransporte wurde die japanische U-Boot-Waffe eingesetzt.

Die Schlacht der Entscheidung

Vom 11. bis zum 15. Nov. 1942 wurde auf und bei Guadalcanal die Entscheidung versucht. Beide Seiten bemühten sich, in einer letzten großen Anstrengung den endgültigen Sieg zu erringen. Es war jeder Seite klar, daß die nächste Entscheidung das Schicksal von Guadalcanal bestimmen würde.

Zur Sicherung des japanischen Angriffsverbandes klärten am 11. Nov. die U-Boote I 7, I 9, I 21 und I 31 mit ihren Bordflugzeugen das Gebiet Vanikoro/Santa Cruz, Espiritu Santo, Noumea und Suva/Fidji-Inseln auf.

Am Abend des 12. Nov. 1942 liefen vier US-Transporte mit Admiral Turner an Bord der „McCawley“ in Richtung Espiritu Santo aus. Zur gleichen Zeit marschierte KAdm. Callaghan mit seiner Kampfgruppe, bestehend aus vier Zerstörern, die als Vorhut liefen, den Kreuzern „Atlanta“, „San Francisco“, „Portland“, „Helena“ und „Juneau“ in der Mitte und weiteren vier Zerstörern als Nachhut in die Richtung, aus welcher ein zur Beschießung von Henderson Field anlaufender großer feindlicher Kampfverband gemeldet worden war. An Bord des Flakkreuzers „Atlanta“ befand sich KAdm. Scott, der rangjünger als KAdm.

Callaghan war, weshalb dieser das Kommando erhalten hatte.

Etwa zur gleichen Zeit hatten sich jene beiden japanischen Kampfgruppen, die Henderson Field beschießen sollten, 70 sm nördlich der Indispensable-Straße getroffen. Der Befehlshaber der Beschießungsgruppe war VAdm. Abe, der auf dem Schlachtschiff „Hiei" führte. Dazu gehörte das Schlachtschiff „Kirishima", Kreuzer „Nagara" (mit KAdm. Komura an Bord) und elf Zerstörer.

Um 01.30 Uhr des 13. Nov. begann die Beschießung, und bereits unmittelbar nach Mitternacht hatte die Radarwache des Kreuzers „Helena" ein „Blip" entdeckt und meldete um 01.24 Uhr den Kontakt mit einem feindlichen Schiff. 13 Minuten später befahl KAdm. Callaghan einen Kurswechsel für seine Schiffe auf 310 Grad, und um 01.30 Uhr meldete „Helena": „Feind steht an meiner Steuerbordseite in 14 500 Yards Distanz. Er macht 23 kn Fahrt und läuft auf Kurs 105 Grad."

KAdm. Callaghan, der auf „San Francisco" kein sehr gutes Radar zur Verfügung hatte, war auf die Sichtmeldung seiner Ausgucks angewiesen, die um 01.41 Uhr den Gegner meldeten. Vier Minuten später befahl Callaghan: „Bereit zur Feuereröffnung!"

Um 01.50 Uhr leuchtete der erste japanische Scheinwerfer auf, und auf „Atlanta" wurde „Gegenscheinwerfer ein!" befohlen. Dann eröffnete „Atlanta" das Feuer. Die Distanz zum Gegner war nur etwa 1600 m. Ein wahrer Strom von Granaten flog zum Gegner hinüber und detonierte dort. Dieser erwiderte das Feuer; dieses entwickelte sich binnen einer Minute zu einem wilden Gefecht, das aus teilweise kürzester Distanz geführt wurde. Eine auf die Brücke von „Atlanta" einschlagende Granate tötete KAdm. Scott und alle Männer seines Stabes bis auf einen.

Nach mehreren schweren Treffern lag „Atlanta" regungslos, brennend und sinkend im Wasser und wurde noch von den Torpedos zweier japanischer Zerstörer getroffen. Von nun an wurde das Gefecht zu einem blindwütigen Schießen hinüber und herüber ohne jede Feuerkontrolle. Es ist selbst für die US-Seekriegshistoriker, denen alle Kriegstagebücher zur Verfügung standen, unmöglich, dieses Gefecht auch nur annähernd genau widerzugeben.

Zerstörer „Laffey" wurde durch japanische Torpedos versenkt. Flaggschiff „San Francisco" feuerte auf einen großen japanischen Zerstörer zwei Salven, die voll im Ziel lagen.

„Portland", das siebente in der Reihe der Schiffe, schoß und wurde beschossen. Wenig später erhielt dieser Kreuzer einen Torpedotreffer, der ihm ein Stück aus dem Heck riß und das Deck aufstülpte, so daß die Stahlplatten als unerwünschtes Hilfsruder wirkten und das Schiff einen vollen Kreis lief. Aus 4000 Meter feuerte „Portland" noch auf die „Hiei".

„Helena“, vom Glück begünstigt, schoß auf einen Gegner, der an ihrer Backbordseite keine zwei sm entfernt mit Scheinwerfern leuchtete. Sie traf diesen Gegner und wurde einige Male nur leicht getroffen.

„Juneau“ wiederum, der letzte Kreuzer in der Schlachtreihe, schoß zwischen 01.48 und 02.03 Uhr. Ein feindlicher Torpedo traf sie vor dem Kesselraum und setzte das Schiff mit diesem einen Schlag außer Gefecht. Es schwamm regungslos, wahrscheinlich mit gebrochenem Kiel, auf der See.

Die vier in der Nachhut stehenden Zerstörer kämpften aufopfernd. „Atlanta“ aber, inzwischen von 50 Granaten getroffen, von mehreren Torpedos aufgeschlitzt und von Feuer überloht, sollte nicht sinken. Captain Jenkins und sein I. Offizier, Commander Emory, waren wie KAdm. Scott getroffen, aber nur schwer verwundet. Sie versuchten, das Schiff zu retten, auf dem die Besatzung im Ölwasser der überfluteten Decks stand und das Feuer unter Kontrolle zu bringen versuchte. Aber „Atlanta“ war nicht mehr zu retten.

„Portland“ drehte sich noch immer im Kreis, und Captain DuBose sah in der Runde neun brennende Schiffe im Sund.

Captain Hoover, Kommandant der „Helena“, befahl, als er keinen Kontakt mehr mit KAdm. Scott und KAdm. Callaghan erhielt, allen Schiffen um 02.26 Uhr, ihm zu folgen und sich durch den Sealark-Kanal zurückzuziehen. Aber nur zwei antworteten ihm.

Am Morgen dieses klaren 13. Okt. 1942 lagen im Sund acht todwunde Schiffe im Wasser. Fünf davon waren amerikanische. Die nicht mehr zu steuernde „Portland“, die zerschmetterte „Atlanta“, die unbewegliche „Aaron Ward“ und die brennenden beiden anderen Zerstörer „Cushing“ und „Mossen“. Ruderlos trieb das japanische Schlachtschiff „Hiei“ in der See. Zerstörer „Akatsuki“ war gesunken, „Yudachi“ wurde durch „Portland“ am Morgen versenkt, und als im ersten Büchsenlicht Flugzeuge der „Enterprise“ die „Hiei“ sichteten, griffen sie an und versenkten das Schlachtschiff durch zwei Lufttorpedos, zu denen noch ein Bombentreffer einer B 17 kam.

Die südlich von Guadalcanal im Einsatzgebiet lauernden U-Boote I 17 und I 26 sichteten die zurückmarschierenden US-Schiffe. I 26, FKpt. Yokota, griff an, verfehlte die „San Francisco“ mit einem Fächerschuß. Die „Juneau“ aber wurde von diesem U-Boot tödlich getroffen und sank.

Die Schlacht bei Tassafaronga

Am 29. Nov. 1942 hielt KAdm. Wright, Befehlshaber der Task Force 67, mit dem Kommandierenden Offizier seiner Kampfgruppe, und KAdm. Tisdale eine Konferenz ab. Er war von Admiral Kinkaid dazu ausersehen, mit seiner Kampfgruppe, bestehend aus dem Schweren Kreuzer „Minneapolis", „New Orleans", „Northampton" und „Pensacola" sowie „Honolulu" und vier Zerstörern den nächsten japanischen Angriff zu stoppen.

Admiral Kinkaid hatte den Verband in zwei Gruppen aufgeteilt. KAdm. Wright führte die Task Force 67, die am Abend des 30. Nov. in den Lengo-Kanal einlief. Es war 22.25 Uhr, als die Gruppe den Kanal passiert hatte und mit 320 Grad und 20 kn Fahrt in 1000 m Distanz zueinander vorwärtsmarschierte.

Um 23.06 Uhr fing der Radiooperator des Flaggschiffes einen ersten Kontakt aus 23 000 m Distanz auf. KAdm. Wright informierte alle Schiffe und befahl einen Kurswechsel um 40 Grad nach Steuerbord.

Zur gleichen Zeit war KAdm. Tanaka mit seinem Zerstörergeschwader zum Sundeingang gelaufen. Um 23.16 Uhr wurde von Commander Cole auf dem Zerstörer „Fletcher" der Gegner gemeldet. Um 23.20 Uhr befahl Wright den Zerstörern den Torpedoangriff. „Fletcher" schoß zehn Torpedos in zwei Fächern, „Perkins" schoß acht Torpedos. Alle geschossenen Torpedos gingen vorbei.

*

Zur gleichen Zeit etwa war KAdm. Tanaka mit elf Zerstörern zur Sicherung von elf Transportern für Guadalcanal ausgelaufen. Er wurde am 13. Nov. um 23.16 Uhr gesichtet und von KAdm. Wright auf „Minneapolis" und seinen Zerstörern angegriffen. Alle geschossenen Torpedos gingen vorbei.

KAdm. Tanakas Zerstörer erwiderten das Feuer mit Artillerie und Torpedos. Zerstörer „Takanami" wurde versenkt. Als der Kreuzer „Minneapolis" seine neunte Salve schoß, wurde er von zwei japanischen Torpedos getroffen. Einer detonierte vor Turm 1, der andere schmetterte in den Kesselraum 2 hinein. Zwei gigantische Seewasserstrahlen stiegen an Backbord empor. Das Flugzeugbenzin brannte mit weißer Flamme. Das Antriebsöl wurde ebenfalls in Brand gesetzt. Der schwere Körper des Kreuzers drehte sich herum, die Aufbauten waren überschwemmt. Captain Rosendahl stand auf der Brücke bis zu den Knien im Wasser. Mit starker Backbordschlagseite stoppte der Kreuzer, aber er schoß noch acht volle Salven, bevor der Antrieb für die beiden vorderen Türme ausfiel.

Die „New Orleans“, die dahinter gelaufen war, wäre bald aufgebrummt. Captain Roper ließ Hartruder Steuerbord legen und entging so um Haaresbreite der Kollision, lief aber dabei in die Torpedolaufbahnen hinein und wurde von einem Aal im Backbordbug getroffen. Ein zweiter Torpedo traf den Turm Nr. 2.

Diese Einschläge kamen so überraschend, daß „New Orleans“ gerade noch die sinkende „Minneapolis“ passieren konnte. „New Orleans“ lief noch 5 kn und spie Flammen aus dem deformierten Bug in die Nacht empor.

„Pensacola“, die als nächste folgte, drehte nach links, um einer Kollision vorzubeugen. Sie geriet zwischen den Feind und die beiden brennenden Kreuzer und wurde damit ein gutes Ziel. 18 Torpedos wurden auf dieses Schiff geschossen. Einer davon traf es, als es gerade wieder auf den alten Kurs ging, am Vormast. Es waren die japanischen Zerstörer, die geschossen hatten. Der achtere Maschinenraum und drei Türme wurden sofort ausgeschaltet. Öltanks wurden aufgerissen und machten aus dem Mast des Kreuzers eine Fackel. Captain Lowe ließ Kurs auf Tulagi halten.

„Honolulu“, der „blaue Schwan der Pacific-Flotte“, entkam, weil LtCdr. Davis die Fahrt „hart Steuerbord“ hinter dem Heck der „Pensacola“ steuern ließ und damit sein Schiff auf die Leeseite des Feuers der beiden brennenden Kreuzer brachte. Das Schiff kreuzte, in schneller Fahrt von 30 kn aus seinen 15-cm-Türmen schießend, und erhielt keinen einzigen Treffer.

„Northampton“, der letzte Kreuzer in der Reihe, drehte mit „Honolulu“ ebenfalls nach Steuerbord, um den drei beschädigten Schiffen auszuweichen. Aber in den nächsten zwölf Minuten, während derer der Kreuzer 20,3-cm-Granaten auf Zerstörerziele schoß, wurde er von acht Torpedos des japanischen Zerstörers „Oyashio“ beschossen und von zwei dieser Aale nach acht Minuten Laufzeit getroffen. Der achtere Maschinenraum wurde aufgerissen. Das Schiff legte sich hart nach Backbord über. Hohe schwarze Ölspouts überspülten das Hauptdeck. Feuer röhrte brüllend über den achteren Teil des Schiffes, und dann stand „Nordhampton“ über alles in Flammen und stoppte.

Admiral Tanaka ließ nun seine Flotte sammeln und ablaufen. Um 01.30 Uhr des 1. Dez. waren alle japanischen Zerstörer ausschließlich „Takanami“ wieder klar. Sie liefen nach Shortland Harbor zurück und meldeten ein Schachtschiff und zwei Kreuzer versenkt und vier weitere schwer beschädigt.

Der Kampf der US-Kreuzerflotte gegen die japanischen Zerstörer war beendet. Er war zu einem Desaster für die US-Kreuzer geworden. Die US-Taktik in dieser Nachtschlacht von Tassafaronga wurde einer genauen

Analyse unterzogen. Darin heißt es: „Der Feind hatte unsere Pläne entdeckt und Bewegungen und Flugzeuge vorher gestartet mit dem Zweck, das Meer über uns zu erhellen. Er war in eine Formation für ein Feuergefecht gelaufen mit dem cleveren Versuch, unser Feuer zu neutralisieren. Aber sein Artilleriefeuer war nicht genau genug. Es gab viele Abpraller und Blindgänger-Munition, und es war zu mutmaßen, daß ihre Schießkunst nicht bemerkenswert war. Auch ihre Beleuchtung durch Sterngranaten war nicht effektiv genug."

Die Folgerungen, die die US-Navy aus dieser Schlacht zog, hießen: „Training, Training und noch einmal Training." (Siehe: Cincpac Action Report vom 15. 2. 1943.)

Die Schlacht bei Rennell Island – Der Raid nach Munda

Nach dem Kampf bei Tassafaronga wurde KAdm. Ainsworth, ehemals Squadron-Leader der Zerstörer im Atlantik, der im Juli den Konteradmiralsrang erhalten hatte, mit der Führung der Task Force 67 beauftragt, die gerade Tassafaronga überstanden hatte. Seine Schiffe waren die „Guadalcanal-Veteranen" „Honolulu", „Helena", „Fletcher" und „O'Bannon". Der Schwere Kreuzer „Louisville" wurde ihm als Verstärkung zur Verfügung gestellt. Sie alle sollten den Verlust der „Northampton" rächen. Der Leichte neuseeländische Kreuzer „Achilles" und einige andere Fahrzeuge mit wenigen Kampferfahrungen kamen als Verstärkung hinzu.

Admiral Halsey befahl diesem Verband am 4. Jan. 1943 einen Raid nach Munda. Die Leichten Kreuzer „Nashville", „St. Louis", „Helena" und zwei Zerstörer sollten das dortige Bombardement übernehmen. Als Sicherungsgruppe wurden die Leichten Kreuzer „Honolulu", „Achilles" und „Columbia" (der erste Kreuzer der neuen Cleveland-Klasse, der den Südpazifik erreichte), der Schwere Kreuzer „Louisville" und drei Zerstörer zur Verfügung gestellt. Führer dieser Kampfgruppe wurde KAdm. Tisdale.

Der Verband eröffnete die Beschießung eine Stunde nach Mitternacht des 5. Jan. 1943 vom bekannten „schwarzen Felsen" bei Rendova aus. Es herrschte gute Sicht, und jeder Kreuzer konnte die Einschläge seiner Granaten genau beobachten. Munitions- und Treibstofftanks flogen in die Luft oder standen in Flammen. Um 01.50 Uhr erreichten die Schiffe die Endlinie des Feuers und drehten auf Südostkurs, um jenen Kreuzern zu folgen, die bereits abgedreht hatten.

Am nächsten Morgen meldeten die Aufklärer, daß Mundas Flugfeld und alle Gebäude und Einrichtungen zerschossen seien.

Die Beschießungsgruppe aber, die Cape Hunter an der Südküste von Guadalcanal beschießen sollte, erreichte den Zielpunkt am 6. Jan. um 09.00 Uhr. Wenig später griffen japanische Flugzeuge an. Eine der Bomben traf „Achilles" am Turm 3. Aber die Beschießung wurde durchgeführt.

Am 23. Jan. 1943 flog Admiral Chester W. Nimitz nach Noumea, um mit Admiral Halsey die Lage zu besprechen. Es ging darum, die Zeit bis zur neuen US-Offensive mit dem Codewort „Watchtower" zu überbrücken, die erst am 1. April beginnen konnte.

Bei Rabaul und Buin waren in der letzten Januarwoche viele japanische Schiffe, darunter Frachter und Zerstörer, gesichtet worden. Flugzeugträger und Schlachtschiffe standen im Raume Ontog und Java nördlich von Guadalcanal.

Admiral Halsey konnte für Ende Januar die Ankunft von vier hochbeladenen Transport-Konvois zusichern. Er sagte, er werde fünf Kampfgruppen mit insgesamt zwei Flotten-Flugzeugträgern, zwei Begleitträgern, drei neuen Schlachtschiffen, zwölf Kreuzern und 25 Zerstörern in Marsch setzen. Alle würden sie begeistert kämpfen und jene Flotten besiegen, die Admiral Yamamoto nach Süden senden werde. Seine Schiffe würden in sechs verschiedenen Gruppen nordwärts laufen:

Die Kampfgruppe unter KAdm. Ainsworth mit vier Leichten Kreuzern und vier Zerstörern, die Trägergruppe unter KAdm. Ramsey mit der „Saratoga", die Schlachtschiffgruppe, geführt von KAdm. Lee, mit drei Schlachtschiffen, die „Enterprise"-Kampfgruppe unter KAdm. Sherman, die Task Force 18 unter KAdm. Giffen mit: Schwerer Kreuzer „Wichita", Captain Lowe, Schwerer Kreuzer „Chicago", Captain Davis, Schwerer Kreuzer „Louisville", Captain Joy, Leichter Kreuzer „Montpelier", Captain Wood, Leichter Kreuzer „Cleveland", Captain Burrough, Leichter Kreuzer „Cumberland", Captain Heard.

Diese Kreuzerstaffel der Leichten Kreuzer gehörte zum Verband der zwölften Kreuzerdivision unter KAdm. Merrill.

Am 29. Jan. 1943 stand die Task Force 18 50 sm nördlich Rennell Island und steuerte Nordwestkurs zum Treffpunkt mit den übrigen Verbänden. Bevor die Sonne unterging, wurden vom Flaggschiff und anderen Einheiten „irgendwelche Körper auf dem Radarschirm" erkannt, die 60 sm westlich standen. KAdm. Giffen ordnete für seine Kreuzer weder einen Kurswechsel an, noch befahl er Vorbereitungen für einen Abwehrkampf gegen Angreifer aus der Luft.

Diese „Körper" entpuppten sich als japanische Torpedobomber. Aus dem Zwielicht kommend, umrundeten die Maschinen den Verband und teilten sich dann in zwei Angriffsgruppen. Die niedrig fliegenden Torpedobomber warfen sich auf den Zerstörer „Waller“ und den Schweren Kreuzer „Wichita“. Danach bombten sie. Einer von ihnen griff die „Louisville“ an, die mit Hartruderlegen den geworfenen Torpedos entging. Das letzte Flugzeug aber barst in einem Flammenmeer achtern der „Chicago“ auseinander. Keines der Schiffe wurde direkt getroffen.

Da KAdm. Giffen glaubte, daß damit alles ausgestanden sei, ließ er den Verband auf 305 Grad weiterlaufen. Aber der Kampf hatte erst begonnen. Der Gegner warf eine Reihe Leuchtkörper ab, um die gelaufenen Kurse zu beeinflussen. Rotes und grünes Flutlicht glänzte an der Wasseroberfläche und markierte die Standorte und Kurse der US-Schiffe.

Um 19.31 Uhr griff der Gegner abermals an. Ein Torpedo ging haarscharf an der „Chicago“ vorbei, ein zweiter traf die „Louisville“, detonierte aber nicht. Ungeachtet ihrer Verluste griffen die japanischen Zerstörer um 19.38 Uhr ein zweites Mal an. Auch die Flugzeuge tauchten wieder auf. Mehrere wurden abgeschossen, aber die übrigen warfen Lufttorpedos, von denen einer die Steuerbordseite der „Chicago“ traf, zwei Räume überflutete und eine Kesselanlage ausfallen ließ. Die von der Kontrolle auszuübende Ruderkontrolle fiel aus. Wenig später traf ein zweiter Torpedo. Der Kesselraum 3 wurde überflutet, der vordere Maschinenraum unter Wasser gesetzt. „Louisville“, die der „Chicago“ folgte, sicherte das Schiff und schoß zwei angreifende Torpedoflugzeuge ab. Wenig später traf ein weiterer Torpedo „Wichita“, deren Radar-Arillerie-kontrolle ausfiel.

Es war 20.00 Uhr, als KAdm. Giffen den Gegenmarsch auf 120 Grad befahl. 16 Minuten später war der letzte Feindbomber abgeflogen. Die schwer angeschlagene „Chicago“ wurde von zehn US-Jägern geschützt, und als um 15.40 Uhr vier dieser Jäger Feindflugzeuge sichteten, drehte „Enterprise“ in den Wind und startete eine zehn Maschinen starke Kampfpatrouille. Die Angreifer, die von der „Enterprise“ stark beschossen wurden, drehten auf die „Chicago“ ein. Hier stürzte sich LtCdr. Flatley mit seinen vier Wachmaschinen auf diesen Angreifer. Aber es war zu spät. Neun Torpedoflugzeuge flogen aus den niedrig hängenden Wolken heraus und warfen ihre Torpedos auf die „Chicago“. Es war genau 16.24 Uhr, als vier Aale in die „Chicago“ hineinschlugen. Mit einer brennenden Fackel mußte „Navajo“, der die „Chicago“ auf dem Haken hatte, die Leine kappen. 20 Minuten blieben noch, die Besatzung der „Chicago“ zu retten. Dann glitt das Schiff, über das Heck sinkend, mit farbigen Flammen in die See. Die Zerstörer holten 1049 Mann aus dem Wasser. Die Schlacht von Rennell Island war vorüber.

Die Gesamtschiffsverluste um Guadalcanal betrugen nunmehr auf seiten der USA: zwei Flugzeugträger, sechs Schwere Kreuzer, zwei Leichte

Kreuzer, 14 Zerstörer. Auf japanischer Seite: zwei Schlachtschiffe, ein Leichter Träger, drei Schwere Kreuzer, ein Leichter Kreuzer, elf Zerstörer und sechs U-Boote. Beide Seiten verloren damit insgesamt etwa 130000 Tonnen Kriegsschiffsraum.

Das Ende für die Japaner auf Guadalcanal

In der Nacht des 9. November 1942 landeten der Kommandeur der japanischen 38. ID, GenLt. Sano, und sein Gefechtsstab auf Tassafaronga Point, um die Führung der japanischen Streitkräfte zu übernehmen. Seine Kampftruppen, 12000 Mann, und 100000 Tonnen an Nachschub lagen noch auf Shortland fest. Sie sollten in einem Konvoi mit elf Transportern und Handelsschiffen, geleitet von zwölf Zerstörern, herübergeschafft werden. Von ihnen wurden nur 4000 nach Guadalcanal auf den Weg gebracht.

Diese Verstärkungen waren während der Seegefechte an Land gegangen. Vier der Transporter waren allerdings auf vorgelagerten Korallenriffen aufgelaufen, wo sie bei Tagesanbruch von US-Bombern in Brand geworfen wurden. 2000 japanische Soldaten konnten zu ihren Kameraden auf der Insel gelangen.

Den nunmehr wieder auf 25000 Mann angewachsenen Streitkräften der Japaner standen jetzt bereits etwa 50000 US-Soldaten gegenüber. Eine Reihe Aufforderungen zur Übergabe wurde von den Japanern nicht beantwortet.

Die Lage für die japanischen Truppen auf der Insel wurde von Tag zu Tag schlimmer. Sie mußten sich schließlich von Gras, Wurzelknollen und Wasser ernähren. General Hyakutake, der von Rabaul aus die Truppen auf Guadalcanal führte, schickte einen Funkspruch an den Generalstab, in dem er betonte: „100 Soldaten sterben täglich auf der Insel. Und diese Rate wird zunehmen. Zur Zeit benötigen wir zwei Divisionen zur Reorganisierung und Wiederherstellung der Kampfkraft.“

Allein der Generalstab der japanischen Armee vertrat die unsinnige Vorstellung, die Schlacht auf Guadalcanal könnte mit diesen sterbenden Soldaten fortgesetzt und gewonnen werden. Seine Forderungen auf immer mehr Soldaten und insgesamt 37000 Tonnen Schiffsraum für Guadalcanal beschleunigte die Entscheidung des Kriegsministeriums, Guadalcanal aufzugeben. Doch niemand wollte den Befehl dazu geben. In sein Tagebuch schrieb Oberst Sako Tanemura: „Hat der Generalstab gute Aussichten auf einen Sieg? Wenn nicht, sollte er nicht lieber aus dieser Gefahr herausgehen? Das Oberkommando muß sorgsam erwägen, mit dieser anstößigen

Situation fertig zu werden. Angriff oder Rückzug, das ist eine sehr delikate Frage. Keines von beiden ist mit Sicherheit der Sieg, aber der schwindelerregende Hochmut des Kaiserlichen Hauptquartiers treibt uns dazu, die Entscheidungsschlacht auf Guadalcanal zu wagen. Wenn wir bei Guadalcanal geschlagen werden sollten, werden wir den Krieg im Pazifik sicher verlieren." (Siehe Toland. John: a.a.O.)

Am 23. Dez 1942 ließ General Hyakutake über Funk melden: „Keine Nahrung mehr. Wir können nicht länger Patrouillen ausschicken und einer feindlichen Offensive nicht mehr standhalten. Wir bitten die 17. Armee nun um die Erlaubnis, in die feindlichen Positionen einzubrechen und einen ehrenvollen Tod zu sterben, anstatt an Hunger in den eigenen Unterständen zu krepieren."

Am Weihnachtstag hielten Armee und Marine im kaiserlichen Palast eine Stabsbesprechung. Es war nicht länger zu verheimlichen, daß Guadalcanal verloren und daß der Rückzug die Notwendigkeit der Stunde war. Aber niemand wollte diesen blamablen Befehl geben. Der Stabschef Nagano, sein Adjutant Ito, Admiral Fukudome und Captain Tomioka repräsentierten die Marine. Die Armee wurde von ihrem Stabschef Sugiyama und Oberst Tsuji vertreten.

Admiral Fukudome, Operationschef von Nagano, und Oberst Tsuji hatten eine erregte Auseinandersetzung, in der letzterer der Marine vorwarf, weit vom Schuß geplant und gehandelt zu haben. Sie seien alle im „Tokio-Hotel" (Marinegeneralstabsgebäude) und im „Yamato-Hotel" (Stabsgebäude der Kombinierten Flotte) zu weit vom Schuß gewesen. Admiral Fukudome mußte dem Oberst schließlich recht geben. Zu einer Entscheidung aber kam man nicht.

Als am 29. Dez. 1942 Oberst Sanada aus Rabaul in Tokio eintraf, brachte er einen Bericht aller Marine- und Armeeoffiziere mit, in dem gebeten wurde, alle Truppen so schnell wie möglich von Guadalcanal zurückzuziehen.

Nach diesem Report waren dem Stabschef die Argumente ausgegangen, die ein Festhalten an Guadalcanal rechtfertigten. Admiral Nagano erklärte, daß die Truppen Ende Januar auf Zerstörern von der Insel abgeholt werden würden, wenn dies möglich sein sollte.

Am 31. Dezember unterbreiteten die beiden Stabschefs dem Kaiser diese Entscheidung. Guadalcanal und Buna auf Neuguinea sollten evakuiert werden. „Die Armee und die Marine", rief der Kaiser mit hoher Stimme, „sollte nun ihr Bestes tun, was sie gerade erklärt haben: den Rückzug von Guadalcanal und Buna durchführen."

*

In der Nacht des 23. Januar 1943 lösten sich die japanischen Truppen auf Guadalcanal aus ihren Löchern und Gräben und zogen sich in Richtung Cape Experance auf die nächste vorbereitete Verteidigungslinie zurück. Sie sollten in drei Wellen evakuiert werden. Die Kommandeure der 2. und 38. ID hatten ihren Soldaten erklärt, daß es sich nur um einen strategischen Rückzug handele.

Zu Ende Januar hatten die Nachhuten der 38. ID Cape Esperance erreicht, und in der folgenden Nacht standen 19 japanische Zerstörer 1000 Meter vor dem Strand und schossen blaue Leuchtkugeln.

Am anderen Morgen um 06.20 Uhr flogen 24 US-Bomber, von 17 Wildcat-Jägern geleitet, die Zerstörer an. 30 japanische Jäger warfen sich in den Kampf zur Rettung ihrer Kameraden. Sie schossen eine Reihe US-Flugzeuge ab. Nur ein Zerstörer wurde beschädigt.

Die Zerstörer teilten sich nun. Während vier das Gebiet der Ablandungen sicherten, liefen die übrigen 14 bis auf 700 Meter an den Strand heran und bargen die Männer. Kapitän z.S. Koyanagi führte die Zerstörer-Gruppe.

Amerikanische Motor-Torpedoboote sichteten einen Zerstörer und schossen Leuchtgranaten; andere MTB griffen an. Sie wurden von den Zerstörern beschossen. Zwei erhielten Volltreffer und sanken. Der Rest drehte ab.

Inzwischen waren die Zerstörer beladen. Nun wartete alles auf die Flugzeuge von Henderson Field. 5424 Mann waren an Bord der Zerstörer gegangen. Die Zerstörer liefen ab und drehten auf „große Fahrt“ auf. Sie verließen unbeschossen die Insel. Die erste Rückführungswelle war in Sicherheit.

Am Nachmittag des 4. Febr. 1943 erreichte eine zweite Rettungsgruppe, bestehend aus 19 Zerstörern, durch die Salomonen-Passage kommend, den Strand von Guadalcanal und nahm weitere 4977 ausgehungerte Soldaten auf. Ein einzelnes Schiff wurde beschädigt. Tomiji Koyanagi versuchte es noch ein drittes Mal. Inzwischen war er zum Konteradmiral befördert worden. Am Morgen des 7. Februar um 09.30 Uhr verließ er Shortland. Die letzten Truppen, unter ihnen auch General Hyakutake mit seinem Stab, warteten am Strand mit einigen hundert Kranken und Verwundeten. Diese wurden an Bord genommen. Kein amerikanisches Flugzeug griff diesen Konvoi der Schwerverwundeten und Kranken auf dem langen Marsch zurück nach Shortland Harbor an. Für diese letzten 2639 Mann hielt der Krieg den Atem an.

Alles in allem wurden 13000 japanische Soldaten von Guadalcanal gerettet. Aber 25000 blieben tot oder sterbend auf der Insel zurück. Auf amerikanischer Seite fanden 1592 Soldaten der Legion, 1042 Marineinfanteristen und 550 GI den Tod.

Im Lazarett zu Manila trafen sich kurz darauf der Kriegsberichter Nishino und General Kawaguchi. Hier erfuhr der Berichter, wie die Karriere des Generals durch Oberst Tsuji ein Ende gefunden hatte. „Ich denke, daß Sie besser als jeder andere fühlen werden, daß der Tag zwangsläufig kommen muß, an dem die Wahrheit über Guadalcanal ans Licht gebracht wird und das Volk erfährt, was sich dort abgespielt hat.“ Der General gab Oberst Tsuji die Schuld für das Desaster in Guadalcanal. „Wir, die wir dort waren, haben die Schlacht verloren“, sagte er abschließend, „und Japan den Krieg.“

Die den zurückweichenden Japanern in zwei Zangenarmen zögernd nachfolgenden US-Truppen vereinigten sich am 9. Febr. 1943 bei dem Dorf Tenanbo. Sie hatten keinen einzigen Japaner unterwegs gesehen, weder lebend noch verwundet oder tot.

Mit dem Rückzug von Guadalcanal war der Nimbus der Unbesiegbarkeit, der die Japaner immer noch begleitet hatte, endgültig dahin.

U-Boot-Krieg der USA im Pazifik

Vorbemerkung zur US-U-Boot-Flotte

Als es am 1. Mai 1941 in eingeweihten Kreisen längst beschlossene Sache war, daß die USA früher oder später in den Krieg eintreten würden und sich amerikanische Marineverbände bereits auf allen Meeren entsprechend bewegten, verfügten die US-Seestreitkräfte zusammen mit den ihnen verbündeten Seestreitkräften der Niederlande im Pazifik über folgende U-Boote:

Pazifikflotte:	27 Boote
Asiatische Flotte:	28 Boote
Niederländische Flotte:	15 Boote

Commander der Submarine Asiatic Fleet war bis zum 10. Dez. 1941 Captain W. E. Doyle. Danach übernahm Captain Wilkes die Führung dieser U-Boot-Gruppe.

Mit Ausbruch des Krieges im Pazifik verfügte die Submarine der USA über insgesamt 111 Boote; 74 weitere waren in Bau. Von diesen Booten standen für Operationen 55 Boote bereit, davon 29 in der asiatischen Flotte auf den Philippinen und 22 in der Pazifikflotte in Pearl Harbor.

Die Submarine der US-Navy im Einsatz

Am Nachmittag des 7. Dez. 1941 befahl Washington über Funk allen in See stehenden U-Booten den uneingeschränkten U-Boot-Krieg gegen Japan.

Die Nord- und Zentral-Pazifik-U-Boote unterstanden KAdm. Thomas Whiters, dem Commander Submarines Pacific Fleet; sie waren in die beiden Gebiete Nord- und Südpazifik unterteilt. Nach der Ablösung von Captain Doyle wurden die beiden Süd- und Südwest-Pazifik-U-Boot-Gruppen von Captain John Wilkes geführt.

Alle U-Boot-Operationen der USA liefen vom ersten bis zum letzten Kriegstage unter stärkster Geheimhaltung. Erst nach 1945 wurden die Ergebnisse des U-Boot-Krieges veröffentlicht. Von amerikanischer Seite wird behauptet, daß die ständige Verkündung weiterer Erfolge des deutschen U-Boot-Krieges sich auf die deutsche U-Boot-Waffe und die U-Boote selbst negativ ausgewirkt habe. (Siehe Morison, Samuel: a.a.O.)

Captain Wilkes und sein Chef des Stabes, Commander James Fife jr., flogen am 10. Dez. nach Manila, um von hier aus ihre U-Boote zu führen (siehe War Acitivities Submarines US-Asiatic Fleet Dez. 1. 1941–April 1. 1942).

Die Einsätze im Pazifik

Mit dem 11. Dez. 1941 liefen die ersten US-Boote aus Pearl Harbor zu ihren Operationen aus. Es waren „Cachalot", „Dolphin", „Gudgeon", „Pollack", „Plunger", „Narwhal" und „Tautog", die den japanischen Angriff heil überstanden hatten. Zwei weitere Boote der Pazifikflotte, „Tambor" und „Triton", liefen in den Großraum um Wake, um den dortigen Verteidigern zu helfen. „Triton" schoß am 10. Dez. den ersten scharfen Torpedo auf ein japanisches Schiff ab, verfehlte es aber. Am 11. Dez. nahmen die Boote am Kampf um Wake teil. „Pompano" kam noch hinzu, das sich auf Patrouille nahe Wake befand. – „Pollack" unter LtCdr. Mosely, „Gudgeon" unter LtCdr. Grenfell und „Plunger" unter LtCdr. White versenkten vor der japanischen Ostküste bis zum 18. Jan. 1942 vier Schiffe und beschädigten ein weiteres. – Im Golf von Siam, vor Hainan und vor Davao standen ebenfalls die ersten US-Boote im Einsatz, zu dem als erstes niederländisches Boot O 19 hinzukam. Sie versenkten fünf Schiffe. – Vor der Küste von Niederländisch Indien versenkte eine kleine Gruppe von fünf Booten, darunter wieder ein niederländisches, insgesamt acht Schiffe. „Shark" wurde dabei vor Menado durch den japanischen Zerstörer „Amatsukaze" versenkt. – Im Gegenzug stellte „Gudgeon" am 27. Jan. bei Midway eines der japanischen Boote, die im Schutze der Dunkelheit die Auslauf- und Heimfahrtpassage durchliefen. Es war I 173, das nach einem Torpedotreffer sank. – S 37 unter Lt. Dempsey versenkte am 8. Febr. vor Makassar den japanischen Zerstörer „Natsushio".

Die US-Boote der Pazifikflotte waren im Monat Januar mehrfach erfolgreich. „Pollack", „Gudgeon", „Pompano", „Tautog" und „Plunger" liefen vor die japanische Küste. Sie meldeten zwar insgesamt sieben Versenkungen, aber es wurden nur drei Schiffe wirklich versenkt. (Siehe Joint Army Navy Assessment Committee Japanese Naval and Merchant Losses World War II by Submarines, Washington 1947.)

Bis Januar 1942 waren außer den genannten Booten noch S41 und „Sealion" verlorengegangen.

Die in die asiatische Flotte übernommenen niederländischen U-Boote waren K7, K10, K11, K12, K13, K14, K15, K16, K17, K18, O16, O17, O19, K8 und K9. Das bedeutete eine hochwillkommene Verstärkung der U-Waffe, zumal diese Boote sehr effektiv waren.

Sechs von Captain Wilkes Booten wurden Mitte Januar in Surabaja stationiert und liefen von hier zu ihren Einsätzen aus.

Von Januar bis März bekämpften die US-U-Boote die feindlichen Nachschublinien von Davao durch die Molukker- und Makassarstraße und von der Sulusee nach Hainan und Indochina. Hier waren „Pickerel" und „Stingray", „Swordfish" und „Seadragon" erfolgreich. „Swordfish" sollte zu einem der erfolgreichsten U-Boote des Pazifikkampfes werden. Captain Wilkes Boote meldeten im März die Versenkung von 12 japanischen Schiffen mit 50000 BRT. – Hinzu kamen die Erfolge der neun im Einsatz stehenden Pazifik-U-Boote, die im März jeweils ein Schiff versenkten bzw. torpedierten. „Salmon" torpedierte während der Kämpfe um Java den Zerstörer „Suzukaze". Im Gegenzug wurde „Perch" von den japanischen Zerstörern „Amatsukaze" und „Hatsukaze" versenkt.

In Surabaja mußten die nicht fahrbereiten niederländischen Boote K10, K13 und K18 gesprengt werden, damit sie den Japanern nicht in die Hände fielen, die am 9. März ganz Java in Besitz genommen hatten. Das U-Boot „Shark" ging am 11. Febr. bei japanischen Wabo-Angriffen vor Menado verloren. S36 hatte Grundberührung und wurde dabei schwer beschädigt.

Mit dem Verlust von Java fiel auch Surabaja als Stützpunkt aus. Das letzte Boot verließ den Stützpunkt bereits am 1. März. Captain Wilkes richtete sein neues HQ und die neue U-Boot-Basis in Freemantle ein. Hier erhielten die Geschwader der asiatischen U-Boot-Flotte neue Boote und neue Besatzungen aus der Heimat.

Die ostaustralische U-Boot-Gruppe sah zu dieser Zeit folgendermaßen aus: Kommandeur: KAdm. Francis W. Rockwell. Subdivision 53: LtCdr. Elmer E. Yeomans.

Die Boote: S42 LtCdr. O. G. Kirk, S43 LtCdr. E. R. Hannon, S44 LtCdr. J. R. Moore, S45 LtCdr. I. C. Eddy, S46 LtCdr. R. C. Lynch, S47 LtCdr. J. W. Davis.

Subdivision 201: Commander Ralston V. Van Zant. Die Boote: S37 LtCdr. J. R. Z. Reynolds, S38 Lt. H. G. Munson, S39 Lt. F. E. Brown, S40 LtCdr. N. Lucker jr., S41 LtCdr. G. M. Holley.

Im April und Mai stand eine Reihe U-Boote im Einsatz vor der japanischen Küste, wo „Drum" unter LtCdr. Rice den Seeflugzeugtender „Minzuho" und zwei Schiffe versenkte. Auch „Grenadier" war mit zwei Versenkungen erfolgreich. „Silversides", „Pompano" und „Trout" vernichteten ebenfalls zwei Schiffe. „Tautow" torpedierte zwei Schiffe und das japanische U-Boot I 28. „Triton" brachte es auf drei Versenkungserfolge. Mit je einem Erfolg waren auch „Trasher", „Tuna" und „Pollack" beteiligt. Letzteres versenkte zwei kleine Bewacher.

Nach offiziellen Angaben wurden in dieser Zeit 80900 BRT feindlichen

Handelsschiffsraumes versenkt und 35691 BRT torpediert.

Im Südchinesischen Meer waren zur selben Zeit drei Boote (fünf Versenkungen) tätig, im Südpazifik versenkten zwei Boote zwei Schiffe, darunter einen Minenleger. Die weiteren Operationen in der Südchina-See, die vom 25. Mai bis zum 21. Juni durchgeführt wurden, sahen fünf U-Boote im Einsatz, die sämtlich Erfolge erzielten. „Salmon" versenkte das Werkstattschiff „Asahi" mit 11421 t und einen weiteren Frachter („Ganges Naru", 4382 BRT) und war in diesem Raum und Zeitabschnitt erfolgreichstes Boot.

Unter der Einsatzkontrolle von KAdm. Robert H. English, dem neuen Commander Submarine Forces Pacific Fleet in Pearl Harbor, wurden folgende drei Operationsgruppen für Midway aufgestellt bzw. gingen in See:

Task Group 7.1. Midway Patrol Group mit den Booten: „Cachalot" LtCdr. G. A. Lewis, „Flying Fish" LtCdr. G. R. Donaho, „Tambor" LtCdr. J. W. Murphy, „Trout" LtCdr. F. W. Fenno, „Grayling" LtCdr. E. Olsen, „Nautilus" LtCdr. W. A. Brockman jr., „Grouper" LtCdr. C. E. Duke, „Dolphin" LtCdr. R. L. Rutter, „Gato" LtCdr. W. G. Meyers, „Cuttlefish" LtCdr. M. P. Hottel, „Gudgeon" LtCdr. H. B. Lyon, „Grenadier" LtCdr. W. A. Lent.

Task Group 7.2. Roving Short Stops: „Narwhal" LtCdr. C. W. Wilkins, „Plunger" LtCdr. D. C. White, „Trigger" LtCdr. J. H. Lewis.

Task Group 7.3. North of Oahu Patrol: „Tarpon" LtCdr. Lewis Wallace, „Pike" LtCdr. W. A. New, „Finback" LtCdr. J. L. Hull, „Growler" LtCdr. H. W. Gilmore.

Insgesamt standen noch sechs weitere Boote zur Verfügung, so daß KAdm. English 25 Boote einsetzen konnte.

Zwischen dem 21. und 25. Mai fuhr bereits die Midway Patrol Group zu ihren Bereitstellungsräumen westlich von Midway. Die drei Boote der RSS-Group liefen zu einer Aufklärungslinie 200 sm nördlich von Hawaii und halbwegs zwischen Midway und Oahu aus für den Fall, daß der Gegner sich teilen und auch noch einen Angriff auf Pearl Harbor wagen sollte. Vier weitere Boote wurden in einem Aufstellungsstreifen 300 sm nördlich von Oahu verteilt, und die letzten sechs Boote begleiteten die Aleuten-Streitmacht (siehe Submarine Operational History World War II, I/174–189).

Während der Schlacht um Midway vom 3. bis 7. Juni 1942 griff die „Nautilus" am Morgen des 6. Juni einen Kreuzer ohne Erfolg an. Sie wurde abgedrängt, sichtete aber um 11.45 Uhr Rauchwolken, die von dem beschädigten Flugzeugträger „Soryu" herrührten. Das Boot lief unter Wasser zum Angriff und schoß zwischen 13.59 und 14.05 Uhr drei

Torpedos aus einer Distanz von nur 810 m ab. Alle drei Torpedos trafen den nur noch mit zwei kn Fahrt laufenden Träger, dessen achteres Flugdeck bereits durch Bombenangriffe zertrümmert war.

Die beiden den Träger begleitenden Zerstörer jagten die „Nautilus“ mit Wasserbomben. Als das Boot um 16.10 Uhr zum ersten Mal auftauchte, sah Commander Brockman, daß der Träger brannte. Dann explodierten seine Treibstofftanks, der Träger barst auseinander und sank um 19.20 Uhr auf 30.42 N/17.37 W.

Der Juli und August sahen weitere Angriffe kleiner U-Boot-Gruppen sowohl im Nordpazifik als auch vor den südlichen Kurilen. Im Nordpazifik konnte „Grunion“ unter LtCdr. Abele zwei japanische U-Jäger versenken, die das Boot jagten. „Triton“ geriet in einen Zweikampf mit dem japanischen Zerstörer „Nenohi«, der nach einem Treffer sank. „Narwhal“ war mit fünf Versenkungen in diesem Zeitraum das erfolgreichste Boot. „Gudgeon“ versenkte nur ein Schiff, torpedierte aber zwei Frachter von insgesamt 20000 BRT so schwer, daß sie für die Zeit des Krieges ausfielen.

Mit Beginn der Operation „Watchtower“, der US-Landung auf Gudalcanal, standen die U-Boote noch einmal im Brennpunkt des Kampfes. Mehrere Boote versuchten, zum Schuß zu kommen. Dabei gelang es S44 unter LtCdr. Moore vor Karvieng, den Kreuzer „Kako“ aus einem zurücklaufenden japanischen Verband herauszuschießen.

Vor Nordost-Honshu waren Ende August die Boote „Guardfish“ (mit 5 Erfolgen), „Cuttlefish“, „Gaddock“, „Growler“ und „Grouper“ erfolgreich. „Growler“ versenkte in einem entschlossenen Angriff gegen einige Geleitfahrzeuge den Marinetransporter „Kashino“ mit 10360 BRT. Auf dem ebenfalls von „Grouper“ versenkten Transporter „Lisbon Maru“ befanden sich 1800 britische Gefangene. Nur wenige konnten dem in das Schiff einflutenden Wasser entkommen.

Der Tonnagekampf

Die US-U-Boot-Waffe stand im September 1942 sowohl vor der japanischen Ostküste im Tonnagekampf gegen japanische Konvois als auch im Mineneinsatz. In See befanden sich „Nautilus“, „Kingfish“, „Trigger“ und „Greenling“. „Drum“ und „Guardfish“, „Finback“, „Trout“ und S31 kamen hinzu. Diese Boote versenkten im September/Oktober 1942 16 Schiffe und beschädigten vier. „Greenling“ unter LtCdr. Bruton unternahm insgesamt fünf Angriffe. Die „Brazil Maru“, 12700 BRT, mit 400 Soldaten und 200 Zivilisten an Bord, sowie ein weiterer Dampfer von 4500 t fielen den Torpedos des Bootes zum Opfer, ehe es am 20. Okt. den

Flugzeugträger „Hiyo“ torpedierte, der nur mit Mühe den nächsten Hafen erreichte.

„Finback“ unter LtCdr. Jesse L. Hull torpedierte am 14. Okt. die „Teison Maru“. Das Boot lief nach 15000-BRT-Versenkungserfolgen in Midway ein. – Bereits am 28. Sept. hatte „Trout“ den Geleitflugzeugträger „Taiyo“ torpediert.

„Whale“ war das erste Boot, das zu einem Minenauftrag in See ging. Ihm folgten „Sunfish“, „Drum“ und „Trigger“. Die Minen wurden in den Torpedorohren gelagert und auf den erreichten Positionen ausgestoßen. Die im Oktober/November durchgeführten Minenunternehmungen begannen im Südwesten des Zentralpazifik, und nach den vorgenannten Booten liefen auch „Trasher“, „Gar“, „Tautog“ und „Grenadier“ aus. Sie fuhren dazu bis in den Golf von Siam.

Vor dem Bismarck-Archipel standen drei Boote; sie kamen zu drei Versenkungserfolgen.

Im Dezember probierte „Halibut“ sein neues SJ-Radar aus und versenkte damit bei Nacht drei kleine Schiffe. „Albacore“ stellte am 18. Dez. vor Mandang Harbor, Neuguinea, den Leichten Kreuzer „Tenryu“ und versenkte ihn. Im Dezember waren noch „Kingfish“, „Halibut“ und „Drum“, „Trigger“ und „Triton“ erfolgreich. „Drum“ beschädigte den Träger „Ryujo“. „Seadragon“, „Grouper“, „Wahoo“ und „Triton“ schrieben sich ebenfalls in die Erfolgsliste des Dezember ein. Im Januar 1943 war „Growler“ erfolgreich, als es die „Chifuku Maru“, 5857 BRT, mit einem Zweifächer versenkte. In der Nacht des 7. Febr. wurde das Boot von einem Zerstörer angegriffen und gerammt. Der Kommandant und die Kanonenbedienung feuerten. Als LtCdr. Howard W. Gilmore bemerkte, daß das Boot verlorengehen würde, wenn es nicht sofort wegtauchte, befahl er zu tauchen. Er und zwei Mann der Geschützbedienung blieben draußen und ertranken. Das Boot wurde gerettet.

„Argonaut“, eines der 2700-Tonnen-Boote, lief ebenfalls im Januar 1943 zum Einsatz aus. Das Boot torpedierte einen Zerstörer. Ein zweiter griff es mit Wabos an und beschädigte es schwer, so daß es auftauchen mußte. Von mehreren Geleitfahrzeugen wurde die „Argonaut“ mit Artilleriefeuer versenkt. Mit seiner 103köpfigen Besatzung fiel LtCdr. John R. Pierce. Die ebenfalls in See stehende „Nautilus“ fand am 9. Jan. einen Radarkontakt nördlich von Bougainville und versenkte den wenig später in Sicht kommenden kleinen Frachter. „Guardfish“ unter LtCdr. Klakring versenkte einen 4000-t-Frachter und den Zerstörer „Hakaze“. „Greenling“ operierte im Bismarck-Archipel und torpedierte den Munitionstransporter „Kinposan Maru“, der explodierte. Am 16. Jan. gelang es „Growler“ unter Cdr. Howard W. Gilmore, einen 6000-Tonner zu versenken. Am 7. Febr.

kollidierte das Boot mit einem Schiff und ging mit seiner Besatzung unter. „Swordfish" kam am 19. Jan. zum Erfolg, als es die „Myoho Maru" torpedierte und dann vor einem Zerstörer wegtauchen mußte. „Searaven", „Tautog", „Trout", „Gar" und „Grayling" standen im Südwestpazifik und versenkten dort im Januar sechs Schiffe. Drei weitere wurden torpediert. „Grayling" torpedierte außerdem das Flugzeugmutterschiff „Notoro"; „Grayback" stand als „Navigationsmerkpunkt" vor der Westküste von Rendova Island.

Ab 8. Febr. 1943 schickte Admiral King, der OB im Pazifik, die ersten 20 Boote in den Südwestpazifik. Sie erhielten den Auftrag zum Geleitzugkampf oder wurden als Spähboote und Aufklärer für die Marine eingesetzt.

Die Zeit vom 8. Febr. bis zum 1. Mai wird in der US-Kriegsgeschichte als Übergangszeit im Krieg gegen Japan bezeichnet. Zu Beginn dieser Phase operierten nur 47 Boote im Pazifik. Am Ende dieser Periode waren es bereits 104. Admiral Kings Bemühungen war es zu danken, daß die U-Boot-Waffe der 7. Flotte auf 2½ Squadrons moderner Boote anwuchs, die zu dieser Zeit bereits alle mit SJ-Radar ausgerüstet waren und die Jagd auch im Dunkeln fortsetzen konnten.

Eines der ersten Boote, das in dieser Phase im Südpazifik zum Schuß kam, war „Albacore". Es sichtete am 20. Febr. 1943 drei Schiffe, von denen zwei Geleitzerstörer waren. Die ersten drei Torpedos trafen den vorn laufenden Zerstörer. Eine Minute später schoß das Boot auf den achtern laufenden Zerstörer „Oshio", der getroffen wurde und sank. Schnell mußte das Boot wegtauchen und erhielt 21 Wasserbomben nachgeschickt, die es jedoch nicht beschädigten. Insgesamt kamen im Februar sieben Boote zum Schuß, die elf Schiffe versenkten und zwei torpedierten. „Amberjack" ging vor Bulka verloren.

Am 7. März wurde Konteradmiral Lockwood Commander Submarines im Pazifik. Seine Task Force 71 übernahm KAdm. Christie als Commander.

KAdm. Christie führte die Boote bereits seit Februar im Auftrag. Vom 8. Febr. bis zum 1. Mai vernichteten die Boote in insgesamt 101 Einsätzen 96 Handelsschiffe mit 473300 BRT. 57 weitere Handelsschiffe und Kriegsschiffe wurden torpediert und 55 kleinere Fahrzeuge unter 500 Tonnen teils mit Torpedos, teils mit Artillerie versenkt.

Einige Boote legten auch im März 1943 wieder Minen, so „Tautog" unter LtCdr. Sieglaff in der Nacht zum 6. März vor dem Ölhafen Balikpapan auf Borneo. Die „Tautog" kehrte nach einigen kleineren Versenkungserfolgen zur Basis zurück. Während der Märzoperationen vor Japan kamen drei Boote zu Erfolgen. Sie versenkten zwölf Schiffe und torpedierten drei weitere. Im Zentralpazifik versenkten sechs Boote insgesamt neun Schiffe.

Aus diesem Raum kehrte „Triton“ nicht zurück. Vor Formosa und Niederländisch Indien waren zwei Boote im Einsatz. Das eine, „Gudgeon“ mit LtCdr. Post, erreichte am 19. März Surabaja und erzielte am 22. März die ersten Erfolge, indem es die „Meigen Maru“ torpedierte. In der Makassarstraße versenkte „Gudgeon“ nach zwei Treffern und einem Artillerieduell mit zwei anschließend geschossenen Fangschüssen den Tanker „Toho Maru“ mit 10000 BRT. Zum Stützpunkt zurückgekehrt, lief „Gudgeon“ bereits am 15. April zur nächsten Feindfahrt aus und torpedierte in der Nacht des 27. April vor Panay ein weiteres Schiff mit 17526 BRT. Es war der Passagierdampfer „Kamakura Maru“, der nach drei Treffern sank.

Am 30. April landete LtCdr. Post einen Offizier, drei Mann und drei Tonnen Geräte für die Guerillas am Pucio Point auf Panay und holte zwei Mann ab, die nach Australien zurückbefohlen wurden. Das Boot war bis zum 12. Mai erfolgreich und versenkte zuletzt den Frachter „Sumatra Maru“ mit 5900 BRT nördlich vom Binorongan Point, ehe es verschossen den Rückzug antrat.

Neben „Gudgeon“ waren im April elf weitere Boote erfolgreich. Insgesamt wurden 16 Schiffe mit 67517 BRT versenkt. Drei Schiffe wurden beschädigt. „Tautog“ vernichtete den Zerstörer „Isonami“, „Seawolf“ versenkte den Frachter „Kaihei Maru“, 4575 BRT, und torpedierte einen weiteren. „Grenadier“ kehrte von diesem Einsatz nicht mehr zurück.

Der Mai sah wiederum eine Reihe von U-Booten vor Japan und vor den Kurilen am Feind. Im Zentralpazifik und im Südwestpazifik gelang es den US-Booten abermals, zum Schuß zu kommen. Nicht weniger als 15 Boote errangen Erfolge, und auf den von „Grenadier“ gelegten Minen sanken zwei Schiffe.

Der Juni wurde ein erfolgreicher Monat mit 19 beteiligten Booten, die alle erfolgreich waren. „Runner“ unter LtCdr. Bourland ging verloren. Der Juli war in bezug auf den Tonnagekrieg nicht ganz so erfolgreich wie die Vormonate, dennoch gelang es, eine Reihe Transporter, einen U-Jäger und einen Minenleger zu vernichten.

Im August 1943 standen wieder die erfahrenen Kommandanten mit 13 Booten im Tonnagekrieg. Sie versenkten 20 Schiffe mit 81020 BRT und torpedierten zwei weitere. „Grayling“ unter LtCdr. Brinker ging nach Versenkung eines Schiffes durch feindliche Zerstörer verloren.

Wenden wir uns nun der japanischen U-Boot-Waffe zu! War auch sie so effektvoll im Einsatz?

Die japanische U-Boot-Waffe – Die Boote und ihre Verwendung

Die japanische Marineführung sah in ihren U-Booten eine Waffe mit zwei Hauptaufgaben. Erstens sollten sie die große japanische Flotte während ihrer Operationen begleiten und sichern. Zweitens sollten sie gegen feindliche Kriegsschiffe eingesetzt werden.

Darüber hinaus war eine Flotte sehr großer U-Kreuzer von etwa 3500 t geplant, mit denen alle jene Inseln mit Munition und Material versorgt werden sollten, die im Kriegsfalle abgeschnitten sein würden. Für diese Zwecke wurden in Japan die Flotten-U-Boote der I-Klasse gebaut.

Daneben entstanden kleinere Boote der RO-Klasse, und schließlich ging man auch dazu über, U-Boote zu bauen, auf denen Seeflugzeuge transportiert und zur Fernerkundung gestartet werden konnten. Hierzu kamen fünf große Boote, die Kleinst-U-Boote mitführen und einsetzen konnten.

Der japanischen Kriegsforschung war es zwischen 1928 und 1933 gelungen, einen Torpedo zu konstruieren, der zu den besten Waffen der Welt zählte. Es war der mit Sauerstoff angetriebene Torpedo 95, Modell 2, mit 60,96 cm Durchmesser und einer Reichweite von 5700 m. In seinem Sprengkopf führte er 1210 Pfund Sprengstoff mit. Dieser Torpedo war 49,2 kn schnell. Der Torpedo des Typs 93 lief ebenfalls 49 kn und hatte eine Reichweite von 22000 m.

Im japanischen Bauprogramm 1940–1942 wurde der eigene Typ „Kaichû-6", ein mittlerer Marinetyp, bis zur Baunummer RO75 gebaut. Es war einer der besten japanischen U-Boot-Entwürfe. Dieses Boot verfügte über gute See-Eigenschaften und war sehr manövrierfähig. Seine Tauchtiefe war mit 80 m allerdings gering. Das Boot lief über Wasser 19,7 kn und beachtliche 10 kn unter Wasser. – Der kleinere Typ „Kaishô", der für die Verteidigung der Luftstützpunkte auf den Inseln des Mandatsgebietes vorgesehen war, hatte eine Verdrängung von 525/782 t. Er verfügte über 4 TR von 53,3 cm und hatte eine Besatzung von 38 Mann. Hinzu kamen Boote verschiedener weiterer Typen und Sonderbauten.

Am 7. Dez. 1941 verfügte die japanische U-Boot-Waffe über 65 einsatzbereite Boote. Es waren dies 47 Flotten-U-Boote der I-Klasse, 13 Küstenverteidigungsboote der RO-Klasse und fünf Klein-U-Boote.

Alle Angehörigen der japanischen U-Waffe waren Freiwillige, die auf der U-Boot-Schule in Yokosuka ausgebildet worden waren. Die Hauptstreitmacht der japanischen U-Boote war in der 6. Flotte versammelt, die von Vizeadmiral M. Shimizu geführt wurde. Ihre Basis war die Marshall-Insel Kwajalein. Hier lagen 40 Boote der I-Klasse mit den ihnen beigegebenen U-Tendern. – In der 3. Flotte – der Blockade- und Transportstreitmacht – befanden sich sechs U-Boote und ein U-Tender. – Im Rahmen der 4. Flotte, der Truk-Basis, waren 16 U-Boote und zwei Tender eingesetzt.

Wie wurden nun diese japanischen Boote verwendet, und welche Ergebnisse erzielten sie während der ersten 18 Monate im Pazifik?

Japans U-Boote im Einsatz

Mit dem Angriff der japanischen Streitkräfte auf Pearl Harbor liefen, am 18. Nov. beginnend, die U-Boot-Geschwader 1 unter KAdm. Sato und 2 unter KAdm. Yamasaki aus Yokosuka aus. Ihr Ziel war Hawaii. Ihre Aufgabe: Erkundung und Aufklärung des Seeraumes um Hawaii, Informationsübermittlung für die Schlachtflotte und Angriffe auf feindliche Kriegsschiffe. Zwei U-Boote liefen mit der Kampfflotte aus, zwei Fernaufklärer-U-Boote folgten wenig später. Die meisten dieser Einheiten waren ozeantüchtige I-Boote. Elf von ihnen waren mit kleinen Seeaufklärungsflugzeugen, fünf mit Kleinst-U-Booten ausgerüstet. Die fünf Kleinst-U-Boote mit jeweils zwei Mann Besatzung gehörten zu der neugebildeten Marine-Sonderangriffseinheit. Ihr Auftrag lautete, in den Hafen Pearl Harbor einzudringen und die dort liegenden US-Kriegsschiffe zu vernichten. (Siehe Angriff auf Pearl Harbor.)

Die Boote des 4. und 5. U-Geschwaders unter den KAdm. Yoshitomi und Hashimoto, die mit insgesamt zehn Booten in das Operationsgebiet der Anambos-Inseln ausgelaufen waren, erzielten einige Erfolge. I 66 versenkte auf dem Rückmarsch aus diesem Raum das niederländische U-Boot K16. Die vier Minen-U-Boote des 6. U-Geschwaders unter KAdm. Kono legten Sperren vor Balabac, auf denen ein Schiff verlorenging.

Den ersten Verlust erlitt die U-Waffe Japans, als I 70, ein Boot des 3. U-Geschwaders, südlich Hawaii von einem Flugzeug des Trägers „Enterprise“ vernichtet wurde. Von den sechs Booten wurden zwei Schiffe versenkt. Japanische U-Boote operierten im Dezember ostwärts Oahu und versenkten acht Schiffe. Der Tanker „Agwiworld“ wurde torpediert, konnte aber entkommen. Die Boote des 6. U-Geschwaders legten Minen vor Surabaja. Bei der Invasion von Wake wurden zwei U-Boote als Späher vorausgeschickt. Am 11. Jan. 1942 beschossen U-Boote die US-Marinestation in Pago Pago auf Samoa. Am 11. Jan. traf ein tieflaufender Torpedo des japanischen Bootes I 26 500 sm südwestlich Oahu den Flugzeugträger „Saratoga“. Drei Kesselräume wurden überflutet. Der Träger erreichte aus eigener Kraft Oahu. Von hier aus lief er nach Bremerton zur Reparatur weiter.

Die in den Indischen Ozean entsandten Boote des 5. U-Geschwaders operierten in der Java-See, später vor Rangun und versenkten fünf Schiffe.

Bei der Fahrt durch die Sundastraße wurde I60 durch den britischen Zerstörer „Jupiter“ versenkt. Im Golf von Bengalen war I164 mit vier Versenkungen erfolgreich. I162 torpedierte zwei Tanker mit 17000 BRT. Bei Mineneinsätzen des 6. U-Geschwaders in der Clarensestraße, in der Sundastraße und vor Port Darwin wurde I124 durch den US-Zerstörer „Edsall“ und drei australische Minensucher gejagt und mit Wasserbomben vernichtet. I173, das am 25. Jan. 1942 Midway beschoß, wurde durch zwei US-Zerstörer versenkt. I172 versenkte im Seeraum 135 sm westlich Oahu den Flottentanker „Neches“ aus der „Lexington“-Gruppe. Im Indischen Ozean operierten neun U-Boote gegen die amerikanische Evakuierungsflotte, die Java räumen sollte. Zwölf Schiffe wurden hier südlich des niederländischen Archipels versenkt. Erfolgreichstes Boot mit drei Versenkungen war I153 unter FKpt. Nakamura. Drei weitere Boote führten Minenoperationen durch. In einem späteren Einsatz wurden im März im Indischen Ozean von drei U-Booten sechs Schiffe torpediert. Vier davon sanken. Auch die im Raume der Malediven und Lakkadiven operierenden Boote erzielten einige Erfolge.

Im April standen in der japanischen Patrouillengruppe unter Kpt. z.S. Ishizaki die Boote I21, I24, I28 und I29 bereit. In der Angriffsgruppe wurden RO33, RO34 unter Capt. Iwagami eingesetzt.

In den nun gebildeten Angriffsstreitkräften für den Kampf um Midway wurden unter Vizeadmiral Teruhisa Komatsu folgende U-Boote eingesetzt: Subron 3: I164, I169, I171, I174, I175; Subron 5: I156, I157, I158, I159, I162, I165, I166; Subdiv. 13: I121, I122, I123. Die drei letzten Boote sollten Gas und Öl nach Lisianki Island und French Frigate Shoals schaffen.

Der leichte Seeflugzeugträger „Nisshin“ beförderte noch sechs Kleinst-U-Boote für einen Sondereinsatz.

Als Patrouillenboote und Erkundungsboote standen in der nördlichen Kampfgruppe unter Konteradmiral Shigeaki Yamasaki die Boote I9, I15, I17, I19, I25 und I26 zur Verfügung. Diese Boote erkundeten mit Bordflugzeugen, die von I9, I26, I25 und I19 gestartet wurden, die Küste von Dutch Harbor bis nach Kodiak. Mit dem 30. Mai liefen die genannten Boot-Gruppen in ihre Operationsgebiete. Noch auf dem Ausmarsch dorthin wurde I64 durch das US-U-Boot „Triton“ versenkt. Während der See-/Luft-Schlacht bei Midway vom 3. bis 7. Juni 1942 kamen jedoch nur einige wenige U-Boote zum Schuß. Lediglich I168 gelang es, die beschädigte „Yorktown“ und den längsseits liegenden Zerstörer „Hammann“ zu versenken.

Ab Ende Mai und über Juni und Juli hinweg waren die fünf im Indischen Ozean eingesetzten großen japanischen U-Boote erfolgreich. Es waren die Boote des 8. U-Geschwaders unter KAdm. Ishikasi, die zuerst im Raume

Madagaskar operierten. Gegen die britische Eastern Fleet, von der ein Teil im Hafen Diego Suarez auf Madagaskar von dem Bordflugzeug von I10 entdeckt wurde, setzte KAdm. Ishikasi I16 und I20 mit ihren Kleinst-U-Booten ein. In der Nacht zum 31. Mai drangen beide Kleinst-U-Boote in die Reede ein und torpedierten das britische Schlachtschiff „Ramillies" und den Tanker „British Loyality" (6993 BRT). Das dritte Kleinst-U-Boot, das von I18 gestartet werden sollte, fiel wegen Motorpanne aus. Die Kleinst-U-Boote wurden anschließend durch Wabos versenkt. Der Erfolg war aufsehenerregend.

Danach tauchte I30 noch einmal vor Durban auf, während die übrigen vier Boote zum Handelskrieg östlich von Moçambique ausliefen. I 30 marschierte nach Erfüllung seines Auftrages und Versorgung an einem Tanker nach Westfrankreich. Das Boot lief als erstes japanisches U-Boot am 5. Aug. 1943 in Lorient ein.

Als letztes Boot dieser Gruppe kehrte I 16 am 10. Aug. nach Penang zurück. Das erfolgreichste Boot dieser Gruppe war I 10 unter FKpt. Kayahara, das acht Schiffe versenkte. Insgesamt wurden von den vier zum Schuß gekommenen Booten 22 Schiffe mit 99068 BRT vernichtet. Das 2. U-Geschwader operierte im Juni und Juli im Raume der Aleuten. Nur ein Boot kam hier zum Erfolg.

Während der Einsätze des Julis und Augusts im Südpazifik versenkten die fünf Boote des 3. U-Geschwaders sechs Schiffe und torpedierten zwei weitere. In der zweiten Augusthälfte standen wieder fünf Boote im Einsatz. I 29, das mit einem Flugzeug zur Erkundung ausgerüstet war, versenkte vier Schiffe mit 23303 BRT.

Am 23. Aug. liefen Boote des 7. U-Geschwaders zu einer Deckungsoperation ihrer Kriegsschiffsgruppen in Richtung Guadalcanal aus. Bei diesem Einsatz wurde I121 durch ein US-Träger-Flugzeug beschädigt. Am 29. Aug. gelang es dem Zerstörer „Gamble", I123 zu stellen und mit Wasserbomben zu versenken. Der australische Zerstörer „Arunta" vernichtete RO 33, das gerade einen Transporter torpediert hatte, mit Wabos.

Im Indischen Ozean – und vor Australien

Ab September 1942 waren die Japaner wieder zum Transport von Soldaten, Waffen und Versorgungsgütern mit U-Booten zurückgekehrt. Ausgangspunkt für alle diese Fahrten war die Kamimbobucht westlich von Kap Esperance. Einige japanische U-Boote beförderten auch Kleinst-U-Boote dorthin. Daneben standen U-Boote auch in den Seestreitkräften. So wurden zur Schlacht bei den Santa-Cruz-Inseln im Oktober 1942 zwei U-

Boot-Gruppen in die Expeditionsstreitmacht eingegliedert: Die Force „A" mit den Booten I 1, I 5, I 7, I 8, I 22, I 176, die Force „B" mit den Booten I 9, I 15, I 21, I 24, I 174, I 175. Die von VAdm. Ternhisa Komatsu, Befehlshaber der 6. (U) Flotte, geführten Boote bei Guadalcanal waren: Patrol Groups A, B und D: I 16, I 220, I 24, I 15, I 17, I 26, I 122, I 172, I 175, RO 34. Scout-Verband: I 7 (vor Santa Cruz), I 9, I 21 und I 31. Auf diesen Booten befanden sich Seeflugzeuge zur Erkundung San Cristobals, Nouméas und des Raumes Suva.

Die beiden U-Boot-Gruppen der Expeditionsstreitmacht für Santa Cruz standen bereits im September im Kampf. Das zwischen den Salomonen und Malaita stehende I 5 der Force A sichtete einen gesicherten Konvoi US-Schiffe. Bei dem Versuch, diesen anzugreifen, wurde das Boot erkannt, unter Wasser gedrückt und durch Wabos beschädigt. – I 4 versenkte am 29. Sept. den US-Transporter „Alhena". I 22 schoß einen Torpedo auf ein Schiff eines von ihm entdeckten Konvois und wurde sofort unter Wasser gedrückt. Das Flugzeug von I 7 klärte am 7. Okt. über Espiritu Santo auf. Das Boot beschoß am 14. und 23. Okt. die Hafenanlagen der Insel mit seiner Artillerie. Der 20. Okt. sah I 176 am Feind. KKpt. Tanabe griff die Kriegsschiffsgruppe unter Admiral Lee an und torpedierte den Kreuzer „Chester". Am 26. Okt. um 10.02 Uhr schoß I 21 einen Torpedo auf den US-Zerstörer „Porter" (LtCdr. D. G. Roberts) ab. Dieser Torpedo lief 50 m vor dem Schiff vorbei. Eine Minute später traf der zweite Torpedo den Zerstörer mittschiffs. Um 10.55 Uhr sank „Porter", nachdem die Überlebenden von Bord gegangen waren. Beim Angriff von I 15 am folgenden Tag auf Admiral Lees Flaggschiff „Washington" verfehlten die Torpedos knapp das Ziel. I 15 wird seit dem 4. Nov. im Raume Nouméa vermißt. Im September kamen im Indischen Ozean die Boote I 29 und I 165 zu fünf Versenkungen, von denen KKpt. Izu mit I 29 allein vier für sich verbuchen konnte. Im Oktober vernichteten hier drei weitere Boote fünf Schiffe. Unter ihnen war I 27 unter KKpt. Kitamura, das die „Ocean Vintage", 7174 BRT, mit Zweierfächer versenkte.

Von den gegen die US-Nachschubverbände im Südpazifik eingesetzten Booten der Gruppe A mit I 16, I 20 und I 24 wurde ein Schiff versenkt. I 16 und I 20 setzten am 28. Nov. Kleinst-U-Boote ein. Von ihnen torpedierte das Kleinst-U-Boot Nr. 10 vor Guadalcanal das US-Transportschiff „Alchiba" (7293 BRT). Das Schiff mußte aufgesetzt werden, um die Ladung zu löschen. Die Boote für die Kriegsschiffsgruppe D, I 122, RO 34, I 175 und I 172, die die Kriegsschiffe vor Angriffen schützen sollten, erlitten am Morgen des 10. Nov. einen Verlust. I 172 wurde gegen 02.31 Uhr von dem Minensucher „Southard" unter LtCdr. J. G. Tennant gesichtet und mit Wabos und Artillerie versenkt.

Im Kampfraum Guadalcanal, wo die japanische Flottenstreitmacht auf jene der US-Navy traf, um eine Entscheidung zu erzwingen, klärten ebenfalls einige U-Boote auf. Von I 7, I 9, I 21 und I 31 starteten Bordflugzeuge. I 21 versenkte einen Transporter. Die japanischen U-Transporter, die im Gebiet der Salomonen unterwegs waren, erlitten zwei Verluste. I 3 wurde durch MTB 59 mit Torpedos versenkt, und I 4 ging nach einem Duell mit dem US-U-Boot „Seadragon" unter.

Im Indischen Ozean waren die japanischen Boote im November und Dezember mit einigen Erfolgen an der Versenkungsquote beteiligt. So versenkte I 166 am 23. Nov. einen Dampfer von 5332 BRT, und I 29 trug am selben Tage dem britischen Dampfer „Tilawa", 10 006 BRT, die tödlichen Torpedos an. Das Boot von KKpt. Izu, I 29, war am 3. Dez. noch einmal erfolgreich. Es versenkte den britischen Motortanker „Belita" mit 6323 BRT.

Vor der australischen Küste versenkte KKpt. Muroako mit I 18 fünf Schiffe mit 31 437 BRT. Der Einsatz eines Kleinst-U-Bootes von I 18 aus schlug fehlt. I 1, das Ende Januar 1943 zu einem Truppen- und Materialtransport unterwegs war, wurde von den beiden australischen Korvetten „Kiwi" und „Moa" am 29. Jan. 1943 aufgefaßt. „Kiwi" rammte das bedeutend größere Boot dreimal und mußte sich schließlich beschädigt absetzen. „Moa" eröffnete auf Befehl von Cdr. Peter Phipps das Feuer und versenkte das Boot, das um 23.30 Uhr unterging. Zur gleichen Zeit stand I 10 vor Australien; es versenkte einen 7000-Tonner und torpedierte ein gleich großes Schiff. I 8 beschoß mit seiner Artillerie Anlagen auf der Canton-Insel. Von Rabaul aus operierten RO 100, RO 101, RO 102 und RO 103 im Raume der Salomonen und vor Neuguinea. In den folgenden drei Monaten standen wieder fünf japanische U-Boote vor der australischen Küste. Sie versenkten sieben Schiffe mit 35 906 BRT, beschädigten zwei weitere mit 7713 BRT und torpedierten den LST 469.

Die Angriffe im Seeraum der Samoa-Inseln und der Fidji-Inseln sowie vor Nouméa wurden erbittert geführt. So gelang es I 25 unter FKpt. Tagami, einen 10 763 BRT großen Tanker zu versenken. I 19 griff zwei Schiffe mit 14 357 BRT an, die beide sanken; das Boot torpedierte ein weiteres mit 7181 BRT, das vom Gegner noch eingebracht werden konnte. Auf dem von I 17 versenkten Tanker mit 10 169 BRT befanden sich zur Überführung ins Kampfgebiet die Motor-Torpedoboote PT 165 und PT 173. I 178 wurde am 29. Mai vor Espiritu Santo von dem amerikanischen U-Jäger SC 669 vernichtet. I 25, das zu einer großen Operation ausgelaufen war, wurde am 3. Sept. 1943 von dem Zerstörer „Patterson" unter LtCdr. A. F. White, auf der Route Espiritu Santo unb den Oberen Salomonen durch Radar erfaßt und mit Wasserbomben belegt. An Bord des Zerstörers wurde eine mächtige Unterwasserdetonation registriert. Das Boot sank.

Im Indischen Ozean war in den ersten drei Monaten des neuen Jahres nur I 27 zum Erfolg gekommen. Das Boot torpedierte am 20. März 1943 den Dampfer „Ford Mumford", 7132 BRT, von dem Wrackteile bei Kap Comorin angetrieben wurden. Von ihrem Stützpunkt in Penang auslaufend, kamen einige japanische Boote im Mai und Juni im Golf von Oman, im Golf von Aden und vor der ostafrikanischen Küste zu Erfolgen. Nach Versorgung mit Treibstoff durch das nach Penang zurückkehrende I 10 fuhr I 8 in Richtung Frankreich weiter und lief am 4. Juli 1943 in Bordeaux ein. Vier der eingesetzten Boote versenkten neun Schiffe mit insgesamt 53 323 BRT.

Die im Mai/Juni im Nordpazifik operierenden Boote waren insbesondere zu Rückführungsfahrten eingesetzt. So evakuierten die Boote I 2, I 5, I 6, I 7, I 9, I 21, I 24, I 35, I 155, I 157, I 169 und I 171 820 japanische Soldaten von Kiska nach Paramushiro. Bei dieser Aufgabe wurde I 24 am 10. Juni durch den U-Jäger PC 487 mit Wasserbomben versenkt. I 9 wurde am gleichen Tag durch den Zerstörer „Frazier" versenkt, und am 22. Juni griff der Zerstörer „Monaghan" das mit Radar aufgebrachte I 7 an. Es wurde im Artillerieduell versenkt.

Von Mitte Juli bis Mitte August kam es zu einigen weiteren Einsätzen, bei denen die aus Rabaul auslaufenden Boote Erfolge erzielten. So versenkte RO 106 das Landungsschiff LST 342. RO 101, das mehrfach erfolgreich auf Feindfahrt gewesen war, griff am Ende seiner Operation einen kleinen Begleitverband an und wurde am 15. Sept. 1943 durch den US-Zerstörer „Saufley" versenkt.

Zu einem Aufklärungsmarsch in Richtung New Georgia liefen I 11, I 17 und I 19 aus. Die Boote hatten den Auftrag, die Seeaufklärung für einen neuen Verstärkungsversuch zu betreiben. I 11 gelang auf dieser Fahrt am 20. Juli die Torpedierung des australischen Kreuzers „Hobart". Dazu wurde ein Schiff von 7176 BRT torpediert, das sank. I 17 wurde am 19. Aug. vor Espiritu Santo von zwei US-Flugzeugen gesichtet und mit Bomben unter Wasser gedrückt. Die herbeigerufene Korvette „Tui" unter neuseeländischer Führung vernichtete das Boot mit Wasserbomben. I 19 kam noch vor Fidji zum Schuß. Seine zwei Torpedos trafen das anvisierte Schiff voll und versenkten es. Die im August von Truk und Rabaul auslaufende U-Boot-Gruppe erhielt Order, im Gebiet der Neuen Hebriden zu erkunden. Am 23. Aug. klärte das Bordflugzeug von I 25 über Espiritu Santo auf. Das Flugzeug brachte dem Boot die Meldung von einem US-Verband, auf den I 25 zulief, um zum Angriff überzugehen. Doch noch ehe es in Schußposition kam, wurde es durch das Radar des Zerstörers „Patterson" erfaßt und versenkt.

Am 31. Aug. 1943 torpedierte I 20 unter Kptlt. Otsuka einen Tanker von 10 872 BRT. Das Boot wurde in der Nacht zum 2. Okt. durch den Zerstörer „Eaton“ unter LtCdr. Jackson zwischen Choiseul und Kolombangara gestellt. Die ersten Artilleriesalven trafen das Boot voll. I 20 drehte sich herum und sank.

In diesen Sommermonaten 1943 waren im Indischen Ozean I 27 und I 37 erfolgreich. Während I 27 drei Schiffe von 13 669 BRT versenkte, brachte es I 37 bei derselben Anzahl auf 19 950 BRT. I 29 mit weiteren 5463 und I 10 mit 7634 BRT brachten die Bilanz dieser letzten drei Monate auf acht Schiffe mit 46 715 BRT.

Die japanische U-Boot-Waffe hatte in diesem Zeitraum verlustreich gekämpft. Sie konnte die Erfolge des Vorjahres nicht wiederholen. Dennoch bedeutete ihre Anwesenheit in allen Teilen des Pazifiks eine permanente Bedrohung für die US-Kriegs- und Handelsschiffe. Darüber hinaus waren ihre Transportfahrten, was die Gefährlichkeit dieses Einsatzes angeht, weil ja die Routen bekannt waren, die härtesten des gesamten Krieges.

Kehren wir nunmehr zum allgemeinen Seekriegseinsatz des Jahres 1943 im Pazifik zurück.

Die ersten Rückeroberungen

Das Massaker von Lae

Nachdem das Kaiserliche Hauptquartier in Tokio sich dazu entschlossen hatte, Lae und Salamaua auf Neuguinea als westlichsten Schutzpfeiler von Rabaul und den Philippinen unter allen Umständen zu halten, mußte Lae bedeutend verstärkt werden. Nicht zuletzt auch durch die Tatsache, daß die Australier einen Marinestützpunkt in der Milnebucht errichtet hatten und bei Wau – nur 65 Kilometer südwestlich von Lae – einen Flugplatz bauten, wurde eine weitere Verstärkung von Lae notwendig.

Bereits am 19. Jan. 1943 hatten die Japaner zum Schutz von Neuguinea 10 000 Soldaten bei Wewak gelandet und drei Monate später auch die Besatzung auf Hollandia verstärkt. Der japanische Oberbefehlshaber der 18. Armee, die in diesem Raum führte, General Imamura, mußte versuchten, die Bedrohung aus Wau zu beseitigen, weil von dort aus die japanischen Basen Lae und Salamaua gefährdet waren.

Da diese beiden Stützpunkte aber nur von 3500 japanischen Soldaten besetzt waren, mußten hier Truppennachlandungen erfolgen. Man beschloß, ein ganzes Regiment in Stärke von 6900 Mann heranzubringen.

Der Geleitzug bestand aus acht Transportern, die von den acht Zerstörern „Arashio“, „Asagumo“, „Asashio“, „Shikinami“, „Shirayuki“, „Tokitsukaze“, „Yukikaze“ und „Uranami“ gesichert wurden. Am späten Abend des 28. Febr. 1943 lief dieser von KAdm. Kimura geführte Schiffsverband aus Rabaul aus. An Bord der Transporter waren 6900 Mann der 18. japanischen Armee eingeschifft, die unter Führung von GenLt. Adachi nach Lae transportiert werden sollten. Am frühen Morgen des 2. März sichtete eine Aufklärung fliegende Liberator diesen Verband nordostwärts der Dampierstraße. Über Funk wurde eine Staffel von zwölf Fliegenden Festungen herangerufen, die zwei Stunden später erschien. Doch sie erzielten keine Erfolge. Am selben Morgen um 10.15 Uhr erfolgte ein Angriff von 34 Bombern der 5. Heeresflieger-Division, GenLt. Kenney. Zwei Transporter wurden versenkt und ein dritter beschädigt. Admiral Kimura befahl „Asagumo“ und „Yukikaze“, die Überlebenden aufzunehmen und sie mit größter Fahrt nach Lae zu bringen. Die Zerstörer schafften es. Sie luden die geretteten 950 Soldaten in der Nacht bei Lae aus und kehrten am frühen Morgen des 3. März zum Verband zurück.

An diesem 3. März wurde der Transporter-Konvoi durch eine Vielzahl von insgesamt 335 US- und Flugzeugen der australischen Luftwaffe angegriffen. Die Flugzeuge der AAF Southpacific unter GenLt. Kenney versenkten in diesem gnadenlosen Einsatz sämtliche japanischen Transporter. Der Bombenhagel war so dicht, daß es einfach unmöglich war, ihm zu entkommen. Die Zerstörer steuerten Zickzackkurse, um immer wieder ihre Vollsalven gegen die anfliegenden Bomber zu schießen. Eine Reihe Flugzeuge stürzte brennend ab oder zerbarst in der Luft, von den eigenen Bombendetonationen auseinandergerissen. Nacheinander wurden die Zerstörer „Arashio“, „Asashio“, „Shirayuki“ und „Tokitsukaze“ gebombt. Brennend, auseinandergerissen sanken sie, und die Transporter, von denen über die Hälfte bereits brannte, wurden nun systematisch zusammengebombt und mit dichtem MG- und Bordkanonenfeuer überschüttet. Auf den Schiffen starben die japanischen Soldaten zu Hunderten, oder sie gingen mit den sinkenden Fahrzeugen unter. Die beiden überlebenden Zerstörer und die von Lae zurückgekehrten zwei Zerstörer retteten nach Abflug der Bomber 2734 Schiffbrüchige.

Dann aber kamen Jagdbomber und stießen tief auf das Wasser herunter. Zum Entsetzen der Japaner auf den Schiffen sahen diese, wie die Jabos die im Wasser schwimmenden Tausende Schiffbrüchigen mit Bordwaffen und kleinen Bomben belegten. Zum Schluß kamen noch Motor-Torpedoboote. Es waren PT 66, PT 67, PT 68, PT 121, PT 128, PT 143, PT 149 und PT 150 unter ihrem Commodore, Lieutenant Commander Atkins, die mit Wasserbomben, welche sie in die Pulks der im Wasser schwimmenden Menschen schleuderten, den Tod säten. Danach eröffneten sie aus allen Maschinenwaffen das Feuer.

Das Meer war übersät von Toten. Etwa 3000 Japaner verloren hier durch einen gnadenlosen Akt ihr Leben. Die Begründung, die dafür gegeben wurde, lautete: „Man mußte verhindern, daß die japanische Armee auf Lae durch an Land schwimmende Schiffbrüchige verstärkt wurde.*

Dies war ein schwerer Schlag für die Nachschuborganisation der Japaner. Mit der Beschießung des Flugplatzes Munda auf Neugeorgia durch die „Cactus Striking Force“ und der Beschießung des zweiten Flugplatzes Vila, zu der die Task Force 68 unter KAdm. Merrill mit den Kreuzern „Montpelier“, „Cleveland“, „Denver“ und drei Zerstörern in den Kula-Golf eindrang, wurden diese empfindlichen Nadelstiche gegen die japanischen Stützpunkte im Pazifik fortgesetzt. Die Task Force 68 stieß dabei auf

* (Kapitänleutnant Eck wurde wegen der Ermordung von Schiffbrüchigen anläßlich der Versenkung von Wrackteilen, auf denen sich Schiffbrüchige befunden hatten, am 30. Nov. 1945 nach einem britischen Militärgerichtsurteil erschossen.)

die beiden japanischen Zerstörer „Murasame“ und „Minegumo“, die gerade einen Nachschubtransport durchführten. Die Kreuzer schossen die beiden Zerstörer zusammen und versenkten sie. Vila wurde am 16. März 1943 ein weiteres Mal durch die Zerstörer-Flottille unter LtCdr. McInerney beschossen.

Die Seeschlacht bei den Komandorski-Inseln

Mit der Seeschlacht bei den Komandorski-Inseln begann am 30. März 1943 die einzige Tagschlacht nach alter Seekriegsführung im Pazifik. Nachdem die US-Funkaufklärung vom Auslaufen eines stark gesicherten Geleitzuges mit Nachschub für Attu Kenntnis hatte, erging der Befehl an KAdm. McMorris, mit seiner Einsatzgruppe anzugreifen. Der Verband, den McMorris führte, bestand aus dem Schweren Kreuzer „Salt Lake City“, dem Leichten Kreuzer „Richmond“ und vier Zerstörern.

Der japanische Konvoi mit zwei großen Transportern und einigen Geleitfahrzeugen wurde durch die Schweren Kreuzer „Maya“ und „Nachi“, auf dem VAdm. Hosogaya eingestiegen war, den Leichten Kreuzern „Tama“ und „Abukuma“ (auf diesem befand sich der KAdm. Mori, der Chef der Zerstörer-Flottille) sowie vier Zerstörern gesichert.

Als die beiden Verbände sich einander auf Schußweite genähert hatten, eröffneten die Amerikaner das Feuer. Im Zentrum dieses Seekampfes stand das Duell der Schweren Kreuzer gegeneinander. „Nachi“ und „Maya“ schossen zunächst auf „Richmond“ und „Salt Lake City“. Um 05.42 Uhr am 30. März 1943 standen sich schließlich „Salt Lake City“ und „Maya“ auf 19 000 m Distanz gegenüber. Sieben Minuten darauf erzielte „Salt Lake City“ einen Treffer auf der Brücke der „Nachi“, und 120 Sekunden später einen weiteren auf dem Torpedorohrsatz. „Maya“ feuerte mit ihren 20-cm-Geschützen und erzielte damit um 06.10 Uhr einen Treffer auf das mittschiffs stehende Katapultflugzeug der „Salt Lake City“. „Nachi“ traf die „Salt Lake City“ mit einer 20-cm-Granate auf dem Achterdeck.

In Verfolgung der Zickzackkurse steuernden US-Seestreitkräfte gelang es „Maya“ um 07.10 Uhr, die „Salt Lake City“ abermals zu treffen. Diese Granate durchschlug alle Decks bis zur Wasserlinie. Dann erhielt dieser US-Kreuzer einen weiteren Treffer von dem Leichten Kreuzer „Abukuma“, der ihren achteren Maschinenraum unter Wasser setzte. Nun legten die Zerstörer eine Nebelwand um die „Salt Lake City“, so daß „Abukuma“ den Gegner nicht mehr sehen konnte. Die während des Gefechtes von beiden Seiten geschossenen Torpedos erreichten ihre Ziele nicht. „Nachi“ hatte im Gefecht einige Treffer erhalten. Der Zerstörer „Bailey“ wurde ebenfalls beschädigt.

Als Admiral Hosogaya nach dreieinhalbstündigem Gefecht gemeldet wurde, daß seine Schiffe nur noch über einen sehr begrenzten Vorrat an Munition verfügten und unmittelbar darauf auch Flugzeuge gemeldet wurden, brach er das Gefecht ab und ließ zur Einsatzbasis zurückkehren.

Verstärkungen der Luftstreitkräfte für Rabaul

Da Raubaul nach wie vor eine entscheidende japanische Basis war und immer deutlicher die amerikanischen Anstrengungen erkennbar wurden, diese abzuschneiden oder zu neutralisieren, wurden Anfang April 1943 unter persönlicher Führung von Admiral Yamamoto durch die japanischen Träger „Zuikaku“, „Hiyo“, „Junyo“ und „Zuiho“ einige Torpedoflugzeuge, 65 Sturzkampfbomber und 95 Jagdflugzeuge nach Rabaul und Buka gebracht. Damit verfügte die dort stationierte 11. japanische Luftflotte wieder über ein beachtliches Potential an Flugzeugen, denn vorhanden waren dort noch immerhin 86 Jagdflugzeuge 72 2-mot. Torpedoflugzeuge und 27 Sturzbomber. Damit verfügten die Japaner über Rabaul wieder über eine Streitmacht, die jeder US-Flotte gefährlich werden konnte, die beispielsweise Guadalcanal anlief.

Der erste Angriff dieser neuen Luftstreitkräfte erfolgte am 7. April, als 67 Torpedo- und Sturzbomber, von 110 Jagdflugzeugen gesichert, die US-Schiffe auf der Reede von Lungga/Guadalcanal und Tulagi angriffen. Trotz der massierten Luftabwehr gelang es, Treffer zu erzielen. Der US-Zerstörer „Aaron Ward“, der Tanker „Kanawha“ und die neuseeländische Korvette „Moa“ sanken, ein Transporter und ein Tanker wurden beschädigt. Gemessen an dem massierten Einsatz, war der Erfolg jedoch nur mäßig.

Die Japaner setzten ihre Luftangriffe fort. Am 11. April wurde die Oro-Bay nahe Buna auf Neuguinea und am nächsten Tag Port Moresby angegriffen. Die Milne-Bay erlebte am 14. April einen schweren Luftangriff. Zwei Transporter sanken hier. Damit hatten sich die japanischen Luftgeschwader sehr unangenehm in Erinnerung gebracht.

Das herausragendste Ereignis des Aprils war aber eine Einzelaktion der Amerikaner. Sie sei im folgenden dargestellt, um aufzuzeigen, welch eminente Wichtigkeit der Tatsache beizumessen war, daß nach wie vor der japanische Geheimcode von den US-Nachrichtenstellen entziffert werden konnte.

Treibjagd auf Admiral Yamamoto

Anfang April 1943 erhielt Admiral Halsey von der Dechiffrierabteilung des Nachrichtendienstes davon Kenntnis, daß der japanische Oberbefehlshaber der Seestreitkräfte, Admiral Yamamoto, eine Inspektionsreise plane. Von Rabaul aus, so wurde an den ausgewerteten Funksprüchen festgestellt, wollte Admiral Yamamoto die Luft- und Marinestützpunkte im Raum Buin auf Bougainville inspizieren. Sein Flugzeug sollte am 18. April über Kaihili eintreffen, wo es landen würde.

In einer geheimen Besprechung zwischen Admiral Nimitz und Admiral Halsey wurde nach Hinzuziehen der Spezialisten ein Angriff auf die Admiralsflugzeuge bejaht, weil „die Tötung des japanischen Oberbefehlshabers zugleich auch eine Schwächung der japanischen Marine“ bedeute. Das Unternehmen, dessen Vorbereitungen und Koordinierung nicht einfach war, wurde eingefädelt. 16 P 38 der 339. Fighter Squadron unter Führung von Major Mitchell starteten rechtzeitig in Guadalcanal und flogen die 500-Kilometer-Distanz nach Bougainville. Sie mußten auf dem Wege dorthin an den Inseln der New Georgia-Gruppe vorbei, auf denen japanische Luftstützpunkte eingerichtet waren. Um der Vielzahl an Gegnern zu entkommen, flogen die P 38 im Tiefstflug nur wenige Meter über der Wasseroberfläche dahin.

Am Morgen des 18. April 1943 tauchten denn auch über dem Südende von Bougainville neun Zero-Jäger der Japaner auf, die zwei Bomber begleiteten, in denen der Admiral mit seinem Stab den Flug unternommen hatte. In dem Augenblick, da diese Flugzeuggruppe zur Landung ansetzte, flitzten die US-Fernjäger im Tiefflug über das Meer kommend, heran. An der Spitze der Gruppe flog Captain G. K. Lanphier. Dieser griff einen der beiden japanischen Bomber an. Aus allen Waffen feuernd, durchsiebte er diesen Bomber, der Sekunden später in Flammen stand und in den Dschungel stürzte. Der zweite Bomber brannte nach den Feuerstößen von Lieutenant T. Barber und stürzte ebenfalls ab. An Bord eines der beiden Bomber hatte sich Admiral Yamamoto befunden. Mit dem Admiral starb auch sein Stabschef, VAdm. Ugaki. Drei der neun Begleitjäger wurden im Furioso des Feuerhagels abgeschossen. Nur eine P 38 ging verloren.

Japan hatte seinen größten Admiral verloren, und dieser Schlag war nur dank der Beherrschung des japanischen Schlüsselcodes möglich gewesen. Der Überfall wurde bis Kriegsende geheimgehalten. Zum Nachfolger von Admiral Yamamoto wurde Admiral Koga ernannt.

Situationsbericht April 1943 –
Der Krieg auf den Nebenschauplätzen

Im April 1943 hatten die Japaner im Gesamtpazifik noch immer eine Vormachtstellung inne. Von den in den ersten Kriegsmonaten eroberten Gebieten hatten sie fast nichts wieder aufgeben müssen, und alle Japaner waren der felsenfesten Überzeugung, daß Japan den Krieg gewinnen mußte. Da Japan inzwischen auch an jene Gebiete herangekommen war, aus denen die benötigten Rohstoffe gewonnen werden konnten, schien die Lage auch von diesem Sektor her nicht mehr so bedrohlich. Das wurde wenigstens im Kaiserlichen Hauptquartier, dem Dai Honei, immer wieder behauptet. Daß die Experten es besser wußten, verstanden sie geschickt zu verbergen, um diese Welle von Optimismus nicht zu brechen, die viele zu Höchstleistungen mitriß.

*

Die Kriegsplanung und Durchführung war nicht erfolgreich genug. Die Masse des japanischen Heeres war immer noch in China gebunden. Der Pazifik war zum Operationsgebiet für die Flotte gemacht worden, ohne daß man die errungenen Stützpunkte auch mit starken Besatzungen zu sichern vermocht hätte. Dieses Vorgehen sollte sich bitter rächen.

Der Zweite Weltkrieg hatte eigentlich bereits am 7. Juli 1937 begonnen, als der Zwischenfall auf der Marco-Polo-Brücke in Peking die japanische Armee in Marsch setzte und die chinesischen Ostprovinzen durch Japan besetzt wurden. In Nanking hatte die japanische Führung unter dem japanischen Günstling Wang Tschiang-Wei eine Satellitenregierung installiert.

Die chinesische Regierung in Tschung-king, mit den beiden Provinzen Setzuan und Yünnan weit vom Meer abgelegen und von diesem nur über zwei Straßen – die Burmastraße und die Haiphong-Straße – zu erreichen, drohte zu ersticken, zumal Indochina nach dem Zusammenbruch Frankreichs zunächst für die Japaner eine leichte Beute zu sein schien. Falls sich die Japaner in Indochina festsetzten, waren sie in der Lage, die Burmastraße zu sperren.

Im Juli 1940 traf dann auch eine japanische Militärmission unter General Issaku Nishihara in Hanoi ein. Nishihara erklärte dem französischen Generalgouverneur Decoux, daß Japan die Stadt Haiphong und die dortige Bahnlinie für militärische Zwecke gegen China benötige. Falls er ablehne, würde Japan in Indochina landen.

General Buhrer, Generalstabschef der französischen Kolonialtruppen, konnte Marschall Pétain davon überzeugen, daß Indochina mit seinen 110 000 Mann Soldaten, die für drei Monate mit Munition versorgt seien, gehalten werden müsse. Generalgouverneur Decoux erhielt entsprechende Weisungen. Er ordnete am 29. Sept. 1940 die Mobilmachung an und ließ den Hafen von Haiphong sperren.

General Nishihara verlegte sich nun auf weiteres Verhandeln. In einem Vertrag wurde die Souveränität Frankreichs über Indochina anerkannt und die Zahl der zulässigen japanischen Truppen in Tonking auf 25 000 Mann begrenzt.

Da aber die japanischen Streitkräfte nichts von diesen in Tokio geführten Verhandlungen erfahren hatten, waren sie am 22. Sept. 1940 bei Dong-Dang und Langsson zum Angriff angetreten. Die hier stehenden Bataillone der französischen Fremdenlegion wurden geschlagen und erlitten 800 Mann Verluste. Unter den Gefallenen befanden sich die Obersten Luvet und Louat.

Ein Befehl des Tenno beendete diese Kämpfe. Aber die japanische Besatzungstruppe blieb bis 1945 in Indochina.

Krieg im burmesischen Dschungel

Die zweite Front, die im Zweikampf der Giganten im pazifischen Raum ebenso wie China eine unbedeutende Rolle spielte, war Burma.

Die Armee des japanischen Generals Iida war am 16. Jan. 1942 an der Küste Burmas gelandet und nach einem Marsch durch eine wahre Hölle konnte am 7. März 1942 Rangun, die Hauptstadt des Landes, in Besitz genommen werden. Die zahlenmäßig schwache 15. Armee hatte es geschafft, im Vorstoß durch den für unbegehbar gehaltenen Urwald bei glühender Hitze und strömendem Regen die britischen Truppen zu umgehen und einzukesseln. Damit war die Vorstoßstraße in das Gebiet von Tschiang Kai-schek durchbrochen. Die britischen Truppen mußten sich auf Assam zurückziehen.

Als sich schließlich die japanische Flotte nach großen Erfolgen aus dem Golf von Bengalen zurückzog, wurde die Position von General Iida wieder geschwächt. Der von ihm geplante Vorstoß nach Indien hatte nur Aussicht auf Erfolg, wenn angemessene Luft- und Seestreitkräfte zur Verfügung gestanden hätten.

Um genügend Nachschub an diese Front zu bekommen, ließ der japanische Generalstab durch Kriegsgefangene eine Bahnlinie von Burma nach Siam durch den Dschungel bauen. Von über See nach Siam herangeschafften Versorgungs-Geleitzügen sollte der Nachschub auf die Bahn umgestaut und nach Burma geschafft werden. Dieser Kampf gegen den Urwald war eine Sisyphusarbeit, die nie beendet wurde und Tausende europäische Kriegsgefangene das Leben kosteten.

Durch die Unruhen in Indien wurden dort 47 britische Bataillone gebunden, die an der Burmafront dringend benötigt wurden. Assam sollte nun durch General Wavell verteidigt werden. Sein Hauptquartier lag bei Imphal, wo sein XV. AK stand. An der Küste war Chittagong der Ausgangspunkt für die Operationen des Burma-Armeekorps.

Von den Nagarabergen bis in die sumpfigen Mangrovenwälder vor der Küste fiel das Gelände von 4000 Meter bis auf Meereshöhe ab. In den überschwemmten Reisfeldern wimmelte es von Milliarden Blutegeln, von denen die kleinen schwarzen ebenso gefährlich waren wie die großen grünen und gelben, die man Elefantenblutegel nannte. Tausendfüßler, Zecken und Ringwürmer kamen in der trockenen Jahreszeit hinzu.

General Wavells Truppen traten zu einer Offensive an und gewannen das Küstengebiet von Arakan zurück. Die 14. indische Division unter GenMaj. Lloyd, die in der vom Monsunregen überschwemmten Ebene kämpfen mußte, blieb fast im Schlamm stecken. Das ganze Jahr 1942 verging, ohne daß es gelungen wäre, die Küstenortschaft Akyab und den dortigen japanischen Luftstützpunkt zu erreichen.

Die Lage in China

In China hatte sich 1942 die Lage derart zugespitzt, daß es fast so aussah, als wolle sich Nationalchina aus dem Bündnis mit den USA lösen, als die Verbindungslinie zu General Tschiang Kai-schek unterbrochen wurde und kein Nachschub mehr eintraf. Man mußte eine Luftbrücke errichten, die über den Himalaja führte.

Von dem letzten indischen Flugplatz vor der Grenze, von Dinjan aus, mußten die Transportflugzeuge des Typs C 47 Dakota und C 53 Skymaster die bis zu 6000 m hohen Pässe überwinden, um in Kunming und Tschungking zu landen. Diese Luftbrücke funktionierte trotz hoher Opfer, und damit blieb China im Krieg und erhielt laufend größer werdende Kontingente an Nachschub.

Beide Seiten hatten ein großes Interesse daran, Burma zu besitzen. Die Alliierten benötigten dieses Land, um ihre Landverbindungen zu Tschiang Kai-schek wiederherzustellen. Japan wiederum konnte einmal Burma als Verteidigungsflanke benutzen oder aber zum anderen als Angriffsbasis, die es ermöglichte, nach Indien einzudringen, was dort mit Sicherheit einen Aufstand gegen England hervorgerufen haben würde.

Mit Generalleutnant Mutaguchi übernahm ein besonders dazu prädestinierter japanischer General die Führung in Burma, der die Möglichkeit einer zweiten strategischen Alternative verstärkt betrieb.

Die Ereignisse in Indien bekräftigten ihn in seiner Auffassung, zumal Subhas Chandra Bose, der als ungekrönter König von Bengalen bezeichnete indische Nationalistenführer, der eine indische Nationalarmee aufbauen wollte, in einem U-Boot aus Deutschland nach Singapur zurückgekehrt war und dort die provisorische Regierung des Freien Indien installiert hatte.

In mehreren Gesprächen wurde der Plan gefaßt, daß Bose mit seiner Nationalarmee unmittelbar nach dem Eindringen der Japaner in Assam dorthin aufbrechen sollte, um einen Aufruf zur Freiheit an die 400 Millionen Inder zu richten.

Für die bevorstehende Assam-Offensive waren General Mutaguchi vom großen Generalstab drei Divisionen zur Verfügung gestellt worden. Damit verfügte er in der 15. Armee über insgesamt acht Divisionen.

Der Kriegsschauplatz Südostasien stand bei den Alliierten seit der Konferenz von Quebec unter dem Befehl von Admiral Lord Louis Mountbatten. Ihm standen als Erdtruppen die 14. britische Armee, GenLt. Slim und die dort stationierten Kampffliegerverbände zur Verfügung. Die Luftbrücke über den Himalaja jedoch war Sache der Amerikaner. Die 14. USAAF führte den Luftkrieg. Unter dem Kommando von GenMaj. Chennault standen in dieser Luftarmee auch chinesische Staffeln. Marschall Tschiang Kai-schek wurde GenLt. Stilwell mit einem Stab als Generalstabschef zur Verfügung gestellt.

Alle Kommandeure im burmesisch-chinesischen Raum waren einander verfeindet, was nicht unbedingt zur guten und optimalen Zusammenarbeit beitrug. Das ganze Jahr 1943 verging in kleinen Operationen. Erst das Jahr 1944 sollte neue Großoffensiven an dieser Front bringen.

Wenden wir uns nach dieser Zwischeneinblendung nunmehr wieder dem Pazifik-Kriegsschauplatz zu.

Neue Planungen auf beiden Seiten

Durch die im vorigen Abschnitt in ihren Umrissen dargestellte Bindung japanischer Infanterietruppen in Burma und China, die auf dem weiträumigen pazifischen Kriegsschauplatz fehlten, war es den Japanern nicht möglich, ihre geplanten Operationen und Invasionen, z. B. gegen Australien, durchzuführen. Auch die übrigen Vorbereitungen, die sich zu einer Reihe geplanter Landungsoperationen verdichtet hatten, waren durch den

Oben: *Japanische Torpedobomber kommen tief über dem Wasser heran, um US-Schiffe anzugreifen. Rund um die Angreifer explodieren Flakgranaten (November 1942).*

Unten: *US-Torpedobomber nahe Guadalcanal, im Hintergrund ein brennendes japanisches Schiff.*

Oben: *Ein Zerstörer der Benham-Klasse läuft Juli 1942 unter Vollmond dahin.*

Unten: *HMS ›Canberra‹ brennt nach einem Nachteinsatz gegen Tulagi am 10. 8. 1942. Das Foto entstand in der Morgendämmerung.*

Mangel an Truppen immer wieder hinausgeschoben worden. Dies brachte die USA in einen Vorteil, den man sofort auszunützen begann. Es wurden nun auf alliierter Seite alle Anstrengungen unternommen, die Bedrohung des australischen Festlandes durch Japan abzuwehren. Wenn man, so wurde in den Generalstabsbesprechungen argumentiert, dort anfinge, wo die japanischen Eroberungen und Landungen aufgehört hatten, mußte es möglich sein, diese Linien aufzurollen und das ganze strategische Gelände wieder in eigenen Besitz zu bekommen.

Die erste geplante Rückeroberung, die in dieses Muster paßte, war jene von Guadalcanal, auch wenn sie nicht in dieser Absicht getätigt worden war. Die Rückgewinnung Guadalcanals löste auf alle Fälle eine Reihe weiterer US-Angriffsunternehmen aus, bei denen die Rückeroberung der verlorengegangenen Gebiete in dieser Absicht ablief. Das Ziel der ersten Offensive war Rabaul.

New Britain, die vormalige deutsche Kolonie Neupommern, jene Insel, auf der Rabaul liegt, war zwar wild und unwirtlich und konnte keine Rohstoffe liefern, doch ihre strategische Lage war derart wichtig, daß Japan diesen besonderen Luftstützpunkt bereits am 22. Jan. 1942 erobert hatte. In der Blanchebucht hatte man einen ausgezeichneten Ankergrund für eine große Flotte. Rabaul lag am Schnittpunkt zweier Inselketten und war für beide Seiten *der* strategische Angelpunkt des gesamten südwestlichen Pazifiks. Wenn die Alliierten in den Besitz von Rabaul gelangen sollten, wäre es ihnen möglich, von dort aus jede neue Bedrohung Neukaledoniens und Australiens abzuwehren.

Für die Alliierten würde die Gewinnung von Rabaul bedeuten, daß sie die Barriere des Bismarckarchipels durchbrochen hatten und daß von nun an die freien Wasserflächen beiderseits des Äquators offen vor ihnen lagen. Von Rabaul aus als Basis konnten sie sich von Osten den Philippinen-Inseln und von Westen den Marshall-Inseln nähern. Von Rabaul aus war man weiterhin in der Lage, die Karolinen-Inseln zu erreichen und von dort aus in Richtung Japan vorzustoßen.

Damit war für die US-Generalstäbe aller Wehrmachtteile klar, daß das nächste Ziel Rabaul heißen mußte. Dazu wurde ein Angriff entlang der beiden Inselketten geplant, die sich dort schnitten. Dieser Vorstoß sollte entlang der großen Achse Salomonen-Inseln – Neuirland (das frühere Neumecklenburg) und zum anderen Neuguinea-Neubritannien geführt werden.

Nach dem Fehlschlag der Japaner bei der Landung in Port Moresby und durch den Rückzug von Guadalcanal war es den US-Streitkräften gelungen, den Expansionsdrang der Japaner zu stoppen. Nun wollten sie selbst die Initiative ergreifen.

Im Gebiet um Neuguinea, das zum südwestpazifischen Kriegsschauplatz gehörte, war General MacArthur befehlsführend. Im Salomonengebiet hingegen, das zum südpazifischen Kriegsschauplatz gehörte, hatte der Oberbefehlshaber Pazifik, Admiral Nimitz, die Führung übernommen.

Die Streitkräfte, die General MacArthur unterstanden, setzten sich aus der 7. Flotte unter Admiral Carpenter, einer Luftwaffe mit 1300 Flugzeugen unter dem Befehl von GenLt. Kenney und den Landstreitkräften in Gestalt von drei Armeen, geführt von dem australischen General Blamey, zusammen.

Im südpazifischen Raum standen: Die 3. US-Flotte unter Admiral Halsey, das Luftkommando Südpazifik unter Admiral Fitch, ferner zwei starke Truppenverbände: die US-Army unter General Harmon und das US-Marinecorps unter General Vogel.

Rabaul war japanischerseits das Zentrum des 8. Operationsgebietes (8th Area Army) unter Generalleutnant Hitoshi Imamura. Er verfügte über zwei Armeen: Die 18. Armee unter General Adachi auf Neuguinea und die 17. Armee unter GenLt. Hyakutake auf den Salomonen. Doch diese beiden Armeen hatten nur Armeekorpsstärke, und die 17. Armee war nicht einmal das, denn sie bestand nur noch aus der 6. ID, da das Gros auf Guadalcanal verblutet war. Die 18. Armee hingegen verfügte über drei intakte Divisionen: Die 20., 41. und 51. ID. Alles in allem verfügte General Imamura über etwa 70 000 Mann Bodentruppen. Die Stärke der Alliierten betrug etwa das Fünffache davon.

Ähnlich sah es bei den See- und Luftstreitkräften aus. Japans Luftwaffe war auf etwa 400 Schlachtflugzeuge beziffert. Die Flotte, die dem 8. Operationsgebiet unter Admiral Kusaka zur Verfügung stand, bestand aus einem Kreuzer und acht Zerstörern.

Bevor jedoch die Großoffensive der Alliierten gegen die Salomonen-Inseln anlief, kam es im Mai/Juni 1943 zu einigen kleinen Einsätzen.

Kleineinsätze und die Rückeroberung von Attu

Um die japanischen Nachschubwege nach New Georgia zu unterbinden, wurde vom 7. bis 15. Mai 1943 eine Minenunternehmung gestartet, zu der flankierend ein Vorstoß der Task Force 68 mit drei Kreuzern und vier Zerstörern angesetzt wurde, der in den Vellagolf führte; er hatte das Ziel, die Japaner abzulenken. Während dieser Unternehmung legte der Minenwurfverband in der Blackett-Straße eine Sperre, auf die am 8. Mai eine Zerstörer-Transportgruppe der Japaner lief. Die Zerstörer „Oyashio“, „Kagero“ und „Kuroshio“ gingen verloren. Nur der Zerstörer „Michishio“ entging dem Untergang. Er hatte trotz schwerer Luftangriffe unermüdlich die im Wasser schwimmenden Schiffbrüchigen an Bord genommen und konnte sie heil zurückbringen.

In der Nacht zum 13. Mai lief ein Beschießungsverband unter KAdm. Ainsworth mit den Kreuzern „Helena“, „Honolulu“ und „Nashville“ mit drei Zerstörern nach Munda und beschoß diesen Stützpunkt der Japaner, während zur gleichen Zeit die Zerstörer „Preble“, „Gamble“ und „Breese“ im Kulagolf Minen legten. Diese Sperre wurde erkannt und von den Japanern geräumt.

Am 11. Mai begann auch die Operation „Landcrab“, die Rückeroberung von Attu. Dazu wurde die 7. US-ID unter GenMaj. Brown eingesetzt. Die Gesamtführung der Operation hatte KAdm. Kinkaid. Am 11. Mai landete die Task Force 51, KAdm. Rockwell, mit vier schnellen Transportern als erste Staffel das IR 17 der 7. ID. Vier Zerstörer und eine Reihe kleinerer Einheiten sicherten die Landungen. Die übrigen Einheiten der 7. ID folgten in den nächsten Tagen nach.

Die starke Feuerunterstützung durch die Task Group 51.1, KAdm. Kingman, mit den Schlachtschiffen „Nevada“, „Pennsylvania“, und „Idaho“, dem Geleitträger „Nassau“ als Luftunterstützung sowie acht Zerstörern sowie die beiden großen Deckungsgruppen, die aus den Task Groups 16.6 und 16.7 unter KAdm. McMorris und KAdm. Giffen gebildet waren, taten ein übriges, die Landung selbst zu einem besseren Spaziergang werden zu lassen.

Der Widerstand auf Attu jedoch war trotz der intensiven Beschießung bei der Anlandung hart. Die 2600 japanischen Verteidiger auf Attu, die von Oberst Yamazaki geführt wurden, wehrten sich verbissen. Sie gaben keinen Meter Boden ihrer vorbereiteten Stellungen kampflos preis. In einem wilden Gemetzel wurden die Verteidiger in den nächsten 18 Tagen niedergemacht. Als am 30. Mai 1943 hier die Waffen schwiegen, waren nur noch 28 Japaner da, die sich ergeben konnten.

Operation „Cartwheel“

Unter diesem Codenamen wurde die Rückeroberung der Insel New Georgia in den Zentral-Salomonen geführt. Das japanische U-Boot RO 103, Oblt. Ichimura, hatte am 23. Juni 1943 bei San Cristobal aus einem von Guadalcanal zurückkehrenden US-Konvoi zwei Transporter herausgeschossen. Es sichtete auf dem Rückmarsch am 26. Juni einen Konvoi, den es als Nachschubgeleitzug für Guadalcanal ansprach. Dies war ein Irrtum. Es war die Task Group 36.2 unter KAdm. Merrill mit den Kreuzern

„Montpelier", „Columbia", „Cleveland", „Denver" und fünf Zerstörern, die den Stützpunkt Shortland Harbor auf Süd Bouganinville beschossen, während drei Zerstörer als Minenleger agierten.

Am Morgen des 30. Juni landete die Task Force 31, KAdm. Turner, mit vier als Minensucher eingerichteten Zerstörern und sechs Transportern, gesichert durch acht weitere Zerstörer, die erste Kampfgruppe der 43. ID der US-Army unter GenMaj. Hester auf Rendova.

Zur Sicherung dieser Landungsoperation hatte die South Pacific Air Force unter VAdm. Fitch alles aufgeboten, was fliegen konnte. Die Landungen bei Rendova und an einigen anderen Punkten von New Georgia gelangen reibungslos.

Als Deckungsgruppe gegenüber erwarteten japanischen Angriffen stand die Task Group 36.3, KAdm. de Witt, mit der Trägergruppe unter KAdm. Ramsey mit „Saratoga" und „HMS Victorious", den Flakkreuzern „San Diego" und „San Juan" sowie acht Zerstörer zur Verfügung. Die Schlachtschiffgruppe unter KAdm. Davis mit drei Schlachtschiffen und fünf Zerstörern sowie zwei Task Groups (36.4, KAdm. Hill und 36.5 KAdm. McFall) waren in diesem weiten Seeraum aufgestellt. Außerdem operierten elf U-Boote im Seegebiet zwischen Salomonen- und Bismarck-Inseln.

Die zweite Landung neben der Insel Randova fand am Strand von Zenana statt. Hier mußten sich die Soldaten der 43. ID bei strömendem Regen durch den Schlamm vorwärts kämpfen. Am ersten Tag schafften sie genau 1000 Meter, dann blieben sie ausgepumpt liegen. Am nächsten Tag stießen sie auf die japanischen Stellungen, und eine Zentimeter-Offensive begann, in der die amerikanischen Kampfgruppen in 14 Tagen ganze fünf Kilometer Bodengewinn erzielten, und dies unter schweren Verlusten. Der Vorstoß kam zum Erliegen. Die 25. und 27. ID mußte zusätzlich auf die Insel geworfen werden. Mit dieser weit überlegenen Streitmacht traten die Amerikaner dann zum Angriff auf Munda Point an. Wieder ging es durch dampfenden, undurchdringlichen Dschungel. Riesige Sumpfblasen platzten in der Nacht mit widerlichen Geräuschen auseinander. In der Nacht sah man von allen Seiten das phosphoreszierende Leuchten faulender Baumstämme.

Das Chaos wurde vollständig, als es einigen japanischen Gruppen gelang, in die Stellungen der Amerikaner einzusickern. Von nun an wurde auf alles geschossen und Handgranaten geworfen, was sich regte. So konnte es nicht ausbleiben, daß Amerikaner auf Amerikaner schossen. 336 Soldaten mußten nach wenigen Tagen aus einem einzigen vorn liegenden Regiment wegen Halluzinationen aus dem Kampf genommen und nach Guadalcanal zurückgeschickt werden. Die Japaner lagen in ihren Löchern, von Sumpfpflanzen und Luftwurzeln gedeckt, mitten im beinahe undurchdringlichen Dschungel. Der Angriff kam zum Erliegen.

Admiral Halsey nahm einen Führungswechsel vor. General Griswold wurde zum neuen Befehlshaber dieser Landoperationen ernannt. Weitere Verstärkungen kamen heran, und bald darauf befanden sich die 25., 37. und 43. ID auf der Insel. Zum Angriff auf Munda Point traten schließlich sechs Regimenter an. 15 000 US-Soldaten sollten die verteidigenden 5000 Japaner von der Insel New Georgia vertreiben.

Auch dieser Angriff blieb liegen, und nun wurden im neuen Anlauf fast 50 000 GIs angesetzt. Bulldozer rollten ihnen voraus und schlugen Schneisen in den Dschungel. Flammenwerfergruppen drangen gegen die uneinnehmbaren MG-Löcher vor und brannten sie aus. Die Artillerie wurde verstärkt und hämmerte pausenlos aus allen Rohren in die Gebiete des Dschungels, in denen Feindkräfte erkannt worden waren.

Von der Versorgung abgeschnürt, an Zahl und Bewaffnung hoffnungslos unterlegen, kämpften die Japaner einen vollen Monat lang heldenhaft, bis auch der letzte Widerstand erloschen war.

Am 1. Aug. 1943 ließ GenMaj. Griswold einen Funkspruch an Admiral Halsey absetzen: „Ich habe Munda übernommen und übergebe es Ihnen ganz als Ihr Eigentum.“ Aber ganz so war es nicht: die letzten Verteidiger hatten sich in die grüne Hölle zurückgezogen, soweit sie überlebt hatten, und führten noch wochenlang einen Guerillakrieg, bis auch der letzte Mann getötet war.

Der zweite Operationsarm dieser Zangenbewegung richtete sich gegen Rabaul. Hier begann der Angriff am 30. Juni. Zunächst gelang es den Landungsverbänden, die beiden Inseln Woodlark und Kiriwana kampflos zu besetzen. Von hier aus sollten US-Bomber ihre Angriffe nach dem 480 Kilometer entfernt liegenden Rabaul fliegen und das japanische Hauptverteidigungsgebiet sturmreif bomben. Auf diese Art und Weise wurde auch Rabaul von seinen Verbindungen abgeschnitten. Es kam kein Nachschub mehr durch. Die Männer hungerten. Sie waren vom Fieber geschwächt und lebten von Wurzeln und Baumrinde.

Die geplante Landung bei Lae mußte wegen des schlechten Wetters verschoben werden. Erst am 4. Sept. 1943 landete hier die 9. australische ID ostwärts von Lae. Zur gleichen Zeit sprangen die Fallschirmjäger des FJR 503 im Westen von Lae im breiten Tal des Markhamflusses ab. Beide Verbände stürmten vorwärts. Ihr gemeinsames Ziel war der Kolonialhafen, der zur Ausbeute der Goldfelder von Bololo angelegt worden war. Am 16. September wurde Lae eingenommen. Hier war der japanische Widerstand schwach gewesen. Der erste US-Fallschirmjägereinsatz des Pazifikkrieges war vorüber.

Nach der Aufgabe von Lae versuchten sich die Japaner auf der Insel

Hüon zu halten. Hier stand ihre 51. ID im Kampf gegen die 9. australische ID, die im Lufttransport auf die Insel geschafft worden war, und zog sich langsam über die Gebirgspässe zurück. Der Gegner blieb ihr dicht auf den Fersen, und die nach der Einnahme von Lae wieder eingeschiffte 7. australische ID, die nunmehr ebenfalls auf Hüon gelandet war, kam den Japanern zuvor und erreichte am 2. Okt. Finchhafen.

Die große Wende

Trägerraids und Kreuzerduelle

Um den Vorstoß in Richtung Rabaul fortzusetzen, begann am 1. Nov. 1943 der amerikanische Angriff auf Bougainville. Am 1. Nov. wurden in der Kaiserin-Augusta-Bucht 14 000 Soldaten der 3. Marineinfanteriedivision gelandet. Hinzu kamen eine Spezialeinheit Hundeführer mit 24 Bluthunden, mit deren Hilfe japanische Heckenschützen aufgespürt werden sollten. Diese Hunde waren darauf abgerichtet, jeden Japaner im dichtesten Dschungel zu stellen und anzufallen. Diese Art der Kriegführung war ein Novum im Zweiten Weltkrieg, wenngleich die Rote Armee an einigen Stellen der Ostfront im Winter 1941/42 Minenhunde eingesetzt hatte.

Man wollte zunächst nur einen großen Brückenkopf in eigenen Besitz bringen, um dort einen Luftstützpunkt zu errichten, von dem aus schwere Bomber zur Sturmreifbombung nach Rabaul starten konnten.

Die Landung, die von VAdm. Wilkinson geführt wurde, gelang. Die Japaner, die in einer Stärke von etwa 35 000 Mann zu beiden Seiten der Insel eingesetzt waren, wurden in den folgenden Wochen bis auf den letzten Mann aufgerieben. Im Verlaufe dieser Kämpfe kam es immer wieder zu Luftduellen und Seegefechten.

Admiral Omori, der versuchte, hier seinen Sieg von Savo zu wiederholen, lief mit den Schweren Kreuzern „Myoko" und „Haguro", zwei Leichten Kreuzern und sechs Zerstörern in die Kaiserin-Augusta-Bucht ein. Aber das US-Einsatzgeschwader unter KAdm. Merrill drängte diesen Gegner zurück.

Die beiden letzten großen japanischen Flugzeugträger „Shokaku" und „Zuikaku", die sich im Seegebiet der Karolineninseln befanden, wurden von Admiral Koga, dem Nachfolger Admiral Yamamotos, nicht eingesetzt. Wegen eines so geringen Außenpostens, wie es Bougainville war, wollte der Admiral nicht die letzten Trümpfe aufs Spiel setzen.

Admiral Nimitz hingegen entsandte die neuen Flugzeugträger „Essex", „Bunker Hill" und „Independence" von Rabaul aus zur Bombardierung. Die US-Jagdflieger, die von ihren Startplätzen auf den Russel-Inseln, von Guadalcanal und Port Moresby starteten, griffen alles an, was sich auf See bewegte oder in der Luft war.

Auf Bougainville war es japanischen Verbänden inzwischen gelungen, die US-Truppen in ihrem großen Brückenkopf zu umfassen. Sie erhielten am 7. Nov. 1943 Verstärkung durch eine Gegenlandung auf Kap Torokina. Die Truppen dafür wurden auf Duka, Kueta und Buin abgezogen.

Die US-Truppen wurden im gleichen Zeitraum ebenfalls verstärkt, und zwar ungleich mehr, als dies den Japanern überhaupt möglich war, die von einer Improvisation in die andere verfallen mußten, um die überall aufreißenden Löcher wenigstens notdürftig stopfen zu können. Es kamen nacheinander auf Bougainville an: die 37. ID, die Amerikanische Legion und die 40. ID; schließlich stand das gesamte XIV. AK auf der Insel.

Auf Bougainville erlebten Freund und Feind die Urwaldhölle aus erster Hand. Der Regen ergoß sich in wahren Sturzbächen von den Höhen und schwemmte riesige Schlammlawinen zu Tal. Die Marineinfanteristen mußten, oftmals bis zu den Hüften im Schlamm steckend, nach vorn waten. Wer Bougainville für mehr als acht Wochen erlebte, der war erledigt, ohne daß auch nur ein einziger Schuß gefallen wäre.

Die neue US-Strategie

Die Eroberung der japanischen Außenposten, wie sie in dem vorangegangenen Abschnitt in einigen beispielgebenden Einsätzen dargestellt wurde, war jedoch nicht der einzige US-Plan, der 1943 zur Ausführung kam.

Auf der Konferenz in Casablanca vom 14.–25. Jan. 1943 hatte man auch die Invasion der japanischen Inseln beschlossen. Zwei detaillierte Pläne dazu wurden den Stabschefs vorgelegt. Der Marineplan, der von Admiral Nimitz und seinem Stab entwickelt worden war, sah vor, daß die US-Streitkräfte über den Mittelpazifik durch das Gewirr der Inselwelt Mikronesiens vorgehen sollten. Auf diesen Inseln hatten die Japaner ihre Flugplätze und Stützpunkte angelegt.

Die Navy machte sich stark dafür, diese Inseln nacheinander zu erobern und die japanischen Streitkräfte somit systematisch zu zerschlagen, bis man nahe genug an Japan herangekommen war und das japanische Mutterland von verschiedenen Stützpunkten aus bombardieren konnte.

Das Heer, und hier vor allem General MacArthur, wollte nach der Eroberung von Rabaul über Nordguinea die Molukken und über Mindanao die Philippinen erreichen. Dort sollten einige Inseln zu waffenstarrenden Luftstützpunkten und Armyquartieren ausgebaut und von diesen aus der Krieg gegen das japanische Mutterland geführt werden.

Beide Pläne waren gut und versprachen Erfolg, dennoch schienen die Generalstabschefs dem Vorschlag von Admiral Nimitz den Vorrang geben zu wollen. Der Generalstab erteilte – unter dem Protest von General

MacArthur – Admiral Nimitz den Auftrag, die Gilbert-Inseln zu erobern, und unterstellte ihm dazu das Marinecorps.

Dann aber wurde auch der Plan von General MacArthur weiterverfolgt, und damit liefen alle Angriffe zweigleisig. Die USA waren in der Lage, eine solche doppelte Streitmacht aufzubringen.

Der erste große Trägerraid

Während der vorgenannten Kämpfe erfolgten immer wieder Küsten- und Stützpunktbeschießungen durch die US-Task Groups. Die Task Group 36.1 unter KAdm. Ainsworth wurde auf dem Rückmarsch von der Beschießung Vilas am 5. Juli über Funk benachrichtigt, daß aus Buin ein japanischer Zerstörerverband ausgelaufen sei.

Es waren dies zwei Zerstörergruppen, die Soldaten, Waffen und Gerät nach Vila transportieren sollten, die erste unter Kpt.z.S. Orita und die zweite unter Kpt.z.S. Yamashiro. Die erste Transportgruppe verfügte über drei, die zweite über vier Zerstörer. Hinzu kam eine Unterstützungsgruppe, geführt von KAdm. Akiyama, mit weiteren drei Zerstörern.

KAdm. Ainsworth machte sofort kehrt, um diesen Verband zu suchen. Mit seinen drei Leichten Kreuzern „Helena“, „Honolulu“ und „St. Louis“ sowie vier Zerstörern war er an Feuerkraft dem Gegner überlegen. Allerdings hatten die japanischen Zerstörer eine gefährliche Waffe: ihren 61-cm-Torpedo, und darüber hinaus waren sie im Nachteinsatz ausgebildet. An Bord der beiden Transportgruppen befanden sich 2800 Soldaten für Vila. Die erste Transportgruppe mit den Zerstörern „Hamakaze“, „Mikazuki“ und „Mochizuki“ setzte ihre Truppen unmittelbar nach Mitternacht an Land. Die zweite Gruppe erhielt den Landungsbefehl um 01.43 Uhr. Mit seinen drei Zerstörern lief KAdm. Akiyama auf Nordkurs weiter.

Um 01.36 Uhr des 6. Juli hatten die Radarposten der US-Kreuzer den Gegner gesichtet, der in 20 000 Meter Distanz stand. Wenn KAdm. Ainsworth geglaubt hatte, den Gegner überraschen zu können, sah er sich getäuscht. Auf dem neuen Zerstörer „Niizuki“ war ebenfalls ein Radargerät eingebaut, und dieses hatte den Gegner bereits 30 Minuten vorher gemeldet. Als KAdm. Akiyama kurz nach Entlassung der zweiten Landungsgruppe über die Zahl und Stärke seiner Gegner informiert war, befahl er um 02.00 Uhr allen Transportschiffen, kehrtzumachen und in das Gefecht gegen den Feind einzugreifen, obgleich die Truppen noch nicht ausgeschifft waren.

Inzwischen hatte er auf Backbordkurs drehen lassen, um näher an die US-Schiffe heranzuschließen. Beide Schiffsverbände kamen einander näher. Als die Distanz bereits unter 10 000 m lag, hatten die Amerikaner, die mit ihren Kreuzern über die größere Reichweite und die stärkeren Kaliber verfügten, das Feuer immer noch nicht eröffnet und auch keine Torpedos geschossen.

Die japanischen Zerstörer liefen jetzt zum Torpedoangriff an. Um 01.57 Uhr erfolgten die Befehle zum Torpedoschuß, und fast gleichzeitig damit eröffneten die US-Kreuzer aus ihren 15-cm-Geschützen das Feuer.

Der an der Spitze laufende Zerstörer „Niizuki“ erhielt die ersten Treffer. Dann schlugen von allen drei US-Kreuzern abgeschossene Granatensalven in diesen Zerstörer hinein, der vom Bug bis zum Heck aufgerissen wurde und vier Minuten nach dem ersten Treffer sank.

„Suzukaze“ und „Tanikaze“ hatten als erste binnen einer Minute jeweils alle acht Torpedos geschossen und drehten sofort auf Westkurs, um nicht auf die „Niizuki“ aufzulaufen. Beide hatten aber auch bereits Treffer erhalten, „Suzukaze“ gleich drei, während „Tanikaze“ nur von einem Blindgänger getroffen war. Der Zerstörer „Amagiri“ lief mit AK aus südlicher Richtung auf die US-Zerstörer zu und erhielt in schneller Folge vier Treffer.

KAdm. Ainsworth befahl um 02.03 Uhr einen Kurswechsel. Unmittelbar nach diesem Befehl wurde „Helena“ von einem der Torpedos getroffen. Dieser Aal riß dem Leichten Kreuzer das Vorschiff ab. In den nächsten 120 Sekunden wurde „Helena“ von zwei weiteren Torpedos getroffen. Das Schiff lag sofort bewegungslos auf der See und erhielt starke Schlagseite. Die Männer gingen von Bord, denn binnen kurzer Zeit mußte der schwer getroffene Leichte Kreuzer sinken.

„Honolulu“ und „St. Louis“ kreuzten um 02.21 Uhr den Kurs der zweiten Transportgruppe und eröffneten abermals das Feuer. Alle drei Zerstörer dieser Gruppe wurden getroffen, „Hatsuyuki“ mit drei Treffern am schwersten. Schließlich erhielt „Nagatusuki“ einen Volltreffer; sie folgte der „Satsuki“ und lief fünf Meilen vor Vila auf Grund. Während „Satsuki“ versuchte, das Schwesternboot freizuschleppen, entfernten sich die Verbände von dieser Stelle. Um 04.00 Uhr mußte „Satsuki“ den Versuch aufgeben. Die Besatzung von „Hatsuyuki“ blieb an Bord.

Nachdem „Helena“ gesunken war und die Einheiten einander aus der Sicht verloren hatten, gab KAdm. Ainsworth den Befehl zum Rückmarsch nach Tulagi. Seine beiden Leichten Kreuzer und die Zerstörer „O’Bannon“ und „Jenkins“ traten den Rückmarsch an. Aber die Zerstörer „Radford“ und „Nicholas“ standen noch an der Untergangsstelle der „Helena“, um Schiffbrüchige zu retten. Nur 13 000 Meter von dieser Untergangsstelle entfernt suchte an der Untergangsstelle der „Niizuki“ der Zerstörer „Amagiri“ nach japanischen Überlebenden. Während „Tanikaze“ und „Suzukaze“ nach Buin abliefen, sichteten die beiden rettenden Zerstörer „Nicholas“ und „Amagiri“ einander. Sie gaben ihr Rettungsunternehmen auf und eröffneten erneut das Seegefecht. Zunächst schossen beide Torpedos, dann eröffneten sie aus ihren Geschützen das Feuer. „Amagiri“ wurde getroffen. Der Zerstörer nebelte sich ein und lief ab.

Das Gefecht war nun erst zu Ende. Um 08.30 Uhr verließ die Besatzung der auf Dreck gelaufenen „Nagatsuki“ ihr Schiff, das kurz nach zehn Uhr von Bombern angegriffen und schwer getroffen wurde. Brände brachen aus, Explosionen dröhnten, aber erst am Abend des 6. Juli brach dieser Zerstörer auseinander und sank.

Von den 2800 Mann Verstärkungen für Vila konnten nur etwa 900 an Land gebracht werden. – In der Nacht zum 13. Juli versuchten die Japaner abermals, Truppen bei Vila zu landen. Unter Führung von KAdm. Izaki auf dem Zerstörerführer „Jintsu“ mit fünf Zerstörern als Geleitgruppe wurden vier zu schnellen Transportern umgebaute Zerstörer geleitet, die 1200 Soldaten an Bord hatten.

Auch diesmal war KAdm. Ainsworth mit den Leichten Kreuzern „Leander“ (neuseel.) „St. Louis“, „Honolulu“ und zehn Zerstörern am Gegner. Der Chef der 21. Zerstörer-Flottille, Captain McInerey, hatte sechs und die 12. Zerstörer-Flottille unter Captain Ryan fünf Zerstörer aufgeboten.

Den Kampf eröffnete der Leichte Kreuzer „Jintsu“, der seine Torpedos abfeuerte und dann von allen Kreuzern der Amerikaner mit insgesamt 2630 Schuß zusammengeschossen wurde. Auch die japanischen Zerstörer schossen ihre Torpedos. Der US-Zerstörer „Gwin“ wurde mittschiffs getroffen und sank binnen weniger Minuten. Alle drei US-Kreuzer wurden – teilweise schwer – getroffen. Auch in diesem Duell im Pazifik zeigte sich die Überlegenheit der japanischen Seestreitkräfte im Nachtgefecht.

Trotz aller Anstrengungen waren die Stunden der Japaner im Gebiet um New Georgia gezählt, und mit dem Verlust von Munda war ihre Herrschaft hier beendet.

Doch die Nachschubtransporte gingen vorerst noch weiter. In der Nacht zum 20. Juli brachten drei japanische Zerstörer Nachschub nach Vila, während KAdm. Nishimura mit drei Schweren Kreuzern, einem Leichten Kreuzer und sechs Zerstörern vor dem Vellagolf kreuzte, um die Landungen zu decken.

Dieser Verband wurde am Morgen des 20. Juli von Torpedoflugzeugen und Bombern aus Guadalcanal angegriffen, nachdem er bereits vor Mitternacht von zwei Sunderland-Flugbooten gesichtet worden war. Der Schwere Kreuzer „Kumano“ erhielt um 02.46 Uhr Steuerbord achtern einen Torpedotreffer. Ein zweiter Aal, der ihn mittschiffs an Steuerbord traf, war glücklicherweise ein Blindgänger. Mit leichter Schlagseite gelang es dem Kreuzer, zu entkommen und den Einsatzhafen wieder zu erreichen. Die beiden Zerstörer „Yugure“ und „Kiyonami“ wurden so schwer getroffen, daß sie schnell sanken und 468 Mann mit in die Tiefe nahmen.

In immer neuen kleineren Einsätzen wurde auf beiden Seiten erbittert gekämpft. Bei dem Versuch, Truppen nach den Shortlands in der Bougainvillestraße zu überführen, wurde auch der japanische Seeflugzeugtender „Nisshin“ am 22. Juli versenkt. Die beiden Zerstörer „Ariake“ und „Mikazuki“, die mit Truppen beladen in Richtung Tuluvo auf Neupommern unterwegs waren, liefen am 27. Juli bei Kap Gloucester auf Grund und wurden am 28. Juli durch Flugzeuge der 5. Australian Air Force versenkt.

In der Nacht zum 7. August kam es im Vella-Golf zu einem weiteren Schlagabtausch. Ein US-Zerstörerverband, geführt von Captain Mosbrugger, fing einen für Kolombangara bestimmten japanischen Truppentransport mit vier Zerstörern ab. Diesmal verfügten beide Seiten nur über Zerstörer. Den vier japanischen standen sechs US-Zerstörer gegenüber. Als der japanische Verband eine Stunde vor Mitternacht nordostwärts Vella Lavella stand und kurz darauf auf Südostkurs ging, lag der letzte Zerstörer, die „Shigure“, etwa 1500 m zurück, obgleich mit nur 600 m Abstand gefahren werden sollte. Die Torpedorohre dieses Zerstörers waren nach Backbord geschwenkt, weil die Küste von Vella Lavella an Steuerbord lag und sich zwischen dieser und dem Zerstörer kein Schiff befand.

Es war 15 Minuten vor Mitternacht, als der Ausguck der „Shigure“ mehrere Schiffe sichtete. Es handelte sich um den US-Zerstörerverband, der in zwei Kolonnen auf Nordnordostkurs lief. Doch die „Shigure“ war von den US-Zerstörern bereits vorher gesichtet worden, und „Dunlap“, „Craven“ und „Maury“, die in der Backbordkolonne liefen, hatten drei Minuten vor ihrer Sichtung durch „Shigure“ bereits jeweils acht Torpedos auf die japanischen Zerstörer geschossen. In dem Augenblick, als „Shigura“ ihrerseits alle acht Torpedos abschoß, wurde „Arashi“ bereits getroffen. Der Torpedo schlug in den Maschinenraum ein, der Sekunden später in hellen Flammen stand. Damit war dieser japanische Zerstörer ein gutes Ziel für die US-Zerstörer. Er wurde durch das nun einsetzende Geschützfeuer und dann noch einmal durch einen Torpedo getroffen. Auch der Zerstörer „Kawakaze“ erhielt Torpedotreffer, die das Schiff binnen weniger Minuten noch vor der „Arashi“ sinken ließen.

Eine Minute, nachdem die „Arashi“ um 00.17 Uhr von der Wasseroberfläche verschwunden war, folgte ihr die „Hagikaze“ nach. Damit waren von den vier japanischen Zerstörern drei gesunken. Lediglich „Shigure“

gelang es, die Torpedolaufbahnen auszudampfen. Dieser letzte Zerstörer begann zu nebeln; er drehte im Schutz dieser Deckung um und lief nach Norden ab.

Dies war ein harter Schlag für die Japaner. Insgesamt starben 1210 Soldaten und Besatzungsmitglieder. Nur 310 im Wasser schwimmende Schiffbrüchige konnten von Kolombangara aus gerettet werden. Zum erstenmal hatte ein US-Zerstörerverband gezeigt, daß er auch ein Nachtgefecht erfolgreich zu führen verstand.

*

Nach diesen Schlägen kam die US-Landungsoperation auf Vella Lavella nicht überraschend. Die III. Amphibious Force unter KAdm. Wilkinson überführte auf den schnellen, neuen Transportern „Dent“, „Kilty“, „Stringham“, „Talbot“, „Ward“ und „Waters“ 4600 Mann der 25. US-ID auf die Zentral-Salomonen. Deckung und Feuerunterstützung gaben zwölf Zerstörer. Diese Operation verlief ohne Gefechtsberührung mit dem Gegner, der seinerseits am 17. Aug. mit Leichtern und kleinen Schiffen, die dicht unter Land bleiben konnten, an der Nordküste Verstärkungen landete.

Die Deckungsgruppe dafür wurde von KAdm. Ijuin geführt, dem allerdings nur vier Zerstörer zur Verfügung standen. Um diese Zerstörer zu vernichten, lief Captain Ryan mit seiner aus vier Zerstörern bestehenden Eingreifgruppe dem Gegner entgegen. Es gelang den US-Zerstörern, 31 japanische Torpedos auszudampfen, die aus zu großer Distanz geschossen waren. Im Verfolgungsgefecht wurden zwei japanische Zerstörer leicht beschädigt.

Ein neuer Flugzeugträger-Verband tritt auf

Der neu aufgestellte Trägerverband mit der Bezeichnung US-Fast Carrier Task Force 50 griff mit einer seiner Task Groups unter KAdm. Pownall am 1. Sept. 1943 mit den Trägern „Yorktown“, „Essex“ und „Independance“ Marcus Island an. Als Deckungsgruppe standen ihm ein Schlachtschiff, zwei Kreuzer und einige Zerstörer zur Verfügung. Die von den Trägern startenden Flugzeuge flogen insgesamt 275 Einsätze, bei denen vier Flugzeuge abgeschossen wurden. Ihr Erfolg war gering.

KAdm. Pownall setzte am 18. Sept. seine Operationen fort, diesmal mit den drei anderen Trägern der Force „Belleau Wood“, „Lexington“ und „Princeton“, denen insgesamt 190 Flugzeuge zur Verfügung standen, um

Tarawa – eine der Gilbert-Inseln – auszuschalten. Eine Nacht vorher hatten Bomber der VII. USAAF diese Insel bereits bombardiert. Sie wiederholten am 19. Sept. diesen Angriff. Es wurden zwölf japanische Flugzeuge und zwei Schnellboote vernichtet. Abermals gingen nur vier eigene Flugzeuge verloren.

Eine andere Task Group dieses Verbandes unter KAdm. Montgomery führte mit den Trägern „Essex", „Yorktown", „Lexington", „Cowpens", „Independence" und „Belleau Wood" Angriffe gegen Wake durch. Hier kam es zu einigen Erfolgen bei insgesamt 738 Einsätzen. Aber es gingen auch zwölf Flugzeuge durch Feindeinsatz und weitere 14 durch Unfälle verloren. Die Schlachtschiffe und Kreuzer der Task Force 50 beschossen abermals Wake.

*

Während hier die Trägerangriffe weiterliefen, hatte die VII. Amphibious Force unter KAdm. Barbey 8000 Mann der 9. Australischen ID am 3. Sept. bereits ostwärts Lae auf Neuguinea gelandet. Als japanische Bomber angreifen wollten, wurden sie durch die rechtzeitige Warnung eines der Funkzerstörer von US-Jägern abgefangen.

Nach diesem Einsatz erfolgte der nächste dieser amphibischen Kampfgruppe unter der energischen Führung von KAdm. Barbey vom 22. Sept. bis zum 3. Okt. In mehrfachen Einsätzen wurde die 20. Australische Brigade beiderseits von Finchhafen gelandet. Die an Land gesetzten Truppen konnten in einem kurzen, erbitterten Ansturm die japanischen Verteidiger am 2. Okt. überwinden und Finchhafen erobern.

Gleichzeitig mit diesem Verlust erfolgte der japanische Versuch, mit 100 Landungsbooten und Kleinfahrzeugen nach Kolombangara zu gelangen und die dort unter GenMaj. Sasaki kämpfenden eigenen Truppen vom Nordstrand, wohin sie sich zurückgezogen hatten, zu evakuieren.

Diese Operation wurde von elf Zerstörern und drei U-Booten gedeckt. Trotz der US-Versuche, diese Ablandungen mit insgesamt drei Zerstörer-Kampfgruppen, in denen insgesamt zwölf Zerstörer standen, zu stoppen, gelang es dem tatkräftigen KAdm. Ijuin, 9400 Mann zu evakuieren. Die US-Zerstörer drangen einigemale in die langen Konvois der Kleinfahrzeuge ein und schossen etwa 30 zusammen. Mit diesen Schiffen gingen ungefähr 1000 Japaner unter. Dennoch darf diese Evakuierung als fast hundertprozentig gelungen gelten.

Konteradmiral Ijuin versuchte nunmehr, in der Nacht zum 7. Okt. auch die in Vella Lavella wartenden Truppen zu entsetzen. Mit neun Zerstörern lief er in großer Fahrt dorthin, wurde aber von der US-Luftaufklärung erfaßt und gemeldet. Die US-Führung setzte dagegen zwei Zerstörer-Kampfgruppen ein. Während Captain Walker mit drei Zerstörern von Norden angriff, versuchte Captain Larsen, mit vier Zerstörern von Süden zum Schuß zu kommen.

Unmittelbar vor Vella Lavella stieß Captain Walker auf den Feind. In dem beginnenden Gefecht wurden zunächst von den US-Zerstörern insgesamt 14 Torpedos geschossen. Einer davon traf den Zerstörer „Yugumo". Dieser hatte bereits vorher einen Achterfächer Torpedos geschossen. Einer der Aale traf den US-Zerstörer „Chevalier". Dieser drehte aus dem Kurs, hatte eine Kollision mit „O'Bannon" und sank dann. Zerstörer „Selfridge" eröffnete das Gefecht mit Salven aus den Türmen. Die Zerstörer „Samidare" und „Shigure" beschossen ihn mit Torpedos, von denen einer voll traf und den US-Zerstörer zum Sinken brachte. Danach drehten die Japaner ab, und Captain Walker ließ das noch schwimmende brennende Wrack der „Yugumo" versenken. Dieses Gefecht endete mit einem Erfolg der Japaner.

Im November 1943 war wieder die III. Amphibious Force unter KAdm. Wilkinson im Einsatz; sie landete aus zwölf Transportern 14 321 Soldaten der 3. Marine-Division am Kap Torokina. Diese Landungen, bei denen immerhin eine ganze Division auf dem Spiel stand, wurde von starken Bedeckungs- und Sicherungsstreitkräften geleitet. Das ganze 45. Zerstörer-Geschwader mit elf Zerstörern, einer Reihe Minensucher und andere Kleinfahrzeuge begleitete diesen Verband. Die Task Force 39 unter KAdm. Merrill wurde als Deckungsgruppe eingesetzt. Sie verfügte über die 12. Kreuzer-Division mit vier Kreuzern und das 23. Zerstörer-Geschwader mit acht Zerstörern.

Die Landungen gingen ohne Einbußen vonstatten, und während der Ausschiffungen beschoß die Deckungsgruppe die japanische Luftbasis Buka. Von Rabaul aus versuchten japanische Bomber und Torpedoflugzeuge, den Feindverband zu stellen. Ihre Luftangriffe blieben erfolglos. Nun wurde vom Chef der 8. japanischen Flotte, VAdm. Samejima, alle verfügbaren Einheiten auf diesen Verband angesetzt. Eine neue Seeschlacht stand unmittelbar bevor.

Die Seeschlacht in der Kaiserin Augusta-Bay

Als KAdm. Sentaro Omori am 30. Okt. 1943 mit seinem Konvoi in Rabaul eingelaufen war, mit dem er dem OB der Achten Flotte, VAdm. Samejima, weitere Schiffe, Personal und Versorgungsgüter zugeführt hatte, erhielt er von Admiral Koga in Truk Weisung, mit seinem Verband und einem Verband der Achten Flotte gemeinsam 1000 Mann Truppen in die Kaiserin-Augusta-Bay zu bringen. Diese sollten einen Gegenangriff gegen die dort angelandeten US-Truppen führen, während die Schiffe auf die dort vermuteten US-Transporter angesetzt wurden.

KAdm. Omori und mit ihm die 3. Kreuzer-Division mit den Kreuzern „Myoko" und „Haguro", dem Leichten Kreuzer „Sendai" (an Bord der Zerstörerkommodore KAdm. Ijuin), drei Zerstörern und dem Leichten Kreuzer „Agano" (KAdm. Osugi als Zerstörerkommodore) sowie ebenfalls drei Zerstörern waren in den St.-Georgs-Kanal vorausgelaufen. Als die später fertig werdenden Transporter dort eintrafen, waren diese KAdm. Omori zu langsam. Sie erhielten Weisung, im St.-Georgs-Kanal zurückzubleiben. Er selbst lief mit der Flotte weiter.

Dieser Verband stieß auf die Task Force 39, die soeben Buka beschossen hatte und sich auf dem Rückmarsch befand. Die beiden Streitkräfte hatten sich vor Torokina Point so weit aneinander genähert, daß jeden Augenblick die erste Sichtmeldung erfolgen konnte. KAdm. Omori hatte seinen Verband in drei Kolonnen gegliedert. Die Backbordkolonne führte der Leichte Kreuzer „Sendai" an, gefolgt von seinen Zerstörern. 10 000 m weiter nach Steuerbord herausgesetzt liefen in der Mitte des Gesamtverbandes die beiden Schweren Kreuzer und weitere 4000 m nach Steuerbord herausgesetzt der zweite Zerstörerführer „Agano", gefolgt von seinen drei Zerstörer. Die gesamte Kampfgruppe lief Südostkurs.

Von Süden auf Nordkurs herankommend, liefen die vier Leichten Kreuzer der Task Force 39 in Kiellinie. Diese Kiellinie wurde an Backbord und Steuerbord durch jeweils einen Zerstörer gesichert, denen die übrigen in Kiellinie folgten. Eine erste Aufklärermeldung, die KAdm. Omori erreichte, sprach von drei Schlachtschiffen, vielen Kreuzern und Zerstörern. Der von „Haguro" um 01.25 Uhr gestartete Aufklärer meldete hingegen nur einen Minenleger, einen Kreuzer und drei Zerstörer.

KAdm. Omori ließ nun nacheinander zwei Wendungen auf 180 Grad Gegenkurs ausführen. Nach der zweiten Wendung, die seine drei Kolonnen wieder auf den alten Kurs brachte, waren die Kolonnen jedoch durcheinandergeraten, und die Backbordkolonne stand nur noch 300 m von der mittleren Kolonne entfernt.

Nur drei Minuten darauf sichtete der Ausguck von „Shigure" feindliche Schiffe. KAdm. Omori, dem kein Radar zur Verfügung stand, war von diesem überraschenden Auftauchen verblüfft. Anders die US-Kampfführung, die durch das Radar des Kreuzers „Montpelier" die gegnerischen Schiffe schon geraume Zeit vorher entdeckt hatte.

KAdm. Merrill befahl um 01.31 Uhr den Zerstörerangriff seiner vier Spitzenzerstörer. Acht Minuten darauf wurde auch den übrigen Zerstörern, die in der Nachhut liefen, der Angriff freigegeben. Die erste Zerstörergruppe schoß insgesamt 25 Torpedos. Dann drehte sie ab und schloß wieder zu den Leichten Kreuzern zurück.

Da die Japaner wußten, daß die US-Zerstörer ihre Torpedos geschossen hatten, versuchten alle Schiffe, diesen auszuweichen. Dabei rammten die Zerstörern „Samidare" und „Shiratsuyu" einander, was beide Zerstörer aus dem Gefecht warf.

Der japanische Zerstörerführer „Sendai" und der noch klare Zerstörer „Shigure" schossen um 01.48 und 01.50 Uhr ihre Torpedos, und drei Minuten nach ihrem Torpedofächer eröffneten die vier Leichten US-Kreuzer auf „Sendai" das Feuer. Bereits von den ersten drei Salven der 15-cm-Geschütze der Leichten Kreuzer wurde „Sendai" schwer getroffen und begann zu brennen.

KAdm. Omori auf „Myoko" bekam „Sendai" nun an der Backbordseite in Sicht. Er drehte mit Backbordruder auf Südwestkurs. Der zweite Zerstörerführer, die „Agano", hatte inzwischen mit ihren drei Zerstörern Kurs auf die US-Schiffe genommen. Als diese Gruppe von KAdm. Omori den Befehl zur Formierung des Verbandes erhielt und in Kiellinie mit Hartruder Steuerbord drehte, um diesem Befehl nachzukommen, mußten „Myoko" und „Haguro" mitten durch diese Kiellinie hindurchstoßen. „Myoko" versuchte noch vor dem Zerstörer „Hatsukaze" herzudrehen, kam aber nicht schnell genug herum und riß dem Zerstörer den Bug ab, der sich so fest um den Bug des Schweren Kreuzers wickelte, daß er noch daran hing, als „Myoko" in Rabaul einlief. „Haguro" vermied mit einem gekonnten Rudermanöver einen Zusammenstoß mit „Naganami" und „Wakatsuki".

Wenig später kam es zwischen den beiden Schweren japanischen Kreuzern und den Leichten US-Kreuzern zum Gefecht. Die japanischen Zerstörer schossen nicht weniger als 24 Torpedos. Aber weder sie noch die Granatensalven trafen ihre Ziele.

Als das Gefecht zu Ende war, gelang es dem japanischen U-Boot I 144, 37 Besatzungsmitglieder der gesunkenen „Sendai", unter ihnen auch KAdm. Ijuin, zu retten. Das Gros der Besatzung war mit dem Zerstörerführer untergegangen. Der Zerstörer „Hatsukaze" wurde von US-Zerstörern mit Geschützfeuer versenkt. Die Besatzung konnte bis auf neun Mann gerettet werden.

Damit war der Versuch, die US-Invasion von Bougainville zu stoppen, vereitelt. Auf US-Seite erhielt noch der Zerstörer „Foote" einen Torpedotreffer, konnte aber eingeschleppt werden, KAdm. Omori wurde abgelöst, weil er seinen Auftrag nicht erfüllt hatte.

*

Als US-Liberator-Bomber nördlich des Bismarckarchipels am 4. Nov. die nach Rabaul marschierenden Teile der japanischen 2. Flotte sichteten, in der unter Führung von VAdm. Kurita die Schweren Kreuzer „Takao", „Maya", „Atago", „Suzuya", „Mogami", „Chikuma" und „Chokai", der Leichte Kreuzer „Noshiro" und vier Zerstörer vereinigt waren, die eine Reihe von Troßschiffen sicherten, starteten nach deren Einlaufen in Rabaul von den Trägern „Saratoga" und „Princeton" 22 Stukas, 23 Torpedoflugzeuge und 52 Jäger.

Bomben und Torpedos hagelten auf die Schiffe herunter und in sie hinein. Alle Schweren Kreuzer mit Ausnahme von „Chikuma" und „Suzuya" wurden getroffen und teilweise schwer beschädigt, ebenso die Leichten Kreuzer „Agano" und „Noshiro" sowie der Zerstörer „Wakatsuki". Im Anschluß an diesen erfolgreichen Trägerraid bombardierten 27 Liberator-Bomber, von 67 Lightnings geschützt, Stadt und Hafen Rabaul.

Japanische Zerstörer mit einem Leichten Kreuzer landeten in der Nacht zum 7. Nov. 1943 1175 Mann Verstärkungen bei Kap Torokina und Buka. Eine US-Transportgruppe traf in der Nacht zum 9. Nov. dort ein. Diese Transporter wurden noch in der Nacht von 71 Bombern, Jägern und zweimotorigen Torpedoflugzeugen der auf Rabaul stationierten 11. Japanischen Luftflotte angegriffen. Der Transporter „Präsident Jackson" wurde beschädigt. Ein zweiter japanischer Angriff zielte auf die unter Führung von KAdm. DuBose stehende Deckungsgruppe. Dabei wurde der Zerstörer „Birmingham" durch Bomben und Lufttorpedotreffer schwer beschädigt. Die dritte Nachschubwelle der US-Truppen traf in der Nacht zum 13. Nov. vor Kap Torokina ein. Der Kreuzer „Denver" aus der Deckungsgruppe erhielt beim Angriff einiger japanischer Torpedoflugzeuge einen Torpedotreffer.

Der japanische Trägerverband, der in diesen Wochen im Großraum Bougainville mit insgesamt 173 Trägerflugzeugen angetreten war, verlor in diesen Einsätzen 121 Maschinen. Damit war die japanische Trägerluftwaffe nicht mehr einsatzfähig. Sie hatte eine Reihe Erfolge gemeldet, die jedoch nicht immer zutrafen.

Amerikanische Inseloperationen

Eine Reihe kleinerer Operationen zum Gewinn weiterer Inseln und Stützpunkte auf dem Weg nach Japan erfolgte in den letzten Monaten des Jahres 1943. Sie sollen an dieser Stelle gestreift werden, da eine vollzählige Darstellung den Rahmen dieses Werkes sprengen würde.

Die Operation „Galvanic“ brachte die US-Landung auf den Gilbert-Inseln, bei welcher zur Vorbereitung eine Reihe Trägeroperationen der Task Force 50 mit den Trägern „Yorktown“, „Lexington“, „Cowpens“, den Schlachtschiffen „South Dakota“ und „Washington“ und sechs Zerstörern gegen Makin durchgeführt wurden. Gegen Tawara trat die Task Group 50.3 mit drei Trägern, vier Kreuzern und fünf Zerstörern an, während die Task Group 50.4 unter KAdm. Sherman, Nauru zum Ziel erhielt.

Am 20. Nov. startete die US-Landung auf Makin. Es wurden 6472 Mann der 27. ID unter GenMaj. Smith gelandet. Hier kam es zu schweren Kämpfen mit den japanischen Verteidigern, die dem an Zahl weit überlegenen Gegner drei Tage lang Widerstand leisteten.

Am selben Tage wurden 18 600 Mann der 2. US-Marine-Division bei Betio auf Tarawa gelandet. Diese Landung auf dem flachen Wasser von Betio gestaltete sich für die Landenden verlustreich. Die japanische Abwehr schoß aus allen Waffen. Die Verluste der Amerikaner waren hoch. Als die Ledernacken schließlich Fuß gefaßt hatten und weiter vordrangen, konnten sie bis zum 23. Nov. die Japaner aufreiben. Von den 4500 Soldaten, die KAdm. Shibasaki führte, gerieten nur 17 Japaner und 129 Koreaner in Gefangenschaft. Alle übrigen einschließlich KAdm. Shibasaki, fielen im Kampf.

Auch die US-Verluste waren mit 1009 Toten und 2101 Verwundeten höher als bei anderen Landungsoperationen. Einen großen Anteil am US-Erfolg hatte die Navy, die aus allen verfügbaren Waffen auf die japanischen Stellungen trommelte.

Der Nachfolger von KAdm. Shibasaki ließ am 22. Nov. einen Funkspruch nach Tokio absetzen: „Unsere Waffen sind zerstört. Jeder von uns versucht einen letzten Angriff - - - Möge Japan noch für zehntausend Jahre bestehen!“ (Siehe Toland, John: a.a.O.)

Es dauerte noch vier weitere Tage, ehe das Atoll gänzlich feindfrei war. Dieser Erfolg und jener von Makin waren Admiral Nimitz’ erster langer Schritt auf dem Wege nach Tokio.

Vor den US-Streitkräften lagen noch weitere 32 Inselgruppen mit 867 Atollen und Riffen, verteilt über ein Seegebiet von mehr als 400 000 Quadratmeilen. Als nächster Schritt war die gleichzeitige Eroberung der drei hauptsächlichen Atolle geplant. Diesen Plan betrachtete der Kommandierende General der Marineinfanterie, Holland Smith, nach dem auf Tarawa verspürten Widerstand als zu gefährlich. Admiral Spruance, der Oberbefehlshaber der gesamten Invasionsoperationen, stimmte damit überein, doch Admiral Nimitz, der Oberbefehlshaber im Pazifik, konterte mit einer radikalen Idee, die Spruance und Smith bestürzte. Er schlug vor, die beiden nächsten Ziele einfach zu überspringen und sich auf das dritte zu stürzen. Dies war Kwajalein, das größte Korallenatoll der Welt. Einige hundert Inselchen formten hier eine riesige Lagune, die 66 Meilen lang und 20 Meilen breit ist. Spruance und Smith argumentierten, daß diese Insel im Einsatzbereich der nahe gelegenen japanischen Luftbasen liege, aber Nimitz beharrte auf seinem Plan.

Es blieb dabei, und zunächst wurde Kwajalein in mehreren Einsätzen von Trägerflugzeugen angegriffen und schwer gebombt. Insgesamt fanden 3856 Einsätze der Fast Carrier Task Force 50 gegen Kwajalein allein am 4. Dez. 1943 statt. Sechs Träger starteten ihre Flugzeuge, deren Bomben und Torpedos sechs japanische Transporter versenkten, sowie die Kreuzer „Isuzu" und „Nagara" und drei weitere Transporter teilweise schwer beschädigten. Bei den Luftkämpfen wurden 55 japanische Jäger abgeschossen oder am Boden zerstört. Die US-Verluste beliefen sich auf fünf Flugzeuge. Der Träger „Lexington" wurde bei einem japanischen Angriff zweimotoriger Torpedobomber von einem Lufttorpedo getroffen.

In der Zwischenzeit war auch die VII. Amphibious Force unter KAdm. Barbey wieder einige Male zum Einsatz gekommen, so mit einer Landungsoperation am 14. Nov. 1943 auf Arawe, wo das 112. US-Kavallerieregiment an Land geschafft wurde.

Die nächste Landungsoperation hatte das Cap Gloucester auf Neubritannien zum Ziel. Hier wurde am 26. Dez. auf zehn schnellen Transportern die gesamte 1. Mar.Inf.Div. an Land geschafft.

Die dritte erfolgreiche Landungsoperation fand am 2. Jan. 1944 statt. Diesmal wurden 7200 Mann des 126. RCT der 32. ID unter Brigadegeneral Martin bei Saidor auf Neuguinea an Land gesetzt.

In Sio schnitt man 12 000 Japaner der 18. Armee unter GenLt. Adachi ab. Als die Lage dort für sie aussichtslos wurde, holte I 177 den GenLt. Adachi in der Nacht zum 8. Jan. 1944 ab. Die Truppe unternahm noch einen Durchbruch über Gali nach Medang. Von den US-Truppen verfolgt, von der US-Navy beschossen, gelang dieses Wagnis.

Die Invasionsvorbereitungen zum Sprung auf Kwajalein liefen auf Hochtouren. Die 5. US-Flotte unter VAdm. Spruance hatte sich bestmöglich darauf vorbereitet, und die Task Force 58 unter VAdm. Mitscher, die diesen Angriff unterstützen sollte, war mit vier Task Groups, in denen insgesamt zwölf Träger, acht Schlachtschiffe, sechs Kreuzer und 36 Zerstörer zu einer bisher noch nicht dagewesenen mächtigen Kriegsschiffsformation vereinigt waren, angetreten.

Der Sprung auf die größte Koralleninsel der Erde konnte beginnen.

Der Kampf um die Marshall-Inseln

Operation „Flintlock“

Als die vier Träger-Gruppen der Task Force 58 die vorbereitenden Angriffe gegen die Marshall-Inseln eröffneten, die den Landungsoperationen vorausgingen, verfügten die japanischen Streitkräfte auf diesen Inseln im Zentralpazifik über ganze 100 Flugzeuge.

Die Marshall-Inseln setzen sich aus 32 Inselgruppen mit 867 Riffen und Korallenatollen zusammen, die auf einem Gebiet von mehr als 400 000 Quadratmeilen verstreut liegen.

Bereits am 29. Jan. 1944 begannen die Zerstörungsangriffe der Trägerflugzeuge. Als erstes Atoll war die Insel Roi an der Reihe. Den von den Trägern „Essex“ und „Intrepid“ der Task Group 58.2, KAdm. Montgomery, angreifenden „Hellcat“-Jägern warf sich eine Reihe „Zeke“-Jäger entgegen, von denen sieben abgeschossen wurden. Vier Hellcats bezahlten diesen Angriff mit dem eigenen Abschuß. Dem Jagdschutz des Trägers „Cabot“ gelang es ebenfalls, sechs Feindflugzeuge abzuschießen, die in letzter Minute auf Roi gestartet waren, um dem Bombenhagel zu entkommen.

Zur Task Force 58 unter VAdm. Mitscher gehörten: Task Group 58.1 – KAdm. Reeves mit drei Trägern, drei Schlachtschiffen, einem Kreuzer und neun Zerstörern. Task Group 58.2 – KAdm. Montgomery – mit drei Trägern, drei Schlachtschiffen, einem Kreuzer und zehn Zerstörern. Task Group 58.3 – KAdm. Sherman – mit drei Trägern, zwei Schlachtschiffen, einem Kreuzer und neun Zerstörern. Task Group 58.4 – KAdm. Ginder – mit drei Trägern, drei Kreuzern und acht Zerstörern.

Eine Reihe U-Boote war zur Deckung dieses Unternehmens angesetzt.

Die Gesamtzahl der von allen Maschinen der zwölf Träger geflogenen Einsätze betrug 6232. Dabei wurden nur 22 US-Flugzeuge abgeschossen, 27 weitere gingen durch Unfälle verloren.

Am Abend des 30. Jan. 1944 waren von den 100 auf Roi stationierten japanischen Flugzeugen nur noch 17 einsatzbereit. Die Mehrzahl der Flugzeuge wurde am Boden zerstört. Zum Einsatz gegen Roi war jedoch nur die Task Group 58.2 gekommen. Die übrigen drei Gruppen konzentrierten ihre Anstrengungen auf direkte Unterstützungseinsätze für die Invasionsflotte.

Auf Kwajalein, dem Zentrum der japanischen Marschall-Inselbesatzung, befanden sich 8500 Soldaten, von denen allerdings nur etwa 2200

Mann kämpfende Truppe waren.

Nach dem vorbereitenden Bombardement durch die Task Force 58 erfolgte das Landungsunternehmen der 5. Flotte gegen Kwajalein. VAdm. Spruance hatte die Landungsflotte unter den Befehl von KAdm. Turner gestellt. Die Landungstruppen führte GenMaj. Holland M. Smith.

Auf Roi und Namur landeten die Soldaten der 4. Mar.Inf.Div., während Kwajalein der 7. US-ID vorbehalten blieb. Zum ersten Male wurden in größerem Rahmen einige Hundert Amptraks, LTVs und LTVAs, Fahrzeuge und Zugmaschinen für den Amphibieneinsatz, zum Ansatz gebracht. Sie rollten durch das Wasser an Land und tauchten urplötzlich vor den japanischen Stellungen auf, in denen die Japaner durch das verheerende Begleitfeuer der beiden Feuer-Begleitgruppen 52.8, KAdm. Giffen, und 53.5, KAdm. Oldendorf, sowie durch eingesetzte Flugzeuge in volle Deckung gezwungen worden waren.

Dieser Morgen des 31. Jan. 1944 wurde für die Japaner auf den Marshall-Inseln zu einem hohen Blutopfertag. Die Beschießungen und Bombardierungen dauerten auch während der Landungsoperationen an. Binnen 72 Stunden wurden 8675 japanische Soldaten getötet. Nur 265 Gefangene, zwei Drittel davon koreanische Arbeiter, ergaben sich. Alle übrigen kämpften bis zum letzten Atemzug, eisern entschlossen, eine Niederlage nicht zu überleben.

Die US-Streitkräfte, die sich aus insgesamt 41 446 Soldaten des Heeres und der Marineinfanterie zusammensetzten, verloren lediglich 272 Mann Gefallene und Vermißte.

Von japanischer Seite erfolgte auf diesen fürchterlichen Schlag keine Reaktion. Die Führung der Vereinigten Flotte hielt ihre See- und Luftstreitkräfte im Raume der Karolinen-Inseln zurück.

Truppen von GenMaj. Corlett, die auf Kwajalein gelandet waren, hatten ebenso wie jene von GenMaj. Smith auf Roi nicht gehofft, so unangefochten landen und sich derart reibungslos in den Besitz der Inseln setzen zu können.

KAdm. Akiyama hatte sich und seine Truppen auf Roi und Kwajalein geopfert.

Von den im Norden gelandeten 20 104 US-Soldaten und jenen 21 342 Mann im Süden fielen ganze 372. Es gab 1882 Verwundete. Am 7. Febr. war der letzte japanische Widerstand auf Kwajalein erloschen.

Am 31. Jan. hatte eine weitere US-Task Group ein Bataillon der 27. US-ID auf das nichtbesetzte Atoll Majuro übergesetzt, wo ein US-Flottenstützpunkt errichtet werden sollte.

Damit hatte sich die amerikanische Theorie des Inselspringens in der Praxis bewährt. Von den acht Atollen, die durch die Japaner besetzt worden waren, wurden nur zwei erobert. Die übrigen waren dadurch so isoliert, daß sie keine Gefahr mehr bedeuteten. Lediglich das Eniwetok-Atoll wurde wenig später besetzt.

Das Trägergeschwader 58 richtete auf Majuro als vorgeschobener Basis einen Stützpunkt ein. Als erste liefen die Träger „Essex", „Intrepid" und „Cabot" am 3. Febr. 1944 in ihn ein.

Nach der Inbesitznahme von Kwajalein und der anderen Stützpunkte der Marshall-Inseln waren die Einsatzpläne für die Angriffe der schweren Bomber B 29 gegen das japanische Mutterland der Verwirklichung ein gutes Stück nähergekommen. Allerdings war man zunächst in Washington durch den Einspruch von General MacArthur irritiert, der abermals seine abweichende Meinung über das weitere Vorgehen äußerte und dazu den Oberbefehl über alle Pazifik-Truppen forderte. Er meinte, der richtige Weg, die Japaner in die Knie zu zwingen, sei der Vorstoß über die Philippinen hinweg in Richtung japanisches Mutterland. Er forderte dementsprechend, daß die Pläne zur Eroberung der Marshall- und Gilbert-Inseln aufgegeben werden sollten.

Um diese seine Ansicht durchzusetzen, schickte er seinen Stabschef, GenMaj. Sutherland, nach Washington. In dessen Begleitung befand sich GenLt. Kenney. Zwar gelang es diesen beiden, Admiral Nimitz zu überrumpeln, doch Admiral King fand diese Idee absurd. Er setzte die Weiterführung der soeben in die Tat umgesetzten neuen strategischen Pläne im Pazifik durch. Zunächst mußten alle Kräfte zu diesem Plan zusammengefaßt werden. In der Zwischenzeit sollte die Task Force 58 den Gegner in seinen Stützpunkten suchen und ihn Schlag auf Schlag zermürben.

Am 12. Febr. 1944 gingen die Träger-Kampfgruppen 58.1 bis 58.3 ankerauf. Insgesamt neun Träger, darunter fünf große, hatten 275 Hellcat-Jäger, 167 Stukas und 127 Torpedobomber an Bord. Auf der „Enterprise" befand sich ebenso wie auf der „Intrepid" je ein Schwarm von vier Nachtjägern des Typs F4U-2, während „Yorktown" und „Bunker Hill" jeweils vier F6F-3N Hellcat-Nachtjäger erhalten hatten. Damit verfügten die Kampfgruppen erstmals über mit Radar ausgerüstete Nachtjäger und konnten auf die „Fledermaus-Teams" verzichten, jene behelfsmäßig für die Nachtjagd eingerichteten Tagjäger.

Der erste Angriff der Träger-Kampfgruppen erfolgte am 17. Febr. gegen Truk. Den anfliegenden Verband von 72 Hellcats hatten die Japaner bereits während des Anfluges mit Radar entdeckt. Gegen sie starteten 45 Zeke-Jäger und Schwimmer-Jäger des Typs „Rufe" (A6M-2N). Die anfliegenden US-Flugzeuge erlitten in der beginnenden Luftschlacht nur vier Verluste, während die Verteidiger 30 Maschinen verloren. Japanische

Jäger, die sich aus überhöhten Positionen auf einen Schwarm von drei US-Jägern stürzten, die für die von „Essex“ gestarteten Kampfflugzeuge Höhensicherung flogen, erlebten einen blutigen Zweikampf mit diesen drei Fliegern, die acht feindliche Zeros und Rufes abschossen.

Mittags waren diese Luftkämpfe beendet. Insgesamt wurden über Truk 50 japanische Flugzeuge abgeschossen und etwa 110 am Boden durch Angriffe der Avenger-Flugzeuge mit Bomben zerstört oder schwer beschädigt.

Nachdem die US-Trägerflugzeuge über Truk die absolute Luftherrschaft errungen hatten, eröffneten Stukas und Torpedoflugzeuge den Angriff auf die im Hafen und auf Reede liegenden japanischen Schiffe. Sie versenkten 26 Transportfahrzeuge und vier Kriegsschiffe. Durch Flakabwehr gingen vier der angreifenden Bomber verloren. Im Gegenzug versuchte ein japanischer Eliteverband, bestehend aus zwölf Torpedobombern B5N – Kate –, den US-Flottenverband zu erreichen und zu bomben. Es war bereits nach Sonnenuntergang, als sie nahe genug herangekommen waren. Doch das geballte Flakfeuer der Träger und Deckungsgruppen zwang die Torpedoflugzeuge zum Abdrehen.

Die startenden US-Nachtjäger von der „Yorktown“ konnten die nunmehr auf „Intrepid“ eindrehenden Flugzeuge nicht stoppen. Sie brachen durch den Verteidigungsring und warfen ihre Torpedos. „Intrepid“ wurde schwer getroffen, konnte aber im Geleit von „Cabot“, zwei Kreuzern und vier Zerstörern nach Majuro eingebracht werden.

Am 18. Febr. setzten die übrigen sieben Träger ihre Angriffe fort. Insgesamt 1250 Einsätze wurden geflogen, diesmal gegen Schiffsziele. Der Kreuzer „Naka“ wurde versenkt. Die Zerstörer „Fumitsuki“ und „Oite“, zwei Hilfskreuzer, die U-Boot-Tender „Rio de Janeiro Maru“ und „Heian Maru“, sechs Tanker und 17 Transporter wurden ebenfalls vernichtend getroffen.

Insgesamt konnten 250 japanische Flugzeuge ausgeschaltet werden. Während dieser Angriffe marschierte die Task Group 50.9 rund um Truk herum. Als sie auf den Schulkreuzer „Katori“ mit drei Zerstörern stieß, eröffneten die Amerikaner das Seegefecht. Der Schulkreuzer und die Zerstörer „Maikaze“ und „Tachikaze“ wurden versenkt. Zerstörer „Nowake“ wurde zwar auch getroffen, konnte aber entkommen.

Diese Operation, die unter dem Codenamen „Hailstone“ lief, war damit für die Amerikaner ein voller Erfolg. In den Luftkämpfen zeigten sich die Hellcats den japanischen Zero-Jägern überlegen.

Der 20. Febr. sah den Angriff der Trägerflugzeuge auf Jaluit, Rota und Tinian. Saipan kam noch hinzu. Japanische Jäger und einige Bomber formierten sich zu einem Gegenschlag. Dabei kam es zu einem turbulenten

Luftduell, bei dem 20 Jäger und 37 Sturzkampfflugzeuge der Typen G4M und Judy abgeschossen wurden. Die US-Hellcats verloren insgesamt nur fünf Maschinen. Damit war dieser japanische Angriff blutig abgewiesen worden.

Durch die dauernden Angriffe der ersten beiden Monate des Jahres 1944 war schließlich auch die 2. japanische Träger-Division mit den Trägern „Hiyo" und „Junyo" kampfunfähig geworden, nachdem die 1. Träger-Division bereits im Kampfraum Rabaul außer Gefecht gesetzt worden war. Es kam für die Japaner nun darauf an, ob es gelang, die Trägerflotte wieder kampfbereit zu machen und genügend Nachschub an Flugzeugen, vor allem aber an fliegendem Personal herbeizuschaffen. Die Frage des Pilotennachwuchses erwies sich im Verlauf der Kämpfe immer mehr als schwierigstes Unterfangen.

*

Im südwestlichen Pazifik kam es während dieser Kämpfe ebenfalls zu einigen Operationen, mit denen einmal die Admiralitäts-Inseln – auf ihnen auch Los Negros – besetzt wurden, um dort ebenso wie auf Emirau im Bismarckarchipel Basen für Motor-Torpedoboote und Flugplätze einzurichten. Bis zum 30. März wurden die Admiralitäts-Inseln besetzt.

Der Aufbau der japanischen Trägerflotte

Im März 1944 unternahm die japanische Seite alles, um die zerschlagene Trägerflotte neu aufzubauen. Da der in Bau befindliche gepanzerte Flugzeugträger „Taiho" fertig geworden und einsatzbereit war und die umgebauten Träger „Ryuho", „Chitose" und „Chiyoda" ebenfalls wieder einsatzbereit waren, gelang es der japanischen Führung, drei Träger-Divisionen mit jeweils 2–3 Flugzeugträgern neu zusammenzustellen.

In Singapur war bereits im Februar die Träger-Flugzeuggruppe 601 für die 1. Träger-Division aufgestellt worden. Diese bestand aus den Trägern „Zuikaku", „Shokaku" und „Taiho". Diese Division erhielt Zeke 52 als Jäger, Judys als Stukas und „Jills" als Torpedobomber.

Die Träger-Flugzeuggruppe 653, die für die 2. Träger-Division bestimmt war, erhielt ebenfalls Zeke-52-Jäger, und auch die Träger-Flugzeuggruppe 652 für die 3. Träger-Division wurde mit diesem schnellen Jäger ausgestattet. Allerdings war die Startstrecke, welche die Judy-Torpedobomber benötigten, für die kleinen Träger zu lang. Ein weiteres Hindernis war das Gewicht der Jill-Torpedobomber, das für die Träger „Chitose" und

„Chiyoda“ zu groß war. Dies bedeutete, daß bei der 3. Träger-Division nur der Flugzeugträger „Zuiho“ mit dem neuen Torpedobomber ausgerüstet werden konnte, der die verblüffende Geschwindigkeit von 527 km/h entwickelte. Die beiden übrigen Träger dieser Division mußten wohl oder übel auf die alten und bedeutend langsameren „Kate“-Torpedobomber zurückgreifen.

Die Bomberstaffeln der 2. und 3. Träger-Division erhielten Jagdbomber A6M-2 „Zero 21“. Der Geleit-Flugzeugträgergruppe 652 27 und der Gruppe 653 wurden 45 Maschinen dieses Typs zugeteilt.

Ein großes Handikap war auch diesmal und hier die Pilotenbeschaffung. Es war einfach unmöglich, so vielen Piloten, wie man benötigte, eine vollständige, gute Ausbildung mitzugeben. Die meisten dieser neuen Piloten kamen direkt von den Fliegerschulen; sie hatten nur wenige Ausbildungsflüge hinter sich gebracht und waren noch nie in einem großen Verband geflogen. So gab es Staffeln, in denen lediglich die Staffelkapitäne erfahrene Flieger waren.

Dennoch war man im Kaiserlichen Hauptquartier in Tokio zuversichtlich, diesen neuen Waffengang erfolgreich bestehen zu können.

Vom Bismarckarchipel nach Bougainville

Während am 20. März 1944 die US-Amphibische Gruppe unter Commodore Reifsnider mit Teilen der 4. Mar.Inf.Div. im Südpazifik auf Emirau im Bismarckarchipel landete und gleichzeitig damit auf Bougainville die japanische 6. ID unter GenLt. Hyakutake mit 12 000 Mann die Operation „TA“ gegen den US-Brückenkopf bei Kap Torokina startete, ging die Ausrüstung der japanischen Träger-Divisionen weiter.

Die japanischen Streitkräfte auf Bougainville stießen bei Kap Torokina auf die verstärkte 37. US-ID mit 27 000 Mann. Diese Division hatte sich in gut ausgebauten Stellungen festgesetzt und hielt dem japanischen Angriff stand. Zu ihrer Unterstützung griff die 22. US-Zerstörer-Flottille unter Captain Petersen mit sechs Einheiten in die Landkämpfe ein.

Der japanische Angriff wurde abgewiesen. Die Japaner verloren 5469 Mann, während die Verluste der Amerikaner sich auf nur 263 Mann beliefen.

Die US-Operation „Desecrate“ wurde am 23. März unter dem Kommando von Admiral Spruance mit der Task Force 58, VAdm. Mitscher, geführt. Die Trägerraids hatten bei diesem Unternehmen Palau, Yap und Woleai zum Ziel erhalten. Von den Trägern waren eingesetzt: „Enterprise“, „Belleau Wood“, „Cowpens“. Aus Espiritu Santo und Majuro waren die Träger „Yorktown", „Lexington", „Princeton" und „Langley", einige Schlachtschiffe und Kreuzer hinzugekommen.

Am 25. März wurde der Hauptverband von japanischen Aufklärern aus Truk erfaßt. Am nächsten Tag wurde er südostwärts von Truk gesichtet. Die japanische Flotte verließ in der Erwartung eines US-Trägerraids Palau. Bereits vorher hatte die 2. japanische Flotte und die zur Neuaufstellung bestimmte Träger-Division Palau verlassen und war nach Tawi-Tawi gelaufen. Der Flottenchef, Admiral Koga, stürzte auf dem Flug nach Mindanao am 31. März tödlich ab. Sein Nachfolger wurde Admiral Toyoda.

Die Landungen auf Hollandia

Zur Unterstützung dieser Landungen wurden vom 13. April bis zum 4. Mai 1944 wiederum die Verbände der kampfstarken Task Force 58 unter VAdm. Mitscher herangezogen. Dieses schnelle Trägergeschwader der US-Navy hatte durch die Einsätze gegen Palau weitere Erfahrungen gesammelt. Am 13. April lief die Task Force 58 aus Majuro aus; sie tankte am 19. April nördlich der Admiralitätsinseln.

Insgesamt waren zwölf Träger im Einsatz. Sie sollten die Landungsoperationen an der Küste von Neuguinea unterstützen. Am 21. April begannen die Angriffe. Sie richteten sich zunächst gegen Wake und Sarmi und unterstützten auch die Landung bei Tanahmerah-Bay vom 22. bis 24. April. Die Flugzeuge der 5. USAAF beteiligten sich an den dortigen Kämpfen. Insgesamt 21 Trägerflugzeuge gingen verloren.

Den Landungstruppen stellte sich nur geringer Widerstand entgegen, so daß die Landungen planmäßig durchgeführt wurden. Von hier aus sollte nun der Angriff gegen Truk geführt werden. Auf Truk hatten die Japaner seit Februar ihre Luftwaffe bedeutend verstärkt.

Der Angriff der Task Force 58 gegen Truk begann am 29. April und wurde am 30. fortgesetzt.

Im ersten Büchsenlicht des 29. April 44 stießen 84 Hellcats auf 62 Zeros. Die unerfahrenen japanischen Piloten unterlagen in diesem Luftduell. Von den insgesamt 104 auf Truk stationierten Flugzeugen wurden 59 durch US-Jäger und 34 am Boden vernichtet. 27 US-Jäger gingen in diesen Kämpfen verloren, neun weitere Maschinen machten bei oder vor der Landung auf den Trägern Bauch- und Bruchlandungen.

Die Inselgruppe Satawan südostwärts von Truk wurde von einer aus Kreuzern und Zerstörern zusammengesetzten Kampfgruppe unter KAdm. Oldendorf beschossen. Die Insel Ponape war Zielgebiet der Kampfgruppe unter VAdm. Lee, dem sieben Schlachtschiffe und zehn Zerstörer zur Verfügung standen. Die Luftsicherung erfolgte durch die Task Group 58.1, die am 4. Mai wieder nach Eniwetok einlief, während die Gruppen 58.2 und 58.3 nach Majuro marschierten, um aus der Front gezogen, neu ausgerüstet und überholt zu werden.

Die US-Landungsoperationen „Reckless" und „Persecution"

Diese Operationen gegen Hollandia und Aitape wurden von General MacArthur persönlich geführt, während VAdm. Kinkaid Befehlshaber der 7. US-Flotte war. GenMaj. Eichelberger führte die Truppe des V. US-Korps; die Seeoperationen oblagen der Task Force 77. Zur Landung auf Aitape wurde die 163. RCT-Brigade, BrigGen. Doe, der 41. ID bestimmt. In Tanahmerah-Bay landete die 24. US-ID, GenMaj. Irving, in Humboldt-Bay die 41. US-ID (ohne die Brigade 163), GenMaj. Fuller. Luftunterstützung leisteten die Träger der Task Group 78.1, KAdm. Ragsdale. Die Deckungsgruppe bestand in der Task Force 74, KAdm. Crutchley, mit zwei Kreuzern und vier Zerstörern, während sich die zweite Deckungsgruppe aus der Task Force 75, KAdm. Berkey, mit drei Kreuzern und sechs Zerstörern zusammensetzte. General MacArthur war auf dem Kreuzer „Nashville" eingeschifft.

Die Landungen gelangen gegen nur geringen Widerstand und waren am 28. April abgeschlossen. Starke japanische Truppenverbände wurden ostwärts der Landungsgebiete abgeschnitten.

Verschiedene kleinere Operationen

Bevor der große Schlag gegen Saipan beginnen konnte und alle US-Großverbände der Pazifikflotte voll einsatzbereit waren, wurden einige kleinere Operationen durchgeführt, die zur Ablenkung des Gegners und der Gewinnung einiger Absprungbasen dienten.

Am 17. Mai landete eine amphibische Kampfgruppe, geführt von Captain Noble, mit dem 163. Regiment der 41. ID unter BrigGen. Doe bei Arara und am 18. Mai auf der vorgelagerten Insel Wake, um den dortigen japanischen Flugplatz zu besetzen.

Der Angriff wurde nach einer gewaltigen Beschießung der erkannten Feindstellungen durchgeführt. Während die japanischen Verluste sich auf 759 Mann beliefen, verlor der Angreifer nur 110 Mann.

Die Landung auf der Insel Biak durch die VIII. Amphibious Force unter

KAdm. Fechteler begann am 27. Mai mit der Aussetzung einer Vielzahl kleiner Landungsboote. Die erste Angriffswelle, Teile der 41. ID, GenMaj. Fuller, hatte gegen die hier unter Oberst Kuzume energisch verteidigenden 10 000 Japaner anzutreten. Trotz der starken Feuerunterstützung durch die Flotte erlitten die Landungsverbände schwere Verluste.

Die japanische Verstärkungsoperation „KON“ unter KAdm. Sakonju, zu der am 31. Mai in Zamboanga 1700 Mann auf zwei Kreuzern und drei Zerstörern ankerauf gingen, wurde durch eine Deckungsgruppe aus Tawi-Tawi mit dem Schlachtschiff „Fuso“, zwei Kreuzern und fünf Zerstörern gesichert.

Eine weitere Gruppe mit zwei Minenlegern und einem LST sollte zur gleichen Zeit 800 Soldaten nach Biak bringen. Dieser Verband wurde von der US-Aufklärung erfaßt und kehrte am 3. Juni wieder um, um nicht vernichtet zu werden.

Den zweiten Versuch, mit drei Zerstörern 600 Soldaten nach Biak zu schaffen, erfaßte die US-Luftaufklärung ebenfalls. Die Japaner kehrten nicht um und gaben damit dem Gegner die Gelegenheit, sie mit überlegenen Seestreitkräften anzugreifen. KAdm. Crutchley packte mit seinen zwei Kreuzern und 14 Zerstörern diesen von drei Zerstörern und zwei Kreuzern gesicherten Verband an. Der Zerstörer „Shiratsuyu“ wurde im Gefecht mit US-Zerstörern beschädigt, der Zerstörer „Harusame“ durch US-Bomber versenkt.

Ein dritter japanischer Versuch, mit zwei Transportgruppen, gedeckt durch die Kampfgruppe unter VAdm. Ugaki mit den Schlachtschiffen „Yamato“ und „Musashi“, drei Kreuzern und drei Zerstörern, Verstärkung nach Biak zu schaffen, wurde auf dem Marsch abgebrochen, weil inzwischen die großangelegten US-Marineoperationen gegen die Marianen-Inseln begonnen hatten.

Kampf um die Marianen-Inseln

Die Trägerraids der Task Force 58

Anfang Juni 1944 war die US-Flotte im Pazifik ganz auf das neue Ziel fixiert und einsatzbereit. Es ging darum, die Invasion gegen Saipan vorzubereiten und auszuführen. Dieser Angriff erhielt die Codebezeichnung „Forager".

Vorausgehen sollte diesen Landungsoperationen eine Reihe Trägerraids, die das Ziel hatten, die Operation „Forager" zu unterstützen. Diese Raids wurden durch die Task Force 58 unter VAdm. Mitscher durchgeführt.

Aus ihren Stützpunkten gingen am 6. Juni 1944, dem Tag der alliierten Invasion an der französischen Atlantikküste, sieben Schlachtschiffe, 15 Flugzeugträger, 21 Kreuzer und 66 Zerstörer in See: bis dahin die größte Flottenkonzentration im Pazifik.

In den Vorbereitungskampf einbezogen wurden auch die US-Luftflotten 5 und 11, die von Kwajalein und den Plätzen auf den Admiralitäts-Inseln die japanischen Stützpunkte Pelelieu, Yap, Pulawat und Truk bombardieren und ausschalten sollten. Sieben Große und acht Leichte Flugzeugträger hatten insgesamt 443 Jäger F6F-3, 24 Nachtjäger F6F-3N, drei F4U-2, 174 SB2C-1C, 59 SBD-5 und 192 TBF/TBM Torpedobomber an Bord: alles in allem 895 Flugzeuge.

Geleitschutz wurde von zwei Geleitträgergruppen mit je vier Trägern gestellt. Auf ihnen befanden sich 114 Wildcats (FM-2) und 82 TBM. Im Raume Eniwetok standen weitere fünf Geleitflugzeugträger als Reserveverband bereit. Dieser verfügte über insgesamt 135 Trägerflugzeuge. Er war an und für sich für die Eroberung von Guam bestimmt, konnte notfalls aber auch bei Saipan in den Kampf eingreifen.

Diesem einmaligen Aufmarsch an US-Trägerverbänden konnte die japanische Vereinigte Flotte nur 162 Zeke 52-Jäger, 72 Zero-Jäger, 99 Stukas „Judy 21", 81 Torpedobomber „Jill" und 18 weitere Torpedobomber des Typs „Kate", insgesamt 436 Flugzeuge, entgegensetzen. Die japanischen strategischen Planungen stützten sich für diese Entscheidungsschlacht im Pazifik insbesondere auf den Einsatz landgestützter Luftwaffenverbände.

Der japanischen 1. Luftflotte war es gelungen, die in den Februareinsätzen stark dezimierten Verbände wieder voll aufzufüllen. Sie hatte auf den Marianen 484 und auf den westlichen Karolinen-Inseln 114 Flugzeuge stationiert. Die Angriffe der Trägerverbände sollten aus großer Entfernung gestartet werden. Danach sollten die Flugzeuge zum Auftanken auf den Inselflugplätzen landen und anschließend den Rückflug zu den Trägern antreten.

Dies war eine kritische und, wie sich an mehreren Beispielen erwiesen hatte, gefährliche Konzeption, die zu hohen Verlusten führen konnte. Nicht zuletzt deshalb, weil die US-Luftstreitkräfte infolge ihrer Übermacht sicherlich über den in Frage kommenden Landungsplätzen die absolute Luftherrschaft erringen würden, wie dies bei Rabaul und auch im Kampf um die Marshall-Inseln, bei Truk und Palau der Fall gewesen war. Dennoch hielt die japanische Führung an dieser Konzeption fest.

Nachdem die Task Force 58 mit allen vier Gruppen am 11. Juni 1944 die Angriffsdistanz zu den Marianen-Inseln gewonnen hatte, starteten 211 Hellcats und acht Avenger zum Angriff auf Saipan, Tinian und Guam; dabei sichteten die Maschinen der Task Group 58.4 einen gerade aus Saipan auslaufenden Konvoi und versenkten daraus vier kleinere Kriegsfahrzeuge und zehn Transporter mit insgesamt 30 000 BRT.

Über Guam kam es zum Luftduell. Dort griffen japanische Jäger die Pulks der Task Group 58.1 an. Die Verluste der Angreifer überstiegen mit 30 Flugzeugen diejenigen der Amerikaner um ein Vielfaches.

Der 12. und 13. Juni sah alle Gruppen der Force 58 im vollen Einsatz. Am 15. Juni wurde noch Iwo Jima und Chichi Jima angegriffen und am 17. Juni die Insel Pagan bombardiert.

Insgesamt gingen bei diesen Luftkämpfen gegen die Unterstützungsverbände 150 japanische Flugzeuge verloren. Damit, so meinte man auf seiten der Amerikaner, waren fast alle landgestützten japanischen Flugzeuge verlorengegangen.

Noch während diese Unterstützungsangriffe geflogen wurden, waren zwei große Geleitzüge in Richtung auf das Marianengebiet unterwegs. Es waren die Task Forces 51 und 52. Die Task Force 52 unter VAdm. Turner führte aus Guadalcanal das V. Amphibische Korps unter GenMaj. Smith heran, das aus der 1. Marinebrigade und der 3. Mar.Inf.Div. bestand. Aus Hawaii wurden durch die Task Force 51 die 2. und 4. Mar.Inf.Div und die 7. US-ID in Marsch gesetzt. Insgesamt 77 Transporter, 34 Frachter und 44 LST waren mit Truppen, Munition, Material und Verpflegung bis unter die Lukendeckel vollgepackt. Diese Konvois wurden von 14 Geleitflugzeugträgern, sieben älteren Schlachtschiffen, zwölf Kreuzern, 122 Zerstörern und anderen kleinen Kriegsschiffen gedeckt und geleitet. Die Gesamtzahl aller Einheiten einschließlich der Task Force 58 betrug 664 Schiffe. Auf ihnen wurden 127 531 Soldaten in den Kampfraum transportiert.

Auf den Marianen-Inseln, die von den Japanern unmittelbar nach Pearl

Harbor in mehreren Einzelangriffen in Besitz genommen worden waren, standen starke japanische Truppenverbände. Auf Saipan führte der OB der 31. Armee, GenLt. Hideyoshi Obata, mit der 43. ID unter GenLt. Saito als Kerntruppe. Die Gesamttruppenstärke auf diesem Zentrum des gesamten Archipels betrug einschließlich der Marinestreitkräfte 31 649 Mann.

Auf Guam waren 18 500 Japaner stationiert, auf Tinian 8000. Auf der kleinen Insel Rota befanden sich nur wenige hundert Kämpfer, die den dortigen Stützpunkt funktionsklar hielten.

General Obata warnte über Funk Admiral Nagumo, daß seine Truppe keine Möglichkeit gehabt habe, die Befestigungsanlagen zu verstärken, weil auf Saipan und den anderen Inseln keinerlei Material dazu zur Verfügung gestanden hatte. Sein Schlußwort lautete: „Die Lage ist unerträglich!" Damit war die Entscheidungszeit für die 31 629 Soldaten dieses Kampfbereiches gekommen, von denen 25 469 Mann durch das Heer gestellt wurden.

Am frühen Morgen des 15. Juni 1944 begannen die Landungsoperationen auf Saipan. Beiderseits von Kap Aftena gingen die Ledernacken von GenMaj. Smith an Land, auf dem linken Flügel die Verbände der 2. Mar.Inf.Div. und auf dem rechten die 4. Mar.Inf.Div. Es war genau 08.50 Uhr, als sich die 34 LST mit den Soldaten der 4. Mar.Inf.Div. im Südabschnitt dem Strand näherten. Eine halbe Meile davor klappten die Transportschiffe ihre Rampen herunter, um 719 Schlepper und Amphibienfahrzeuge zu entlassen, die dem Strand entgegenfuhren.

Es galt, eine beherrschende Hügelkette hinter dem Strand, die bis zu 500 m aufragte, zu erreichen und sich nicht auf dem Strand festnageln zu lassen. Sobald man diese Hügel erreichte, konnte die Landung als gelungen angesehen werden.

Diesmal boten nicht die Japaner die größte Schwierigkeit. Vielmehr ließ die vier Meter hohe Brandung an den Riffen den Angriff auseinanderlaufen. Die Amptracks trieben ab, und die Angriffskolonnen, die sich bereits im Wasser sammeln und vereint vorgehen sollten, wurden von der Brandung zerfleddert. Die 2. Mar.Inf.Div. mußte nach Norden ausweichen, als sie vom Kap Aftena heftiges Feuer erhielt. Dabei gerieten die Bataillone auf ihren Landungsstreifen heillos durcheinander. Die 4. Mar.Inf.Div. wiederum erreichte Charan Kanoa rasch und durchstieß diese Ortschaft, ohne sich allerdings noch wesentlich weiter nach Norden und Süden vorschieben zu können. Die Amphibienfahrzeuge blieben vor den japanischen Drahthindernissen liegen. Als sie unter Feuer genommen wurden, mußten die Ledernacken sie verlassen. Sie versuchten, kriechend und in kurzen Sprüngen weiter voranzukommen, und erlitten herbe Verluste. Als

Kampfschwimmer der Marine bei der Ausbildung

Oben: *Gefallene japanische Soldaten am Strand von Tenaru.*

Unten: *Gesunkener japanischer Truppentransporter liegt mit dem Bug auf Dreck.*

Oben: *US-Marineinfanterie geht an Land.*

Unten: *Landungsboote landen Marineinfanterie am Strand von Guadalcanal im August 1942.*

Ein Marinepanzer ist aus dem Transportschiff gehievt, zum Transport auf den Strand von Guadalcanal.

die Sonne dieses 15. Juni 1944 sank, hatten die Angreifer nur etwa die Hälfte des für den ersten Tag geplanten Geländegewinns erzielt.

GenLt. Saito, der in diesem Kampfraum die Führung übernommen hatte, weil General Obata auf Guam von diesen Truppen abgeschnitten war, schickte den ersten Funkspruch nach Tokio: „In der Nacht wird die 31. Armee zum Gegenangriff übergehen und den Feind ins Meer werfen." Es war 02.00 Uhr, als dieser Gegenangriff losbrach. Trompeten schmetterten das Angriffssignal, und als die Verteidiger des Strandstreifens, Soldaten der 2. Mar.Inf.Div., Leuchtkugeln schossen, sahen sie die japanischen Sturmtruppen in dichten Kolonnen anrennen, die Offiziere voraus, ihre Säbel schwingend. Soldaten als Fahnenträger ebenfalls voraus. Das losbrechende dichte US-Artilleriefeuer, mit MG- und Werferfeuer sowie Gewehrsalven warf den Gegner nieder. Der Angriff verpuffte. Mehr als 700 Japaner bezahlten ihn mit ihrem Leben. Bei Tagesanbruch eröffneten alle US-Schiffe das Geschützfeuer auf die erkannten Feindstellungen. Der US-Brückenkopf hatte sich gefestigt. Nunmehr stand die Sache für die Angreifer gut. Aber noch verteidigten die Japaner sich mit ungeheurem Einsatz.

Die Ledernacken drangen jedoch weiter und weiter vor, und bis zum 18. Juni hatten sie Saipan in zwei Hälften geteilt. Der wichtige Flugplatz von Aslito wurde schon am 17. Juni in Besitz genommen; und am 18. Juni war die Bucht der Zauberinnen erreicht. Von hier aus konnte in den nächsten 24 Stunden der südliche Teil der Insel gesäubert werden.

Die inzwischen nachgelandete 27. US-ID unter GenMaj. Ralph Smith wurde von GenMaj. Holland M. Smith zwischen seine beiden Marine-Infanterie-Divisionen eingeschoben. Sie hatte unmittelbar vorher im Death Valley, jener berüchtigten Senke am Fuß des Tapotchauberges, ihren ersten Einsatz gehabt und war schwer angeschlagen worden. GenMaj. Holland M. Smith enthob seinen Namensvetter des Kommandos und setzte GenMaj. Jarman als neuen Kommandeur der 27. ID ein.

Die japanischen Streitkräfte waren bis dahin dermaßen dezimiert worden, daß die meisten Regimenter nur noch Kompaniestärke hatten. Sie hatten alle schweren Waffen verloren und zogen sich, ununterbrochen von Schiffsartillerie beschossen und von Bordflugzeugen gebombt, in den unwirtlichen Teil der Insel und in die Höhlen der Bergflanken zurück. Hier wurden sie durch Flammenwerfergruppen ausgeräuchert, die jede Höhle mit tödlichem Feuer aussprühten, ehe sie weiter vordrangen. Hinzu kam das ununterbrochene Schiffsartilleriefeuer, das von Beobachtungsfliegern geleitet wurde.

Amerikanische Sturmgruppen eroberten die Höhe des Tapotchau. Sie drangen in die heiß umkämpfte Ortschaft Grapan ein, die als kleine

Hauptstadt der Insel galt, und mußten auch hier die japanischen Verteidiger, die sich in den Ruinen festgesetzt hatten, mit Flammenwerfern ausräuchern.

Bis zum 7. Juli ging dieser mörderische Kampf weiter. General Saito erteilte für die Nacht des 8. Juli noch den Befehl zu einem letzten Sturmangriff. Danach schnitt er sich mit seinem Säbel die Pulsadern auf. Sein Ordonnanzoffizier gab dem Sterbenden den Gnadenschuß. Ganz in der Nähe dieses Gefechtsstandes beging auch VAdm. Nagumo, der Held von Pearl Harbor, Harakiri.

Teilweise nur noch im Besitz ihrer Bajonette als einziger Waffe, griffen die Japaner in der Nacht an. Sie stürmten unaufhaltsam durch die Stellungen eines US-Bataillons und überwältigten zwei vorgeschobene Artilleriebatterien. Ganze Kompanien US-Soldaten flüchteten vor diesen entfesselten und besinnungslos vorrennenden, alles niederstechenden Angreifern zum Strand hinunter, sprangen ins Wasser und schwammen um ihr Leben. Dann aber gelang es den US-Panzern und der Artillerie, diesen letzten verzweifelten Todeslauf der Japaner zu stoppen. 4000 Japaner fielen in dieser Nacht. Auf amerikanischer Seite ließen 406 GIs ihr Leben.

Damit war der Kampf auf Saipan entschieden. Er hatte die US-Streitkräfte insgesamt 14 111 Tote, Vermißte und Verwundete gekostet, davon allein 10 437 Mann des Marine Corps. Von den Japanern war nur eine Handvoll Soldaten übriggeblieben.

Inzwischen war aber auch zu Wasser und in der Luft ein Kampf entbrannt, der eine Vorentscheidung des Krieges im Pazifik bringen sollte.

Die Schlacht in der Philippinensee

Am 13. Juni 1944 ging die japanische Flotte von Tawi-Tawi ankerauf. Sie wurde noch am selben Tage von einem US-U-Boot gemeldet. Es war die Erste Einsatzflotte unter VAdm. Ozawa. Zu ihr gehörten:

1. Der Einsatzverband Vorhut unter VAdm. Kurita mit den Leichten Trägern „Zuiho“, „Chitose“ und „Chiyoda“, den Schlachtschiffen „Yamato“, „Musashi“, „Haruna“ und „Kongo“, den Schweren Kreuzern „Atago“, „Chikuma“, „Chokai“, „Kumano“, „Maya“, „Takao“ und „Tone“, dem Leichten Kreuzer „Noshiro“ (als Zerstörerführer) und sieben Zerstörern.

2. A-Verband (Trägergruppe) unter VAdm. Ozawa mit den Schweren Trägern „Taiho“, „Shokaku“ und „Zuikaku“, den Schweren Kreuzern „Myoko“ und „Haguro“ sowie dem Leichten Kreuzer „Yahagi“ (als Zerstörerführer) mit sieben Zerstörern.

3. B-Verband (Trägergruppe) – KAdm. Joshima mit den Leichten Trägern „Hiyo", „Junyo" (umgebaute Träger) und „Ryuho", dem Schlachtschiff „Nagato", dem Schweren Kreuzer „Mogami" und acht Zerstörern, ferner drei Tankern (durch drei Zerstörer gesichert), zwei Tankern (durch zwei Zerstörer gesichert) und 24 U-Booten.

Diesem japanischen Flottenverband stand die 5. US-Flotte unter Admiral Spruance gegenüber. Dieser verfügte über Task Force 58 unter VAdm. Mitscher mit:

1. Task Group 58.1, KAdm. Clark, mit den Schweren Trägern „Hornet" und „Yorktown", den Leichten Trägern „Belleau Wood" und „Bataan", den Schweren Kreuzern „Boston", „Baltimore", Canberra", „Oakland" und neun Zerstörern.

2. Task Group 58.2 unter KAdm. Montgomery mit den Schweren Trägern „Bunker Hill" und „Wasp", den Leichten Trägern „Monterey" und „Cabot", den Leichten Kreuzern „Santa Fe", „Mobile", „Biloxi", „San Juan" und neun Zerstörern.

3. Task Group 58.3 unter KAdm. Reeves mit den Schweren Trägern „Enterprise" und „Lexington", den Leichten Trägern „San Jacinto" und „Princeton", den Leichten Kreuzern „Reno", „Montpelier", „Cleveland", „Birmingham" und 13 Zerstörern.

4. Task Group 58.4 unter KAdm. Harrill mit dem Schweren Träger „Essex", den Leichten Trägern „Langley" und „Cowpens", den Leichten Kreuzern „San Diego", „Vincennes", „Houston", „Miami" und 14 Zerstörern.

5. Schlachtlinie: Task Group 58.7 – VAdm. Lee mit den Schlachtschiffen „Washington", „North Carolina", „Iowa", „New Jersey", „Indiana", „South Dakota", „Alabama", den Kreuzern „Wichita", „Minneapolis", „New Orleans", „San Francisco" und 14 Zerstörern.

Zwei Tage nach dem Inseegehen der japanischen Flotte ließ Admiral Toyoda jenen von Admiral Togo vor der Seeschlacht bei Tsushima geprägten Funkspruch an die Flotte tasten: „Das Schicksal des Reiches steht in dieser Schlacht auf dem Spiel. Es wird erwartet, daß jeder Mann das Äußerste tun wird." Admiral Ozawa ließ diesen Funkspruch an alle Einheiten seiner Flotte übermitteln. Als dieser Verband mit seinen Trägern in die Philippinensee einlief, wurde er ein zweites Mal von einem US-U-Boot gesichtet. Während der kommenden Nacht zum 16. Juni lief der Verband zum Treffpunkt mit der Schlachtschiffgruppe unter Admiral Ugaki.

Admiral Ugakis Streitmacht beölte und hatte am 16. Juni um 16.50 Uhr ihre Begegnung mit Admiral Ozawas Erster Geleitgruppe.

Am Morgen des 17. Juni erhielt Admiral Ozawa den Bericht des B-Dienstes über den Aufmarsch der US-Streitkräfte nahe der Marianen-Inseln. Danach mußten die beiden US-Trägergruppen Chichi Jima und Iwo Jima geteilt angegriffen haben. Ozawa war der Überzeugung, daß sie sich auch am 18. Juni zum Angriff auf Yap und Palau wieder trennen würden. Er sah seine große Chance darin, einen Teil anzugreifen und zu vernichten.

Am Abend des 17. Juni erhielt Admiral Ozawa aus Tokio Nachricht, daß eine feindliche Trägergruppe dabei sei, Guam anzugreifen. Acht Minuten nach Mitternacht des 18. Juni ließ er deshalb an alle Einheiten funken: „Ich melde ergebenst die vom Tenno durch den Chef des Stabes des Kaiserlichen Hauptquartiers übermittelte Weisung des Marinehauptquartiers: ‚Diese Operation hat entscheidende Bedeutung für das Schicksal des Reiches. Es ist zu hoffen, daß die Streitkräfte ihr Letztes geben werden, um ein noch herrlicheres Ergebnis zu erzielen, als es in der Schlacht von Tsushima erzielt wurde.'"

Während Japan in der bevorstehenden Seeschlacht alles in allem über fünf Träger, vier Leichte Gräger, fünf Schlachtschiffe, elf Schwere Kreuzer, zwei Leichte Kreuzer und 28 Zerstörer verfügte, konnten die US-Seestreitkräfte in diesem Seegebiet sieben Große und acht Leichte Träger, sieben Schlachtschiffe, acht Schwere, 13 Leichte Kreuzer und 69 Zerstörer aufbieten. Sie waren also nach Schiffen und Zahl ihrer Soldaten haushoch überlegen, ähnlich wie in Europa.

Japans Trägerwaffe verfügte über insgesamt 473 Flugzeuge. Die US-Marine brachte auf ihren Trägern 956 Flugzeuge zum Einsatz, darunter allein 475 Jäger. Auch hier also das gleiche Bild.

In einer Besprechung zwischen den Admiralen Turner und Spruance auf Turners Flaggschiff bei Saipan wurden die notwendigen Dispositionen getroffen. Man kam überein, daß Admiral Turners Verband mit fünf Schweren und drei Leichten Kreuzern sowie 21 Zerstörern als Verstärkung zur Task Force 58 in Marsch gesetzt werden sollte, in der sieben Schlachtschiffe, drei Kreuzer und fünf Zerstörer standen. Diese Gesamtstreitmacht solle gemeinsam den Strand von Saipan schützen und einen möglichen Flankenangriff der Japaner abblocken.

Alle vier US-Trägergruppen, die den Trägerraid gegen die Marianen- und Vulkan-Inseln durchführen sollten, standen am Morgen des 18. Juni ohne Sicht zueinander im Einsatzgebiet. Sie sollten sich gegen Mittag treffen und mit der geballten Kraft aller Flugzeuge zuschlagen.

Nach dem Rendezvous lief die gesamte Task Force 58 auf Südwestkurs weiter.

Die Vereinigte japanische Flotte befand sich bei Sonnenaufgang des 18.

Juni 600 Seemeilen westlich Saipan und damit noch 400 Seemeilen vom Trägergeschwader 58 entfernt.

Auf Guam gestartete und weitere von den Trägern gestartete Aufklärer der Japaner suchten gemeinsam den Seeraum ab und entdeckten die US-Träger erstmals am frühen Nachmittag.

Der amerikanischen Streitmacht war das Herankommen des Gegners von U-Booten gemeldet worden. Admiral Spruance erwartete den ersten Kampf zum 19. Juni, denn er lief der japanischen Flotte nicht entgegen, sondern blieb stets innerhalb des Bereiches von 100 Seemeilen vor Saipan, aus dem heraus es stets möglich war, die Landungsflotte gegen einen Flankenangriff zu schützen. Damit hatte sich Spruance zu einer klassischen Verteidigungsschlacht entschieden; er konnte die Ausgangslage bestimmen und dem Gegner den ersten Angriff überlassen.

Um 22.00 Uhr erhielt er eine Nachricht von Admiral Nimitz, mit welcher ihm die Standorte der feindlichen Flottenverbände angegeben wurden. Dies war nur möglich, weil Admiral Ozawa die von ihm selbst befohlene Funkstille durchbrochen hatte, um eine maximale Zusammenarbeit mit den landgestützten Flugzeugen zu erreichen. Dieser Funkspruch war aufgefangen und geortet worden. Um 01.50 Uhr am 19. Juni erhielt Spruance abermals eine detaillierte Funkmeldung, diesmal vom U-Boot „Finback", das den Gegner gesichtet hatte.

Die Trägerluftschlacht beginnt

Auch die Gegenseite war nicht untätig geblieben. So hatten japanische Aufklärer am späten Abend des 18. Juni eine neue Sichtmeldung durchgegeben und den Gegner am Morgen des 19. Juni abermals gesichtet und gemeldet.

Es war 05.30 Uhr am 19. Juni, als die vier Trägerkampfgruppen und die Schlachtschiffe der Task Force 58 in Sicht kamen. Die erste japanische Maschine, die angriff, war eine D4Y-Judy aus Guam, die in der Schlacht über der Philippinensee abgeschossen wurde, und zwar von einem Jäger der Jagdstaffel VF-28 des Trägers „Monterey". Dennoch blieben die anderen Fühlunghalter am Feind. Sie erlitten im Laufe des Tages schwere Verluste. Von den insgesamt gestarteten 33 Bordaufklärern wurden 23 abgeschossen, von den in Guam gestarteten Aufklärern etwa zwölf.

Ab 08.00 Uhr starteten von den japanischen Trägern in vier Wellen insgesamt 372 Flugzeuge zum Angriff auf die US-Flotte. Die erste Welle, die von den Trägern der 3. Trägerdivision aufstieg, umfaßte 43 Jagdbomber, sieben Torpedoflugzeuge und 14 schnelle Zeke 52. Der Verband wurde von dem vorgestaffelten Schlachtschiff „Alabama" aus 130 Seemeilen Distanz geortet. Er befand sich zu dieser Zeit noch 150 Seemeilen von den Trägern entfernt. Bei der Ortung hatten bereits 33 von 40 gestarteten Hellcats Kampfberührung mit den Japanern gehabt, die aus Palau gekommen waren. Sie schossen 35 Begleitjäger und fünf Bomber ab. Nach der Sichtmeldung der japanischen Trägerflugzeuge waren 59 Hellcats als Jagdschutz für die Träger in der Luft, 27 weitere Hellcats flogen über dem Operationsziel Guam, um dort startende japanische Flugzeuge abzufangen.

Unmittelbar nach der Meldung über das Nahen des ersten japanischen Trägerverbandes starteten von den US-Trägern weitere Jäger, während die Bomber von den Decks in die Hangars geschafft wurden, um die Flugdecks freizumachen. 140 Hellcats starteten zum Abfangeinsatz, und 30 der in der Luft befindlichen Jäger kehrten zum Auftanken zu den Trägern zurück. Es blieben also etwa 200 US-Jäger in der Luft, die von Meereshöhe bis zu 9000 Metern hoch flogen. Ihr Ziel war es, die erstc Welle der 64 japanischen Angreifer abzufangen, bevor sie zum Bombenwurf kam.

Die Hellcats der „Essex" kamen etwa 70 Seemeilen vor den Trägern mit den Japanern ins Gefecht. Sie stürzten sich aus überhöhten Positionen auf die Zeros. Die japanischen Torpedobomber stießen tief hinunter, wurden aber auch noch 45 Seemeilen vor den Trägern von sechs Hellcats des Trägers „Cowpens" erfaßt. Insgesamt neun dieser Torpedobomber waren so schnell, daß nur eine der Jills abgeschossen werden konnte. Zwei weitere fielen auf dem Anflug aus, aber sechs von ihnen, die bis auf 38 Seemeilen an die Träger herangekommen waren, schwenkten jetzt auf die näher heranstehenden Schlachtschiffe ein. Eine starke Staffel Zeros war ebenfalls durchgebrochen, so daß 20 Maschinen den Flakvorhang der Schlachtschiffe durchstießen.

„South Dakota" wurde von einer 250-Kilo-Bombe getroffen, aber die Schiffsflak schoß nicht weniger als 17 der Angreifer ab. Zwei Torpedobomber erlitten durch Hellcats dieses Schicksal; bei nur drei eigenen Verlusten schossen die Amerikaner in diesem Gesamteinsatz 32 Zeros und acht Zekes ab.

Damit war die erste Angriffswelle der Japaner fast zur Gänze vernichtet. Die zweite Welle, die von der 1. Trägerdivision gestartet war, wurde ebenfalls bereits 115 Seemeilen vor dem Ziel geortet. Dieser Verband bestand aus 111 Flugzeugen. Den noch in der Luft befindlichen 120 US-Jägern gelang es, diesen Gegner noch 50 bis 60 Seemeilen vor dem Ziel zum Kampf zu stellen.

Die Jagdstaffel VF-15 war zuerst zur Stelle; ihr Kapitän, KKpt. D. McCampbell, schoß allein sechs Feindflugzeuge ab. Die beiden Staffeln

VF-14 von „Wasp“ und VF-16 von „Lexington“ folgten nach. Der Angriffsverband wurde in zwei Teile zersplittert; in turbulenten Luftkämpfen brannten sehr rasch dutzende Maschinen, platzten mehrere in grellroten Flammenrosetten auseinander. 70 japanische Angreifer wurden bei nur vier Hellcat-Verlusten abgeschossen. Das war eine schwere Niederlage dieser Welle. Dennoch flogen unbeirrt durch das wahnwitzige Feuer 20 japanische Flugzeuge auf ihr Ziel zu. Es gelang ihnen, den Flakvorhang zu durchstoßen. Ein Torpedobomber stürzte sich nach Abwurf seines Torpedos auf das Schlachtschiff „Indiana“ und prallte genau auf dessen Gürtelpanzer auf. Sechs Judy 21 griffen die Träger „Wasp“ und „Bunker Hill“ an. Dabei wurde „Wasp“ durch Sprengstücke einer noch in der Luft detonierenden Phosphorbombe leicht beschädigt. Auch „Bunker Hill“ erhielt einen Nahtreffer; der verursachte einen Brand, der aber rasch gelöscht werden konnte. Nur drei der angreifenden Stukas der Japaner entrannen dem Abwehrfeuer der Flak.

Danach erfolgte der Angriff der dritten Gruppe, die von der 2. Trägerdivision gestartet war. Es waren 25 Zeros, sieben Stukas und 15 Zeke 52. Zunächst wurde dieser Verband durch Fehlnavigation in die falsche Richtung geleitet. 20 Flugzeuge verließen schließlich den Verband und wurden auf 90 Seemeilen Distanz von „Hornet“ geortet. Mit 17 Hellcats startete die Staffel VF-1 von „Hornet“ und fing die Jagdbomber noch 40 Seemeilen vor den Zielen ab. Sie schossen sieben Flugzeuge ab. Einige der Überlebenden griffen die „Essex“ an und verfehlten sie um nur 30 Meter.

Eine weitere Welle von der 2. Trägerdivision (die 4. Welle insgesamt), die durch 18 Flugzeuge des Trägers „Zuikaku“ verstärkt worden war, flog zunächst ebenfalls in die falsche Richtung. Die Maschinen des Trägers „Zuikaku“ drehten zum Träger zurück, gerieten mit US-Jägern in einen Luftkampf und verloren drei Maschinen. Die übrigen Flugzeuge der 2. Trägerdivision flogen nach Guam weiter. Einige schwenkten auf Rota ab. Letztere stießen auf die Task Group 58.2. Es gelang diesen 15 Flugzeugen, den Jagdschutz auszutricksen und zum Angriff zu kommen. Die Träger „Wasp“ und „Bunker Hill“ waren ihre Ziele. Sie wurden jedoch von den unerfahrenen japanischen Piloten nicht getroffen. Fünf der angreifenden Stukas D4Y wurden abgeschossen.

Der nach Guam geleitete Verband wiederum wurde durch US-Radarstationen geortet und über dem Flugplatz Orote von 41 Hellcats angegriffen. Von den insgesamt 49 Flugzeugen wurden in einem furiosen Feuerkampf 35 abgeschossen. Der Rest konnte zwar landen, erlitt aber schwere Beschädigungen, die alle Maschinen außer Gefecht setzten.

Während Admiral Ozawa am 20. Juni aus den mitlaufenden Tankern beölen ließ, griffen 216 US-Flugzeuge überraschend seinen Verband an. Es befanden sich nur 35 japanische Jäger als Sicherung in der Luft. Der Angriff schlug durch. Die US-Angreifer versenkten den Träger „Hiyo“ und zwei Tanker und beschädigten die Träger „Zuikaku“ und „Chiyoda“, das Schlachtschiff „Haruna“ und den Kreuzer „Maya“. In den Luftkämpfen gingen 20 US-Flugzeuge verloren, 72 weitere gingen, da teilweise schwer angeschossen, bei Bruchlandungen und Notwasserungen verloren.

In der Nacht zum 21. Juni 1944 gab der OB der Vereinigten Flotte in Tokio, Admiral Toyoda, den Rückmarschbefehl.

Als VAdm. Mitscher vorschlug, den Gegner mit allem, was verfügbar war, zu verfolgen, ihn zu stellen und restlos zu vernichten, lehnte Admiral Spruance diesen richtigen Vorschlag ab.

Die Träger der japanischen Gruppe A wurden durch das U-Boot „Albacore“, Commander Blanchard, angegriffen. Träger „Taiho“ wurde von mehreren Torpedos sehr schwer getroffen. Als dann seine Munition explodierte, sank dieser Schwere Träger. Das U-Boot „Cavalla“ versenkte den Träger „Shokaku“ mit drei Torpedos. Mit den beiden Trägern gingen weitere 22 japanische Trägerflugzeuge verloren.

*

Die amerikanischen Gesamtverluste beliefen sich auf nur 30 Flugzeuge. 17 der abgeschossenen 42 Piloten und Beobachter konnten durch einen eingerichteten U-Boot-Rettungsdienst geborgen werden.

Von den in vier Angriffsoperationen eingesetzten 373 japanischen Flugzeugen und den 33 Aufklärern verlor die Vereinigte Flotte Japans insgesamt 243 Maschinen; 30 kehrten mit z. T. irreparablen Schäden zurück. Die Personalverluste auf japanischer Seite betrugen wieder 400 Mann fliegendes Personal, das nicht mehr ersetzt werden konnte.

Die japanischen Flugzeuge hatten bei ihren Einsätzen mit etwa 50 durchgebrochenen Flugzeugen zwei Flugzeugträger und zwei Schlachtschiffe getroffen. Bei einem Ausbildungsstand von 1942 wären diese Erfolge mit Sicherheit größer ausgefallen.

KAdm. Clark stieß nunmehr mit den Trägern „Hornet“, „Yorktown“, „Bataan“ und „Belleau Wood“ nach Norden vor und erreichte am 24. Juni den Einsatzraum Iwo Jima und Chichi Jima. Hier starteten alle einsatzbereiten Flugzeuge zum Angriff gegen diese japanischen Inselstützpunkte. 66 japanische Flugzeuge wurden vernichtet. Ein japanischer Angriff auf die Trägerflotte konnte abgefangen werden. Die drei übrigen Gruppen der Task Force 58 marschierten nach einer Versorgung auf See nach Eniwetok zurück.

Landungen auf Guam und Tinian

Am 4. Juli 1944 war die Task Force 58 wieder voll einsatzbereit und startete mit zwei ihrer Kampfgruppen einen Raid gegen Iwo Jima und Chichi Jima. Die beiden anderen wandten sich Guam zu. Während eine erste Flugzeugwelle die japanischen Anlagen auf Guam bombardierte, eröffneten die schweren Schiffseinheiten ihr Geschützfeuer. Systematisch wurde der Gegner über zwei Wochen lang zermürbt, während die japanische Luftwaffe nicht in der Lage war, diesen Angriffen etwas entgegenzusetzen, was sie hätte stoppen können.

Am 21. Juli begannen die Landungsoperationen des III. Amphibischen Korps unter GenMaj. Geiger mit der Task Force 53 unter KAdm. Conolly auf Guam. Während die 3. Mar.Inf.Div. unter GenMaj. Turnage westlich Agana landete, erfolgte die Landung der 1. Mar.Brig. und von Teilen der 77. ID unter BrigGen. Shepherd bei Agat. Die Feuer- und Luftunterstützung klappte einwandfrei, so daß die insgesamt zur Landung auf Guam vorgesehenen 54 891 Soldaten sicher an Land gesetzt werden konnten, zumal sich die 29. Jap. ID unter GenLt. Takashima und die 6. Expeditions-KGr. unter GenMaj. Shigemitsu vom Strand zurückgezogen hatten, der unter dichtem Schiffsgeschützfeuer lag.

In den rückwärtigen befestigten Stellungen aber verteidigten sich die japanischen Truppen erbittert. Beide Kommandeure fielen in vorderster Front. Letzter Kommandeur auf Guam wurde GenLt. Obata. Jede einzelne japanische Stellung mußte ausgeräuchert werden. Wieder einmal mehr traten US-Flammenwerfereinheiten in Aktion; ihre Wirkung war verheerend.

Der Kampf war dennoch auch für die US-Truppen sehr verlustreich. 1290 Mann fielen, 145 wurden vermißt und 5648 verwundet. Das war einer der prozentual größten Verluste bei einer Landungsoperation. Auf japanischer Seite waren auch diesmal die Verluste unerhört hoch. Es fielen 10 693 Mann. Nur 98 Gefangene wurden gemacht. Der Rest der Japaner zog sich in den undurchdringlichen Dschungel der Insel zurück, wo sie sich teilweise bis lange nach Kriegsschluß verborgen hielten. Am 10. Aug. war jedoch Guam fest in amerikanischer Hand.

US-Landungsoperationen auf Tinian

Fast gleichzeitig mit den Landungen auf Guam wurde auch Tinian angegriffen. Hier wurde das V. Amphibische Korps unter GenMaj. Smith eingesetzt, das von der Task Force 52 unter KAdm. Hill nach Tinian geschafft wurde. Insgesamt wurden dort 15 614 Soldaten der 2. und 4. Mar.Inf.Div. unter GenMaj. Cates und GenMaj. Watson gelandet.

Die hier stehende 29. Jap. ID unter Oberst Ogata und Teile der 1. Jap. Luftflotte, VAdm. Kakuta, verteidigten sich energisch. Beim Kampf im dichtesten Dschungel verloren die Verteidiger durch das Luftbombardement und Schiffsgeschützfeuerüberfälle einen Großteil ihres Bestandes; 6050 Tote lagen auf dem Gefechtsfeld, als am 1. Aug. Tinian fest in amerikanischer Hand war. Auch hier ergaben sich nur 252 Japaner.

Die Zahl der gefallenen US-Soldaten betrug 389 und zeigte an, daß überwiegend die Luftwaffe und die Schiffsgeschütze diesen Sieg errungen hatten. Dennoch wurden in den Dschungelkämpfen auch 1816 US-Soldaten verwundet. Japanische Küstenbatterien, die in das Abwehrfeuer einfielen, konnten das Schlachtschiff „Colorado“ und den Zerstörer „Norman Scott“ beschädigen.

Einsatz des Trägergeschwaders 58

Am 28. Aug. lief die Task Force 58 unter VAdm. Mitscher aus Eniwetok zu einem neuen Raid gegen Paulau und Morotai aus. Nicht weniger als zwölf Träger standen VAdm. Mitscher zur Verfügung. Hinzu kamen Schlachtschiffe, Kreuzer und Zerstörer. Sie bombardierten und beschossen Iwo Jima und Chichi Jima. Wake und die Flugfelder auf Mindanao folgten. Vom 12. bis 14. Sept. wurde der Schwerpunkt dieses Trägereinsatzes in das Gebiet der Zentralphilippinen verlegt und Mindanao abermals angegriffen.

Alle Raids, die über einen Monat andauerten, brachten den Japanern schwere Verluste. Nach amerikanischen Angaben wurden dabei über 1000 feindliche Flugzeuge abgeschossen oder am Boden zerstört, davon allein vor und auf Mindanao bei 2400 Einsätzen binnen 72 Stunden über 200. 150 Schiffe aller Größen wurden als versenkt gemeldet. An eigenen Verlusten hatte das Trägergeschwader 58 nur 54 Flugzeuge im Kampf und 18 durch Unfall zu beklagen.

Nach diesen Vorbereitungsoperationen erfolgte am 15. Sept. 1944 die Landung des VII. Amphibischen Korps unter KAdm. Barbey auf Morotai. Schon am ersten Tag konnte die 31. ID unter GenMaj. Parsons ohne Feindwiderstand 19 960 Mann landen. Bis zum 3. Okt. standen 26 000 Mann Kampftruppen und 12 000 Mann Baubataillone auf Morotai. Die japanische Gegenwehr auf dieser Insel war nur gering. Der Bau der neuen Stützpunkte und Basen konnte beginnen.

Operation „Stalemate II“

Die Landung auf Palau, die unter diesem Stichwort stattfand, begann am 15. Sept. und dauerte bis zum 23. Okt. an. Die Task Force 31 unter KAdm. Wilkinson brachte das III. Amphibische Korps des GenMaj. Geiger an Land.

Bereits am 13. und 14. Sept. hatte die Fire Support Group unter KAdm. Oldendorf mit fünf Schlachtschiffen, neun Kreuzern und 14 Zerstörern die Beschießung der Inseln Pelelieu und Angaur durchgeführt. Sieben Geleitträger gaben mit ihren Flugzeugen Luftunterstützung. Ihnen gesellten sich zeitweise vier weitere Geleitträger hinzu.

Am 16. Sept. landete die Northern Attack Force der 1. Mar.Inf.Div. des GenMaj. Rupertus auf Pelelieu. Die Angreifer wurden vom 2. Rgt. der 14. Jap. ID, Oberst Nakagawa, empfangen. Die Verteidiger waren in Bunkern und Felshöhlen und in einer Reihe stark armierter Kampfstände in Stellung gegangen. Es waren nur 5500 Mann, die jedoch jeden US-Angriff abwehren konnten. Erst als ein Regiment der 81. US-ID nachgelandet wurde, konnten in einem dramatischen Ringen, bei dem es auf japanischer Seite keinen einzigen Überlebenden gab, am 25. Nov. die letzten 45 Verteidiger überwältigt werden. Auch hier waren die US-Verluste wieder enorm hoch. Admiral Halsey berichtete darüber: „Pelelieu was defended with such determination that it took a statistical average von 1589 rounds of heavy and light munition to kill each Japanese soldier. American casualties were extremely heavy. In one month of bitter combat 1121 Marines were killed.“ (Siehe: Toland, John: a.a.O.)

Die Southern Attack Force, bestehend aus der 8. ID von GenMaj. Mueller, landete am 17. Sept. auf Angaur, der südlichsten Insel, die von nur einem japanischen Bataillon in Stärke von 1600 Mann unter Major Goto verteidigt wurde. Auch an diesem Ort dauerten die Kämpfe bis zum 23. Okt. an. Hier gerieten ebenfalls nur 250 verwundete japanische Soldaten in Gefangenschaft. Die Insel Babelthuap, auf der die Masse der 14. Jap. ID unter GenLt. Inoue stationiert war, wurde nicht angegriffen. Sie blieb, zwar isoliert, bis Kriegsende in japanischer Hand. Die gesamten US-Verluste bei diesen Operationen betrugen 1209 Tote und 6585 Verwundete.

Am 23. Sept. landete abschließend eine ad hoc aufgestellte Kampfgruppe unter KAdm. Blandy das 323. Rgt. der 81. ID unter Oberst Watson auf dem Ulithi-Atoll. Alle japanischen Soldaten hatten bereits vorher dieses Atoll verlassen. Hier wurde nun binnen kürzester Zeit eine riesige US-Flottenbasis eingerichtet.

Luftkämpfe über Formosa und Luzon

Der Zentralpazifik sah im Oktober 1944 einen Raid der 3. US-Flotte unter Admiral Halsey. Ziel dieses Angriffs war es, die japanischen Luftstreitkräfte auszuschalten. Zu diesem Zweck lief die Carrier Task Force 38 unter VAdm. Mitscher am 6. Okt. mit drei Kampfgruppen aus Ulithi aus. Sie verfügte über zwölf Flugzeugträger, sechs Schlachtschiffe, zehn Kreuzer und 42 Zerstörer. Dieses schnelle Trägergeschwader 38 war durch einen Befehl von Admiral Halsey neu zusammengestellt worden. Insgesamt standen VAdm. Mitscher, der dieses Geschwader übernahm, neun Große und sieben Leichte Träger zur Verfügung.

Zum erstenmal war auch die Kampfkraft bei Nachteinsätzen bedeutend verstärkt worden, als der Träger „Independence" im August zur Flotte stieß. Er war für Nachtjagdeinsätze besonders ausgerüstet und hatte neben fünf Tagjägern F6F noch 14 F5F-5N-Nachtjäger und acht mit Radar ausgerüstete TBM-1D-Avengerflugzeuge an Bord, die ebenfalls nachtjagdfähig waren. Des weiteren verfügte die Task Force 38 über 41 nachtjagdfähige Flugzeuge der Typen F5F-3N und 5N.

Während eine Gruppe des Geschwaders am 10. Okt. gegen Amami-Oshima startete, flogen Maschinen von zwei weiteren Gruppen Angriffe gegen Okinawa; die vierte Gruppe erhielt Sakishima Gunto zum Ziel. Insgesamt wurden 1396 Einsätze geflogen; bei 21 eigenen Verlusten gelang es, vor Okinawa das U-Boot-Mutterschiff „Jingei", fünf kleinere Kriegsschiffe und vier Dampfer zu versenken.

Der gegen diese Flugzeugmassierungen ankämpfenden 2. Jap. Luftflotte des VAdm. Fukudome standen 450 Flugzeuge zur Verfügung. Sie verlor in Luftkämpfen und am Boden 30 Flugzeuge. Der japanische Angriff gegen den gemeldeten US-Trägerverband führte zu nichts. Der Gegner wurde nicht gefunden.

Der 11. Okt. sah den Angriff der Task Force 38 aus dem Raum nordostwärts Luzon mit 61 Einsätzen gegen den Flugplatz Aparri; hier wurden 15 Flugzeuge am Boden vernichtet. Mehrere Geleitträger führten an diesem Tage den Trägern Ersatzflugzeuge zu, um die aufklaffenden Lücken zu schließen. Die Beölung der gesamten Streitmacht erfolgte auf See aus 34 Tankern, die von 14 Zerstörern und 26 Geleitzerstörern gesichert wurden.

In diesen Ereignissen der ersten Tage sah die japanische Führung den Beginn einer Invasion auf Formosa oder Leyte. Deshalb verlegte sie ihre fliegenden Verbände nach Formosa. Die amerikanische Seite richtete ihre Strategie darauf, zunächst Formosa als Stützpunkt und Nachschubbasis der Japaner auszuschalten; das wirkliche Invasionsziel aber war Leyte.

Am 12. Okt. waren Halseys Träger sämtlich auf etwa 100 Seemeilen an Formosa herangekommen. Die massierten Tiefangriffe auf die Flugplätze dieser Insel setzten ein. Sie wurden am nächsten Tag fortgesetzt. Die Hellcat-Jäger der vier Trägergruppen stießen auf etwa 200 japanische Jäger. In den sich daraus entwickelnden dramatischen Luftduellen wurden 100 Japaner abgeschossen. Sie konnten ihrerseits 34 Hellcats aus dem Himmel über Formosa herunterschießen. Durch die Flakabwehr wurden weitere 10 Hellcats vernichtet; dies war für die Amerikaner ein erster schwerer Schlag.

Die zweite Angriffswelle wurde von 60 japanischen Jägern abgefangen. Diese schossen zehn Hellcats ab, erlitten aber selbst so schwere Verluste, daß die dritte US-Angriffswelle unangefochten ans Ziel gelangen und dort „wirken“ konnte. Nach Einfall der Dunkelheit des 12. Okt. versuchten japanische Torpedobomber, die Task Force 38 anzugreifen. Ein Gegenangriff durch die Nachtjäger der „Independence“ schoß bis Mitternacht fünf „Bettys“ ab, die einzeln ihre Ziele angeflogen hatten.

Dennoch gelang es vier Betty-Torpedobombern, unentdeckt bis zur Task Group 38.4 durchzustoßen. Sie warfen ihre Torpedos, die den Träger „Franklin“ nur knapp verfehlten. Einer der Bomber stürzte sich auf den Träger; er rutschte über das Deck und fiel ins Wasser, ohne größeren Schaden anzurichten.

Auch die Task Group 38.1 wurde angegriffen. Hier hatten die Torpedobomber größeren Erfolg, als es ihnen gelang, den Kreuzer „Canberra“ zu torpedieren. Der Kreuzer wurde sofort von den beiden Trägern „Cabot“ und „Cowpens“ gedeckt.

Insgesamt flogen die Japaner von Okinawa aus 52 Einsätze. Der Träger „Franklin“ wurde noch einmal angegriffen, aber auch diesmal konnte er dem geworfenen Torpedo mit Hartruderlegen entkommen.

Am 14. Okt. flog die Task Group 38.1 einen neuen Angriff gegen Formosa. Gleichzeitig nahm die Gruppe 38.4 Aparri zum Angriffsziel. Von chinesischen Luftbasen aus flogen B 29-Fernbomber gegen Formosa. Sie griffen auch Okinawa an.

An diesem Tage startete die 2. Jap. Luftflotte von Formosa, Okinawa und Kyushu aus 419 Angriffe. 224 dieser Maschinen mußten zurückkehren, ohne die Ziele gefunden zu haben. Beim Angriff auf die Task Group 38.1 wurde am Abend dieses 14. Okt. der Schwere Kreuzer „Houston“ torpediert. „Canberra“ wurde von „Wichita“ und „Houston“ von „Boston“ in Schlepp genommen.

Auch am 15. Okt. flog die 2. Jap. Luftflotte 199 Einsätze gegen die abmarschierenden Gruppen der Task Force 38, wobei „Houston“ ein zweites Mal von einem Lufttorpedo getroffen wurde. Während der

Angriffe der Task Group 38.4 gegen die Flugfelder nördlich Manila auf Luzon kam es zu dramatischen Luftduellen mit japanischen Jägern der Luftflotte 1 unter VAdm. Teraoka. Von den 130 angreifenden japanischen Flugzeugen wurden 32 abgeschossen.

Die japanischen Flieger meldeten bei 781 Einsätzen und 331 eigenen Verlusten die Vernichtung von elf Flugzeugträgern, zwei Schlachtschiffen, einem Kreuzer und 13 weiteren Schiffen. Auch diese „Erfolgsmeldungen" zeigen die völlige Unerfahrenheit der japanischen Piloten in der Trefferbeurteilung.

Der Einsatz der US-Trägerverbände dauerte bis zum 17. Okt. an; dann kehrte der Flottenverband um, weil die Leyte-Operation begonnen hatte.

Die japanische Marine bestätigte den Verlust von insgesamt 492 Flugzeugen in einer Woche durch US-Angriffe. Die Heeresfliegerverbände verloren noch einmal etwa 150 Maschinen. Die einzige noch vorhandene japanische Trägerdivision mit „Zuikaku", „Zuiho", „Chitose" und „Chiyoda" verfügte nur noch über 52 Jäger, 28 Jagdbomber, 29 Torpedoflugzeuge und sieben Sturzbomber.

Die Schlacht um Leyte

Die vorbereitenden Luftangriffe gegen Leyte begannen bereits am 16. Okt. 1944. Beteiligt waren Fernjäger P 38 der 5. USAAF unter GenLt. Kennedy, die ihre Jagdvorstöße bis über die Insel Leyte durchführten. Hinzu kamen B-24-Bomber der 13. und 5. USAAF, die von Sansapor und Biak ihre Angriffe gegen japanische Flugplätze auf Mindanao richteten. Flugzeuge der Geleitträger der Task Group 77.4 unter KAdm. Sprague flogen am 16. und 17. Okt. Angriffe gegen Leyte, Cebu und Nord-Mindanao.

Insgesamt näherte sich am 18. Okt. 1944 ein Konvoi von 420 Transportschiffen und 157 Kriegsschiffen dem Leyte-Golf. Kurz vor Sonnenaufgang des 19. Okt. liefen die Sicherungsverbände und die Bombardementeinheiten in den Golf ein. Es waren dies: T.U. 1 unter KAdm. Sprague mit sechs Geleitträgern und acht Zerstörern, T.U. 2 unter KAdm. Stump mit sechs Geleitträgern und acht Zerstörern, T.U. 3 unter KAdm. Sprague mit sechs Trägern und sieben Zerstörern. Die Deckungsgruppe bildete die Task Group 77.3 unter KAdm. Berkey mit vier Kreuzern und sieben Zerstörern. Sie war bereits am Abend des 17. Okt. in den Leyte-Golf eingelaufen und hatte die als Minensuch- und Vermessungsgruppe eingesetzte Task Group 57.5 zur Seite. Dieser Verband wurde übrigens als erster von der japanischen Küstenwache gemeldet.

In Tokio setzte das Kaiserliche Hauptquartier unmittelbar nach Eintreffen dieser Meldung den Operationsbefehl „Sho 1“ in Kraft, mit dem die japanischen Flottenbewegungen in Gang gesetzt wurden. Die Gliederung für das Unternehmen „Sho 1“ zeigt auf, welche entscheidende Bedeutung die japanische Führung dieser Operation beimaß, die um Formosa und Leyte begann. Die 5. Japanische Flotte führte in der Operation. Dem VAdm. Kurita unterstanden alle eingesetzten Verbände, die sich wie folgt zusammensetzten: 5. Japanische Flotte unter VAdm. Kurita mit der Zentralgruppe unter VAdm. Kurita:

1. Verband A (1. Nordverband) mit den Schlachtschiffen „Yamato“, „Musashi“ und „Nagato“, den Schweren Kreuzern „Atago“ (als Flaggschiff), „Takao“, „Chokai“, „Maya“, „Myoko“ und „Haguro“, dem Leichten Kreuzer „Noshiro“ (Zerstörerführer) mit neun Zerstörern.

2. Verband B (2. Nordverband) mit den Schlachtschiffen „Kongo“ und „Haruna“, den Schweren Kreuzern „Kumano“, „Suzuya“, „Chikuma“ und „Tone“, dem Leichten Kreuzer „Yahagi“ mit sechs Zerstörern.

3. Verband C (Südverband) unter VAdm. Nishimura mit den Schlachtschiffen „Yamashiro“ (als Flaggschiff) und „Fuso“, dem Schweren Kreuzer „Mogami“ und vier Geleitzerstörern. Dem Verband C zugeteilt waren unter VAdm. Shima die Schweren Kreuzer „Nachi“ und „Ashigara“ sowie der Leichte Kreuzer „Abukuma“ (als Zerstörerführer) mit sieben Zerstörern.

4. Der Sicherungsverband Süd (Transportgruppe) unter VAdm. Sakonju mit dem Schweren Kreuzer „Aoba“, dem Leichten Kreuzer „Kinu“, dem Zerstörer „Uranami“ und vier Zerstörern als schnellen Transportern.

5. Der Einsatzkampfverband unter VAdm. Ozawa mit dem Schweren Träger „Zuikaku“, den Leichten Trägern „Zuiho“, „Chitose“ und „Chiyoda“, den Leichten Kreuzern „Oyodo“, „Tama“ und „Isuzu“ mit acht Zerstörern.

6. Der Troßverband mit dem Zerstörer „Akikaze“, zwei Tankern und vier Geleitfahrzeugen.

Die Gliederung der gesamten US-Streitkräfte:

1. Dritte Flotte – Admiral Halsey (mit Schlachtschiff „New Jersey“ als Flaggschiff) mit Task Force 38 unter VAdm. Mitscher:

a. Task Group 38.1 mit zwei Schweren und zwei Leichten Trägern, drei Schweren Kreuzern und 14 Zerstörern.

b. Task Group 38.2 mit drei Schweren und zwei Leichten Trägern, zwei Schlachtschiffen, vier Leichten Kreuzern und 18 Zerstörern.

c. Task Group 38.3 mit zwei Schweren und zwei Leichten Trägern, vier Leichten Kreuzern und 14 Zerstörern.

d. Task Group 38.4 mit zwei Schweren und zwei Leichten Trägern, je einem Schweren und Leichten Kreuzer und elf Zerstörern.

2. 7. US-Flotte – KAdm. Sprague mit: den vorgenannten Task Units 77.1 bis 77.3. Auf den 18 Geleitträgern dieses Verbandes befanden sich übrigens 304 Jäger und 199 Torpedobomber.

Hinzu kam noch die Schlachtlinie zur Bewachung der Surigao-Straße nach Süden. Sie wurde von KAdm. Oldendorf geführt und verfügte über sechs alte Schlachtschiffe, drei Schwere und fünf Leichte Kreuzer, 29 Zerstörer und 45 Schnellboote.

Die See-Luft-Schlacht beginnt

Nach den vorbereitenden Luftangriffen gegen Leyte, Cebu und Mindanao und der Ausgabe des Operationsbefehls „Sho 1" wurden auf beiden Seiten am 17. Okt. die entscheidenden Angriffe zu Wasser und in der Luft begonnen.

Die 1. Jap. Luftflotte unter VAdm. Teraoka und die 4. Heeres-Luftflotte, beide auf Luzon gestützt, wurden am 17. und 18. Okt. bereits von den Trägerflugzeugen der Task Groups 38.3 und 38.4 angegriffen.

Jene 100 japanischen Jäger, die einen Gegenangriff starteten, wurden von der Task Force 38 abgewiesen. Am 18. und 19. Okt. erfolgten weitere Luftangriffe gegen Mindanao und Leyte durch die 5. USAAF und die Flugzeuge der 18 Geleitträger.

Die noch einsatzbereiten japanischen Flugzeuge, die zu einem Gegenangriff gegen die Task Force 38 starteten, wurden nach Luzon überführt, wo VAdm. Onishi die Führung der 1. Luftflotte übernahm. Die Landungen der 6. US-Armee unter GenLt. Krueger auf Leyte begannen am 20. Okt. 1944. In der Nordgruppe stand das X. AK des GenMaj. Sibert mit der 1. Kav.Div. des GenMaj. Mudge und der 24. ID unter GenMaj. Irving. Die Südgruppe mit dem XXIV. AK unter dem Befehl des GenMaj. Hodges setzte sich aus der 96. ID (GenMaj. Bradley) und der 7. ID (GenMaj. Arnold) zusammen.

Die ersten Landungen waren gegen nur schwachen japanischen Widerstand mit der starken Feuerunterstützung durch den dichten Luftschirm und die Schiffsgeschütze erfolgreich. Die in vorderster Front liegende 16. jap. ID zog sich in die vorbereiteten Höhenstellungen zurück, um dort zu verteidigen, bis die zugesicherten Verstärkungen durch die 30. und 102. ID über Ormoc herangekommen waren, um dann mit allen Kräften zum Gegenangriff anzutreten.

Bei dem Angriff am Abend des 20. Okt. gelang es japanischen Fliegern, trotz der Jagdschutzsicherung der Hellcat- und Wildcat-Jäger über dem Golf von Leyte heranzuschließen und den Kreuzer „Honolulu" zu torpedieren. Am folgenden Tage griffen abermals japanische Flieger an. Diesmal wurde der Schwere Kreuzer „Australia" schwer getroffen. Beide Kreuzer mußten abgeschleppt werden.

Die Landungsoperationen selbst wurden am 20. Okt. von sämtlichen Gruppen der Task Force 38 unterstützt. Nach Erhalt der Funksprüche über die US-Landungen auf Leyte ließ der Oberbefehslhaber der Vereinigten Flotte, Admiral Toyoda, die bereitliegenden japanischen Kampfgruppen ankerauf gehen.

*

Von Brunei auf Borneo lief die Zentralgruppe unter VAdm. Kurita am frühen Morgen des 22. Okt. aus. Ihr folgte die Südgruppe unter VAdm. Nishimura. Die von Norden kommende 2. Kampfgruppe sollte sich in der Zulusee mit der Südgruppe vereinigen. Ein Transportverband unter VAdm. Sakonju sollte Truppenverstärkungen von Manila nach Ormoc schaffen. Von dort aus sollten die Truppen in Schnelltransporten zur Front geschafft werden.

Am 23. Okt. wurde dieser Verband durch das US-U-Boot „Bream" unter LtCdr. McCallum angegriffen und der Kreuzer „Aoba" torpediert.

Von Norden näherte sich die Ablenkungsgruppe VAdm. Ozawas in schneller Fahrt dem Schauplatz der Ereignisse. Sie sollte die Task Force 38 auf sich ziehen und verfügte dazu über vier Träger und die mit Flugdecks versehenen Schlachtschiffe „Ise" und „Hyuga", drei Kreuzer und acht Zerstörer.

Am frühen Morgern des 23. Okt. wurde der Verband VAdm. Kuritas durch US-U-Boote nördlich von Salawan geortet und gemeldet. Die U-Boote „Dace" und „Darter" griffen an. „Dace" unter LtCdr. Clagget versenkte den Kreuzer „Maya" und „Darter" den Kreuzer „Atago" der Zentralgruppe Kuritas. „Darter" gelang es im zweiten Anlauf noch, den Kreuzer „Takao" zu torpedieren, der im Geleit von zwei Zerstörern umkehren mußte. Dies war ein schwerer Schlag für die Zentralgruppe.

Das U-Boot „Darter" griff noch ein drittes Mal an. Diesmal wurde es rechtzeitig geortet, von Zerstörern gejagt, lief auf ein Unterwasserriff und sank.

Am 24. Okt. griffen etwa 180 japanische Flugzeuge aus Luzon die Task Group 38.3 an. Die in der Luft auf Patrouillenflug begriffenen zwölf Wildcats erhielten durch Alarmstarts rasch Verstärkung, und in den sich nun entwickelnden Luftkämpfen wurden 66 japanische Flugzeuge als vernichtet gemeldet. Die eigenen Verluste blieben gering.

Die Task Group 38.5 mit den Trägern „Lexington", „Langley" und „Princeton" wurde am 24. Okt. dreimal durch jeweils etwa 50 japanische Flugzeuge angegriffen. Beim ersten Angriff wurden aus dem sich bildenden japanischen Abwehrkreis 25 Flugzeuge herausgeschossen, bevor die US-Jäger wegen Treibstoffmangels landen mußten. Lt. Rushing von der Jagdstaffel VF-15 erzielte dabei sechs Abschüsse.

Als gerade „Princeton" ihre Jäger wieder aufnahm, stürzte sich ein einzelner Stuka aus den niedrig hängenden Wolken auf den Träger und erzielte mit einer 250-Kilo-Bombe einen Volltreffer. Der Leichte Kreuzer geriet sofort in Brand. Bei den Versuchen, die nicht zur Löschung benötigte Besatzung des Trägers zu bergen, wurde auch die herbeilaufende „Birmingham" durch Explosionen auf dem Träger beschädigt. Die „Princeton" brannte völlig aus und mußte schließlich durch eigene Zerstörer versenkt werden. Damit war der letzte schnelle US-Flugzeugträger durch ein Duell im Pazifik verlorengegangen.

Am Mittag des 24. Okt. erfolgte ein weiterer japanischer Angriff von insgesamt 74 Flugzeugen aller Art, darunter 40 schnelle Jäger des Typs Zeke 52. Diesmal flogen die Flugzeuge der „Lexington" Jagdschutz. Der japanische Verband wurde zersprengt. Nur sechs Stukas behielten unbeirrt ihren Kurs bei und griffen die Task Group 38.3 an, ohne allerdings einen Treffer zu erzielen.

Im Gegenzug griffen vier Wellen amerikanischer Trägerflugzeuge die japanische Zentralgruppe an. Die erste Welle mit 31 Jägern, zwölf Stukas und zwölf Torpedobombern, von den Trägern „Intrepid" und „Cabot" gestartet, erzielte auf „Myoko" einen Torpedo- und einen Bombentreffer sowie auf „Musashi" einen Torpedotreffer.

Die zweite Welle, 19 Jäger, zwölf Bomber und elf Torpedoflugzeuge, griff dieselbe Trägergruppe an und erzielte vier Bomben- und zwei weitere Torpedotreffer auf „Musashi". Die anfliegende dritte Welle mit „nur" 15 Jägern, dafür aber 20 Bombern und 32 Torpedoflugzeugen, die von den Trägern „Essex" und „Lexington" gestartet war, bombte „Musashi" abermals schwer und erzielte insgesamt sechs Treffer auf diesem Schlachtschiff und zwei Treffer auf dem Superschlachtschiff „Yamato".

Die vierte Welle von den Trägern „Franklin", „Enterprise", „Intrepid" und „Cabot" erzielte abermals zehn Bomben- und sechs Torpedotreffer auf „Musashi". Damit hatte dieses Schlachtschiff die Höchstzahl an Bomben- und Torpedotreffern des Krieges erhalten. Es sank erst nach 30 Bomben- und Torpedotreffern.

Auch die übrigen Schlachtschiffe erhielten leichtere Treffer, die aber ihre Einsatzbereitschaft nicht beeinträchtigten. Insgesamt 30 US-Flugzeuge wurden abgeschossen.

Die Seeschlacht in der Surigao-Straße

Die japanischen Kampfgruppen unter VAdm. Nishimura und Shima waren im Süden von der US-Luftaufklärung erfaßt worden. Nunmehr begann das, was in den Annalen dieses Kriegsgeschehens als „Seeschlacht in der Surigao-Straße" bekannt wurde. Lassen wir diese letzte große Seeschlacht im Pazifik aus der Sicht der beteiligten Verbände an uns vorüberziehen!

Am 24. Okt. um 12.15 Uhr gab Admiral Kinkaid allen Schiffen seines Verbandes bekannt, daß man sich auf einen Nachtkampf vorbereiten solle. Um 14.43 Uhr wurde KAdm. Oldendorf, dem Befehlshaber der Bombarding- and Fire Group, befohlen, eine Nachtpatrouille durchzuführen. Dieser Befehl wurde ihm um 15.13 Uhr entschlüsselt übergeben. Sein Flaggschiff „Louisville" lag noch an dem Munitionsschiff „Durham Victory" zur Munitionsübernahme längsseits. Sein Stab, von Captain Bates geführt, erstellte die Einsatzplanung.

KAdm. Oldendorf standen für diesen Einsatz zur Verfügung: Linke Flanke: Schwere Kreuzer „Louisville", „Portland" und „Minneapolis"; Leichte Kreuzer „Denver", „Columbia" und neun Zerstörer der Desron 54. Schlachtlinie unter KAdm. Wyler mit: Schlachtschiffen „Mississippi", „Maryland", „West Virginia", „Tennessee", „California" und „Pennsylvania" sowie sechs Zerstörern. Rechte Flanke – KAdm. Berkey mit Leichten Kreuzern „Phoenix" und „Boise", Schwerem Kreuzer „Shropshire" (HMAS) und 13 Zerstörern. Diese Streitmacht sollte ausreichen, um die südliche japanische Kampfgruppe zu vernichten.

Die Schlachtlinie unter KAdm. Wyler lief in eine Position fünf Seemeilen ostwärts Hingatungan Point und dem Meridian des Leuchtturms auf Hibuson Island. Die linke Flanke, Oldendorfs Kreuzer, befand sich 2½ Meilen zurückgestaffelt hinter der Schlachtlinie. Admiral Berkeys rechte Gruppe sicherte die rechte Flanke.

Die 45 Motor-Torpedoboote unter Cdr. S. S. Bowling erreichten nach einem Marsch von 1100 Seemeilen von Mios Woendi aus am 23. Okt. 1944 den Leyte-Golf. Am Nachmittag des 24. Okt. patrouillierten sie durch die Surigao-Straße und sichteten mit den ersten Booten um 22.50 Uhr den Feind. Es war die Kampfgruppe unter VAdm. Nishimura. Diese eröffnete das Feuer auf die Boote und traf zehn, von denen eines sank. Die Boote erzielten mehrere Torpedotreffer. PT 137, Lt. Kovar, gelang die Torpedierung des japanischen Kreuzers „Abukuma", der jedoch seine Fahrt fortsetzen konnte. Danach griff die Zerstörer-Squadron unter Captain Coward zwischen 02.00 und 03.13 Uhr an. Dieser Angriff war erfolgreicher. Dem Zerstörer „Melvin" gelang die Torpedierung des Schlachtschiffes „Fuso", das schwer getroffen wurde. Drei weitere US-Zerstörer feuerten binnen 75 Sekunden nicht weniger als 27 Torpedos. Deren Laufzeit war auf acht Minuten geschätzt. Sie wurden von „Yamashiro" und anderen japanischen Zerstörern beschossen.

VAdm. Nishimura, der sicher sein durfte, daß der Gegner Torpedos geschossen hatte, befahl dennoch keine Kursänderung. Zwischen 03.08 und 03.09 Uhr wurden von den US-Zerstörern in Richtung der Ziele 2–5 Torpedodetonationen gesehen (Sichtungen unterschiedlich). Kurz darauf bemerkten Beobachter auf dem Zerstörer „Melvin", daß der Gegner, den sie anvisiert und beschossen hatten, tiefer sackte und dann nach Steuerbord aus dem Verband herauslief. Es war das Schlachtschiff „Fuso".

Nach dieser ersten Vollsalve an Torpedos wurden von Captain Cowards Verband weitere 20 Torpedos geschossen; sie kamen von den Zerstörern, die aus Nordwesten und Nordosten herangeschlossen hatten. Insgesamt wurden fünf Feindschiffe getroffen. Neben der „Fuso" sanken die Zerstörer „Yamagumo" und „Michishio", die zweimal von verschiedenen Angreifern getroffen wurden. Der Zerstörer „Asagumo" kehrte mit abgeschossenem Bug um.

In der Hauptphase des Artilleriegefechtes liefen die drei US-Task Groups nahe der westlichen Seite der hier nur zwölf Seemeilen breiten Surigao-Straße auf Ostkurs. Die rechte Flanke, die am nächsten nach Leyte herangestaffelt war, wurde von KAdm. Berkeys Kreuzern gebildet. Sechs Meilen ostwärts davon marschierten die fünf Kreuzer der linken Flanke unter der Führung von KAdm. Oldendorf. Das Schlachtschiff „West Virginia" führte die Schlachtreihe an. Sie befand sich vier Seemeilen nördlich der „Louisville" und fünf Seemeilen nordostwärts von „Phoenix".

Die feindliche Angriffsgruppe, bestehend aus einem Schlachtschiff, einem Kreuzer und einem Zerstörer, fuhr nun genau in die Falle hinein. Um 03.23 Uhr registrierten die Radarschirme die Feindposition in 33 000 Yards, zehn Minuten später ließ KAdm. Wyler aus 26 000 Yards durch die Schlachtlinie das Feuer eröffnen. Nachdem die Schlachtschiffe fünf Salven geschossen hatten, befahl KAdm. Oldendorf auch seinen Kreuzern, das Feuer zu eröffnen. Vom Führerkreuzer „Louisville" war der Gegner jetzt nur noch 15 600 Yards entfernt.

Das Flaggschiff von VAdm. Nishimura, die „Yamashiro", lief bei Feuereröffnung um 03.52 Uhr mit nur zwölf kn Fahrt auf Kurs 20 Grad und schoß sieben Minuten lang auf sichtbare Ziele.

Mit ihrem neuen Mark-8-Kontrollradar eröffnete „West Virginia" um

03.53 Uhr das Feuer. Zwei Minuten darauf fielen „Tennessee“ und „California“ ein. Die übrigen drei alten Schlachtschiffe hatten mit ihren veralteten Radargeräten Schwierigkeiten, den Gegner zu finden.

In dem Moment, in dem „Yamashiro“ in 192 Grad gepeilt wurde und noch 20 900 Yards von der „Mississippi“ entfernt stand, wurde auch der dahinter laufende Schwere Kreuzer „Mogami“ entdeckt.

Um 04.06 Uhr ließ KAdm. Oldendorf einen vollen Turn laufen. Zwei Minuten später schoß „Mississippi“ aus 19 790 Yards eine volle Salve auf das große Ziel. Ihre Granaten schlugen in beide japanische Schiffe ein. „Mogami“ schoß einige Minuten lang zurück, „Yamashiro“ etwas länger.

Auf der linken Flanke eröffnete „Denver“ um 03.51 das Feuer aus nur 15 800 Yards. Eine Minute später fielen „Minneapolis“, „Columbia“ und „Portland“ ein. Diese Kreuzer konzentrierten sich auf das Schlachtschiff „Yamashiro“. Um 05.58 Uhr verlegte „Portland“ sein Feuer auf „Mogami“. „Denver“ sichtete den schnellen Zerstörer „Shigure“ und eröffnete das Feuer, um bereits mit der ersten Salve Treffer zu erzielen.

Um 04.09 Uhr befahl KAdm. Oldendorf einen weiteren Kurswechsel in Richtung Hafen und begann einen Angriff aus Westen. Zur gleichen Zeit hatten die beiden auf der rechten Flanke laufenden Kreuzer „Phoenix“ und „Boise“ das Schnellfeuer auf die schon mehrfach getroffene und über alles in Flammen gehüllte „Yamashiro“ eröffnet. Kurz danach explodierte deren 12,7-cm-Munition. Flammen und Rauch stoben in die Höhe.

Der Schwere Kreuzer „Mogami“ hatte auf Südkurs gedreht und versuchte, schwer angeschlagen zu entkommen. Nishimuras einziger überlebender Zerstörer „Shigure“ lief mit nur einem Treffer, der seinen Gyrokompaß außer Betrieb gesetzt hatte, ab.

Das japanische Schlachtschiff mit VAdm. Nishimura an Bord drehte auf 90 Grad und versuchte, noch immer 15 Knoten laufend, zu entkommen. Aus einer Drehung heraus schoß „Mogami“ um 04.01 Uhr Torpedos. Sie erhielt mehrere Treffer von der Artillerie der Zerstörer. Dann detonierte eine Salve von „Portland“ auf der Brücke der „Mogami“ und tötete alle dort anwesenden Offiziere. Weiter Treffer gingen in die Kesselanlage und in den Maschinenraum. Das Schiff lief aus und lag dann regungslos auf der See.

Inzwischen war das Schlachtschiff „Yamashiro“ gesunken. „Mogami“ würde bald das gleiche Schicksal erleiden. Damit war VAdm. Nishimuras Flotte vernichtet. Von seinen beiden Schlachtschiffen war nur noch das Heck der in zwei Teile zerbrochenen „Fuso“ sichtbar. Drei Zerstörer waren gesunken. Von KAdm. Oldendorfs Kampfgruppe war lediglich der Zerstörer „Grant“ versenkt worden.

*

VAdm. Shimas zweite Kampfgruppe aber, die in der Mindanao-See mit 22 Knoten Fahrt in Richtung Leyte-Golf hinter der Force C von VAdm. Nishimura hergelaufen war und über zwei schnelle Kreuzer verfügte, die „Nachi" und die „Ashigara", die 36 Knoten zu laufen vermochten, war mit dem Zerstörerführer-Kreuzer „Abukuma" und sieben Zerstörern nicht in den Kampf eingetreten. Diese Gruppe hatte um 03.25 Uhr, als sie nahe Binit Point lief, jene Kampfberührung mit den Motor-Torpedobooten, welche die „Abukuma" leicht beschädigten. „Abukuma" war durch diesen Treffer in der Fahrt auf 10 Knoten herabgesetzt und schor aus dem Verband aus. Nunmehr bestand Shimas Kampfgruppe nur noch aus den zwei schnellen Kreuzern und vier Zerstörern.

Um 04.20 Uhr wollte VAdm. Shima in Richtung von VAdm. Nishimuras Standort laufen, den er am Feuer seit geraumer Zeit erkannte. Doch der Flottenchef war soeben mit seinem Flaggschiff untergegangen.

Zwei Ziele wurden in 13 000 Meter Distanz festgestellt. Shima ließ die beiden Schweren Kreuzer ihre Torpedos schießen. Doch die beiden durch Radar festgestellten Ziele waren die beiden Hibuson-Inseln gewesen.

Dies war der einzige Beitrag, den die Kampfgruppe Shima zu dieser Nachtschlacht leistete. Danach drehte sie ab, weil ein Rückzugsbefehl von Admiral Mikawa eingegangen war.

Die Schlacht in der Surigao-Straße war vorüber. Sie kennzeichnete das Ende eines Zeitalters des Seekrieges, denn sie war die letzte Seeschlacht, an der Luftstreitkräfte keinen Anteil hatten. Zugleich war sie auch der letzte Einsatz einer klassischen Schlachtlinie.

Die Schlacht bei und über Samar

Die Kampfgruppe unter VAdm. Kurita war am 24. Okt. nach Dunkelwerden durch die San-Bernardino-Straße gelaufen, ohne von der US-Luftaufklärung erfaßt zu werden. Am frühen Morgen des nächsten Tages stand sie ostwärts Samar, wo sie auf die Task Group 77.4.3 unter KAdm. Sprague stieß.

Geschickt einige Regenböen als Deckung ausnutzend, startete die Gruppe ihre Bordflugzeuge und versuchte, durch Torpedoangriffe ihrer Zerstörer und durch deren anschließende Rauchschleier derselben gedeckt, in Richtung Leyte-Golf zu entkommen.

Der Kreuzer „Kumano" wurde jedoch durch US-Zerstörer entdeckt und durch einen Torpedofächer mehrfach getroffen. Er blieb gestoppt liegen. Der zur Hilfeleistung herbeilaufende Kreuzer „Suzuya" konnte den Großteil der Besatzung bergen. Zickzackkurse steuernd, versuchten die japanischen Schiffe den dauernden Torpedoangriffen zu entkommen. „Tone“ und „Chikuma“ gelang es schließlich, gemeinsam mit „Haguro“ und „Chokai“ in Schußposition zu den US-Trägern zu gelangen. Sie eröffneten das Feuer.

Von Norden griffen die Schlachtschiffe „Yamato“ und „Nagato“ in den Kampf ein. Sie schossen die US-Zerstörer „Hoel“, „Samuel B. Roberts“, „Johnston“ und „Gambier Bay“ zusammen, die in kürzester Zeit von den großkalibrigen Granaten in Fetzen gerissen wurden.

„Haruna“ und „Kongo“, die beiden anderen Schlachtschiffe Kuritas, griffen die Task Group 77.2.4 an, die inzwischen ebenfalls in Sicht gekommen war. Deren Flugzeuge waren inzwischen gestartet und griffen die Kreuzer „Chokai“ und „Chikuma“ an. Beide wurden so schwer getroffen, daß sie sanken.

Als „Tone“ und „Haguro“ bis auf 10 000 Meter an die US-Träger herangekommen waren, brach VAdm. Kurita den Kampf ab und befahl das Ablaufen.

Die sich steigernden US-Luftangriffe, von denen inzwischen auch der Schwere Kreuzer „Suzuya“ tödlich getroffen worden war, hatten ihn den Abbruch geraten erscheinen lassen. Der Verband drehte auf die San-Bernardino-Straße zu und verschwand.

In diesem Augenblick griffen sechs japanische Kamikazeflieger unter Lt. Seki die Task Group 77.4.3 an. Sie stürzten sich auf die Schiffe, versenkten den Geleitträger „St. Lo“ und beschädigten die Geleitträger „Kalinin Bay“, „Kitkun Bay“ und „White Plains“. Lediglich der Träger „Fanshaw Bay“ blieb unbeschädigt. Ein weiterer kleiner Kamikazeverband griff von Mindanao aus mit fünf Maschinen die Task Group 77.4.1 an. Um 07.40 stürzte sich der erste Todesflieger im steilen Sturzflug auf den Träger „Santee“; er prallte mitten auf dem Flugdeck auf, durchschlug es und explodierte im Hangardeck. Das ausbrechende Feuer war fast gelöscht, als das japanische U-Boot I 56 auf diesen Träger zum Schuß kam und ihn mit seinen Torpedos versenkte.

Zwei Kamikazeflieger verfehlten die „Sangamon“ und „Petroff Bay“ sehr knapp, und um 08.00 Uhr stürzte ein weiterer Todesflieger auf das Flugdeck der „Suwanee“. Dieser Brand konnte rasch gelöscht werden.

„Götterwind-Kamikazeflieger“ im Einsatz

Bereits vor diesem Zeitpunkt der ersten offiziell auftretenden Kamikazeflieger hatten sich japanische Flieger nach vergeblichen Angriffen selbst mit ihren Maschinen auf amerikanische Schiffe gestürzt und sie schwer beschädigt. Doch diese sporadischen und aus der Eigenheit der Flieger selbst heraus gestarteten Verzweiflungstaten waren von anderer Art als jene, die nun offen gestartet wurden.

Das Marineoberkommando hatte Sondereinheiten aufgestellt, in denen solche Flieger mit Maschinen, denen alle Sonderinstrumente und Waffen entnommen worden waren, den Kamikazeeinsatz fliegen sollten. Zwar hatte das Kaiserliche Hauptquartier zunächst Bedenken gegen solche Einsätze geäußert, sich dann aber doch von deren Wirksamkeit überzeugen lassen.

Als im Herbst 1944 nach einem fehlgeschlagenen Großeinsatz der japanischen Luftstreitkräfte von Formosa gegen die Task Force 38 klar geworden war, daß nur eine ganz bestimmte Art von Einsatz – nämlich das Herunterstürzen mit den Maschinen auf den Feind – Erfolg haben würde, erfolgte die forcierte Aufstellung der Sonderverbände, die sich aus Freiwilligen zusammensetzten.

Diese Einsätze wurden nach dem alle Feinde vernichtenden „Götterwind“ Kamikaze genannt. Es gehörte zu diesem Angriff, daß der Gegner durch eine größere Zahl von Angriffen, bei denen bis zu 20 Flugzeugschwärme eingesetzt wurden, von den kleinen Kamikazegruppen abgelenkt werden sollte, damit diese unbeobachtet ihre Ziele erreichen konnten.

Dabei gab es zwei Anflugmöglichkeiten, einmal den Anflug aus großer Höhe, der den Nachteil hatte, daß der Sturzflug aus dem toten Winkel des Radars zu einer so hohen Sturzgeschwindigkeit führte, daß der ungeübte Pilot nicht in der Lage war, korrigierend in den Fallwinkel einzugreifen und Ausweichbewegungen der Schiffe zu folgen.

Die zweite Möglichkeit war ein Angriff, der mit dem Anflug im Tiefstangriff begann. Dabei mußte der Pilot dicht vor dem Ziel seine Maschine so schnell wie möglich auf 3000 Meter hochziehen und sich dann steil auf das Ziel stürzen.

Eine dritte Möglichkeit wurde erst später erkannt. Sie bestand im Tiefstanflug mit abschließendem Hochziehen auf nur 1500 Meter und einem abschließenden Schrägangriff, der gezielter als die beiden vorab geschilderten Möglichkeiten durchgeführt werden konnte. Allerdings bestand dabei auch die Gefahr, daß das Flugzeug auf dem Flugdeck der Träger abrutschte und ins Wasser stürzte, ohne größere Schäden angerichtet zu haben. Dennoch wurde schließlich die letzte Art zur bevorzugten Angriffsart, weil sie ohne längere Ausbildung geflogen werden konnte. Diese Kamikazeflugzeuge führten immer jeweils eine einzige große Bombe mit.

Bei Flugzeugträgern war das angestrebte Ziel die Mitte des Flugdecks, bei allen anderen Schiffen das Deck unmittelbar vor der Brücke.

Die vier Kamikazeflieger übrigens, die sich auf die drei vorgenannten Träger gestürzt hatten, waren aus völlig klarem Himmel auf die Schiffe heruntergestoßen.

Drei Stunden später erfolgte ein neuer Kamikazeangriff. Diesmal wurden fünf Flugzeuge von vier Zeke-Jägern geleitet. Der erste Kamikaze traf den Träger „Kitkun Bay". Er rutschte von der Kante des Flugdecks ins Wasser. Dort detonierte die mitgeführte Bombe und riß das Unterwasserschiff auf. Der zweite Todesflieger griff den Träger „White Plains" an und verfehlte diesen nur knapp. Der dritte wiederum hatte mehr Glück. Der Träger „St. Lo" wurde mitten auf dem Flugdeck getroffen. Die Maschine stürzte ins Hangardeck, wo sie explodierte und in Brand geriet. Durch den sich hier rasch ausbreitenden Brand wurden die abgestellten Avenger-Flugzeuge in Brand gesetzt. Ihre Bomben rissen das Schiff auf, so daß es binnen 30 Minuten sank. Während noch Geleitzerstörer bei den Rettungsarbeiten waren, stießen zwei weitere Kamikaze-Judys 21 zum Angriff herunter. Einer traf den Träger „Kalinin Bay" und verursachte einen Brand auf dem Flugdeck. Der zweite explodierte so dicht bei der „Kitkun Bay", daß deren vorher erlittene Beschädigungen noch vergrößert wurden.

Diese Kamikazeeinsätze wurden fortgesetzt, wie die nächsten Abschnitte zeigen werden. Bereits am 26. Okt. griffen fünf solcher Flieger abermals an. Der erste Anflug mußte abgebrochen werden, weil US-Jäger die Maschinen abdrängten. Der zweite Anflug aber war erfolgreicher. Der Träger „Suwanee" wurde erneut getroffen; er erlitt schwere Schäden und hohen Personalverlust. „Sangamon" und „Petroff Bay" wurden nur knapp verfehlt. Doch zurück zur Flotte, der noch eine weitere schwere Schlacht bevorstand.

Die Schlacht bei Cape Engaño

Die drei übrigen Gruppen der Task Force 38 liefen in der Nacht zum 25. Okt. mit großer Fahrt nach Norden, um die Ablenkungsgruppe unter VAdm. Ozawa zu stellen.

Sie bestanden aus folgenden Einheiten: Task Group 38.2, KAdm. Bogan, mit Flottenträger „Intrepid", den Leichten Trägern „Cabot" und „Independence", den Schlachtschiffen „Iowa" und „New Jersey", den leichten Kreuzern „Biloxi", „Vicennes" und „Miami". – Task Group 38.3,

KAdm. Sherman, mit zwei Flottenträgern, einem Leichten Träger, zwei Schlachtschiffen sowie den leichten Kreuzern „Santa Fé", „Mobile" und „Reno". – Task Group 38.4, KAdm. Davidson, mit zwei Flottenträgern, zwei Leichten Trägern sowie den Schweren Kreuzern „New Orleans" und „Wichita". – Hinzu kamen 16 Zerstörer für die erste, 14 für die zweite und elf für die dritte der genannten Gruppen.

Auf japanischer Seite standen in der mobilen Streitmacht unter VAdm. Ozawa neben sechs Trägern (zwei davon waren umgebaute Schlachtschiffe) vier Zerstörer, der Leichte Kreuzer „Isuzu" mit vier Zerstörern und die Leichten Kreuzer „Oyodo" und „Tama" mit jeweils einem Zerstörer, zwei Tankern und sechs Begleitschiffen.

Als sich die drei US-Task Groups am 24. Okt. um 23.45 Uhr trafen, bildeten sie eine beachtenswerte Streitmacht. Um 01.00 Uhr des 25. Okt., als VAdm. Kurita gerade mit seinem Verband die Bernardino-Straße passiert hatte und sich VAdm. Nishimura der Surigao-Straße näherte, startete der Träger „Independence" fünf mit Radar ausgerüstete Nachtaufklärer, die den Seeraum von 320 zu 20 Grad nordwärts in einer Tiefe von 350 Meilen erkunden sollten.

Um 04.30 Uhr wurde die Alarmierung und Bewaffnung der ersten Welle durch VAdm. Mitscher befohlen. Die aufgefangenen Radarkontakte ergaben die richtige Richtung, und Mitscher befahl um 05.40 Uhr den Start der ersten Flugzeugwelle, die bis 06.00 Uhr vollzählig in der Luft war. Aufklärer flogen diesem Verband voraus, um den Seeraum abzusuchen, in dem sich Ozawas Flotte befinden mußte.

Um 07.00 Uhr, als der nächste Aufklärerbericht vorlag, befanden sich die Flugzeuge 80 bis 90 Meilen südlich des Feindes. Eine Stunde später griffen sie an, die Helldiver voraus, gefolgt von den Jägern und Avengers. Sie warfen ihre Torpedos aus Höhen zwischen 700 und 1000 Fuß und Distanzen von 1400 bis 1600 Meter.

Seit 06.53 Uhr hatten auch die japanischen Aufklärer den Gegner geortet und gemeldet. Admiral Ozawa hatte jedoch nur 12–15 Flugzeuge, um sie dagegen einsetzen zu können. Seine Hauptverteidigungswaffe war die Bordflak. Diese eröffnete mit großkalibrigen Phosphorgranaten den Abwehrkampf. Der Großteil der japanischen Träger war ohne Maschinen. „Zuiho" startete die wenigen einsatzbereiten Flugzeuge. Kurz darauf wurde dieser Träger von Torpedobombern angegriffen und schwer getroffen. Sein Schwesterschiff, die „Chitose", erhielt eine Reihe Bombentreffer, von denen drei unterhalb der Wasserlinie lagen. Sie sank um 09.37 Uhr. Der große Träger „Zuikaku" erhielt einen Torpedotreffer, der die Bordverständigung lahmlegte und sechs Grad Schlagseite verursachte. Admiral Ozawa mußte ihn um 11.00 Uhr verlassen und auf „Oyodo" übersteigen. Der getroffene Zerstörer „Akitsuki“ sank, und die letzten neun japanischen Flugzeuge wurden abgeschossen.

Eine Stunde, bevor die US-Flugzeuge der ersten Welle zu den Trägern zurückkamen, startete bereits die zweite Welle mit 16 Torpedobombern, sechs Bombern und 14 Jägern. Sie erreichte um 09.45 Uhr das Zielgebiet. Der Träger „Chiyoda“ wurde als erster gebombt. Um 10.18 Uhr erhielt er einen Treffer in die Maschinenanlage; davor hatte er bereits einen leichten Treffer erhalten. „Hyuga“ lief der „Chiyoda“ zur Hilfe, wurde aber von der inzwischen herangekommenen dritten Welle abgedrängt. VAdm. Matsuda beorderte „Isuzu“ und den Zerstörer „Maki“ zu dem getroffenen Träger, um ihn zu sichern und die von Bord gehende Besatzung zu bergen. Dazu kam es aber nicht mehr. „Chiyodas“ Besatzung verließ den Träger, und dieser wurde um 16.30 Uhr versenkt. Andere Flugzeuge griffen einen Zerstörer, den Leichten Kreuzer „Tama“ und die „Hyuga“ an, die sämtlich der „Chiyoda“ zur Hilfe eilten. „Tama“ wurde von Flugzeugen des Trägers „San Jacinto“ und „Belleau Wood“ getroffen.

Beim sechsten und letzten Angriff von 36 Flugzeugen der Gruppe des KAdm. Davidson ab 17.10 Uhr wurden abermals einige Treffer erzielt, aber kein weiteres Schiff versenkt. Insgesamt verloren die Japaner bei diesem von insgesamt 326 Stukas und Torpedobombern sowie 201 Jägern geführten sechsfachen Angriff vier Träger: die „Chitose“, „Zuikaku“, „Zuiho“ und „Chiyoda“, ferner den Zerstörer „Akitsuki“. Das Flugdeckschlachtschiff „Hyuga“ konnte beschädigt entkommen, ebenso das zweite Schiff dieser Art, die „Ise“. Beide feuerten aus allen Rohren, um die Verfolger auf Distanz zu halten.

Die amerikanischen U-Boote, die in der Nähe auf Lauerpositionen standen, kamen nicht mehr zum Schuß, lediglich „Jallao“, LtCdr. Icenhower, konnte den beschädigten Leichten Kreuzer „Tama“ durch Torpedos versenken. Der beschädigt zurückgebliebene Zerstörer „Hatsutsuki“ wurde von verfolgenden US-Zerstörern zusammengeschossen und sank.

Der zur Bergung der Schiffbrüchigen zurückgebliebene Zerstörer „Nowake“ wurde ebenfalls zusammengeschossen und sank mit den bereits geborgenen Kameraden an Bord.

Die Kurita-Gruppe wurde schließlich am 26. Okt. ostwärts der San-Bernardino-Straße durch Trägerflugzeuge der Task Groups 38.1 und 38.2 im Verein mit den von Biak und Morotai kommenden B 24 der 5. USAAF gebombt. Die Kreuzer „Kinu“ und „Noshiro“ sowie die Zerstörer „Uranami“ und „Hyashimo“ sanken im Bombenhagel der ungehindert angreifenden US-Flugzeuge. Der an der Südküste von Panay havarierte Kreuzer „Abukuma“ wurde durch B 24 der 13. USAAF versenkt, während es im Gegenzug fünf von Cebu kommenden Kamikazefliegern gelang, den

Träger „Suwanee“ erneut schwer zu beschädigen.

Zusammenfassend ist zu sagen, daß die japanische Wehrmacht den kombinierten Luft- und Schiffsangriffen ihrer Gegner in der Luft so gut wie nichts mehr entgegenzusetzen hatte. Wie in Deutschland war damit das Ende vorherbestimmt. Eines Hiroshima und Nagasaki bedurfte es dazu nicht. Der Sieg der USA war nun todsicher.

Fahren wir in der Schilderung der Kämpfe fort: Um die auf Leyte kämpfenden Infanterieverbände zu unterstützen, führte die Task Force 38 ihre Einsätze in diesem Seeraum weiter. Auch hier kam es zu dramatischen Luftduellen und Zweikämpfen mit japanischen U-Booten, von denen es I 45 gelang, den Geleitzerstörer „Eversole“ zu versenken. Das U-Boot wiederum wurde von dem Geleitzerstörer „Whitehurst“ versenkt. Auch I 46 ging hier verloren, und I 26 ist seit dieser Zeit vermißt.

Am Angriff auf Manila beteiligt waren auch die Trägerflugzeuge der Task Group 38.1, denen es gelang, 71 Feindflugzeuge in Luftkämpfen und weitere 13 am Boden zu vernichten. Die eigenen Verluste dieser Group betrugen 14 Flugzeuge.

Immer wieder griffen nun auch japanische Kamikazestaffeln in den Kampf ein. Sie beschädigten und versenkten Kreuzer und Zerstörer, ohne jedoch am Ausgang des Kampfes um Leyte entscheidenden Anteil zu haben.

Der Kampf auf Leyte selbst entwickelte sich zu einem dramatischen Ringen. Dort wurde die jap. 16. ID, GenLt. Makino, durch Verbände der 35. Armee, GenLt. Suzuki, Teile der 102. und 1. ID sowie durch kleinere Kampfgruppen aus den verschiedensten Verbänden verstärkt, die in Ormoc gelandet wurden. Auch hier griff die Task Force 38 in den Kampf ein. Auf dem Wege dorthin wurde der Kreuzer „Reno“ am 3. Nov. durch I 41, Kptlt. Kondo, torpediert und mußte, von vier Zerstörern geleitet, nach Ulithi zurücklaufen.

Auf Luzon wurden am 5. und 6. Nov. bei Angriffen der beiden Task Groups 38.1 und 38.2 über 500 japanische Flugzeuge zerstört und 25 US-Flugzeuge abgeschossen. In der Manilabucht sank der Kreuzer „Nachi“, an der Westküste von Luzon wurde der Kreuzer „Kumano“ getroffen, der trotz neun Torpedotreffern noch auf Strand gesetzt werden konnte. Den Träger „Lexington“ griffen 12 Kamikazeflugzeuge an und beschädigten ihn schwer.

Anfang November gelang es japanischen Konvois, Nachschub nach Ormoc zu schaffen. Am Nachmittag des 9. Nov. wurde ein Konvoi mit 2000 Mann der 26. Jap. ID von 30 B-24-Bombern angegriffen, konnte aber das Gros der Truppen landen.

Gegen die ständigen japanischen Unterstützungstransporte griffen die

Flugzeuge der Task Force 38 mit 347 Einsätzen an. Elf Flugzeuge gingen dabei verloren, aber die japanischen Zerstörer „Hamanami", „Naganami", „Shimikaze" und „Wakutsuki", zwei Kleinkampfeinheiten und fünf Transporter sanken. Von den eingesetzten 10 000 japanischen Soldaten, die an Bord dieser Fahrzeuge und anderer Transporter waren, kam nur ein Teil an Land.

Die Kreuzer „Chester", „Pensacola" und „Salt Lake City" beschossen, geführt von KAdm. Smith, Iwo Jima, die letzte pazifische Inselgruppe vor dem japanischen Mutterland. Stets neue japanische Transporte liefen nach Luzon, und deren Verluste wurden täglich schwerer. Im Gegenzuge gelang es 25 Kamikazes, den Feuervorhang der Schiffsflak zu durchstoßen und sich auf „Intrepid" und „Cabot" zu stürzen. Beide Träger wurden schwer getroffen. Die Task Force 38 mußte nunmehr zur Auffrischung und Ergänzung nach Ulithi zurückmarschieren.

Japanische Luftlandeunternehmungen gegen US-Flugplätze auf Leyte am 27. Nov. 1944 schlugen fehl. Aber Bomber und Kamikazeflieger beschädigten „Colorado", „Montpelier" und „St. Louis". „Maryland", die einem Lufttorpedo ausweichen konnte, wurde am 29. Nov. von Kamikazes getroffen, ebenso die Zerstörer „Saufley" und „Aulick".

Am 5. und 6. Dez. wurden bei neuen Kamikazeangriffen zwei US-Zerstörer getroffen. Diesmal gelangen auch die gleichzeitig damit durchgeführten japanischen Luftlandungen bei dem Flugplatz Burauen, wo japanische Fallschirmjäger niedergingen und den Platz nach 48stündigem Gefecht in Besitz nahmen.

Die letzten Einsätze gegen Luzon

Zur Unterstützung der Landungen auf Luzon begannen am 30. Dez. die Operationen der 3. US-Flotte des Admirals Halsey. An diesem Tage lief die Task Force 38, geführt von VAdm. McCain, aus Ulithi aus. Vier Task Groups mit insgesamt 13 Trägerraids gegen Nord-Formosa, Süd-Formosa und die Pescadores-Inseln sowie gegen Zentral-Formosa und die südlichen Ryukyu-Inseln. Der Einsatz litt unter den schlechten Wetterverhältnissen. Dennoch konnten bei nur 22 US-Verlusten 100 japanische Flugzeuge vernichtet werden.

Um die Landungen bei Lingayen durchführen zu können und die Luftherrschaft über Luzon zu sichern, wurden nach einer Beölung in See vom 5. bis 7. Jan. 757 Einsätze gegen Kamikazeflugplätze geflogen. Bei 28 eigenen Verlusten konnten etwa 80 japanische Flugzeuge in der Luft und am Boden vernichtet werden.

Nach erneuter Beölung erfolgte am 9. Febr. ein weiterer Angriff gegen Formosa und die Ryukyu-Inseln, besonders gegen Okinawa. Hierbei gingen bei 717 Einsätzen nur zehn US-Flugzeuge verloren.

Am 10. Jan. 1945 drang die Task Force 38 in die Südchinasee ein. Es ging gegen die japanisch besetzten Häfen Indochinas und Ziele an der südchinesischen Küste. Eine Reihe Handels- und Kriegsschiffe wurden versenkt. Bei der Bombardierung der Küste zwischen Hongkong und Hainan wurden 27 US-Flugzeuge abgeschossen. Am 19. Jan. erhielt diese Kampfgruppe den Befehl zum Rückmarsch. Neue Angriffe gegen Formosa folgten. Am 21. Jan. wurden bei 1163 Einsätzen 104 japanische Flugzeuge vernichtet, zehn Handelsschiffe versenkt und mehrere Zerstörer und Landungsschiffe beschädigt. Bei japanischen Luftangriffen gelang es einem Bomber, durchzubrechen und den Flugzeugtender „Langley“ zu beschädigen. Ein einzelner Kamikazeflieger traf den neuen Flugzeugträger „Ticanderoga“. Ein weiterer Kamikazeangriff von acht Flugzeugen, die von fünf Jägern gesichert wurden, traf den Träger ein zweites Mal und erzielte auch auf dem Zerstörer „Maddox“ Treffer. Als die Flotte am 25. Jan. wieder in Ulithi einlief, hatte sie 300 000 BRT feindlichen Handelsschiffsraumes versenkt und 615 japanische Flugzeuge vernichtet. Die eigenen Verluste betrugen 201 Flugzeuge. Die Zahl der Toten belief sich auf 205 bei der Marine und auf 167 bei der Luftwaffe.

Generell zu bemerken ist, daß bei *keiner* Wehrmacht der Welt alle als vernichtet gemeldeten Flugzeuge in der Tat vom Himmel geholt wurden. Dicht neben dem Jägerlatein steht das Fliegerlatein, bei dem Irrtümer nicht unbedingt auszuschließen sind.

Dem Ende entgegen – Der Weg Japans in die Heimatsee

Kampf im Lingayen-Golf

Bereits am 2. Jan. 1945 marschierten US-Landungsverbände vom Leyte-Golf durch die Surigao-Straße und die Zulu-See zur Mindora-Straße im Lingayen-Golf. Als erste liefen Minensuch- und Vermessungsschiffe aus. Diese Kampfgruppe 77.6 verfügte über 68 Minensucher, die durch Zerstörer, Fregatten und andere kleinere Kriegsfahrzeuge gesichert wurden.

Am 3. Jan. 1945 folgte die Task Group 77.2, KAdm. Oldendorf, als Fire Support Group nach und gleichzeitig damit die Geleitträgergruppe 77.4, KAdm. Durgin, dem fünf Geleitträger und neun Zerstörer zur Verfügung standen.

Die zweite Kampfgruppe für den Lingayen-Golf unter KAdm. Stump verfügte über sechs Geleitträger und sieben Zerstörer. Den Schluß bildete eine Killer Group unter Captain Cronin mit einem Geleitträger und vier Geleitzerstörern für die U-Boot-Bekämpfung. Ein Underwater Demolation Team (UDT – Froschmännergruppen zur Beseitigung und Anlage von Unterwasserhindernissen) folgte auf zehn schnellen Transportern nach.

Von Leyte aus ging schließlich am 4. Jan. die San Fabian Attack Force 78, VAdm. Barbey, ankerauf. Sie transportierte folgende Kampfverbände zur Landung: I. AK, GenMaj. Swift, mit der 43. ID, GenMaj. Wing, und der 6. ID, GenMaj. Patrick.

Die Task Force 79, VAdm. Wilkinson, ging am 5. Jan. als Lingayen-Angriffsgruppe in See. Sie schaffte das XIV. AK, GenMaj. Griswold, zum Ziel, und zwar in folgender Reihenfolge: Task Group 79.1 – KAdm. Kiland, die 37. ID, GenMaj. Beightler. – Task Group 79.2, KAdm. Royal, und die 40. ID, GenMaj. Brush. Die Luftsicherung bestand in einer von KAdm. Ofstie gebildeten Kampfgruppe aus zwei Geleitträgern und einigen Zerstörern.

Gegen diese bereits am 3. Jan. erkannten Bewegungen setzte die 1. Jap. Luftflotte, VAdm. Onishi, Kamikazeflieger an. Außerdem versuchten Klein-U-Boote, von Cebu aus heranzukommen. Die Kamikazeflieger waren erfolgreich. Bereits am 3. Jan. wurde der Tanker „Cowansque“ beschädigt, am nächsten Tag westlich von Panay der Geleitträger „Ommaney Bay“, der so schwer getroffen wurde, daß KAdm. Stump dem Zerstörer „Burns“ die Bergung der Trägerbesatzung und die anschließende Versenkung des Trägers durch Torpedos befehlen mußte.

Am 5. Jan. 1945 starteten von Mabalacat auf Luzon 35 Kamikazeflieger in drei Gruppen gegen die Task Force 77. Es gelang den Todesfliegern, die Kreuzer „Louisville" und „Australia", den Geleitträger „Manila Bay", drei Transporter und einen Zerstörer schwer zu treffen. Der Geleitträger „Savo Island" und zwei Zerstörer wurden durch Nahtreffer beschädigt. Am 6. Jan. setzten die Kamikazeverbände ihre Angriffe fort. Diesmal bekämpften 29 Todesflieger, die von verschiedenen Plätzen aus starteten, die Task Group 77.2, die zur Beschießung in den Lingayen-Golf eingedrungen war. Das Schlachtschiff „New Mexico" erhielt einen schweren Treffer; sein Kommandant, Captain Fleming, fiel. Der britische General Lumsden, der als Beobachter eingeschifft war, fand ebenfalls den Tod. Das Schlachtschiff „California", die Kreuzer „Columbia", „Australia" und „Louisville" (zum zweitenmal) wurden ebenfalls getroffen. KAdm. Chandler an Bord der „Louisville" fand den Tod. Der Minensucher „Long" sank, und „Minneapolis" sowie drei Zerstörer wurden durch Nahtreffer leicht beschädigt. Damit war diese Task Group schwer angeschlagen, wenn auch die Verluste mit 156 Toten und 432 Verwundeten gering geblieben waren. Am Morgen des 7. Jan. griffen Kamikazeflieger erneut an und erzielten einige Treffer, ohne eines der Schiffe zum Sinken bringen zu können. Im letzten Überwassergefecht des Pazifiks versenkten in der Nacht zum 8. Jan. 1945 die US-Zerstörer „Charles Ausburne", „Braine", „Shaw" und „Russell" den japanischen Geleitzerstörer „Hinoki". Nach diesen vorbereitenden Schlägen kamen die US-Landungsverbände ein weiteres Mal zu Worte.

Die Operation „Mike I"

Das I. US-Korps wurde vom 9.–17. Jan. 1945 im Lingayen-Golf in Stärke von 70 000 Mann gelandet. Die hier verteidigende 14. Jap. Armeegruppe, General Yamashita, leistete zunächst nur geringen Widerstand, weil sich ihre 23. ID, GenLt. Nishiyama, und die 58. Brigade aufgrund des dichten Feuers der amerikanischen Unterstützungswaffen vom Strand ins Gebirge zurückgezogen hatten. Damit hatten sie die verheerende Wirkung der Küstenbeschießung durch die Task Forces 78 und 79 unterlaufen, die ergebnislos verpuffte.

Um diese Landungen zu unterbinden, wurden abermals Kamikazeeinheiten eingesetzt. Sie starteten am 9. Jan. mit neun Maschinen. Ihre Sturzflüge auf das Schlachtschiff „Mississippi" sowie die Kreuzer „Columbia" und „Australia" erzielten Treffer, ohne daß diese Schiffe ernstlich gefährdet worden wären. Aus der Landungsflotte wurden in der Nacht zum

Oben: *Beschädigter japanischer Tank nahe dem Bonegi-River (Guadalcanal) im Mai 1943*

Unten: *Auf Tenaru steht eine Panzerbesatzung mit leichten Maschinenwaffen bei ihrem Fahrzeug.*

Ledernacken-Scharfschütze erklettert eine Kokospalme.

Oben: *Ein Jeep sitzt auf Guadalcanal bis zu den Achsen im Schlamm.*

Unten: *Laster und Infanterie auf dem Vormarsch über eine Dschungelpiste.*

Oben: *Japaner füllen ein Gefangenencamp auf Guadalcanal.*

Unten: *Männer und Zelte knietief im Schlammwasser auf Henderson-Field, Guadalcanal.*

10. Jan. drei Fahrzeuge von japanischen Sprengbooten versenkt. Die in der kommenden Nacht abermals angreifenden Sprengboote konnten diesmal nur ein Landungsschiff beschädigen. Kamikazeflieger waren etwas erfolgreicher und beschädigten einige Fahrzeuge, von denen aber keines sank.

Die Landungen gingen zügig weiter, und am 11. Jan. traf auch die 3. Amphibische Gruppe unter KAdm. Conolly ein. Sie schaffte die 25. ID, GenMaj. Mullins, das 158. RTC sowie die 13. Panzergruppe in den Lingayen-Golf.

Wieder starteten Kamikazeflieger, als die sechs angesetzten japanischen U-Boote nicht zum Schuß gekommen waren. Die Kamikazes trafen einige Landungsfahrzeuge, von denen jedoch nur eines sank. Auf Höhe von Bataan waren sechs Kamikazeflieger jedoch erfolgreicher, als sie in einem entschlossenen Angriff vier Libertyschiffe und einen Transporter des Typs LST (Tanklandungsschiff) versenkten. Der Angriff der letzten Todesflieger im Lingayen-Golf erfolgte am 13. Jan.; dabei wurde der US-Geleitträger „Salamaua" getroffen.

Bis zum 17. Jan. war die gesamte 6. US-Armee gelandet und nicht mehr auf Hilfe von See aus angewiesen. General Krueger hatte seine Armee genau dort gelandet, wo drei Jahre zuvor General Hommas Sturmtruppen an Land gegangen waren.

Bis zum 10. Jan. hatten die ersten gelandeten Truppen zehn Meilen Geländegewinn erzielt. Dieser Brückenkopf war tief genug, um sämtliche Truppen darin nachzulanden. Eine Woche darauf war das XXIV. AK an der rechten Flanke 30 Meilen weit vorgedrungen und hatte dabei nur 30 Mann an Toten verloren. Auf der linken Flanke war das I. AK entlang der Küste weit vorgedrungen und hatte ebenfalls nur 220 Mann Verluste erlitten.

GenLt. Yamashita befahl in der Nacht zum 18. Jan. einen Gegenangriff, der ihm die Zeit geben sollte, sich mit den übrigen Truppen nach Norden zurückzuziehen und die rauhe Gebirgszone von Nord-Luzon zu erreichen, wo eine Verteidigung besser möglich war als in dem bisher gehaltenen Zentralgebiet der Manila Bay. Aus dem Gebirge heraus wollte er dann eine Abnützungsschlacht einleiten, die den Gegner dezimieren sollte.

Den Japanern in der Heimat wurde durch Zeitungen und Radio berichtet, daß der Feind „in die Falle gelockt" sei. Aber die Realität war derart bedrückend, daß sie nicht lange ignoriert werden konnte, und so mußte Premierminister Koiso am 21. Jan. 1945 vor dem japanischen Reichstag gestehen, daß die militärische Lage auf dem pazifischen Kriegsschauplatz in ein Stadium eingetreten sei, das keinen Grund zum Optimismus biete. Aber dennoch beschönigte er die Lage mit den Worten: „Wie die Lage auch immer sein mag: Die ausgedehnten Nachschublinien des Feindes an allen Fronten sind unseren Angriffen ausgesetzt, und diese Tatsache, so glaube ich, wird uns eine goldene Gelegenheit bieten, den Sieg zu erringen. Nun erst beginnt in Wahrheit für unsere 100 Millionen Japaner die Chance, sich Luft zu verschaffen, voll flammenden Eifers in die Fußstapfen der kämpfenden Truppe zu treten und einmal mehr dem Geist des sicheren Sieges auf dem Felde der Produktion zu folgen."

Kriegsgefangenen-Odyssee

Noch in keinem Werk über den Zweiten Weltkrieg wurde in mehr als einigen Sätzen auf die Lage jener Soldaten hingewiesen, die in Kriegsgefangenschaft geraten waren und später auf verschiedenen Schiffen in Richtung Japan geschafft wurden. Stellvertretend für viele Kriegsgefangene und mehrere solcher tödlicher Transporte soll an dieser Stelle ausführlicher über zwei Transporte berichtet werden, die ein besonderes gemeinsames Schicksal erlitten.

Auf Luzon in Cabanatuan war eines der Kriegsgefangenenlager, in dem US-Soldaten zusammengebracht wurden. Sie waren auf dem berüchtigten Todesmarsch durch die Hölle von Bataan dorthin gelangt; in einem geheimen Notizbuch hatte Colonel James Gillespie, ein Sanitätsoffizier, beschrieben, wie die Gefangenen auf einem solchen Marsch leben mußten. Es waren Soldaten der 31. ID und des Air Corps. Im ersten Jahr sank die Belegung von Cabanatuan von 6500 Mann durch Todesfälle auf 2644 ab. Diese Männer waren an Dysenterie, Malaria, Diphterie und anderen Krankheiten gestorben. Sie hatten sich von Hunden, Katzen, Ratten und Abfall ernährt.

Ein anderer Tagebuchschreiber war Major Roy L. Bodine, der auf Bataan gefangengenommen wurde und mit seiner Gruppe nach Manila in das Bilibid-Gefängnis geworfen wurde. Am 12. Dezember wurden hier alle Gefangenen untersucht; sie erhielten bessere Nahrung, Seife und Toilettenpapier und wurden am nächsten Tag, dem 13. Dez. 1944, die Quezon Avenue zum Strand und zum Hafen hinuntergetrieben. Es waren insgesamt 1618 Mann. Auf der Pier 7 versammelten sie sich; hier lag der 15 000-Tonnen-Luxusliner „Oryoku Maru". Sie wurden in das Schiff getrieben. Im vorderen Teil etwa 700 Gefangene, unter ihnen auch Oberstleutnant Curtis Beecher. Major Bodine kam mit seiner Gruppe von etwa 300 Gefangenen und Zivilisten ins Mittschiff, drei Decks tief. Sie erhielten nach Einfall der Dunkelheit für diese 300 Mann acht Kübel Reis und Pfannen voll Fisch.

Das Schiff ging ankerauf und lief zunächst um Bataan herum in die Subic

Bay, um von dort aus auf Nordkurs zu drehen und volle Fahrt zu laufen. „Die Gefangenen sahen vor sich eine Reihe von Jahren der Kriegsgefangenschaft oder ein Wassergrab, das ihnen durch U-Boote oder Flieger bereitet wurde. Möglich war auch der Tod durch Hunger und Krankheit" (Siehe: Major Roy L. Bodine: Notebook).

Die Lage der 700 im Vorschiff war entsetzlich. Die einzige Ventilation kam aus einem kleinen Bullauge. Ein paar Eimer wurden zu ihnen heruntergelassen, in denen sie ihre Notdurft verrichten konnten. Es hatte kein Wasser gegeben, und noch in dieser Nacht starben die ersten Gefangenen in einer einfach unbeschreiblichen Hölle. Major Adrianus J. van Oosten rief nach Wasser. Die Wachen ignorierten diesen Ruf. *Ihre eigenen Kameraden waren auf den Philippinen in gleiche Gefängnisse gekommen.* Einige Männer gerieten in Panik; sie schlugen auf die Köpfe und Handgelenke ihrer Nachbarn ein, um deren Blut zu saugen. Die Panik drohte in ein Tollhaus zu münden. Und als das Morgenlicht durch das einzige Bullauge fiel, lagen einige Männer leblos am Boden, erstickt oder ermordet.

Dann hörten die Überlebenden von vorn Schüsse. Bomber griffen an, Bomben trafen das Schiff, Bordwaffenfeuer schmetterte in die Decks hinein. Dann herrschte Stille, und eine halbe Stunde darauf begann der nächste Angriff.

Major Bodine und zwei seiner Freunde, Captain John Hudgins und Major Bob Nelson, gingen in einem kleinen Verkaufsraum in Deckung, als MG-Salven auch durch das Fenster peitschten. Sekunden später wurde das Schiff von einer schweren Bombe oder einem Lufttorpedo getroffen. Angriff auf Angriff folgte nach, und als die Nacht einfiel, begann das erneute gegenseitige Schlachten, um wenigstens Blut zu trinken zu haben.

Um 04.00 Uhr früh rief ein Dolmetscher, daß sie alle in Gruppen zu jeweils 25 Mann nach oben gehen könnten. Kurz nach Sonnenaufgang kamen die ersten 25 nach oben an Deck. Einige Minuten später rief der Dolmetscher weitere 25 Mann hinauf. Als diese gerade nach oben gehen wollten, rief der Dolmetscher ihnen zu: „Zurück, zurück! Viele Flugzeuge, viele Flugzeuge!" Sekunden später krachte die erste Bombe in das Heck der „Oryoku Maru" hinein. Decksaufbauten und andere Stahl- und Holzteile flogen über das Deck, peitschten auch die Niedergänge hinunter ins Schiff hinein und töteten mehr als 100 Gefangene; etwa 150 wurden verwundet.

Die ersten Gefangenen sprangen über Bord. Eine Wache rief zur Gruppe von Major Bodine hinunter: „Geht alle heim, schnell!" Vorn sah Bodine eine Viertelmeile voraus Olongapo. Hunderte Männer, Japaner und Amerikaner, schwammen bereits im Wasser und versuchten, das nahe

Land zu erreichen. Nun gingen auch Bodine und seine Freunde über Bord, und als er den halben Weg zurückgelegt hatte, blickte er zurück und sah das Schiff, das wie eine Masse einzelner Brocken aussah. Vier US-Flugzeuge kamen in Sicht.

Insgesamt kamen etwa 1300 Schiffbrüchige an Land und wurden auf einem eingezäunten Tennisplatz zusammengepfercht.

Kurz nach Weihnachten verließen diese Gefangenen den Lingayen-Golf auf dem großen Frachter „Enoura Maru", auf dem etwa 1000 Mann untergebracht wurden, und auf dem kleinen Schiff „Brazil Maru", das 236 Mann aufnahm.

Major McCollum befand sich auf dem großen Schiff; von ihm wissen wir, daß 16 Gefangene auf dem Wege nach Takao starben. Die Männer, die sich von der „Oryoku Maru" mit ihren Sommeruniformen und teils auch nackt hatten retten können, fanden wenig Schutz vor der Kälte, denn mehr als ein Hemd oder eine zerrissene Hose hatten sie nach ihrer Rettung nicht bekommen.

Neben McCullum war auch Major Bodine in dem achteren Laderaum des großen Schiffes mit etwa 700 anderen eingeschlossen. Der Raum hatte die Abmessung von 21 mal 27 Meter; an einer Seite befand sich eine Art erhöhter Balkon, auf dem die Männer ihre Notdurft verrichten mußten. Urin und Fäkalien tropften auf die darunterliegenden Männer herab. Sie hatten nur wenig Nahrung und fast kein Wasser. Die Todesrate betrug mehr als zehn Männer am Tag.

Am 9. Januar 1945, als General Kruegers Truppen im Lingayen-Golf an Land stürmten, wurde das Gefangenenschiff, noch im Hafen liegend, von US-Bombern angegriffen und schwer gebombt. Stahl- und Holztrümmer wurden unter die Gefangenen geschleudert. Das ganze Schiff wurde wie ein Sieb zerfetzt. Der Boden war übersät mit zerstückelten und blutenden Körpern. Das Blutbad war einfach unbeschreiblich. Mehr als die Hälfte der 1000 Gefangenen wurde auf der Stelle getötet. Für die Verwundeten, die vor Schmerz schrien, gab es keine Medikamente und kein Verbandszeug. In der Düsternis herrschten Panik und Hysterie. Drei der acht Offiziere, die freiwillig die Aufsicht übernommen hatten, waren ebenfalls tot.

Für zwei Tage, bei wenig Wasser und Nahrung und ohne jede medizinische Betreuung lebten die Gefangenen in einem danteschen Inferno, das niemand jemals würde vergessen können. Es war durchaus nicht unüblich, hier Menschen zu sehen, die, auf den Körpern ihrer toten Kameraden sitzend, ihre erbärmliche Mahlzeit verzehrten.

Endlich kam eine kleine Gruppe japanischer Sanitäter mit einem Arzt in das Todesloch des Schiffes hinunter und versorgte die Leichtverwundeten. Die Schwerverwundeten ließen sie kommentarlos liegen, und die Toten –

etwa 500 – wurden zur Einäscherung hinausgeschafft.

Am Nachmittag des 13. Jan. 1945 wurden die Überlebenden zur kleinen „Brazil Maru“ geschafft und dort zusammengepfercht. Das Schiff lief aus und verließ Takao; die nächsten zwei Wochen schienen den Gefangenen „wie eine Ewigkeit des Horrors“. (Siehe: Notebook from Major McCullum). Einmal am Tage erhielten sie zu essen: vier Mann ein Kochgeschirr voll Reis und sechs Mann einen Kantinenbecher voll Wasser. Je weiter sie nach Norden kamen, desto kälter wurde es. Die Männer lagen dicht an dicht, und wenn sich einer umdrehen wollte, dann rief er „Shift“ (Wechsel), und die ganze Gruppe rollte herum auf die andere Seite. Sobald einer der Nachbarn diese Bewegung nicht mehr mitmachte, wußten sie alle, daß er tot war.

Durch die offenen Luken fiel der Schnee auf sie herunter. Die Männer, die ihre Verwundungen, Dysenterie und andere Krankheiten überstanden hatten, starben nun an Unterkühlung. Einige konnten ihr Überleben erkaufen, indem sie von den Wachmannschaften für Wertgegenstände einen leeren Reissack als Decke erstanden. Wenn am Morgen der Ruf erschallte: „Rollt die Toten heraus!“, dann wurden 30 oder mehr tote Kameraden gesammelt. Einer kämpfte gegen den anderen wie Hunde um ein Stückchen Nahrung. Nur durch den entscheidenden Einsatz einer Handvoll Männer wurden die Gefangenen schließlich davor geschützt, sich gegenseitig umzubringen. Es waren dies einige Offiziere und drei Kaplane: ein Lutheraner, ein anderer Protestant mit Namen Nagle und ein Katholik, Father Cummings. Am Ende dieser Odyssee waren die drei Geistlichen nicht mehr am Leben; sie hatten sich förmlich für ihre Brüder aufgeopfert.

Am schwersten zu ertragen war der Wassermangel. Ab und zu gab es für jeden nur einen Eßlöffel voll davon. Am 24. Jan. 1945 schrieb Dr. Bodine in sein Notizbuch, daß er und einige andere sich in der Nacht zuvor aufgemacht hätten, um das Kondenswasser aus den Zylindern der Schiffsdecksmaschinen zu schöpfen. Außerdem kratzten sie allen Schnee von dem verdreckten Schiffsdeck auf.

„Wir brauchen Wärme, Wasser, Nahrung und Reinigung“, schrieb Dr. Bodine in sein Tagebuch. Drei Tage später notierte er: „Die kälteste Nacht, die wir hatten, am Morgen kein Essen und kein Wasser. Am Nachmittag ein wenig Nahrung. Wir erleiden die Agonie in jeder Nacht. Eine Kontrolle über Zahl und Namen der Toten ist unmöglich. Father Cummings ist gestorben, Kowalski gegangen, ich bin der letzte von meiner alten Gruppe. Etwa 40 Mann in der letzten Nacht gestorben und nicht bestattet; ich hoffe auf ein baldiges Ende.“

In der Nacht zum 29. Jan. 1945 erreichte die „Brazil Maru“ den Hafen Moji auf Kyushu Island in Japan und legte an. Die Gefangenen wurden einer physischen Untersuchung unterzogen und ihnen die Temperatur gemessen. Danach wurden sie auf dem Oberdeck mitten im scharfen Wind aufgestellt, der ihnen Graupelschauer entgegentrieb; sie erhielten neue Kleidung. Sie mußten sich in der beißenden Kälte an Ort und Stelle ausziehen, während ihnen das eiskalte Wasser über die nackten Füße lief.

Von hier aus wurden sie in ein ungeheiztes Lagerhaus geschafft, das ganz in der Nähe lag, wo weitere sechs Gefangene starben.

Von den 1619 Gefangenen, die Manila auf der „Oryoku Maru" verlassen hatten, waren noch 450 Mann am Leben, und von diesen starben hier weitere 100 Mann.

Dieser kurze Report, der das Schlimmste verschweigen mußte, soll aufzeigen, daß mit der Gefangennahme der Krieg und die Leidenszeit noch nicht vorüber waren, sondern erst wirklich begannen. Und die ganze Gnadenlosigkeit eines Krieges zeigt sich darin, was er aus Menschen in solchen Situationen machen konnte.

Die weiteren „Mike"-Operationen

Zur Verstärkung der 6. US-Armee wurden am 27. Jan. 1945 die 32. ID und die 1. Kav.Div. im Lingayen-Golf gelandet. Ferner landete in der Operation Mike VII die Amphibische Kampfgruppe 9 unter KAdm. Struble mit der 38. ID unter GenMaj. Hall und dem 134. RCT des XI. AK des GenMaj. Sibert bei Zambales nördlich der Subic Bay.

An einem Tage wurden von 22 Transportern und 35 LST insgesamt 30 000 Mann gelandet. Teile der 38. ID wurden am 30. Jan. auf der Gramble-Insel in der Subic Bay an Land gesetzt.

Die Operation „Mike VI" brachte die amphibische Gruppe 8 des KAdm. Fechteler am 31. Jan. bei Nasugbu südwestlich der Manilabucht an Land. In dieser Gruppe befand sich auch die 11. Luftlandedivision unter GenMaj. Swing.

Am 13. Febr. 1945 drangen erstmals wieder US-Schnellboote in die Manilabucht ein. Am selben Tage begannen US-Minensucher mit der Aufnahme der Minen in der Bucht, während die Südspitze von Bataan, der beabsichtigte Landeraum, von der Task Group 74.3 des KAdm. Berkey beschossen wurde. Ebenso wurde auch der Landeraum von Corregidor unter Feuer genommen. Die Beschießung wurde am folgenden Tage fortgesetzt.

Am 15. Febr. landete die Amphibische KGr. 9 auf 62 Landungsfahrzeugen das 151. und das 34. RTC der 38. ID mit insgesamt 5300 Mann an der Südspitze von Bataan. Am nächsten Morgen erfolgte der Sprungeinsatz des

305. Fsch.Jäg.Rgt. auf Corregidor. Gleichzeitig damit landete ein Teil des I./RTC 34 in Landungsbooten auf dieser Insel. Sie wurde vorher von den Flugzeugen der 5. USAAF mit insgesamt 3200 Tonnen Bomben belegt. Damit war das Schicksal von Corregidor entschieden.

Zum japanischen Mutterland

Der erste große Trägerangriff auf Tokio

Die Task Force 58 unter VAdm. Mitscher lief am 10. Febr. 1945 aus Ulithi aus. Ihr Ziel war es, zur Unterstützung der Landungsoperationen auf Iwo Jima Tokio zu bombardieren.

In fünf Task Groups aufgeteilt, stellte die Task Force 58 eine Streitmacht von acht Schlachtschiffen, sechs Flugzeugträgern, 15 Kreuzern und 77 Zerstörern dar. Acht U-Boote waren vorausgelaufen, um die japanischen Vorpostenboote zu versenken, die als Wachboote in See standen. Es gelang den U-Booten, vier der „Augen" zu versenken. Sechs weitere wurden durch US-Zerstörer aufgefaßt und zusammengeschossen. Damit gelang eine ungemeldete Annäherung an die Ziele.

Am 16. Febr. starteten aus einer Distanz von nur 125 Seemeilen südostwärts von Tokio die Hellcat-Jäger und Corsair-Maschinen zum Angriff auf Tokio. Durch die Jäger konnten nach deren eigenen Meldungen etwa 300 japanische Flugzeuge abgeschossen werden. Den Japanern gelang es, 60 US-Jäger abzuschießen.

Danach starteten von den Trägern die Stukas und Bomber zur Bombardierung der japanischen Flugzeugfabriken im Großraum Tokio. Das schlechte Wetter ließ diesen Angriff zu keinem vollen Erfolg werden. Außerdem kämpften hier erfahrene japanische Piloten, die über schnelle Jäger des Typs A6M und N1K1-J „George" verfügten.

Am 17. Febr. wurde der Angriff wiederholt, diesmal gegen Schiffsziele im Raume Yokohama. Insgesamt wurden 2761 Einsätze geflogen. Es gingen abermals 60 US-Flugzeuge verloren, 28 weitere machten Bruchlandungen.

Am 16. Febr. begannen auch die Vorbereitungen zu den Landungsoperationen auf Iwo Jima, die bis zum 19. Febr. andauerten. Die Task Force 54 mit KAdm. Rodgers hatte diesen Raum am 16. Febr. mit sechs Schlachtschiffen, fünf Kreuzern und 16 Zerstörern erreicht und die vorher vermessenen Landeräume unter Feuer genommen.

Diese Vorbereitungen der Vermessung, des Minensuchens und der Beseitigung von Unterwasserhindernissen hatte die Task Force 52 unter KAdm. Blandy mit einer Minensuchgruppe, einer UDT-Gruppe und den Support Groups, bestehend aus Infanterie-Landungsbooten, LCI, übernommen.

Die Beschießung ging am 17. Febr. weiter. Die japanische Küstenartillerie erwiderte das Feuer und erzielte auf dem Schlachtschiff „Tennessee" einen und auf dem Kreuzer „Pensacola" sechs Treffer. Durch die Küstenartillerie wurden auch 12 LCI schwer getroffen; von ihnen sanken neun Boote.

Die Geleitträger starteten 226 Einsätze, die zum Teil mit Napalmbomben geflogen wurden. Hinzu kamen 42 Einsätze von B-24-Bombern der 7. USAAF. Der 18. Febr. sah die weitere Fortsetzung der Beschießung und neue Luftangriffe; danach waren die vorbereitenden Angriffe beendet. Man kam nun auch hier zum Hauptthema.

Landungsunternehmen auf Iwo Jima

Die Operationen begannen unter dem Codenamen „Detachment". Am 19. Febr. landete, durch die Task Force 51 geleitet und unterstützt, das V. Amphibische Korps des GenLt. Holland M. Smith, während die Task Force 54 die Feuervorbereitung für deren Landeräume übernahm. Nachdem das Feuer der Beschießungsgruppen zurückverlegt war, begannen die Landungen durch die Task Force 53 des KAdm. Hill in folgender Reihenfolge: Norden: 4. Mar.Inf.Div. unter GenMaj. Cates, Süden: 5. Mar.Inf.-.Div. unter GenMaj. Rockey.

Die 3. Mar.Inf.Div. war auf einem weiteren Kampfgeschwader als Reservetruppe verladen, um schnellstens an jene Stellen gebracht zu werden, wo es brannte. Sie mußte teilweise noch am ersten Tage an Krisenpunkten eingesetzt werden. Trotz des harten Widerstandes gelang am ersten Tage die Landung von 30 000 Soldaten.

Die gut bewaffneten und in ausgezeichnet ausgebauten Stellungen befindlichen Verteidiger, vor allem die 109. ID des GenLt. Kuribayashi, fügten durch flankierendes Feuer aus einigen Bunkerstellungen am Mount Suribachi dem landenden Gegner schwere Verluste zu. Erst am 23. Febr. konnte diese japanische Widerstandslinie überwunden werden. Ebenso wurde der Landungsraum aus dem nördlichen Bergland unter Feuer genommen.

Trägerflugzeuge versuchten, die Hauptstellungen auszuschalten. Zu diesem Zweck flogen sie am ersten Landungstag 606 Einsätze und warfen 274 Tonnen Bomben, 2252 Raketen und 100 Napalmbomben. Japanische Kamikazeangriffe versuchten, dem Gegner entscheidenden Schaden zuzufügen. Am 21. Febr. griffen 32 Todesflieger an. Sie versenkten den Geleitträger „Bismarck Sea"; zwei Flottentransporter wurden beschädigt.

Der Kampf auf Iwo Jima dauerte bis zum 16. März. Er war von unvorstellbarer Härte. Die letzten japanischen Soldaten, die sich auf der

Insel hielten, blieben bis lange nach Kriegsschluß im Dschungel verborgen. Und dennoch waren auch sie noch nicht die letzten, denn in den folgenden 16 Jahren wurden noch auf vielen Atollen und Inseln entlang des Weges von Saipan bis Mindoro japanische Soldaten gefunden. Zwei Soldaten auf Guam ergaben sich 16 Jahre nach der Befreiung der Insel den dortigen Behörden.

Die japanischen Streitkräfte verloren auf dieser Insel insgesamt 20 703 Mann an Toten. Nur 216 Japaner ergaben sich. Das US Marine Corps erlitt hier seine schwersten Verluste mit 5931 Toten und 17 272 Verwundeten.

Der zweite Luftangriff auf Tokio

Die Task Force 58 unter VAdm. Mitscher lief am 14. März 1945 abermals zu einem großen Luftangriff auf das japanische Mutterland aus Ulithi aus. In den vier Gruppen standen diesmal insgesamt 16 Träger, acht Schlachtschiffe, 18 Kreuzer und 63 Zerstörer.

Der erste Angriff begann am 18. März 1945. Er richtete sich gegen Kyushu und die dortigen Flugfelder, um zunächst die japanische Luftabwehr auszuschalten.

Unter Führung der 5. Jap. Luftflotte des VAdm. Ugaki starteten 48 Todesflieger gegen die vier Trägergruppen. 18 davon fanden die Ziele nicht, die übrigen aber sehr wohl. Der Hauptangriff erfolgte gegen die Task Group 58.4 und „Intrepid", einen Träger dieser Gruppe; er wurde durch einen direkt neben dem Träger ins Wasser stürzenden Flieger in Brand gesetzt. „Yorktown" und „Enterprise" wurden leicht getroffen. Die drei Einheiten konnten im Einsatz bleiben.

Die Trägerangriffe des 19. März richteten sich gegen japanische Luftbasen in der Inlandsee, so gegen Kure, wo die Träger „Amagi", „Katsuragi", „Ryuho", „Hosho", „Kaiyo" und der soeben fertiggestellte Träger „Ikoma" getroffen wurden. Daneben traf es die Schlachtschiffe „Yamato", „Hyuga", „Haruna", den Kreuzer „Oyodo" sowie drei U-Boot-Neubauten. Ein japanischer Bomberverband der 5. Luftflotte erzielte einen Treffer auf dem Träger „Wasp", der in Brand geriet, 101 Tote und 269 Verwundete waren dort zu beklagen. „Franklin", ein weiterer Träger, erhielt zwei schwere Treffer und geriet in Brand. Seine Bomben und die Artilleriemunition explodierten. Hier waren die Verluste erschreckend: 724 Tote und 265 Verwundete. Unter letztem Einsatz gelang es den Kreuzern „Santa Fé" und „Pittsburgh", etwa 1700 Schiffbrüchige zu retten. Captain Gehres schaffte das Unglaubliche: er bekam das schwerbeschädigte Schiff wieder unter Kontrolle und lief mit eigener Kraft in die

Werft. Auch auf der „Enterprise“ wurden Treffer erzielt, die „Essex“ war sogar durch eigenes Flakfeuer beschädigt.

Nach einem weiteren Kamikazeangriff mit Bomben einen Tag später erfolgte am kommenden Tag der Angriff von 18 Zweimot-Bombern der Japaner mit „Oka“-Bomben (bemannte Raketenbomben) und 55 Kamikazefliegern. Von letzteren mußten 45 wieder umkehren, weil sie den Feind nicht fanden. Der Rest wurde rechtzeitig geortet und durch US-Abfangjäger bis auf einen abgeschossen.

Okinawa im Fadenkreuz

Die Vorbereitungen zur Landung auf Okinawa begannen am 23. März 1945. Zunächst wurde Okinawa von Schlachtschiffen und Kreuzern beschossen und bis zum 25. März mit rollenden Bombenangriffen bedacht.

Die am 23. März aus Ulithi ausgelaufene British Pacific Fleet des VAdm. Rawlings griff unter ihrer neuen Bezeichnung Task Force 57 mit den Trägern „Indomitable“, „Victorious“, „Illustrious“ und „Indefatigable“, den Schlachtschiffen „King George V.“, und „Howe“, „Euryalus“ und elf Zerstörern am 26. und 27. März in die Kämpfe ein und beschoß die Sakishima-Inseln und die Gunto-Inselgruppe, um die dort liegenden japanischen Flugfelder auszuschalten. Diese Beschießungen wurden nach einer Versorgung am 31. März fortgesetzt.

Inzwischen war auch die Task Force 52, KAdm. Blandy, vor Okinawa eingetroffen und beteiligte sich am Kampf. Nach der nächtlichen Räumungsarbeit der UDT und der Beschießung der Landeplätze auf Kerama Retto landete dort im ersten Frühlicht des 26. März die Western Island Attack Group mit der 77. ID unter GenMaj. Bruce gegen geringen Widerstand. Die Fire Support Group begann am 26. März mit der Beschießung von Okinawa.

Schon tags zuvor befahl das Kaiserliche Hauptquartier in Tokio aufgrund der vorangegangenen Vorbereitungskämpfe die „Operation Tengo“, die den Zweck hatte, Okinawa und das gesamte südliche Japan zu verteidigen. Die Verbände der 10. und 3. Luftflotte wurden der 5. Luftflotte des VAdm. Ugaki operativ unterstellt. Die 5. Luftflotte operierte von Kyushu, die Reste der 1. Luftflotte von Formosa aus. In der Abenddämmerung des 25. März packte der erste Kamikazeangriff mit 25 Flugzeugen zu. 23 kamen in Angriffsposition, mehrere US-Schiffe erhielten Treffer. 24 Stunden darauf erfolgte ein weiterer Kamikazeangriff, diesmal von elf Bombern, die einen Treffer auf dem Schlachtschiff „Nevada“ erzielten. Treffer hatten auch der Kreuzer „Biloxi“, vier Zerstörer und ein Minensucher erhalten.

Ein weiterer Zerstörer wurde nach einem Treffer aufgesetzt, um sein Sinken zu verhindern. Bis zum Abend des 30. März erfolgten weitere Kamikazeangriffe. Einer traf am Abend dieses Tages das Flaggschiff der 5. US-Flotte, die „Indianapolis", die allerdings rasch wieder repariert werden konnte, um kurz vor Kriegsschluß noch ein schreckliches Schicksal zu erleiden.

Am 31. März war nach einem weiteren Kamikazeangriff die Zeit der Vorbereitungen zu Ende.

Die Operation „Iceberg"

Die Landungen der Task Force 51 unter VAdm. Turner auf Okinawa mit insgesamt 1213 Schiffen, darunter 603 Landungsfahrzeugen, sollten die 10. US-Armee des GenLt. Buckner an Land bringen; die Operation begann am 1. April 1945. Einschließlich der drei Reservedivisionen wurden 451 866 Mann eingeschifft, die größte Streitmacht, die der Pazifik je gesehen hatte.

Die Northern Attack Force unter KAdm. Reifsnider landete das III. Amphibische Korps des GenMaj. Geiger, bestehend aus der 6. Mar.Inf. Div. unter GenMaj. Shepherd und der 1. Mar.Inf.Div. unter GenMaj. de Valle.

In der Southern Attack Force (KAdm. Hall) befand sich das XXIV. AK (GenMaj. Hodges), dem die 7. ID unter GenMaj. Arnold und die 96. ID unter GenMaj. Bradley zur Verfügung standen.

Der anfänglich geringe Widerstand, der die US-Truppen empfing, rührte daher, daß sich die japanischen Truppen aus dem stark beschossenen und gebombten küstennahen Raum zurückgezogen hatten. Die Jap. 32. Armee, kommandiert von GenLt. Ushijima, hatte sich im südlichen Bergland eingegraben und Bunkerlinien sowie MG-Stellungen errichtet, aus denen hinhaltender Widerstand geleistet werden sollte.

Der Abend des 1. April brachte einen Kamikazeangriff auf die Landungsflotte, dem sich Oka-Bomben-Angriffe anschlossen. Das Schlachtschiff „West Virginia" und drei Transporter wurden getroffen. Die nachfolgenden Horizontal- und Sturzkampfbomber trafen ebenfalls einige Schiffe, darunter einen Zerstörer. Der britische Träger „Indomitable" wurde von einem Todesflieger getroffen, ebenso der Zerstörer „Ulster", der von dem Kreuzer „Gambia" nach Ulithi zurückgeschleppt werden mußte. Der nächste Kamikazeangriff am 2. April brachte für die US-Landungsflotte einige Transporterverluste, und in den heftigen Stürmen des 4. April wurden einige LST auf den Strand geworfen und kenterten.

Japanische Gegenangriffe gegen die Landungsflotte

Vom 6. bis 10. April unternahm die japanische Führung einen großangelegten Versuch, die Gegner vor Okinawa zu vernichten. Eine Reihe Kamikazeangriffe wurden angesetzt, denen beim Hauptangriff von 198 Todesfliegern 27 Schiffe zum Opfer fielen; allerdings waren nur wenige tödlich getroffen. Das Schlachtschiff „Maryland" und der Zerstörer „Bennett" erhielten dabei schwere Treffer, ebenso die Träger „Illustrious" und „San Jacinto". Der Träger „Hancock" und der Zerstörer „Wesson" erhielten mittelschwere und einige weitere Einheiten leichte Treffer. Die Landungsoperationen wurden jedoch durch diese Einsätze in keiner Weise beeinträchtigt. Die Überlegenheit der US-Amerikaner zur See und in der Luft war dazu viel zu groß.

Die japanische Flotte bei Okinawa

Am 6. April begann auch die japanische Flotte mit ihren Aktionen vor Okinawa. Aus Tokuyama in der Inlandsee lief eine starke Kampfgruppe unter VAdm. Ito mit dem größten Schlachtschiff der Welt, der „Yamato", aus. Diese Kampfgruppe wurde unmittelbar danach gesichtet und gemeldet. Auch beim Durchlaufen durch die Enge des Bungo-Kanals konnten U-Boote sie sichten. Aufklärer der Task Groups 58.1 und 58.3 stellten den Verband am Morgen des 7. April im Raum südlich Amami-Oshima fest und nahmen Fühlung auf. Die Task Group 58.4, die über Okinawa Jagdschutz flog, versuchte nun, so rasch wie möglich heranzuschließen.

Um 10.00 Uhr starteten von den beiden erstgenannten Gruppen nacheinander 280 Flugzeuge als Hauptangriffsgruppe. Sie durchstießen den Flakvorhang der japanischen Schiffe und begannen das Bombardement. Der Kreuzer „Yahagi" erhielt 13 Bomben- und sieben Torpedotreffer. Zerstörer „Hamakaze" sank wie „Yahagi" nach schweren Treffern. Schlachtschiff „Yamato" erhielt zunächst zwei Bomben- und einen Torpedotreffer. Als Brände auf dem Schlachtschiff ausbrachen, befahl KAdm. Ariga, sein Kommandant, Wasser in die Munitionsräume zu pumpen. Dieser Befehl konnte nicht durchgeführt werden, weil der Posten des Wasserkontrollkommandos zerstört war. Flammen leckten bereits aus den Munitionsräumen heraus, jeden Augenblick konnte eine Explosion erfolgen. Beim Angriff der zweiten Welle wurde „Yamato" durch weitere Torpedos und Bomben getroffen, und um 14.15 Uhr schlug der 12. Torpedo der 100 Flugzeuge starken zweiten Angriffswelle, deren Angriff um 14.00 Uhr begonnen hatte, in das Superschlachtschiff hinein. Drei weitere Bombentreffer kamen hinzu.

Drei Zerstörer wurden binnen weniger Minuten von der Wasseroberfläche hinweggefegt. KAdm. Nomura, der befehlsführende 1. Offizier an Bord der „Yamato“, gab Befehl, das Schiff zu verlassen. Das „unsinkbare“ Schlachtschiff neigte sich zur Seite, die Backbordreling, die sonst 7,5 Meter über der Wasseroberfläche lag, schöpfte nun bereits Wasser. Als „Yamato“ 30 Grad Schlagseite hatte, rief KAdm. Nomura zu KAdm. Ariga, dem Kommandanten des Schiffes, hinüber: „Das Ende ist nahe!“ Über das Sprachrohr informierte dieser Admiral Ito, daß es mit dem Schiff zu Ende gehe: „Flottenbefehlshaber, Ihre Person ist unersetzbar. Bitte verlassen Sie das Schiff mit der Besatzung! Ich allein werde zurückbleiben!“ meldete Ariga. Danach gab der Kommandant des Schiffes der Besatzung Weisung, auf das Oberdeck zu kommen. KAdm. Nomura stand noch auf der zweiten Brücke. Auch er wurde von KAdm. Ariga aufgefordert, das Schiff zu verlassen und der Vereinigten Flotte Meldung von den Ereignissen zu machen. Nomuras Protest wurde von KAdm. Ariga ignoriert. Dieser rief zurück: „Ich bleibe an Ihrer Seite!“ – „Erster Offizier, dies ist ein Befehl!“ gab KAdm. Ariga zur Antwort und legte den Hörer der Bordsprechverbindung auf. Admiral Ito weigerte sich, das Schiff zu verlassen. Er schüttelte seinem Chef des Stabes, Captain Morishita, die Hand und bat, ihm nicht nachzufolgen. Dieser aber rief: „Baka! Die jungen Leute sollen leben, um das Leben des Kaisers zu sichern.“

Um 14.25 Uhr kam sehr schnell das Ende der „Yamato“. Das Schlachtschiff rollte plötzlich herum. Schreie wurden laut, die sich zu einem einzigen wilden Ruf fanden: „Banzai!“ – „Yamamoto“ lag wie ein gestrandeter Wal auf der Seite. Das Licht erlosch. Die Männer, die noch nicht im Wasser schwammen, rutschten das steile Deck hinunter. Dann sank das Schlachtschiff, und unter Wasser erfolgte eine gewaltige Kesselexplosion. Das Ende war gekommen. Das größte Schlachtschiff der Welt war gesunken und gleichzeitig damit – so erschien es wenigstens vielen der Schiffbrüchigen – auch das Ende der Kaiserlichen Marine gekommen.

An Bord seines Zerstörers sah Commander Terauchi, wie die „Yamato“ überrollte; er meldete dies an Captain Yoshida, dem neuen Senioroffizier der Flotte, der sich an Bord des Zerstörers „Fuyutsuki“ befand. Dieser befahl ihm, nahe heranzulaufen und die Überlebenden aus dem Wasser zu fischen. Die schwimmenden Schiffbrüchigen wurden systematisch von amerikanischen Flugzeugen beschossen, die ein dichtes Schnittmuster tödlicher Leuchtspurfäden zu den im Wasser Schwimmenden hinunterschickten.

Eine Woche nach der Landung auf Okinawa drückten die beiden Armeedivisionen den Gegner nach Süden. Dennoch hatten sie immer noch

Schwierigkeiten mit den japanischen Außenposten. Admiral Turner ließ am 8. April über Funk an Admiral Nimitz tasten: „Ich will verrückt sein, wenn die Japaner nicht alle Hoffnungen auf einen Sieg aufgegeben haben, nicht zuletzt durch unseren großen Erfolg." Die Antwort von Admiral Nimitz lautete: „Streichen Sie alles nach ‚verrückt'!"

Das Superschlachtschiff „Yamato" hatte 2498 Soldaten mit in den Untergang gerissen. Der Führer der Kampfgruppe I VAdm. Ito und der Kommandant der „Yamato" gingen mit unter. Insgesamt verloren die Japaner in dieser Seeschlacht allein 3665 Mann. Von den gegen sie eingesetzten 386 Flugzeugen gingen nur zehn verloren.

Kamikazeflieger greifen weiter an

Die Task Force 58 unterstützte die an Land gegangenen Truppen vom 8. bis 14. April 1945 mit jeweils zwei Gruppen im Einsatz, während eine versorgte und die vierte auf dem Hin- oder Rückmarsch zum Kampfgebiet war.

Am 11. April erlebte die US-Flotte einen Kamikazeangriff, bei dem das Schlachtschiff „Missouri", der Träger „Enterprise" und drei Zerstörer Treffer erhielten.

Das Unternehmen „Kikusui 2" mit 83 Marine- und 60 Heereskamikazefliegern begann am 12. April. Hinzu kamen zwölf Bomber, die bemannte „Oka"-Bomben mitführten. Zwei dieser bemannten Bomben versenkten einen und beschädigten einen zweiten Zerstörer. Eine Reihe kleinerer Fahrzeuge wurde getroffen, und zwischen Okinawa und Kerama Retto erwischte es die Schlachtschiffe „Idaho" und „Tennessee", einen Zerstörer und zwei kleinere Kriegsschiffe. Vier Geleitzerstörer erhielten ebenfalls zum Teil schwere Treffer. Gemessen an den amerikanischen Erfolgen, waren dies zwar empfindliche, aber dennoch nur Nadelstiche. Und auch der nächste Kamikazeangriff, der die „New York" und drei Zerstörer traf, war nicht mehr als dies. Dennoch verdient die große Zahl der Kamikazeflieger, die bewußt für ihr Land in den Tod ging, höchsten Respekt.

Die Operationen bei Okinawa wurden von der Task Force 58 bis zum 26. April fortgesetzt. Bei dem Unternehmen „Kikusui 3" mit 126 Flugzeugen und sechs Okabombern, von denen 42 Kamikazes umkehren mußten, erhielten der Träger „Intrepid" und das Schlachtschiff „Missouri" schwere Treffer. Die Task Group 58.2 mußte aufgelöst werden. Dies war ein bedeutsamer Erfolg der Kamikazeflieger. Der Schwerpunkt dieses Angriffs richtete sich gegen die Landungsflotte, aus der mehrere Zerstörer und eine Reihe Kleinfahrzeuge zerstört und weitere beschädigt wurden.

Am 16. April landete eine amphibische KGr. unter KAdm. Reifsnider mit der 77. ID auf der Okinawa vorgelagerten Insel Iwo Jima, die von den Japanern mit letzter Kraft bis zum 21. April verteidigt wurde. Die Stellungen der Jap. 62. und 63. ID in der Shuri-Linie auf Iwo Jima wurden am 18. und 19. April durch insgesamt 640 Einsätze der Air Force angegriffen. Auf diese Linie schossen sich am frühen Morgen des 18. April auch 27 US-Heeres-ArtAbt. ein, und die Task Force 58 eröffnete ebenfalls das Feuer auf sie.

Hinter dem Schutz dieser Feuerglocke trat das XXIV. AK mit der 27., 96. und 7. ID zum Angriff an. Die Japaner verteidigten sich erbittert und wiesen die Angriffstruppen ab, die erhebliche Verluste erlitten. Erst am 23. April mußte die 1. Shuri-Linie aufgegeben und die 2. Shuri-Linie bezogen werden.

In der Operation „Victor V" landete vom 17. April an das X. US-Korps unter GenMaj. Sibert mit der 24. ID des GenMaj. Woodruff und der 31. ID des GenMaj. Martin an der Küste des Moto-Golfs auf West-Mindanao, Philippinen. Die Landung gelang bis zum 22. April mit starker Feuerunterstützung durch die Task Group 74.2.

Vom 3. bis 29. Mai wurden die Operationen gegen und auf Okinawa fortgesetzt. Hierbei kam es noch zu einer Reihe schwerer Gefechte. Am 11. Mai wurde der Träger „Bunker Hill" durch Kamikazeflieger schwer getroffen. Es gab 392 Tote und 264 Verwundete.

VAdm. Mitscher stieg auf „Enterprise" über und ließ am 12. und 13. Mai mit den Task Groups 58.1 und .3 die dortigen Kamikazestartplätze angreifen. Auf dem Rückmarsch am frühen Morgen des 14. Mai wurde auch die „Enterprise" schwer getroffen. Abermals stieg Flottenbefehlshaber Mitscher auf ein anderes Flaggschiff, den Flugzeugträger „Randolph", über.

Die Task Force 57 unter VAdm. Rawlings und VAdm. Vian führte am 3. und 4. Mai einen Trägerangriff gegen die Sakashima-Gunto-Inseln durch. Vor allem die Flugplätze dieser Inseln wurden von allen Einheiten dieses Verbandes beschossen. Dabei erhielt „Formidable" einen Kamikazetreffer. „Indomitable" mußte ebenfalls leichte Treffer hinnehmen.

Die Task Groups 52.1 und .2 traten bei Versorgung der Task Force 57 an deren Stelle und bomten am 6. und 7. Mai weiter. Danach setzte vom 9. bis 25. Mai die Task Force 57 den Kampf fort. „Victorious" und „Formidable" wurden dabei von Kamikazefliegern schwer beschädigt. Letztere mußte nach Ulithi zurückmarschieren.

Das Unternehmen „Kikusui 5" kam ebenfalls zu einigen Erfolgen; neben einer Reihe kleinerer Kriegsfahrzeuge versenkten die Todesflieger in diesem Unternehmen die auf Vorpostenstationen stehenden Zerstörer

„Little“, „Luce“, „Morrison“ und die Landungsboote LSM 190, 194 und 195. Der in der Unterstützungsgruppe stehende Kreuzer „Birmingham“ und einige kleinere Kriegsfahrzeuge wurden vor Okinawa durch Kamikazes beschädigt. Damit waren die japanischen Todesfliegeraktionen sehr wirksam geworden, und die „Nadelstiche“ wirkten sich nun bereits auf die Kampf- und Einsatzbereitschaft vieler Einheiten aus. Beachtung verdient der Umstand, daß die Kapitulation der Deutschen Wehrmacht am 7. und 8. Mai an den Kämpfen im Fernen Osten nichts, aber auch gar nichts änderte.

Der am 10. Mai beginnende Großeinsatz „Kikusui 6“ mit 70 Kamikaze der Marine und 60 des Heeres führte zur Vernichtung von vier weiteren Zerstörern. Am 12. Mai wurde das Schlachtschiff „New Mexico“ vor Okinawa schwer getroffen. Es blieb dennoch bis zum 28. Mai im Einsatz, ehe es nach Ulithi zurückkehrte.

Mit „Kikusui 7“ erfolgte am 24. und 25. Mai wieder ein großer Todesfliegereinsatz. Insgesamt waren 165 Flugzeuge, davon 100 vom Heer, an dieser Operation beteiligt. Einige Schiffe wurden beschädigt, und auch beim folgenden Unternehmen „Kikusui 8“ fielen weitere kleinere Schiffe den 170 Kamikazefliegern zum Opfer. Dennoch waren diese beiden mit so großem Einsatz geflogenen Unternehmungen nicht sehr erfolgreich. Es zeigte sich, daß kleine Gruppen entschlossener Flieger mehr vermochten, zumal sie meistenteils unentdeckt angriffen, was bei den Großoperationen nicht möglich war.

In der Wewak-Bucht auf Neuguinea erfolgte am 9. die erste Landungsoperation eines Unternehmens, das bis zum 23. Mai andauerte. Die 6. Austr. Brigade mit GenMaj. Stevens griff dort die Reste der 18. Jap. Armee an. Am 11. Mai wurden die ersten Australier in der Dove-Bucht gelandet. Sie eroberten die Wewak-Halbinsel, und bis zum 23. Mai war der letzte Widerstand hier gebrochen.

Bereits am 10. Mai war ein Teil der Amphibischen KGr. des KAdm. Struble mit dem 108. ECT der 40. ID in der Macalajar-Bucht auf Nord-Mindanao gelandet.

Die letzten Kämpfe um Okinawa

Vom 29. Mai bis zum 13. Juni 1945 wurden die Operationen ostwärts Okinawa fortgesetzt, und zwar durch die Task Force 38 unter VAdm. Halsey. Am 5. Juni geriet die gesamte Task Group 38.1 in das Zentrum eines Wirbelsturms. Die Träger „Hornet“, „Bennington“, „Belleau Wood“, „San Jacinto“, die Schlachtschiffe „Massachussetts“, „Indiana“,

„Alabama", die Kreuzer „Pittsburgh" (von dessen Vorschiff 35 Meter abgerissen wurden), „Baltimore", „Quincy", „Atlanta", „Duluth" und „San Juan" sowie elf Zerstörer erlitten zum Teil schwere Beschädigungen. Die meisten Schiffe konnten nach Notreparaturen ihren Einsatz fortsetzen; am 7. und 8. Juni führte diese Gruppe Versuchseinsätze mit Napalmbomben gegen Okino-Daito-Shima durch. Diese neue Waffe, die später in Indochina so schreckliche Wirkungen hatte, erzielte anfangs auch erhebliche moralische Wirkung. Den Krieg aber entschied sie so wenig wie in Indochina.

Die letzte Phase der Kämpfe um Okinawa begann am 3. Juni, sie endete am 22. Juni. Die Japaner führten ihre Operation „Kikusui 9" durch. Dabei erhielten vor Okinawa das Schlachtschiff „Mississippi", der Kreuzer „Louisville", der Geleitträger „Natoma Bay" und drei Zerstörer zum Teil schwere Treffer. Der Zerstörer „William D. Porter" wurde am 10. Juni durch einen Kamikazevolltreffer versenkt. Ein japanisches Torpedoflugzeug vernichtete den Zerstörer „Twiggs".

Die letzten Kamikazeangriffe, von Marine und Heer gemeinsam mit der Bezeichnung „Kikusui 10" getragen, fanden am 21. und 22. Juni statt. Diesmal konnten nur insgesamt 45 Flugzeuge aufgeboten werden. Sie beschädigten vor Okinawa zwei Flugzeugtender, einen Geleitzerstörer, einen Minensucher und drei Landungsboote.

Die Landkämpfe auf Okinawa wurden Ende April, Anfang Mai immer erbitterter. Der Kampf um Maeda nahm tragische Züge an. In diesen Stellungen nahe der Stadt Tanabaru stand das Bataillon von Captain Koichi Ito mit 600 Mann im Abwehrkampf. Es gelang diesen eingeschlossenen Japanern, mit einer Handvoll Panzern, die in der Nacht zu ihnen durchbrachen, die amerikanischen Linien zu durchstoßen und Tanaburu zu erreichen.

Im Klartext meldete Captain Ito (sein Schlüsseloffizier war gefallen), daß er mit 450 seiner Soldaten die neue Verteidigungsstellung am Hang des vorgesehenen Hügels erreicht habe. Captain Ito lag nunmehr oberhalb von Tanaburu in Stellung. Er wurde von allen Seiten angegriffen. Während des 5. Mai waren weitere 100 seiner Kämpfer durch Flammenwerfer, MG- und Granatwerfer getötet worden.

Abermals 24 Stunden später griffen US-Truppen an, Captain Ito machte sich schon zum Tod bereit, als er Befehl erhielt, sich wieder in seine alten Stellungen hinein abzusetzen. Als er in der finsteren Nacht ausbrach und das Feindgebiet durchlaufen hatte, waren mit ihm höchstens noch ein Dutzend Soldaten durchgekommen. In der Mitternacht des 8. Mai eröffneten die Amerikaner aus allen Waffen das Feuer, in das auch die Schiffsgeschütze einfielen. Diese schossen plötzlich drei Vollsalven, aber sie waren nicht gegen den Feind gerichtet, sondern ein Freudensalut: Deutschland hatte bedingungslos kapituliert.

Der Maeda-Rücken war zu einer blutigen Version des „Königs aller Hügel“ aufgestiegen. Erst hielt die eine Seite die Höhe, dann die andere. Das I. Bataillon des 307. US-IR verlor hier binnen acht Tagen mehr als die Hälfte seines Bestandes einschließlich acht Kompaniechefs, die während eines 36-Stunden-Angriffs der Japaner den Tod fanden. Die japanischen Verluste waren noch schmerzlicher. Captain Shimura beispielsweise verlor hier von seinen 600 Soldaten über 450 Mann; die letzten 150 waren sämtlich schwer verwundet. Er ging allein als Guerillakämpfer und sagte seinen Kameraden: „Wer mit mir gehen will, der kann dies tun. Die anderen sind von ihrem Eid entbunden. Wir werden von diesem Hügel herunterstoßen, bevor wir hier sterben.“ Die wenigen noch kampffähigen Männer folgten ihm und fielen in diesem Kampf. Die Schwerverwundeten ergaben sich den Amerikanern.

Nach dem Fall von Maeda begann die amerikanische Offensive quer über die Insel. Zwei Marinedivisionen des III. Amphibischen Korps hielten die westliche Flanke. Nach einem schweren Gefecht besetzte die 61. ID den Sugar Loaf Hill, den westlichsten Punkt der Verteidigungslinie, weniger als eine Meile von Shuri entfernt. Die 1. Mar.Inf.Div., die seit Guadalcanal im Einsatz war, stieß durch eine Felsenpassage, die den Weg in die vormalige Hauptstadt der Insel bildete, bis Wana Draw durch.

Weiter nach Osten auf dem Weg zur Küste vorgehend, erreichten die drei Divisionen des XXIV. AK den Chocolate Drop, Flattop und andere Hügel bis hart ostwärts Shuri. In der Abenddämmerung des 21. Mai wurde die City von drei Seiten umklammert. Aber der in der Dunkelheit einsetzende sintflutartige Regen verwandelte die Straßen in Moräste, die Amphibienfahrzeuge und Panzer blieben hilflos im Schlamm stecken. Für eine volle Woche erlahmten alle Bewegungen. Nicht einmal der Nachschub konnte nach vorn gebracht werden.

General Ushijima erwägte bereits, Shuri aufzugeben. Mehr als 6000 seiner Soldaten waren während der Verteidigung dieser Stadt getötet worden. Die 62. und 24. ID und die 44. unabhängige gemischte Brigade, „das Herz der japanischen Armee“, wurden im feindlichen Schiffsgeschützfeuer, dem Artilleriefeuer und den Luftbombardements ebenso wie durch Infanterie- und Panzerangriffe zerschmettert.

Am 27. Mai gab GenLt. Buckner dem XXIV. AK neue Instruktionen, den Feind unentwegt anzugreifen. Kampfpatrouillen sollten entlang der Shuri-Front Tag und Nacht den Gegner angreifen und ihn zermürben. Am 29. Mai erstürmte die 1. Mar.Inf.Div. den Shuri-Rücken, der nur noch schwach verteidigt wurde. In den Ruinen von Shuri-Castle jedoch versteifte sich die Verteidigung.

Hinter einem dauernden Regenvorhang entkam in der Nacht General Ushijima mit den meisten seiner Truppen der Umklammerung und richtete sein neues Hauptquartier neun Meilen südlich Shuri Castle in einer Felsenhöhle auf einer steilen Klippe ein. Von hier aus konnte man die gesamte Klippenregion der rauhen Küste überschauen.

Am letzten Tag des Mai erstürmten Marines und GIs Schulter an Schulter von zwei Seiten die Hauptstadt. Shuri lag in Trümmern. Zwei Häuser standen noch: die Normalschule und die Methodistenkirche.

Die Japaner hatten ihre letzte Verteidigungslinie sechs Meilen unterhalb von Shuri eingerichtet. Sie wurde von zwei Haupthügeln überstiegen: dem Yuzu-Dake und dem Yaedu-Dake. Der gesamte Rücken lag quer zur südlichen Spitze von Okinawa. Den Rücken zur See verteidigten hier die Japaner. Als der Regen endlich am 5. Juni aufhörte, konnten immer noch keine Panzer in dem Morast fahren. Am 10. Juni bereitete sich die 96. ID zum Angriff auf den Yaedu-Dake vor, den sie „Big Apple“ nannten. Nach 48stündigem Trommelfeuer begann der Angriff, und bis Mitternacht des 13. Juni war die Verteidigung auf der Hälfte des Rückens dem Zusammenbruch nahe.

Der Angriff auf die Oroku-Halbinsel kostete die 6. ID 1608 Mann an Toten. Am 15. Juni wurden die Leichen von KAdm. Minoru Ota, dem japanischen Befehlshaber hier, und von fünf seiner Stabsoffiziere in ihrem unterirdischen Hauptquartier gefunden. Sie lagen nebeneinander ausgestreckt auf einer errichteten Plattform mit blutbefleckten Matratzen und hatten Harakiri begangen.

Etwa 1000 Japaner wurden in dieser letzten Phase des blutigen Ringens auf Okinawa jeden Tag getötet. Der Kampf hatte sich zu einer Art wilden, verbissenen Höhlenkrieges entwickelt.

Am 15. Juni ließ Oberst Kanayama, Kommandeur des IR 27, seine Offiziere zu einer Besprechung in seinen Gefechtsstand bitten. Er befahl ihnen einen Großangriff des gesamten Regimentes in der Abenddämmerung. Aber sein Regiment war nur noch etwa 120 Mann stark, und jeder wußte, was dieser Befehl bedeutete. Mit Petroleum setzte der Oberst unmittelbar vor Kampfbeginn die Regimentsfahne in Brand. Er dankte seinen Männern, daß sie vorbildlich gekämpft hatten. Wer nach Hause zu kommen wünschte, den gab er frei. Danach stieß er sich das Schwert in den Leib. Sein Adjutant, Captain Sato, zog den Säbel und schlug dem Kommandeur den Kopf ab, ehe er sich selbst erschoß. Ein anderer Offizier, First Lieutenant Adachi, riß die Pistole aus der Tasche und schrie: „Tenno Heika banzai!“, bevor auch er sich eine Kugel in den Kopf schoß. Am 17. Juni 1945 war die 32. japanische Armee restlos vernichtet.

GenMaj. Simon Bolivar Buckner, der Sieger auf Okinawa, aber stieg am Nachmittag des 18. Juni zu einem Beobachtungsposten auf den Klippen empor, um die letzten Einsätze eines neu in den Kampf gebrachten Regimentes zu beobachten. Als direkt über seinem Kopf eine japanische Granate einschlug, ging er nicht in Deckung. Die Granate riß ein Stück Korallengestein aus der Klippe; dieses drang dem General in den Schädel ein. Zehn Minuten später war er tot.

Sein Gegenspieler, GenLt. Ushijima, der in einer tiefen Höhle nahe dem Oberrand der Klippen auf den Tod wartete, erließ noch einen Befehl an die Okinawa-Kämpfer: „Wir kämpfen bis zum letzten für die ewige Sache der Treue zu unserem Tenno." Er instruierte die überlebenden Soldaten der 32. Armee, in Zivilkleidern durch die feindlichen Linien zu sickern und kleine Guerillagruppen zu bilden. Mit Einfall der Dunkelheit zogen die ersten dieser Gruppen los. Sie wurden entdeckt und im Licht der geschossenen Leuchtfallschirme mit heftigem MG- und Werferfeuer eingedeckt und niedergemacht.

In der folgenden Nacht schossen die US-Panzer, die Mabuni erreicht hatten, in den GefStand von Generalleutnant Ushijima hinein. Aber noch waren die letzten Verteidiger in den etwa 100 Höhlen der Klippe nicht am Ende. Erst nach Sonnenaufgang des 22. Juni bat GenLt. Ushijima seinen Friseur, Jinsai Higa, ihm den letzten rituellen Haarschnitt zu machen. Bis zum Nachmittag hatten die Amerikaner den oberen Teil des Rückens erobert. Am späten Nachmittag beging GenLt. Ushijima Harakiri. Sieben seiner Stabsoffiziere folgten ihm in den Tod.

Am 2. Juli war der Kampf auf Okinawa offiziell zu Ende. In genau drei Monaten des schwersten Kampfes im ganzen Feldzug hatten die amerikanischen Truppen hier 12 520 Mann an Toten und Vermißten verloren. Die Zahl der Verwundeten lag bedeutend höher, Tausende Kranke kamen hinzu. Dies war das größte Blutopfer, das sie an einem Kriegsschauplatz im Pazifik bringen mußten. Die Verluste der Japaner beliefen sich auf etwa 110 000 Mann. Die Verluste unter der Zivilbevölkerung der Insel betrugen nach offiziellen Schätzungen 75 000 Menschen, überwiegend Frauen und Kinder.

Japan hatte die größte Schlacht des Krieges, die es außerhalb ihres Heimatlandes kämpfen mußte, verloren.

Der U-Boot-Krieg im Endkampf

Die alliierten U-Boote im Einsatz

Ab September 1943 standen die U-Boote der US Navy in den Weiten des Pazifik im Einsatz. Die erfolgreichsten Boote dieser Zeit waren „Harder", „Bonefish", „Trigger" und „Halibut", das neben drei Schiffen, die es versenkte, auch noch den japanischen Kreuzer „Nachi" torpedierte. Die Boote „Pompano" und „Wahoo" gingen im September verloren.

Neben weiteren Erfolgen im Oktober wurde der deutsche Hilfskreuzer „Michel" südlich von Yokohama am 17. Okt. 1943 durch das US-U-Boot „Tarpon" versenkt. Dabei fanden 290 deutsche Hilfskreuzer-Matrosen den Tod.

KAdm. Pownall war es gelungen, als Commander Submarines Pacific Fleet von VAdm. Lockwood, dem Befehlshaber der U-Boote, zur Rettung abgeschossener Flieger die Genehmigung zur Verlegung einiger U-Boote in die Häfen der Marcus- und Wake-Inseln durchzusetzen. Als erstes dieser Boote erreichte „Skate" mit Cdr. McKinney Wake am 6. Okt. 1943. „Skate" rettete eine ganze Reihe US-Flieger aus Seenot.

Im Oktober betrug die Zahl der von US-U-Booten versenkten Handelsschiffe 26 mit insgesamt 128 088 BRT. 16 U-Boote waren während dieses Monats zum erfolgreichen Torpedoschuß gekommen.

Der November wurde mit 47 versenkten Handelsschiffen und vier Kriegsschiffen einer der erfolgreichsten des U-Boot-Krieges im Pazifik. Bei Truk und Kwajalein, bei Jaluit und vor Nauru standen diese Boote. „Thrasher" versenkte vor Tarawa und Abamana je einen Transporter und mußte dann wegen Maschinenschadens nach Pearl Harbor zurückkehren.

Das U-Boot „Corvina", das aufgetaucht etwa 85 sm südwestlich von Truk stand, wurde von I 176 gestellt und mit drei Torpedos getroffen. Das Boot explodierte und riß alle 82 Besatzungsmitglieder in die Tiefe. „Sculpin" fuhr in der Nacht des 19. Nov. 1943 einen Angriff gegen einen Konvoi. Das Boot wurde entdeckt, unter Wasser gedrückt und von dem Zerstörer „Yamagumo" so schwer beschädigt, daß es auftauchen mußte. Commander Connaway befahl: „Fertig zum Artilleriegefecht!" In diesem Gefecht wurde das Boot von mehreren Granatensalven durchlöchert. Der Kommandant fiel, und der ArtOffz. Lt. Brown befahl: „Alle Mann aus dem Boot!" 24 Mann der Besatzung wurden von dem japanischen Zerstörer geborgen. Diese Überlebenden und weitere 17 US-U-Boot-Männer von anderen versenkten Booten wurden auf den Geleitflugzeugträgern

„Chuyo“ und „Unyo“ nach Japan geschafft. Unterwegs wurde „Chuyo“ von dem U-Boot „Sailfish“ versenkt. Mit ihm gingen die kriegsgefangenen U-Boot-Männer unter.

Im Dezember versenkte „Grayback“ außer drei weiteren Schiffen den Zerstörer „Numakaze“. „Sailfish“ konnte neben dem genannten Geleitträger noch zwei Schiffe versenken. Der Leichte Träger „Ryujo“ wurde torpediert. Japan verlor im Jahr 1943 durch US-U-Boote im Pazifik insgesamt 22 Kriegsschiffe und 296 Handelsschiffe mit 1 335 240 BRT.

Die japanischen Schiffswerften konnten zur gleichen Zeit nur 500 000 Tonnen Schiffsraum nachbauen. Beschädigt wurden 31 Kriegs- und 76 Handelsschiffe. Die Verluste der U-Boot-Waffe der US Navy beliefen sich im selben Zeitraum auf 15 U-Boote mit 1129 Soldaten.

Am 1. Jan. 1944 befanden sich drei U-Boot-Kommandos im gesamten Pazifikraum, und zwar in Pearl Harbor, Brisbane und Freemantle. Sie verfügten über 75 U-Boote. Alle Boote waren nunmehr Flotten-U-Boote.

„Skipjak“ eröffnete den Seekrieg des Jahres 1944 mit der Versenkung des Flugzeugtransporters „Okitsu Maru“ und des Zerstörers „Suzukaze“; er torpedierte auch einen Frachter. Die Gesamterfolge des Januar 1944 waren mit drei versenkten Kriegs- und 53 Handelsschiffen mit insgesamt 294 902 BRT groß. Dreißig U-Boote waren zum Einsatz gekommen.

Am 17. Febr. 1944 stellte „Skate“ unter LtCdr. Gruner den leichten Kreuzer „Agano“ und versenkte ihn mit einem Dreierfächer. „Grayback“, „Pogy“, „Thrasher“ und „Trout“ erzielten große Erfolge. Während „Pogy“ auch einen Zerstörer versenkte, traf „Trout“ am 29. Febr. 1944 südwestlich von Okinawa auf einen kleinen schnellen Konvoi, aus dem das Boot einen großen Transporter und ein großes Frachtschiff torpedierte. Die „Sakito Maru“, mit 4124 Soldaten an Bord und einer Besatzung von 105 Mann sank. 2504 Soldaten und Besatzungsmitglieder gingen mit dem Schiff unter. Bei der Verfolgung wurde „Trout“ durch die Geleitzerstörer gestellt und vernichtet.

Das U-Boot „Sandlance“, das sich auf seiner ersten Feindfahrt befand, lief nach der Versenkung von zwei Frachtschiffen entlang den Bonin-Inseln, als es Schraubengeräusche erhorchte. Cdr. Garrison ließ darauf zuoperieren und stellte den Kreuzer „Tatsuta“ und einen großen Frachter. Er schoß auf beide Einheiten am 13. März um 03.10 je zwei Torpedos. Der Kreuzer sank, der Transporter „Kokuyo Maru“ stand in Flammen und ging nach 18 Stunden unter.

Auch der Februar war mit weit über 250 000 Tonnen versenkten Schiffsraumes – eine halbe Jahresproduktion der japanischen Werften – sehr erfolgreich. Im März und April wurden von US-U-Booten zwei Zerstörer und eine Reihe Handelsschiffe und Transporter versenkt. „Harder“ schickte noch am 11. April den dritten Zerstörer „Ikazuchi“ bei den Marianen in die Tiefe.

Nachdem es der US Navy gelungen war, in den Gewässern der Gilbert-Inseln, der Marschall- und der östlichen Karolinen-Inseln die Seeherrschaft zu erlangen und über die Bismarck-Barriere hinaus vorzustoßen, war es den US-U-Booten möglich, nun auch direkt vor den japanischen Küsten zu operieren.

Admiral Lockwood arbeitete einen neuen taktischen Plan aus: die Rotations-Patrouillen-Taktik. Dieser Plan wurde ab Mitte April in die Tat umgesetzt. Er besagte, daß die U-Boote in genau umrissenen Seegebieten von der Küste nach außen laufend und von Norden nach Süden eingesetzt wurden. Damit war das gesamte Seegebiet überdeckt und in den Kampfraum einbezogen.

Zur gleichen Zeit setzte das Kaiserliche Hauptquartier in Tokio seine Versuche fort, die Besatzungen auf den Karolinen- und Marianen-Inseln zu verstärken. Truppenkonvois liefen dorthin, und die US-Boote griffen sie an. Eine Reihe Truppentransporter wurde torpediert und versenkt. Dies verursachte hohe Menschen- und Materialverluste, die auf den Verteidigungspositionen fehlten. Damit unterstützten die US-U-Boote den späteren Einsatz der „Inselspringer“ erheblich.

Im Südwestpazifik, in der Zulusee und bei Celebes sowie vor Neuguinea waren die Boote der Southwest Pacific Submarines unter KAdm. Christie erfolgreich. Vor Nordborneo und vor Saigon standen sie im Einsatz, und zwischen Palau und Saipan wurden japanische Transporter versenkt.

Den schwersten Verlust erlitten die Japaner bei einem ihrer Geleittransporte, mit denen Truppen nach Saipan befördert werden sollten. Die 118. ID war von Japan aus dorthin unterwegs, als sie von einem kleinen U-Boot-Rudel unter Captain Blair mit den Booten „Shark“, „Pilotfish“ und „Pintado“ angegriffen wurde. Die drei Boote schossen am Abend des 3. Juni zwei Schiffe heraus. „Shark“ versenkte die 9600 BRT große „Katsukawa Maru“, auf der sich 2800 Soldaten der 118. ID befanden. Die „Takaoka Maru“ mit 7000 BRT wurde, ebenfalls von Shark, am 5. Juni versenkt. Auf diesem Schiff befanden sich 3300 japanische Soldaten und elf Panzer. Am 6. Juni war dann noch „Pintado“ unter LtCdr. Clarey erfolgreich, der zwei kleinere Transporter versenkte; auf ihnen befanden sich ebenfalls elf Panzer und insgesamt 1120 Soldaten.

„Die japanischen Geleitfahrzeuge leisteten gute Arbeit zur Rettung des größten Teiles der im Wasser schwimmenden 7200 japanischen Soldaten und brachten sie wohlbehalten nach Saipan. Aber diese Truppe hatte alle Waffen und sämtliches schwere Gerät verloren. Dies wiederum erleichterte den US-Soldaten die Eroberung von Saipan.“ (Siehe Morison Samuel

Eliot: a.a.O.)

Sowohl vor Neuguinea als auch vor Formosa und vor den Kurilen standen US-U-Boote im Einsatz. Sie versenkten vom September 1943 bis zum August 1944 67 Kriegsschiffe mit 211 352 BRT und 478 Handelsschiffe mit 2 257 566 BRT. Dies war das größte Jahresergebnis im Pazifikkrieg.

Die japanischen U-Boote im Einsatz

Die japanische U-Boot-Waffe hatte in den zwölf Monaten des Jahres 1943 insgesamt 23 Boote verloren. Sie mußte das dritte Kriegsjahr mit weniger Booten als das Jahr zuvor beginnen. Die japanische U-Boot-Führung versuchte es nunmehr auch mit einer neuen Taktik. Die Idee der Einmanntorpedos „Kaiten" wurde verwirklicht. Die Waffe selbst, von den beiden jungen Seeoffizieren H. Kuroki und S. Nishina im Zusammenwirken mit dem Marinearsenal von Kure konstruiert und entwickelt, wurde im Februar in einigen Prototypen gebaut. Sie basierten auf den schnell laufenden Torpedos des Typs „Lange Lanze" und sollten von Groß-U-Booten als Trägern an den Feind gebracht, aus- und eingesetzt werden. Die Großboote würden dabei außerhalb der feindlichen Ortung bleiben.

Die großen U-Boote liefen zum Kreuzerkrieg aus. Bereits im September wurden drei U-Boote der Japaner durch Zerstörereinsatz vernichtet.

Eine Reihe Boote fungierte als Schnelltransporter, und die U-Boot-Gruppe unter Captain Iwagami mit den Booten I 19, I 35, I 39, I 40, I 165, I 175 und I 176 wurde am 20. Nov. 1943 auf die US-Landungsflotte bei Makin und Tarawa angesetzt. I 176 versenkte auf dem Anmarsch ins Operationsgebiet das US-U-Boot „Corvina". I 175 kam auf den Geleitträger „Liscombe Bay" zum Schuß und versenkte diesen. Dabei fanden 644 US-Soldaten den Tod.

Doch die Japaner mußten einen hohen Blutzoll für diese Erfolge zahlen. Im Seegebiet der Gilbert-Inseln gingen im November nacheinander I 35, Ro 38, I 40, I 39 und I 21 verloren; Ro 100 sank im Gebiet der Salomonen.

Von Januar bis Mitte März 1944 erfolgte der letzte Einsatz japanischer U-Boote gegen US-Stützpunkte im Südpazifik. I 11 wurde hier von US-Trägerflugzeugen versenkt.

Nach der Räumung von Rabaul verlegten die letzten Boote der 7. japanischen U-Flottille von dort nach Truk.

Bis Mitte Mai gingen noch weitere japanische U-Boote verloren. So Ro 39 und Ro 40, I 175 und I 174, letzteres durch eine Hunter-Killer-Group.

Die Operation „AG-O", die am 14. Mai begann, diente der Versorgung der vorgeschobenen Stützpunkte der Japaner. Zunächst liefen einige

Boote nach Jaluit und zu den Marshall-Inseln, die mit Nahrungsmitteln und vor allem Medikamenten vollgestopft waren. Die gleiche Versorgung erfuhren die Inseln Kusaie und Ponape der Karolinengruppe. Ein weiteres U-Boot lief nach Truk und Wewak, dem am stärksten besetzten japanischen Stützpunkt an der Küste Neuguineas. Alle Operationen gelangen. Die Stützpunkte wurden versorgt, doch nur zwei der eingesetzten Boote kehrten in ihre Basen zurück.

Auch Bougainville erhielt Medikamente. Hierbei kam es im Mai zu schweren Verlusten. I 176 wurde von der 94. Zerstörerflottille des Cdr. Reynolds gestellt und in fünf Anläufen mit Wasserbomben versenkt. (Siehe dazu: US-Fleet A/S Bulletin July 1944.) I 16 wurde am Nachmittag des 19. Mai von drei Zerstörern einer Geleitsicherungsgruppe in fünf Hedgehog-Angriffen in die Tiefe der See geschickt.

Dann trat ein U-Boot-Killer auf, der zum gefürchteten Gegner japanischer U-Boote wurde: der Zerstörer „England“ von der aus drei Zerstörern bestehenden Kampfgruppe unter Cdr. Hains. Dieser versenkte am 22. Mai Ro 106 mit einem Hedgehog-Wabo-Wurf. Hedgehog ist ein Vielfachwasserbombenwerfer, dessen Wabos mit verschiedenen Einstellungen gleichzeitig geworfen wurden. Ro 104 wurde am 23. Mai durch den Zerstörer „England“ versenkt, wobei die übrigen beiden Zerstörer Hilfestellung leisteten.

Auf dem Rückmarsch zum Seeadlerhafen Manus zwecks Ergänzung und Neuausrüstung der Kampfgruppe wurde um Mitternacht des 26. Mai ein U-Boot geortet. Es war Ro 108, das von „England“ mit der ersten Wabo-Serie getroffen und versenkt wurde.

Als die drei Zerstörer „Raby“, „George“ und „England“ nach der Versorgung wieder ausliefen, gesellte sich noch der Zerstörer „Spangler“ hinzu. Sie wollten zum Geschwader von Captain Saunders mit dem Geleitträger „Hoggatt Bay“. Als dessen Zerstörer wenig später ein U-Boot orteten, ging „England“ sofort in Angriffsposition und versenkte Ro 105 am 31. Mai mit einer Wasserbombensalve. Das war die sechste U-Boot-Versenkung von „England“ binnen zwölf Tagen; Admiral King ließ daher einen Funkspruch an den erfolgreichen U-Boot-Killer senden: „Möge es immer eine ‚England‘ in der US-Navy geben!“ Weitere japanische U-Boote fielen der Meute der Jäger in den folgenden Wochen zum Opfer, ohne daß es ihnen gelungen wäre, selbst spektakuläre Erfolge zu erringen.

Als Admiral Takagi, der U-Boot-Befehlshaber in Saipan, am 12. Juni 1944 die Boote I 185 und I 5 dem zu einer Erkundung gegen Majuro auslaufenden I 10 in der Hoffnung zur Verfügung stellte, daß diese Boote zu einer Zermürbungsaktion gegen die 5. US-Flotte beitragen könnten, wurden diese drei Boote vernichtet, I 185 durch die Zerstörer „Newcombe“ und „Chandler“; I 5 ging aus unbekannter Ursache verloren, und I 10 wurde am

4. Juli von dem Geleitzerstörer „Riddle" unter LtCdr. Cramer gestellt und in einem 90 Minuten dauernden Wasserbombenangriff vernichtet.

Von den insgesamt 25 in den Einsatz geschickten Booten im Großraum Saipan wurden 17 vernichtet. (Siehe: Bericht Captain Ohmae und Mr. Pineau.) VAdm. Takeo Takagi hatte also in Saipan nur noch acht Boote zur Verfügung.

Der Endkampf der japanischen U-Boote im Pazifik

Seit September 1944 standen die japanischen U-Boote sowohl im Einzeleinsatz als auch in Rudelkämpfen. Für die Schlacht im Leyte-Golf wurden die japanischen U-Boote unter VAdm. Miwa – dieser wurde am 20. Okt. 1944 durch VAdm. Teraoka abgelöst – in vier Gruppen aufgestellt: „A"-Gruppe mit I 26, I 45, I 54, I 56; „B"-Gruppe mit I 38, I 41, I 46, Ro 41, Ro 43 und Ro 46; „C"-Gruppe mit Ro 109, Ro 112.

Bereits im September wurden durch die japanische U-Boot-Führung fünf Boote in den Einsatzraum Morotai und zu den Palau-Inseln entsandt. Eines der Boote, Ro 41, griff die Trägergruppe unter VAdm. Sprague an und torpedierte den Zerstörer „Shelton". Zwei Offiziere und elf Mann wurden getötet, 22 weitere verwundet. Die übrigen Zerstörer dieser Gruppe drückten Ro 41 unter Wasser und belegten das Boot mit Wasserbomben. Dabei gelang es ihnen, ein U-Boot zu versenken. Es war jedoch nicht Ro 41, sondern das eigene Boot „Seawolf", das in diesen Gewässern getaucht lief. – Mehrere U-Boote der Japaner erzielten Versenkungserfolge gegen US-Transporter. Ro 47 und I 177 gingen dabei verloren.

Als sich die US-Streitmacht dem Leyte-Golf näherte, erhielt VAdm. Shigeyoshi Miwa, noch Commander der japanischen U-Boote, Weisung, den Gegner abzufangen. Eine ganze Reihe Boote wurde eingesetzt, von denen lediglich I 45 den Zerstörer „Eversole" vernichtete. Wenig später fiel dieses Boot dem US-Zerstörer „Whitehurst" zum Opfer. Dieser japanische Mißerfolg führte zur Absetzung von VAdm. Miwa. Neben diesem U-Boot wurden nämlich auch noch I 46 und I 26 versenkt. Ein Erfolg gelang I 41, das am 3. Nov. den Kreuzer „Reno" vor die Rohre bekam und ihn mit vier Torpedos schwer traf. „Reno" konnte jedoch, von vier Zerstörern gesichert, nach Ulithi zurücklaufen. Wenig später wurde auch I 41 versenkt.

Die japanischen U-Boot-Verluste wurden in immer rascherer Folge vergrößert. Die Einsätze der Kleinst-U-Boote und Einmanntorpedos erbrachten keine überraschenden Erfolge. Ein Kaiten versenkte allerdings im Hafen von Ulithi den US-Flottentanker „Mississinewa" mit 11 315 BRT. Der Zerstörer „Taylor" wurde ebenfalls durch ein Kaitenboot (Ha 82) versenkt. Ein Kaitengroßeinsatz dagegen führte zu einem Desaster. Er war gegen Ulithi, Seeadlerhafen und den Hafen der Admiralitäts-Inseln gerichtet. Von den eingesetzten 24 Kaiten kehrte kein einziger zurück. Auch der Februar brachte weitere Kaiteneinsätze gegen die US-Landungsverbände von Iwo Jima. Nur der Geleitzerstörer „Renshaw" wurde versenkt, aber von Ro 43 und nicht von einem Kaiten. Die 20 eingesetzten Kaiten blieben erfolglos. Die beiden Kaitenträgerboote I 370 und I 368 wurden versenkt.

Eine Reihe von Ro-Booten versuchte vor Okinawa zum Schuß zu kommen. Nur der Zerstörer „Haggart" wurde versenkt. Die Torpedoschüsse auf die Kreuzer „Wichita", „Pensacola" und „St. Louis" gingen vorbei. – Die Gruppe „Tatara" mit vier Träger-U-Booten und 16 Kaiten, die im Zentralpazifik auf Jagdpatrouille gehen sollte, hatte keinen Erfolg. I 44 wurde am 10. April 45 durch einen Geleitzerstörer vernichtet, I 56 durch Zerstörer und Flugzeuge des Trägers „Bataan", nur I 47 und I 48 kehrten zu ihrer Basis zurück.

Die Versuche der japanischen U-Boote, gegen die unaufhaltsam näher an das Mutterland heranrückenden Geschwader des Gegners zum Schuß zu kommen, waren größtenteils erfolglos; oft endeten sie mit der Vernichtung des angreifenden U-Bootes. Lediglich I 36 unter KKpt. Sugamasa gelang es am 22. Juni 1945, das Werkstattschiff „Endymion" zu torpedieren. I 165 wurde im Marianen-Gebiet gestellt und durch Flugzeuge versenkt.

Im Juli 1945 wurden schließlich im Zentralpazifik die letzten japanischen U-Boot-Einsätze gefahren, wobei I 372 durch Flugzeuge des Trägers „Yorktown" unterging. Zur letzten Kaiten-Operation lief die Gruppe „Tamon" am 16. Juli 1945 aus. Sie bestand aus den Träger-U-Booten I 47, I 53, I 58, I 366, I 367, I 373. Alle Boote trugen jeweils vier Kaiten. Der erste Kaitenangriff erfolgte am 21. Juli. Die Kleinst-U-Boote von I 47 griffen einen in der Philippinensee laufenden Konvoi an und torpedierten den Transporter „Marathon", 7607 BRT. Einer der Kaiten von I 53 versenkte den Geleitzerstörer „Underhill". Der Zerstörer „Lowry" wurde von Kaiten des Bootes I 58 in der Nacht zum 28. Juli torpediert. Und den großen Schlußpunkt setzte I 58, KKpt. Hashimoto, der in der Nacht zum 30. Juli 1945 ostwärts von Luzon den Schweren Kreuzer Indianapolis angriff. (Siehe den Abschnitt: Der Tod eines Kreuzers.) Die Kaiten von I 58 versenkten noch ein Landungsschiff und trafen den Zerstörer „Thomas F. Nickel".

I 373 wurde beim Ausmarsch von dem U-Boot „Spikefish" versenkt, und zwar am 14. Aug. 1945, gewissermaßen während der Schlußstunden des Krieges im Pazifik.

Das japanische Fazit des U-Boot-Krieges lautete: Vom 7. Dez. 1941 bis zum 15. Aug. 1945 verlor die U-Boot-Waffe Japans mit 127 Booten den Großteil ihrer U-Boote. Sie hatten nicht den überragenden Erfolg erzielt, den man sich von ihnen versprach. Dies trotz aller Tapferkeit der Japaner nicht zuletzt dank der ausgefeilten Abwehrtaktik der Amerikaner, deren Zerstörerflottillen und Trägergeschwader den Angriffen oftmals vor dem Ziel ein Ende setzten.

US-U-Boote auf der Straße des Sieges

Zur Invasion gegen Leyte stellten die Amerikaner eine Reihe von Unterstützungsgruppen auf. Sie setzten sich aus den Booten der Task Force 17, Supporting Submarines Pacific Fleet, zusammen, die von Commander Submarines, dem VAdm. Lockwood, befehligt wurden.

Die Boote wurden in sieben kleine „Wolfs-Packs" mit jeweils drei Booten zusammengefaßt, die gut geführt werden konnten. Die Supporting Submarines der 7. Flotte wiederum, die von KAdm. Christie befehligt wurde, bestand zunächst aus sieben Booten.

Ab Januar standen VAdm. Lockwood zur Befreiung der Philippinen sechs Gruppen mit jeweils drei Booten zur Verfügung. Ab 30. Dez. 1944 konnte KAdm. Christie auf 17 U-Boote zurückgreifen, die KAdm. James Five am 30. Dez. von diesem übernahm.

Der Herbst 1944 sah mit dem Oktober den erfolgreichsten Monat des amerikanischen U-Boot-Krieges. Besonders erfolgreich waren „Seawolf", „Nautilus", „Haddock", doch auch andere. Der erfolgreiche Einsatz wurde durch ein Ereignis überschattet, das für „Seawolf" tödlich war. Das Boot wurde von zwei Flugzeugen des Trägers „Midway" mit Bomben belegt und dann durch den Zerstörer „Rowell" versenkt.

Jene Boote, die in den Unterstützungsgruppen liefen, erzielten im Oktober 332 561 BRT Versenkungserfolge bei 69 torpedierten Schiffen. „Tang" war mit sechs vernichteten und zwei torpedierten Schiffen erfolgreichstes Boot. Es kehrte von dieser Feindfahrt nicht zurück, denn es wurde von einem eigenen Kreisläufertorpedo mittschiffs getroffen und sank. Sieben Offiziere und 71 Mann gingen mit dem Boot unter. Nur die Brückenbesatzung konnte sich retten.

Der November und Dezember brachte weitere Versenkungserfolge, darunter auch den Flugzeugträger „Shinano" und den Träger „Unryu", vier Zerstörer und eine Reihe von Transportern, allein im November 46 Schiffe mit 232 267 BRT.

Im Januar 1945 hielt dieser Erfolg an. Japanische Trägergruppen und Zerstörerverbände oder Flugzeugpulks, die Jagd auf die US-U-Boote hätten machen können, gab es nur noch in Ausnahmefällen. Die einzelnen japanischen Zerstörer, die mit Transportaufgaben beschäftigt waren und auf den Zwangswechseln liefen, wurden teilweise abgefangen und von den US-U-Booten versenkt. So „Shigure“ von „Blackfin“, „Nokaze“, von den Torpedos der „Pargo“.

Das U-Boot „Bathfish“ mit Cdr. Five machte seinem Namen alle Ehre, indem es vom 9. bis zum 12. Febr. drei japanische U-Boote angriff und versenkte. Es waren dies: Ro 55, R 112 und Ro 113.

Die Versenkungserfolge im War Diary Commander Submarines Seventh Fleet, KAdm. Five, wurden von Tag zu Tag größer. Mit dem Zerstörer „Nokaze“, der am 19. Febr. 1945 von „Pargo“ angegriffen und versenkt wurde, hatten es die U-Boote der US Navy auf 39 versenkte Feindzerstörer gebracht. Es war gleichzeitig auch der letzte japanische Zerstörer, der in diesem Krieg U-Booten zum Opfer fiel.

Der japanische Kreuzer „Isuzu“, der am 6. April 1945 von Bombern beschädigt wurde, erhielt am folgenden Tage von „Gabilan“ einen Torpedotreffer, konnte aber seinen Marsch in Richtung Heimat fortsetzen. Erst nach dem Fächerschuß von „Charr“ mit Cdr. Boyle brach der Kreuzer auseinander und sank.

KAdm. Five verlegte noch im April sein Hauptquartier von Freemantle in die Subic Bay. Damit war er näher am Ort des Geschehens, an dem im Mai und Juni wieder eine Reihe Transporter und kleinere Kriegsschiffe versenkt wurden.

Die beiden U-Boote „Bugura“ unter Cdr. A. F. Schade und „Blenny“ mit Cdr. W. H. Hazzard kämmten vom 3. Juli bis zum 11. Aug. 1945 den Golf von Siam durch und versenkten insgesamt in diesem Seegebiet 220 Fischerboote, Fähren und Kleinfahrzeuge der Landesbewohner, wobei Hunderte von Zivilisten ums Leben kamen, ohne daß dies in den USA auch nur einen Menschen aufgeregt hätte.

Im gesamten letzten Jahr des U-Boot-Krieges im Pazifik versenkten US-U-Boote 338 Handelsschiffe mit 1 174 402 BRT. An Kriegsschiffen gingen durch U-Boot-Einwirkung im selben Zeitraum verloren: ein Schlachtschiff, ein Kreuzer, vier Flugzeugträger oder Geleitträger, acht Zerstörer, 19 Korvetten, neun Fregatten, sechs Minenleger, acht Minensucher, 14 U-Jäger und Hilfs-U-Jäger, ein Kanonenboot, sechs Torpedoboote, zehn U-Boote, vier Landungsschiffe, drei Schnelltransporter und zehn Radarfrühwarnboote. Weitere 13 Kriegsschiffe wurden torpediert.

Die Verluste der US Navy an U-Booten beliefen sich auf insgesamt 51 Boote durch Feindeinwirkung oder Unfall. Im ganzen war der Einsatz der US-U-Boot-Waffe erfolgreicher und kampfentscheidender als jener der Japaner.

Bis zum bitteren Ende

Tokio im Fadenkreuz

Nachdem die Operation Oboe II, die Landungen in Balikpapan auf Borneo, vom 15. Juni bis zum 9. Juli 1945 durchgeführt waren, bei denen die 7. Australische ID mit 33 446 Mann im Einsatz gestanden hatte, gab es für die US-Führung nur noch den Angriff gegen Japan selbst.

Die Task Force 38 unter dem Befehl von VAdm. Halsey/VAdm. McCain lief am 1. Juli aus Leyte aus. Am 10. Juli griffen die Flugzeuge der Träger dieser Force, die am 7. und 8. Juli auf See beölt hatten und versorgt worden waren, mit 1022 Maschinen Tokio an. Die Zahl der eingesetzten Schiffseinheiten waren: 15 Träger, acht Schlachtschiffe, 15 Kreuzer und 56 Zerstörer.

Schwerpunkt der am 10. Juli beginnenden Luftangriffe waren die japanischen Luftbasen. Danach schwenkte die Task Force 38 auf Nordkurs und versorgte am 12. Juli ostwärts der Tsugaru-Straße.

Am 14. Juli startete mit 1392 Flugzeugen die größte Streitmacht, die jemals gleichzeitig im Pazifik von einer Seite aus in der Luft war. Ihre Ziele waren: Nord-Honshu, Süd-Hokkaido sowie der Fährverkehr in der Tsugaru-Straße. Am folgenden Tag wurde der Großangriff wiederholt. Insgesamt wurden sechs kleinere Kriegsschiffe bis zum Zerstörer versenkt. Hinzu kamen 37 Fähr- und Transportschiffe. Eine Reihe von insgesamt 40 kleinen Kriegs- und Transportschiffen wurde beschädigt.

Am 14. Juli beschossen Einheiten der Task Group 38.4 erstmals mit Schlachtschiffen, Kreuzern und Zerstörern die japanische Hauptinsel, und zwar die Stahlwerke von Kamaishi. Das Eisen- und Stahlwerk Muroran wurde am 15. Juli von der Task Force 38.1 beschossen. Ein schwerer Trägerangriff richtete sich am 17. und 18. Juli gegen den Gesamtraum Tokio–Yokohama. Er galt zunächst der Flak- und Jagdabwehr. Nachdem diese ausgeschaltet waren, waren die japanische Großkampfschiffe an der Reihe. Dabei gelang es Flugzeugen des Trägers „Yorktown“, das japanische Schlachtschiff „Nagato“ schwer zu treffen. Ein Geleitzerstörer, ein U-Boot, ein U-Jäger und ein Schnellboot wurden versenkt, der Schulkreuzer „Kasuga“ und einige weitere kleinere Einheiten getroffen.

In der Nacht zum 18. Juli beschossen die Einheiten der Task Group 34.1, bestehend aus dem britischen Schlachtschiff „King George V.“ mit zwei Zerstörern, Industrieziele im Raume Hitachi nordostwärts von Tokio. Gleichzeitig damit griff die Task Group 35.2 unter KAdm. Holden Ziele bei Kap Nojima südostwärts von Tokio an. Nach Abschluß dieser Einsätze drehten die Verbände zur Versorgung auf hoher See ab.

Eine Reihe weiterer Angriffe führten verschiedene Kampfgruppen in der Ostchinasee, im Gelben Meer und vor der chinesischen Küste bei Tinghai durch. Okinawa sah das Duell der „Pennsilvania“ mit japanischen Torpedoflugzeugen, die dem Schlachtschiff einen Torpedotreffer beibrachten. – Gegen die Insel Wake erfolgten in der Zeit vom 18. Juli bis zum 9. Aug. einige Trägerangriffe, an denen die Task Group 95.1 beteiligt war.

Die Kämpfe gegen Japan wurden nach Versorgung der beteiligten Kampfgruppen am 27. Juli mit einem schweren Trägerangriff fortgesetzt, zu dem 1747 Einsätze geflogen wurden. Ziele waren Häfen und Luftbasen der Inlandsee besonders im Raum Kure und Kobe. Es gelang, den japanischen Träger „Amagi“ und den Kreuzer „Oyodo“ zu versenken. Die Schlachtschiffe „Ise“, „Hyuga“ und „Haruna“ sowie der Schulkreuzer „Iwate“ und der Schwere Kreuzer „Aoba“ wurden so schwer beschädigt, daß sie sanken. Leichter getroffen waren die Träger „Ryuho“ und „Hosho“, der Geleitträger „Kaiyo“, der Kreuzer „Kitakami“, vier Zerstörer, ein Zielschiff, zwei Korvetten, ein Landungsschiff und 15 Handelsschiffe.

Die Angriffe häuften sich, und neben der Task Force 38 hatten die Task Forces 37, 35 und 34 Anteil am Erfolg, der in diesem letzten Abschnitt des Krieges fast ohne jede Gegenwehr erfolgen konnte, wenn man von der Flak absah. Japan war schon besiegt.

Am Abend des 30. Juli setzten sich die Task Forces zur erneuten Versorgung ab, nachdem sie unmittelbar vorher noch Süd-Honshu angegriffen hatten, wo es einige Flugzeugfabriken gab.

Der Krieg im Pazifik ging zu Ende, aber noch standen zwei Ereignisse aus; sie gehören, völlig überflüssig, wie sie nun waren, zu den schlimmsten, die die Welt jemals erlebt hatte.

Gewissermaßen als Abschluß der Kämpfe zur See waren sie ein Ereignis, bei dem der Schwere Kreuzer „Indianapolis“ die Hauptrolle spielte, ein Ereignis, das in seiner Art ebenso unbegreiflich ist wie manch anderes zuvor und danach.

Der Tod eines Kreuzers

Der Schwere Kreuzer „Indianapolis“ war, wie vorher geschildert, in der Schlacht um Okinawa von einem Kamikazeflieger getroffen worden und mußte zur Reparatur nach Mare Island laufen. Diese Reparatur wurde ausgeführt. Danach oblag der „Indianapolis“ eine Aufgabe, in einer Hochgeschwindigkeitsfahrt die Schlüsselelemente und die Hülle der gegen

*'eneral Yoshijiro Umezu, Chef der japa-
:ischen Generalstabes des Heeres*

General Masaharu Homma

General Tomoyuki Yamashita, der ›große Steher‹

Oben: *Das Superschlachtschiff ›Yamato‹, das größte Schlachtschiff der Welt, wurde am 7. 4. 1945 bei einem Angriff von 280 US-Trägerflugzeugen der Task-Groups 58.1 und 58.3 nach zwei Angriffen durch 11 Torpedo- und 5 Bombentreffer versenkt.*

Unten: *Die ›Yamato‹ ist bereits halb unter Wasser, als sie von einer gewaltigen Explosion zerrissen wird. In der Nähe einige Zerstörer der 2. Zerstörer-Flotille. Konteradmiral Komura überlebte.*

Oben: *Der leichte Flugzeugträger ›Shoho‹ wird von US-Sturzkampfflugzeugen und Torpedobombern während der Schlacht im Korallenmeer am 7. 5. 1942 angegriffen und durch Torpedotreffer versenkt.*

Unten: *Flugzeugträger ›Lexington‹, die Besatzung geht von Bord, der Träger sinkt.*

Admiral William F. Halsey, Commander South Pacific Fleet, überreicht das Navy-Cross an Captain James E. Maher für ›New London‹, an Bord eines Trägers im Südpazifik.

Oben: *Premierminister Hideki Tojo*

Unten: *Feldmarschall Fürst Hisaichi Terauchi (links)*

Feldmarschall Hajime Sugiyama

US-Präsident Harry S. Truman

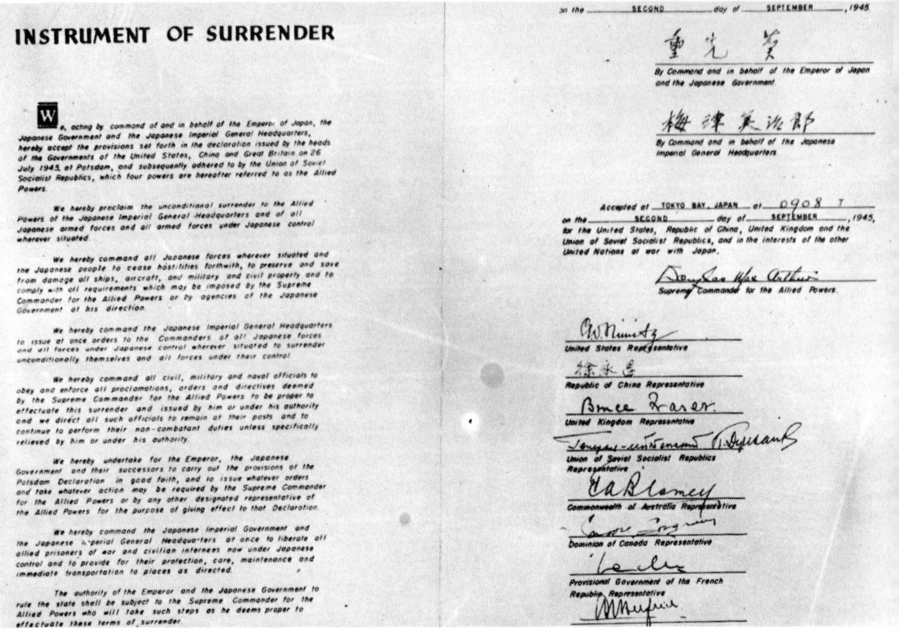

INSTRUMENT OF SURRENDER

We, acting by command of and in behalf of the Emperor of Japan, the Japanese Government and the Japanese Imperial General Headquarters, hereby accept the provisions set forth in the declaration issued by the heads of the Governments of the United States, China and Great Britain on 26 July 1945, at Potsdam, and subsequently adhered to by the Union of Soviet Socialist Republics, which four powers are hereafter referred to as the Allied Powers.

We hereby proclaim the unconditional surrender to the Allied Powers of the Japanese Imperial General Headquarters and of all Japanese armed forces and all armed forces under Japanese control wherever situated.

We hereby command all Japanese forces wherever situated and the Japanese people to cease hostilities forthwith, to preserve and save from damage all ships, aircraft, and military and civil property and to comply with all requirements which may be imposed by the Supreme Commander for the Allied Powers or by agencies of the Japanese Government at his direction.

We hereby command the Japanese Imperial General Headquarters to issue at once orders to the Commanders of all Japanese forces and all forces under Japanese control wherever situated to surrender unconditionally themselves and all forces under their control.

We hereby command all civil, military and naval officials to obey and enforce all proclamations, orders and directives deemed by the Supreme Commander for the Allied Powers to be proper to effectuate this surrender and issued by him or under his authority and we direct all such officials to remain at their posts and to continue to perform their non-combatant duties unless specifically relieved by him or under his authority.

We hereby undertake for the Emperor, the Japanese Government and their successors to carry out the provisions of the Potsdam Declaration in good faith, and to issue whatever orders and take whatever action may be required by the Supreme Commander for the Allied Powers or by any other designated representative of the Allied Powers for the purpose of giving effect to that Declaration.

We hereby command the Japanese Imperial Government and the Japanese Imperial General Headquarters at once to liberate all allied prisoners of war and civilian internees now under Japanese control and to provide for their protection, care, maintenance and immediate transportation to places as directed.

The authority of the Emperor and the Japanese Government to rule the state shall be subject to the Supreme Commander for the Allied Powers who will take such steps as he deems proper to effectuate these terms of surrender.

on the SECOND day of SEPTEMBER, 1945

By Command and in behalf of the Emperor of Japan and the Japanese Government

By Command and in behalf of the Japanese Imperial General Headquarters

Accepted at TOKYO BAY, JAPAN at 0908 I on the SECOND day of SEPTEMBER, 1945, for the United States, Republic of China, United Kingdom and the Union of Soviet Socialist Republics, and in the interests of the other United Nations at war with Japan.

Supreme Commander for the Allied Powers.

United States Representative

Republic of China Representative

United Kingdom Representative

Union of Soviet Socialist Republics Representative

Commonwealth of Australia Representative

Dominion of Canada Representative

Provisional Government of the French Republic Representative

Oben: *Japanische Kapitulationsurkunde vom 2. September 1945*

Unten: *Der japanische Außenminister Mamoru Shigemitsu unterzeichnet am 2. September 1945 vor Gen.Lt. Richard K. Sutherland die Kapitulation. Links am Mikrophon Gen. Douglas McArthur.*

Japan zum Einsatz kommenden Atombomben von San Francisco nach Tinian zu schaffen.

Diese Fahrt beendete der Schwere Kreuzer reibungslos bis zum 26. Juli. Danach wurde die „Indianapolis“ auf der Route über Leyte nach Guam boordert, wo sie zwei Wochen trainieren sollte, ehe sie zu KAdm. Oldendorfs Task Force 95 stoßen sollte, die im Seeraum Okinawa operierte.

Im Hafen von Guam angekommen, erhielt Captain McVay mit seinem Navigationsoffizier vom Hafendirektor die zu laufenden Kurse und eine Mitteilung, nach welcher die Hauptfeindkräfte und die feindlichen U-Boote nicht in jenen Seebereichen stünden, die der Kreuzer auf seinem Weg zum Einsatzort durchlaufen werde.

Am 28. Juli ging die „Indianapolis“ um 09.00 Uhr ankerauf. Sie sollte bei mittlerer Fahrt von 15,7 kn Leyte am 31. Juli um 11.00 Uhr erreichen. Diese Daten wurden über Funk an alle Häfen auf der Route und ebenso auch an den Commander Philippines Sea Frontier, VAdm. Kaufman, ferner an KAdm. McCormick, den Chef des Training Command im Leyte-Golf, weitergeleitet. Diese sollten alle Maßnahmen zur Sicherung des Kreuzers übernehmen.

Der FT-Spruch darüber erreichte das HQ von KAdm. McCormick auf dem Schlachtschiff „Idaho“ verstümmelt und unleserlich. Der Nachrichtenoffizier ließ dennoch keine Wiederholung tasten. Ungeleitet – das von Captain McVay angeforderte Geleit wurde verweigert – lief die „Indianapolis“ aus. Man sah höheren Ortes für den Kreuzer keinerlei Gefahr.

Am Sonntagabend, dem 29. Juli, es war der zweite Tag nach dem Auslaufen aus Guam, befand sich der Kreuzer auf der Schnittlinie der Kurse Guam–Leyte und Pelelieu–Okinawa. Dort hatte sich auch das Kaiten-U-Boot I 58 auf die Lauer gelegt. Als dieses Boot um 23.05 Uhr auf Sehrohrtiefe auftauchte, sichtete LtCdr. Hashimoto durch das Sehrohr in 10 000 m Distanz ein großes Kriegsschiff, das er als Schlachtschiff ansprach. Es war die „Indianapolis“. Der Kreuzer lief auf Gegenkurs und mußte das U-Boot in geringem Seitenabstand passieren.

Es war genau 23.32 Uhr, als LtCdr. Hashimoto den Befehl zum Schießen eines Sechserfächers gab. Der Schuß fiel, und sechs der schnellen Torpedos liefen dem Kreuzer entgegen. Zwei von ihnen trafen die „Indianapolis“ an der Steuerbordseite vorn unter Turm 1, die anderen unter dem Wachraum. Zwei schwere Explosionen erfolgten, die einen Teil des Schiffskiels aufrissen. Alle Sprechverbindungen fielen schlagartig aus. Das Schiff schlug sehr schnell voll Wasser, seine Maschinen überdrehten, und „Indianapolis“ lief noch etwa eine Minute lang voll voraus, ehe die Maschinen stillstanden und das Schiff sich rasch nach Steuerbord überlegte.

Captain McVay befahl dem überlebenden Radiomann, folgenden FT-Spruch zu senden: „Wir haben zwei Torpedotreffer erhalten und benötigen sofort Hilfe.“ Dies geschah unter Beigabe des genauen Standortes, dem noch einige SOS-Rufe nachfolgten. Da das Schiff sich im schnellen Sinken befand, gab Captain McVay den Befehl: „Alle Mann aus dem Schiff!“ Einige Minuten vor Mitternacht, nur 15 Minuten nach den Treffern, kam das Ende der „Indianapolis“. Sie rollte über die Seite und sank auf 1200 Faden Tiefe hinunter.

Es konnte später ermittelt werden, daß durch die Torpedodetonationen und die beiden nachfolgenden Explosionen im Schiff von der 1199 Mann starken Besatzung etwa 350 bis 400 Mann getötet worden sein mußten oder verwundet mit dem Schiff untergingen. 800 bis 850 Überlebenden war es gelungen, sich auf die See zu retten. Bis Tagesanbruch starben davon 50 bis 100 Soldaten, die entweder verwundet waren oder keine Schwimmwesten hatten.

Am Montagmorgen, dem 30. Juli, wurde mit Sonnenaufgang der Himmel abgesucht. Dreimal sah man im Laufe des Tages Flugzeuge, doch diese nahmen die Schiffbrüchigen nicht wahr, weil sie nicht danach suchten, denn die Überfälligkeit der „Indianapolis“ war noch nicht bemerkt worden. Sie sollte ja erst am 31. Juli in Leyte einlaufen.

An diesem Tag des geplanten Eintreffens der „Indianapolis“ in Leyte wurden keine Flugzeuge gesichtet. Viele im Wasser schwimmende Schiffbrüchige starben daher am 31. Juli an Entkräftung und Wassermangel.

Am Dienstag, dem 1. August, sichtete man erneut Flugzeuge. Wieder wurden Leuchtkugeln und Buntsternschüsse geschossen. Um 10.00 Uhr des 2. Aug. – volle 48 Stunden nach der vorgegebenen Ankunft in Leyte – flog Lieutenant Wilbur C. Gwinn seine normale Routenaufklärung von Pelelieu zur Landbasis Ventura. Als er seine Radioantenne prüfte und sich zur Seite beugte, um so weit wie möglich hinunterblicken zu können, bemerkte er direkt unter sich einen riesigen Ölfleck im Wasser. Er ging bis auf 900 Fuß hinunter, folgte dem Fleck und sah plötzlich mitten darin Menschen schwimmen. Sofort ließ er einen Funkspruch tasten: „Gesichtet etwa 30 Männer im Wasser, Position 11°30‘ Nord – 133°30‘ Ost.“

Der Funkspruch ging nach Pelelieu zum Marinecommander der Marianen-Inseln. Während der Funkspruch noch getastet wurde, hatte der Beobachter der Maschine bereits 150 Köpfe gezählt. Lt. Gwinn warf sämtliche Rettungsmittel ab, über die er verfügte. Da er ein Landflugzeug flog, konnte er nicht zum Wassern heruntergehen, sondern mußte zu seiner Landbasis fliegen. Sein Funkspruch hatte die Dienststellen in diesem Seebereich alarmiert. Seit dem Sinken der „Indianapolis“ waren bereits 84

Stunden vergangen. Von Pelelieu startete eine Catalina unter Lt. Adrian Marks, der um 15.50 Uhr das Seenotgebiet erreichte. Auch dieser ließ zunächst alle Rettungsmittel abwerfen, ehe er zum Wassern herunterging und insgesamt 56 Mann in das Flugboot holte, das hoffnungslos überfüllt war und nicht starten konnte, aber schwimmfähig blieb. Sein Funker rief weitere Hilfe herbei. Ein weiteres Flugboot wasserte, konnte aber nur einen einzigen Mann finden.

Das Zerstörergeleitschiff „Cecil J. Doyle“ unter dem Befehl von LtCdr. Claytor und zwei weitere Zerstörer aus Ulithi liefen mit AK auf die Untergangsstelle der „Indianapolis“ zu. Ihnen gelang es, alle noch lebenden Männer zu fischen und auch die 56 Mann aus dem Flugboot zu übernehmen. Die letzte Gruppe, die gefunden wurde, war jene mit Captain McVay; sie wurde erst am Mittag, dem 3. Aug., aus der See geholt.

Trotz der weiteren Mißerfolge wurde die Suche bis zum 8. Aug. fortgesetzt. Meter für Meter im Untergangsgebiet wurde abgesucht. Es waren insgesamt noch 316 Überlebende gegenüber 883 Soldaten, die entweder mit der „Indianapolis“ untergingen oder in der See schwimmend ihr Leben verloren.

Wenn es richtig ist, daß es 800 Seeleuten gelang, das sinkende Schiff zu verlassen, dann fanden 484 davon den Tod auf See, die hätten gerettet werden können, wenn direkt nach dem Ausbleiben des Schiffes am 31. Juli eine Suchaktion auf der üblichen Route durchgeführt worden wäre. Daß ein so großes Schiff nicht gesucht wurde, ist unvorstellbar. Erst durch die Meldung von LtCdr. Claytor am 3. Aug. wurde bekannt, daß es sich bei dem gesunkenen Schiff um die „Indianapolis“ handelte.

Admiral Nimitz ordnete unverzüglich ein Court of Inquiry an. Das Kriegsgericht trat am 13. Aug. in Guam zusammen. Präsident dieses Gerichtes wurde VAdm. Charles A. Lockwood. Bis zum 20. Aug. wurden alle Personen verhört, die zu diesem Desaster etwas aussagen konnten. Die Ergebnisse blieben jedoch geheim, weil sie aufzeigten, daß US-Stellen für den Tod von schätzungsweise 484 Seeleuten verantwortlich zu machen waren. Auf Wunsch höchster Stellen einschließlich des US-Präsidenten wurde ein Netz des Schweigens über diese Katastrophe gelegt, denn es waren Fakten herausgekommen, die einfach unvorstellbar erschienen und bei Bekanntwerden einen Sturm der Entrüstung und des Entsetzens ausgelöst hätten.

Diese Fakten waren: Lieutenant Commander Hashimoto setzte zwei Stunden nach dem Versenken des Schweren Kreuzers einen Erfolgs-FT nach Tokio ab. Darin gab er die Versenkung eines amerikanischen Schlachtschiffes bekannt. Dieser Funkspruch wurde auf Pearl Harbor mitsamt dem genannten Versenkungsstandort aufgefangen. Das Cincpac-

Hauptquartier in Guam erhielt diesen Funkspruch 16 Stunden nach der Versenkung des Schiffes, also am Nachmittag des 30. Juli 1945. Die 7. US-Flotte erhielt eine Kopie dieses Spruches.

Spätestens zu diesem Zeitpunkt hätte man daraufkommen *müssen,* daß der japanische U-Boot-Kommandant die „Indianapolis" vernichtet hatte, denn sie war das *einzige* Großkampfschiff, das auf dieser Route lief. Es wäre die Pflicht aller in Frage kommenden Stellen gewesen, spätestens an diesem 30. Juli nachmittags die ersten Suchflugzeuge zu starten. Dann hätten die Schiffbrüchigen am Abend dieses Tages und nicht zwei und drei Tage später gerettet werden können. (Siehe dazu: Navy Department: Narrative of the Circumstances of the Lose of Indianapolis; Febr., 23., 1946.)

Das Inferno von Tokio und Hiroshima

Bombenangriffe auf das japanische Mutterland

Als in der letzten Phase des Krieges im Pazifik für die landgestützte US-Bomberflotte die Möglichkeit bestand, auch das japanische Mutterland anzugreifen, begann eine sechs Monate dauernde Schreckenszeit für die Bewohner der Inseln Japans.

Nach den ersten Scharmützeln eröffnete das 21. US-Bomber-Command am 11. März 1945 diese Angriffe mit 285 Bombern des Typs B 29 mit einem Brandangriff auf Nagoya. Dieser Brandbombenangriff wurde am 19. März wiederholt. Danach lag die Hauptstadt des japanischen Ken Aitschi in Mittel-Honshu in Trümmern. Die größtenteils aus Holz errichteten Häuser waren niedergebrannt. Kobe folgte am Abend des 16. März. Diesmal überzogen 307 Fernbomber B 29 die Stadt mit verheerendem Feuer. Es waren reine Terrorangriffe. Sie galten vor allem der Zivilbevölkerung.

Die Superfortresses des 21. Bomber Command setzten am 7. April ihre Angriffe fort. Diesmal war Tokio ihr Ziel, und der Angriff wurde am 12. April und in der Nacht zum 14. wiederholt. Doch dies sollte erst der Auftakt sein zu jenem großen Paukenschlag, der folgen würde. Er begann in den späten Abendstunden des 23. Mai und wurde bis zum nächsten Morgen fortgesetzt. Diesmal warfen 520 B 29 rund 750 000 Phosphorbrandbomben auf die japanische Hauptstadt. Tokio war ein Flammenmeer, und in die Flammen hinein warfen in der Nacht zum 26. Mai weitere 500 Fernbomber des Typs Superfortress ihre Bomben. 50 Prozent der gesamten weitausladenden Stadt waren nachher dem Erdboden gleichgemacht.

Nach diesem Vernichtungsfeuer wurde am 31. Mai die Millionenstadt Osaka zum Zielpunkt erwählt. Diesmal hatte das 21. Bomber Command noch Fernjäger P 51 als Jagdschutz dabei, wenngleich die Jagdabwehr nahezu zum Erliegen gekommen war. Am 1. Juni wurde der Angriff mit 450 Fernbombern wiederholt. Auch Osaka brannte lichterloh.

Am 5. Juni war Kobe an der Reihe. 470 Superfortresses des 21. Bomber Command warfen 3000 Tonnen Brandbomben auf die Stadt und äscherten sie teilweise ein. Wir kennen diese Art Kriegführung aus Deutschland gerade aus unseren Fachwerkhäuserstädten, aber auch aus so vielen „Dresden“ zur Genüge, doch in Japans Holzhausstädten war die Wirkung noch entsetzlicher.

Unter dem Eindruck dieser Massenvernichtungsangriffe stehend, kündigte der japanische Rundfunk am 2. Juli die Evakuierung von Tokio an. Diese damals sechs Millionen Einwohner zählende Stadt sollte bis auf 200 000 in der Stadt benötigte Menschen evakuiert werden.

Am selben Abend warfen weitere 600 B 29 eine Reihe japanischer Großstädte in Brand, und noch ehe die Evakuierung angelaufen war, erfolgte ein weiterer Angriff gegen Tokio, der alles bisher Dagewesene überstieg. 2000 alliierte Bomber verschiedener Bauart und Verbände griffen Japans Hauptstadt an und bombten auch die umliegenden Städte.

Der 24. Juli sah einen weiteren Angriff von 570 B 29, diesmal der gesamten 20. USAAF, im Angriff auf Nagoya und Osaka. Beide Städte wurden abermals schwer beschädigt. Die Zahl der Todesopfer konnte nicht ermittelt werden.

Die Gesamtzahl der Toten, die Tokio zu beklagen hatte, wird von halbamtlichen Instituten auf etwa 200 000 Menschen geschätzt, von denen der Großteil während des ersten Angriffs auf die Hauptstadt des Landes, der abschließend geschildert werden soll, zu Tode kam.

Der 2. Aug. sah den Anflug von rund 800 B 29, die den materiell stärksten Angriff des Zweiten Weltkrieges flogen und über 6000 Tonnen Phosphorbrandbomben auf vier japanische Städte warfen.

Am nächsten Tag gab Admiral Nimitz bekannt, daß B-29-Flugzeuge alle wichtigen Häfen Japans und Koreas vermint hätten, womit die Blockade Japans vollkommen geworden war.

Bliebe noch der absolute Höhepunkt der Bombardierungen mit Superfortresses nachzutragen, der bereits am späten Abend des 9. März 1945 stattfand und wegen seiner Wirkung an den Schluß dieser Angriffe gestellt werden soll. Es waren „nur“ 279 Fernbomber des Typs B 29 von ihren Stützpunkten auf Saipan, Guam und Tinian gestartet. Sie belegten das Zentrum von Tokio mit Brandbomben. Ein Viertel der Stadt wurde eingeäschert, und die Ausmaße der Vernichtungen zeigten sich an der Zahl der Todesopfer, die unter der Zivilbevölkerung zu beklagen waren. Es waren 83 793 Tote und 40 918 Verwundete. – Von den angreifenden B 29 wurden 14 abgeschossen.

Wenn man geglaubt hatte, durch die Hölle und durch das Fegefeuer hindurchgegangen zu sein und nichts Schlimmeres mehr befürchten zu müssen, sah man sich bitter getäuscht, denn zum Schluß begannen zwei Einzelangriffe, die alles bisher Dagewesene, all das schon erreichte Grauen und die Vernichtung noch überstiegen.

Der Tod ereilt Hiroshima und Nagasaki

Zum ersten Ziel eines Atombombenangriffes war Hiroshima an der Südostküste von Honshu ausgesucht worden. Diese achtgrößte Stadt Japans hatte etwa 365 000 Einwohner, von denen allerdings zu diesem Zeitpunkt Anfang August 1945 bereits 120 000 evakuiert waren.

Der Bomber, der die tödliche Last nach Hiroshima tragen sollte, war eine B 29 mit der Bezeichnung „Enola Gay“. Ihr Kommandant: Oberst Tibbetts. Die Einheit: 509. Sonderkampfgruppe der 20. USAAF.

Mit Tibbetts an Bord befanden sich der Navigator, Captain Theodore van Kirk, der Bombenschütze, Major Thomas Ferebee, der Co-Pilot Lewis, der Heckschütze, Staff Sergeant George R. Caron, Captain Parsons und First Lieutenant Morris Jeppson.

Am 6. Aug. um 04.52 Uhr begann die bis dahin sehr niedrig fliegende „Enola Gay“ zu steigen und erreichte binnen weniger Minuten 3000 Meter Flughöhe. Sie wurde von zwei Flugzeugen eskortiert, die auch als Wetterbeobachter und Aufklärer vorausflogen.

Auf Iwo Jima, der Not-Stand-by Basis, wartete derweilen Major William Uanna, Colonel Tibbetts Sicherheitschef, auf den ersten Anruf. Dieser erfolgte: „Bud, wir sind im Vorgehen auf das Ziel!“ Als die japanische Küste erreicht war, meldete Oberst Tibbetts folgendes: „Dies ist für die Geschichte: Wir befördern die erste Atombombe!“

In Hiroshima selbst hatte an diesem Tage seit Mitternacht bereits die dritte Luftwarnung stattgefunden; die Menschen störten sich nun nicht mehr daran, daß bald darauf eine neue Luftwarnung erfolgte, sondern blieben bei ihren Verrichtungen und auch auf der Straße.

Als First Lieutenant Kenneth Wey, der Beobachterbombenschütze, Hiroshima sehen konnte, war die „Enola Gay“ bereits auf 32 000 Fuß (etwa 9400 m) gestiegen. Um 07.25 Uhr Tinianzeit, die eine Stunde später als Japanzeit war, kehrte das vorausfliegende Wetterflugzeug „Straight Flush“ zur Basis Tinian zurück. Major Claude Eatherly, der Pilot dieser Maschine, befahl einen Funkspruch an die Basis: „Advice: Bomb primary!“ Dies bedeutete, daß die Bombe einsatzbereit war. Die Würfel waren gefallen. Hiroshima würde das Ziel sein und nicht die als Ausweichziele genannten Städte Kokura oder Nagasaki.

Um 07.50 Uhr – die Uhren der Männer in der Maschine zeigten 08.50 Uhr an – erreichte das Flugzeug Shikoku Island. Genau darüber lagen Honshu und Hiroshima. Die weit auseinandergezogene Stadt dehnte sich wenig später unter ihnen.

„Sind Sie sicher, daß dies das Ziel ist?“ fragte Tibbetts. „Yes“, antwortete Parsons. Es war 08.09 Uhr, und über die Bordverständigung instruierte

Tibbetts die Besatzung, daß er jetzt den Anflug starten werde. „Legen Sie Ihre Schutzbrillen bereit!“ befahl er. „Sobald der Countdown beginnt, setzen Sie sie auf und lassen sie dort bis nach dem Blitz.“

Der Bombenschütze der „Enola Gay“, Major Ferebee, beugte sich nach vorn und preßte sein linkes Auge gegen das Bombensichtfenster. Um 08.13 Uhr und 30 Sekunden rief Tibbetts ihm zu: „Es ist Ihre Zeit!“ In 31 600 Fuß Höhe mit gedrosselter Geschwindigkeit von 285 Meilen in der Stunde flog die Superfortress über Hiroshima. Ferebee konnte alles deutlich erkennen.

Es war genau 08.15 Uhr und 17 Sekunden, als sich automatisch die Bombenklappen öffneten. Die Freigabe der Bombenzeit wurde elektrisch bestätigt. Dann stoppte abrupt der Radioton. Die Bombe fiel, sie drehte sich und stieß mit der Nase voraus, schneller und schneller werdend, auf Hiroshima herunter. Das Flugzeug, nun um 9000 Pfund leichter, stieß jäh empor. Es beschrieb einen Bogen um 180 Grad und nahm wieder Geschwindigkeit auf. Noch einmal öffneten sich die Bombenklappen. Drei Päckchen fielen heraus: Fallschirme, an denen Meßinstrumente hingen, die ihre Daten zum Flugzeug und den dort installierten Geräten hinaufgeben sollten.

„Setzen Sie die Brillen auf!“ befahl Tibbetts. „Die Bombe wird in 35 Sekunden detonieren.“ Als die Bombe 600 Yards über dem Boden detonierte, blieben alle Uhren in Hiroshima gleichzeitig und für immer stehen. Sie zeigten 08.15 Uhr an. Die Atombombe explodierte in einem Feuerball von 110 Yards Durchmesser. Die Hitze, die durch die Detonation freigesetzt wurde, betrug 300 000 Grad Celsius und schmolz die Oberfläche von Granit auf einer Distanz von 2000 Yards im Durchmesser auf der Erde. Die Dachziegel der Häuser wurden weich und wandelten ihre Farbe von schwarz zu oliv und braun.

Momente später erfolgte eine noch nie auf Erden erlebte Erschütterung; selbst erdbebensicher gebaute Häuser stürzten in einem Umkreis von zwei Meilen wie Kartenhäuser zusammen. Die Besatzung der „Enola Gay“ sah durch die schwarzgefärbten Schutzbrillen einen Ball aus purpurrotem Feuer. Eine gewaltige Masse von Flammen und ein riesiger Qualmpilz stiegen bis zu einer Höhe von 50 000 Fuß empor. Eine harte Druckwelle traf die „Enola Gay“. „Heiliger Moses, war das eine Schweinerei!“ rief Sergeant Caron. „Mein Gott“, sagte Co-Pilot Lewis, „was haben wir getan?“ Der Navigator van Kirk meinte, daß dies das Ende des Krieges sein müsse, und Oberst Tibbetts gab einen FT-Spruch auf, worin er im Klartext meldete, daß das erste Atombombenziel bei guter Sicht und mit guten Resultaten gebombt worden sei.

Die erste Atombombe war gefallen. Sie hatte 80 Prozent der Stadt Hiroshima vernichtet. Mindestens 92 167 Tote waren zu beklagen, 37 425

Verwundete wurden gezählt. Professor Shogo Nagaoka, der erste Kurator des Friedens-Memorial in Hiroshima, ermittelte, daß alles in allem bei der Bombardierung und an deren Folgen 200 000 Menschen ums Leben gekommen seien. Unter den Toten befanden sich auch 23 US-Kriegsgefangene.

Um 14.58 Uhr Lokalzeit landete die „Enola Gay" auf dem Flugfeld Nord von Tinian. Einige hundert Offiziere und Soldaten waren hier versammelt. General Spaatz heftete Oberst Tibbets den D.S.C., das Distinguish Service Cross, an die Brust. Wenig später schickte General Farrell den ersten Bericht an General Groves, den Leiter des US-Atombomben-Projektes, daß die „Enola Gay" erfolgreich gewesen und der Abwurf von Erfolg gekrönt sei.

Präsident Truman, der sich an Bord des Schweren Kreuzers „Augusta" auf dem Rückweg von der Potsdamer Konferenz nach den USA befand, wurde beim Lunch durch Captain Franklin Graham vom Abwurf der Atombombe unterrichtet. Der US-Präsident erhob sich, schlug mit der Gabel an sein Glas und gab bekannt: „Gentlemen, erheben Sie sich von Ihren Sitzen! Wir haben gerade eine Bombe auf Japan geworfen, die mehr Gewalt als 20 000 Tonnen Trinitrotoluol hat. Es war ein überwältigender Erfolg. – Wir gewinnen das Spiel!"

In seinem Hause in Tokio war der Kabinettssekretär Sakomizu gerade zu Bett gegangen, als ihm von der Domei News Agency diese Mitteilung Trumans durchgesagt wurde. Er war schockiert, zugleich aber auch irgendwie erleichtert, denn dies gab dem Tenno und der Regierung die Chance, den Krieg ohne Gesichtsverlust zu beenden. Denn wer konnte sich schon gegen eine Atombombe verteidigen?

Er nahm das Telefon ab und informierte Premierminister Suzuki über dieses Vorkommnis, das am nächsten Tage bereits ganz Japan erschütterte.

Am 9. Aug. 1945 wurde dann aus einer von Major Sweeney geführten B 29 die zweite Atombombe auf Nagasaki geworfen. Hier gab es mindestens 40 000 Tote und etwa 60 000 Verwundete unter der Zivilbevölkerung. Als hier die Bombe gefallen war, rief der Co-Pilot der Maschine dem Bombenschützen zu: „Well, Bea (der Bombenschütze hieß Beahan), dies sind hunderttausend Japse, die du gerade gekillt hast." Beahan antwortete nicht. Major Sweeneys erster Bericht nach Tinian lautete: „Nagasaki um 09.01 Uhr und 58 Sekunden gebombt. Keine Jäger, keine Flak. Ergebnis: Technisch erfolgreich! Aber andere Faktoren machen eine Besprechung vor weiteren Schritten notwendig. Die sichtbaren Effekte gleich jenen von Hiroshima. Treibstoff nur noch für den Rückflug nach Okinawa vorhanden."

Inzwischen hatte der japanische Botschafter Sato aus Moskau berichtet, daß seine Versuche, die Russen aus dem Krieg herauszuhalten, gescheitert seien. Die UdSSR erklärten Japan am 8. Aug. 1945 den Krieg und marschierten sofort in die Mandschurei und nach Korea ein, um sich eine Scheibe von dem Kuchen abzuschneiden, der nun ausgebacken war.

Dem Frieden entgegen

Der 9. Aug. sah in Tokio mehrere Beratungen der „Big Seven", der Führungsspitze des Landes. Am selben Tage noch flogen vier Träger Groups der Amerikaner mit den verfügbaren landgestützten Flugzeugen – insgesamt etwa 1500 Maschinen – Angriffe gegen Flugplätze und Schiffsziele in Nord-Honshu und Hokkaido. Der 10. Aug. sah einen weiteren Trägerangriff gegen Schiffsziele, Flugplätze und Bahnlinien in Nord-Honshu; und am 13. Aug. führten die fünf einsatzbereiten Task Groups der beiden im Einsatz stehenden Task Forces einen neuen Angriff gegen Tokio.

Unter dem drohenden Verhängnis eines möglicherweise dritten Atombombenangriffs auf Tokio stehend, den ein abgeschossener Bomberpilot vorausgesagt hatte, waren in den Beratungen des 9. und 10. Aug. 1945 wieder die Großen Sieben zusammengetreten. Nach endlosen Diskussionen und Auseinandersetzungen waren schließlich der Außenminister Admiral Togo, Admiral Yonay und der Präsident des Staatsrates, Baron Hiranuma, mit einer Kapitulation Japans einverstanden. Kriegsminister Anami, General Umezu, der Generalstabschef des japanischen Heeres, und Admiral Toyoda lehnten das ab.

Am frühen Morgen des 10. Aug. sagte Premierminister Admiral Suzuki: „Meine Herren, wir diskutieren seit vielen Stunden, während die Entscheidung, die wir zu treffen haben, keinerlei Aufschub gestattet. Es wird nun die Entscheidung Eurer Kaiserlichen Majestät erbeten, welcher Vorschlag angenommen werden soll." Admiral Suzuki warf sich vor dem Tenno, der dieser Beratung wie immer schweigend von seinem erhöhten Sitz beigewohnt hatte, zu Boden. Der Kaiser befahl ihm, aufzustehen und sich wieder zu setzen. Dann ergriff er das Wort.

Seine Rede, in welcher er seine Erschütterung über die Leiden seines Volkes zum Ausdruck brachte, gipfelte in den Worten: „Die Beendigung des Krieges ist die einzige Möglichkeit, den Weltfrieden wieder herzustellen und das Volk von dem schrecklichen Elend zu erlösen, das auf ihm lastet."

Kaiser Hirohito nahm die Bedingungen der Kapitulation an. In den Morgenstunden des 10. Aug. 1945 wurde eine Note an die japanischen

Botschaften in Bern und Stockholm geschickt, in welcher die Potsdamer Erklärung der Alliierten unter der Voraussetzung angenommen wurde, daß sie nichts enthalte, was die Hoheitsrechte des Kaisers beeinträchtige.

Über den Rundfunk wurde am 12. Aug. die amerikanische Antwort darauf veröffentlicht. Der Hauptsatz lautete: „Vom Zeitpunkt der Kapitulation an wird die Staatsführung des Kaisers und der japanischen Regierung dem Oberbefehlshaber der Alliierten Streitkräfte untergeordnet."

Dies schien den japanischen Patrioten unannehmbar. Es kam zu einem wilden Durcheinander und zu einer Meuterei. In dieser kritischen Situation griff der Tenno selbst ein, als er am 14. Aug. 1945 verkündete, daß die Annahme der amerikanischen Bedingungen unvermeidlich sei. Er werde das Volk selber bitten, sich diesem Zwang der Gegenwart zu beugen, um seine Zukunft zu retten.

Am Vormittag des 14. Aug. brach dann die Revolte offen aus. Aber auch diesmal gelang es einer Autorität nach einigen Gemetzeln, die Ruhe wieder herzustellen. General Tanaka, der Oberbefehlshaber der Ostarmee, konnte in einer dreistündigen Rede die Revolte in der Gardekaserne, in die er sich ohne Schutz begab, beenden. Danach beging er Harakiri. Auch General Anami setzte seinem Leben durch Harakiri ein Ende.

Am 15. Aug. 1945 dröhnte aus allen Rundfunkgeräten Japans die Stimme des Tenno, die das Volk bisher noch nie gehört hatte. Er wünschte, daß der Krieg beendet werde. Die Dynastie sprach sich für den Weg des Heiligen Kranichs – für den Frieden – aus.

Die erste Erregung der folgenden Tage ebbte langsam ab. Am 2. September 1945 verließ eine Regierungsdelegation, die den Waffenstillstandsvertrag unterzeichnen sollte, den Palast Akasaka, um sich an Bord des US-Schlachtschiffes „Missouri" zu begeben, das in der Sagamibucht lag. Außenminister Shigemitsu und der Generalstabschef der japanischen Armee, General Umezu, unterzeichneten die Urkunde. Auf alliierter Seite nahm General MacArthur die Kapitulation entgegen. Die Urkunde unterschrieben für die USA Admiral Nimitz, für China General Hsu Yungchang, für Großbritannien Admiral Sir Bruce Fraser, für die Sowjetunion Generalleutnant Derewjanko, für Australien General Sir Thomas Blamey, für Kanada Oberst Moore-Gosgrove, für Frankreich General Leclerc, für die Niederlande Vizeadmiral Helfrich und für Neuseeland Vizeluftmarschall Isitt.

Die letzten Worte, die General MacArthur nach der Zeremonie in die Mikrophone sprach und mit denen auch in den USA dieses Ereignis bekanntgegeben wurde, lauteten: „Ab heute schweigen im Pazifik die Waffen! Eine große Tragödie ist zu Ende. Ein entscheidender Sieg wurde errungen. Aus dem Himmel regnet nicht länger der Tod, die See wird nur noch von Handelsschiffen durchfurcht werden. Unsere heilige Mission ist beendet." Ob diese Mission heiliger war als die zuletzt bei ihr angewandten Mittel, ist Ansichtssache, hat wohl auch mit sittlichen Begriffen zu tun.

Bis zum 30. Sept. 1945 hatten die US-Truppen alle japanisch besetzten Räume von den Philippinen bis nach Tientsin in Besitz genommen. Der Krieg im Pazifik, der mit dem Donnerschlag von Pearl Harbor begonnen hatte, war mit dem Inferno der Atombombenwürfe von Hiroshima und Nagasaki zu Ende gegangen.

Was war damit gewonnen? War überhaupt etwas gewonnen. Die Antwort von heute auf diese Frage kann ein überklares „Nein" und „Nichts" sein. Doch das bemerken Sieger so leicht nicht.

* * *

Literatur- und Quellenverzeichnis

Agawe, Hiroyuki: Isoroku Yamamoto, Tokyo 1966

Alperovitz, Gar: Atomic Diplomacy: Hiroshima and Potsdam, New York 1965

Arnold, H. H.: Global Mission, New York 1948

Baker, Richard Terrill: Darkness of the Sun, New York 1947

Barbey, Daniel E.: MacArthurs Amphibious Navy, Annapolis 1969

Beach, Edward: Submarine, New York 1952

Bennett, Henry Gordon: Why Singapore fell, Sydney 1944

Busch, Noel F.: The Emperor's Sword, New York 1969

Bywater, Hector C.: The Great Pacific War, London 1952

Chinnock, Frank W.: Nagasaki – The Forgotten Bomb, New York 1969

Clarke, Hugh, and Yamashita, Takeo: To Sydney by Stealth, London 1966

Craig, William: The Fall of Japan, New York 1967

Cope, H. F., and Karig, W.: Battle submerged, New York 1951

Craven, W. F. and Cate, J. L. eds.: The Pacific – Guadalcanal to Saipan, and The Pacific – Matterhorn to Nagasaki, Vol. IV and V, 1950 and 1953

Creswell, John: Sea Warfarce 1939–1945, London 1950

Davis, Burke: Marine!, Boston 1962

Defense Agency – War History Office: Advance Operations into Malaya, Tokyo 1966

Department of the Air Force: The Air Force in World War II

Department of the Army: Publications of the Office of the Chef of Military History

Appleman, Roy, E. Burns, James, M., Gugeler, Russell, A., and Stevens, John: Okinawa: The last Battle, Washington 1948

Cannon, M. Hamlin: Leyte: The Return to the Philippines, Washington 1954

Conn, Stetson, Engelman, Rose C. and Fairchild, B.: Guarding the United States and its Outposts, Washington 1964

Crowl, Philip A.: Campain in the Marianes, Washington 1960

ders., and Love, Edmund G.: Seizure of the Gilberts and Marshalls, Washington 1960

Mathoff, Maurice: Strategic Planning for Coalition Warfare, 1943–1945, Washington 1959

ders. and Snell, Edwin M.: Strategic Planning for Coalition Warfare 1941–1942, Washington 1953

Miller, John jr.: Guadalcanal: the first Offensive, Washington 1949
Morton, Louis: The Fall of the Philippines, Washington 1953
Smith, Ross Robert: The Approach to the Philippines, Washington 1953
Watson, Skinner Mark: Chief of Staff: Prewar Plans and Preparations 1941–1942, Washington 1950
Williams, Mary H.: compiler: Chronology 1941–1945, Washington 1960
Department of the Navy: Campain of the Pacific War USSBS Nr. 255
dass.: Cincpac Action Report from 2. 5. 1943
dass.: Battle of Tassafaronga ATIS 16086
dass.: Narrative of the Circumstances of the Lose of „Indianapolis", 23. 2. 1946
dass.: Submarine Operational History World War II, I/174–189
dass.: US Fleet A/S Bulletin July 1944
Bartley, LtCol, Whitman, S.: Iwo Jima, Amphibious Epic, Washington 1954
Hoffmann, Carl W.: Saipan, The Beginning of the End, Washington 1950
Nichols, Charles S. jr., and Shaw, Henry I.: Okinawa: Victory in the Pacific, Washington 1955
Zimmermann, John L.: The Guadalcanal Campaign, Washington 1949

Eichelberger, Robert L.: Our jungle Road to Tokyo, New York 1950
Falk, Stanley L.: Bataan: The March of Death, New York 1962
Farago, Ladislaw: Burn after Reading, New York 1961
Feis, Herbert: The Road to Pearl Harbor, Princeton 1950
Forrestal, James: The Forrestal Diaries, New York 1951
Fuchida, Mitsuo and Okumiya, Masatake: Midway, The Battle that doomed Japan, Annapolis 1955
Glassford, Admiral: Report from the Java Sea Battle, S. 37–38
Glines, Carroll V.: Dolittle's Tokyo Raiders, New York 1964
Halsey, William F., and Bryan, J. III.: Admiral Halsey's Story, New York 1947
Hashimoto, Mochitsura: Sunk, New York 1954
Higashikuni, Prince Toshihiko: The War Diary of an Member of the Royal Family, Tokyo 1957
Holmes, W. J.: Undersea Victory, Garden City 1966
Homma, Masaharu: The Diary of Masaharu Homma, MS Toland
Horie, Yoshitaka: Fighting Spirit – Iwo Jima, Tokyo 1956
Hull, Cordell: The Memoirs of Cordell Hull, New York 1948
Hunt, Frazier: MacArthur and the War against Japan, New York 1944
Inoguchi, Rikihei, Nakajima, Tadashi and Pineau, Roger: The Divine Wind, Annapolis 1954
Ito, Masashi: The Emperor's last Soldier, New York 1966

James, David H.: The Rise and Fall of the Japanese Empire, London 1951

Japanese War Diary: Diverse Battle Reports and War Operations

Joint Army-Navy Committee: Japanese Shipping Losses during World War II by all Causes, Washington 1947

Kahn, David: The Code-Breakers, New York 1967

King, Ernest, and Whitehall, Walter Muir: Fleet Admiral King, London 1953

Konoye, Fumimaro: The Konoye Diary, Tokyo 1968

Kusaka, Ryunosuke: The Combined Fleet, Memoirs of the Former Chief of Staff Kusaka, Tokyo 1952

Lockwood, Charles A., and Adamson, Christian: Battles of the Philippine Sea, New York 1967

Lu, David L.: From the Marco Polo Bridge to Pearl Harbor, Washington 1961

MacArthur, Douglas: Reminiscences, New York 1964

Middlebrook, Martin, and Mahoney, Patrick: Battleships, London 1977

Military History, Section Special Staff, General HQ Far Eastern Command: The Imperial Japanese Navy in World War II, Washington 1952

Morison, Samuel Eliot: United States Naval Operations in World War II, Vol. 1–15, Boston 1950–1957

Myers, Hugh H.: Prisoner of War, World War II, (Metropolitan Press)

Nakasone, Seizen: Tragedy of Okinawa, Tokyo 1951

Newcomb, Richard F. Abandon Ship, New York 1958

Nishino, Gen.: Isle of Death: Guadalcanal, Tokyo 1956

Okuyama, Ryoko: Left alive on Saipan, the Island of Suicide, Tokyo 1967

Pacific War Research Society: Japans longest Day, Tokyo-Palo Alto 1968

Potter, E. B., and Nimitz, Chester W.: The Great Sea War, Englewood Cliffs 1960

Roscoe, Theodore: United States Submarine Operations in World War II, Annapolis 1945

ders.: United States Destroyer Operations in World War II, III., Annapolis 1961

Roskill, S. W.: The War at Sea 1939–1945, Vol I-III/IV, London 1954–1956

Sato, Kenryo: The Greater East Asia War Memoirs, Tokyo 1966

Sherman, Frederick C.: Combat Command, New York 1950

Sugano, Shizuko: The End at Saipan, Tokyo 1959

Takagi, Sokichi: History of Naval Battles in the Pacific, Tokyo 1949

Taleja, Taddeus: Climax at Midway, New York 1960

Taylor, Theodore: The Magnificent Mitscher, New York 1960

Toland, John: The Cause of Japan, New York 1956

ders.: The Flying Tigers, New York 1963

ders.: The Rising Sun, New York 1970
Wainwright, Jonathan: General Wainwrights Story, Garden City 1946
Walters, Robert: Naval War in the Pacific 1941–1945, ZS 1968
Yamamoto, Kumaichi: Memoirs of the Greater Asian War (Z.S.)
Yoshida, Shiguru: The Yoshida Memoirs, Boston 1962
Watts, Antony: Japanese Warships of World War II, London 1966

Danksagung

Zu den einzelnen Abschnitten dieses Werkes wurden insgesamt 561 Soldaten aller am Pazifikkrieg beteiligten Staaten vom Nicht-Kombattanten bis zum Fünfsternegeneral befragt.

Der besondere Dank des Verfassers gilt den deutschen Helfern und Übersetzern, die sich in mühevoller Arbeit dieses Manuskriptes angenommen und ihm zur Bestgestaltung verholfen haben.

Die Fotos stellte in dankenswerter Mithilfe die Audiovisual Archives Division der National Archives Washington zur Verfügung.

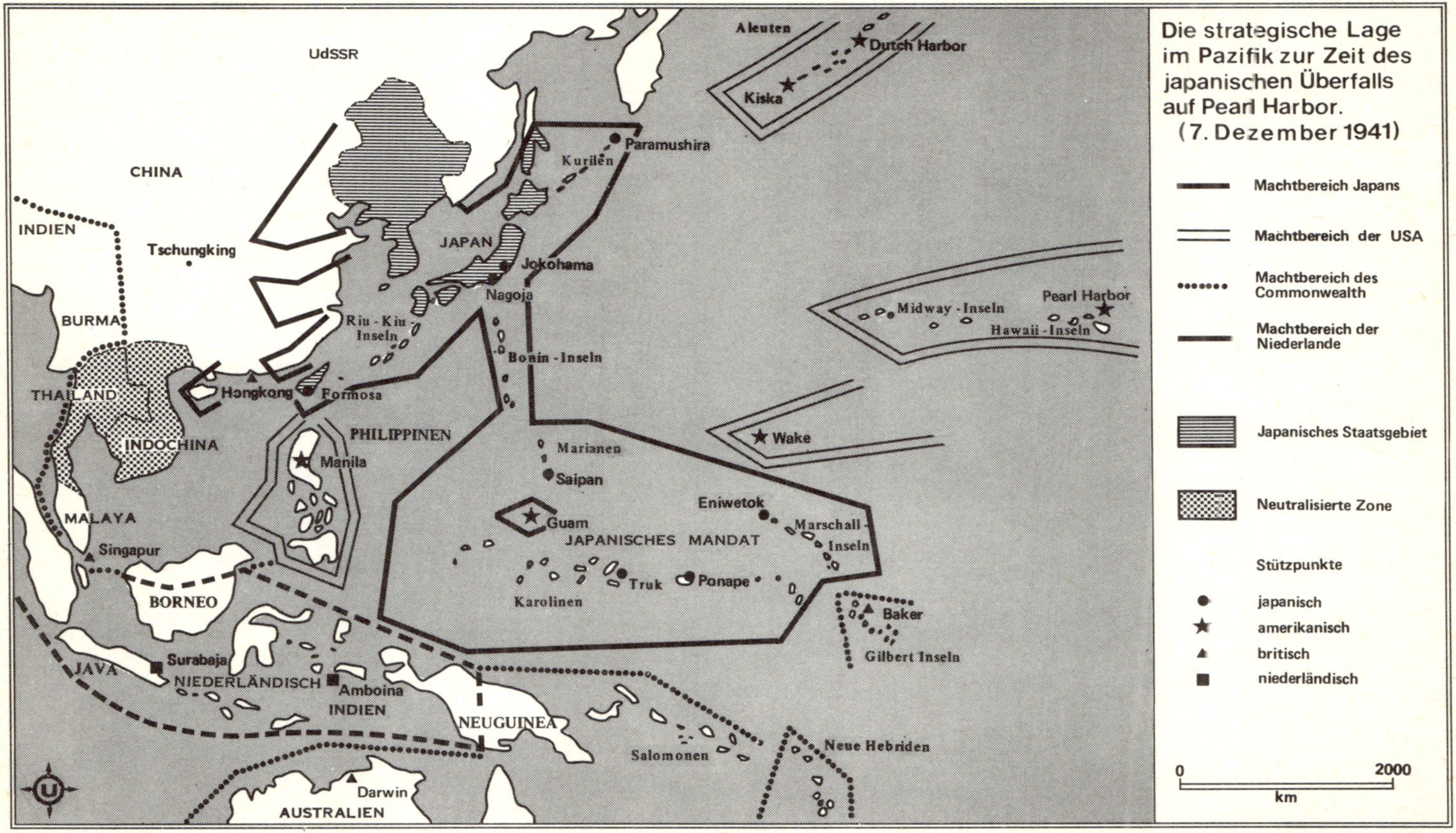

Die strategische Lage im Pazifik zur Zeit des japanischen Überfalls auf Pearl Harbor. (7. Dezember 1941)
Machtbereich Japans
Machtbereich der USA
Machtbereich des Commonwealth
Machtbereich der Niederlande
Japanisches Staatsgebiet
Neutralisierte Zone
Stützpunkte
japanisch
amerikanisch
britisch
niederländisch
0
2000
km
UdSSR
CHINA
INDIEN
Tschungking
BURMA
THAILAND
INDOCHINA
MALAYA
Singapur
BORNEO
JAVA
Surabaja
NIEDERLÄNDISCH
INDIEN
Amboina
NEUGUINEA
Darwin
AUSTRALIEN
Hongkong
Formosa
PHILIPPINEN
Manila
Riu-Kiu Inseln
JAPAN
Jokohama
Nagoja
Kurilen
Paramushira
Bonin-Inseln
Marianen
Saipan
Guam
JAPANISCHES MANDAT
Karolinen
Truk
Ponape
Eniwetok
Marschall-Inseln
Baker
Gilbert Inseln
Salomonen
Neue Hebriden
Wake
Midway-Inseln
Hawaii-Inseln
Pearl Harbor
Aleuten
Kiska
Dutch Harbor

Der japanische Angriff auf Pearl Harbor
7. Dezember 1941

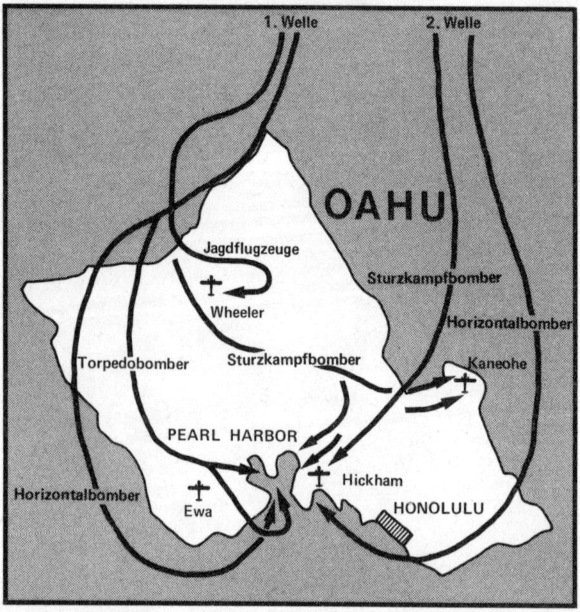

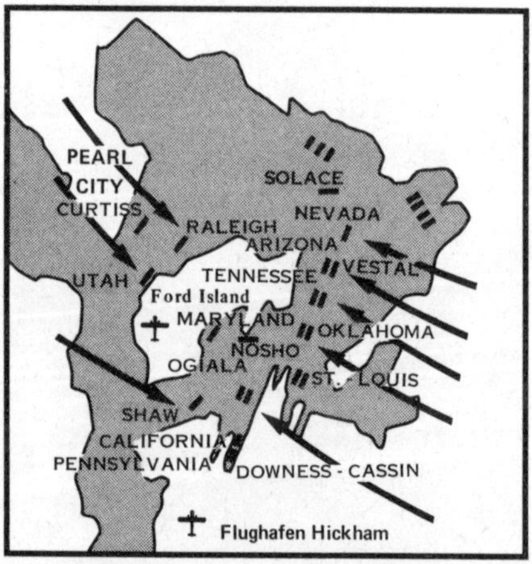

Die Reede von Pearl Harbor

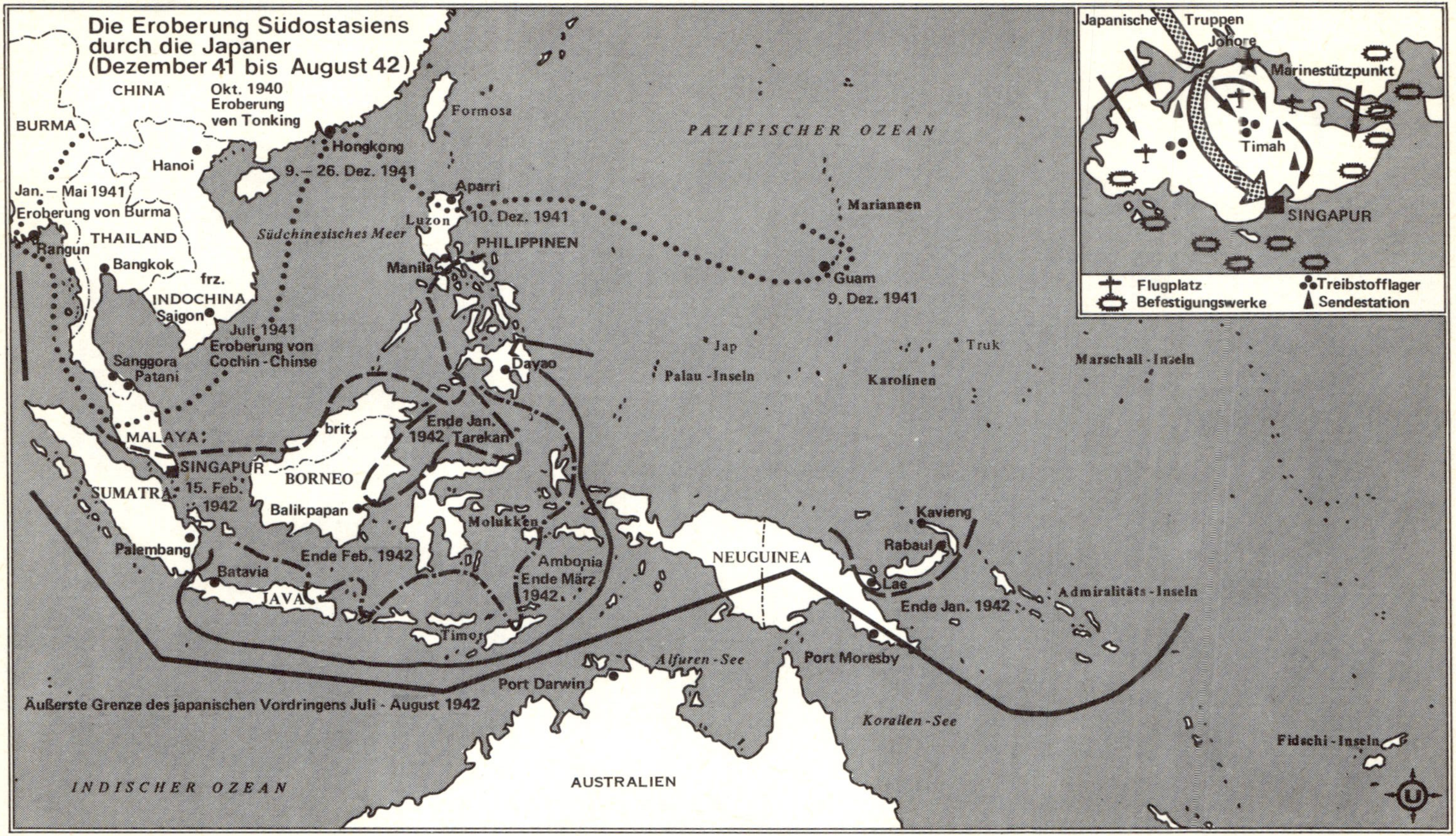
Die Eroberung Südostasiens
durch die Japaner
(Dezember 41 bis August 42)
CHINA
Okt. 1940
Eroberung
von Tonking
BURMA
Hanoi
Jan. – Mai 1941
Eroberung von Burma
THAILAND
Rangun
Bangkok
frz.
INDOCHINA
Saigon
Juli 1941
Eroberung von
Cochin-Chinse
Sanggora
Patani
MALAYA
SINGAPUR
15. Feb.
1942
SUMATRA
Palembang
Batavia
JAVA
Hongkong
9. – 26. Dez. 1941
Formosa
Aparri
Luzon
10. Dez. 1941
Südchinesisches Meer
PHILIPPINEN
Manila
Davao
brit.
BORNEO
Balikpapan
Ende Jan.
1942 Tarekan
Molukken
Ende Feb. 1942
Ambonia
Ende März
1942
Timor
PAZIFISCHER OZEAN
Mariannen
Guam
9. Dez. 1941
Jap
Palau-Inseln
Truk
Karolinen
Marschall-Inseln
NEUGUINEA
Kavieng
Rabaul
Lae
Ende Jan. 1942
Admiralitäts-Inseln
Port Moresby
Alfuren-See
Port Darwin
Korallen-See
Äußerste Grenze des japanischen Vordringens Juli - August 1942
AUSTRALIEN
INDISCHER OZEAN
Fidschi-Inseln
Japanische Truppen
Johore
Marinestützpunkt
Timah
SINGAPUR
Flugplatz
Befestigungswerke
Treibstofflager
Sendestation

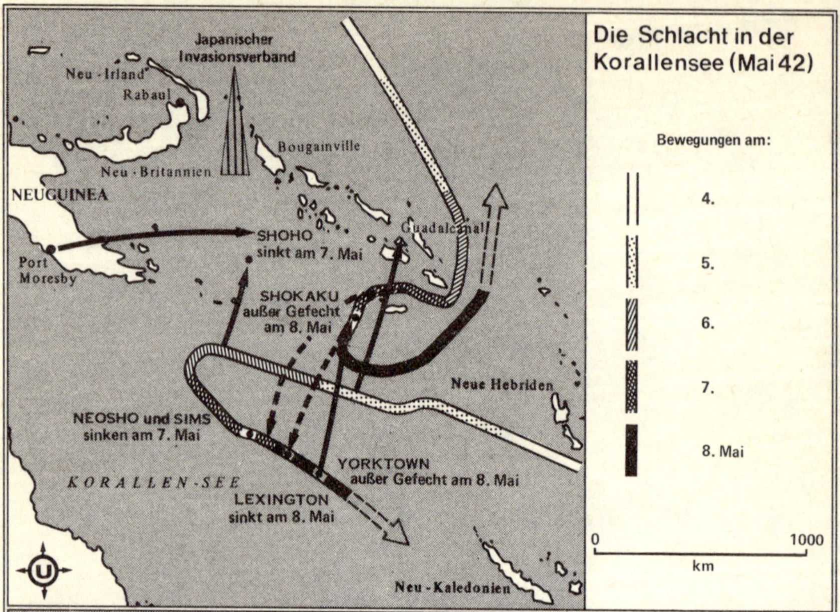

Die Schlacht in der Korallensee (Mai 42)

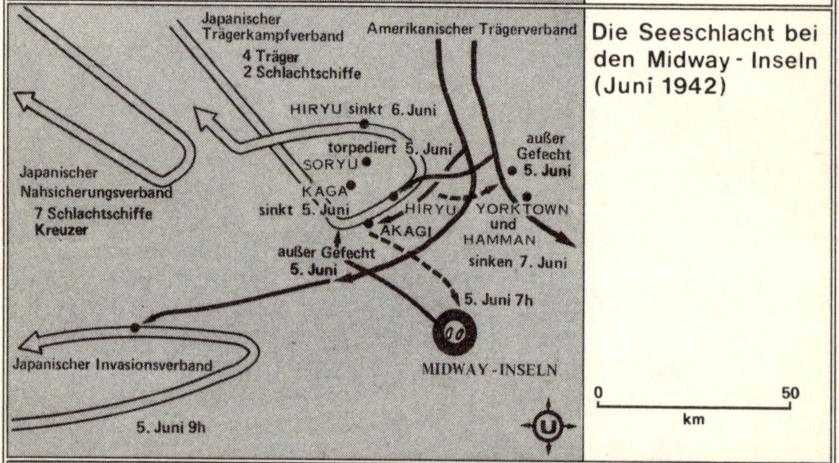

Die Seeschlacht bei den Midway-Inseln (Juni 1942)

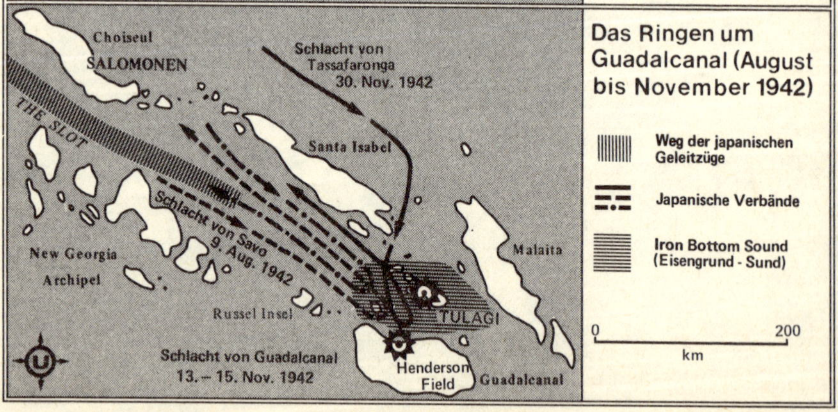

Das Ringen um Guadalcanal (August bis November 1942)

Das Vordringen der Alliierten im Süd-Ost-Pazifik 1943

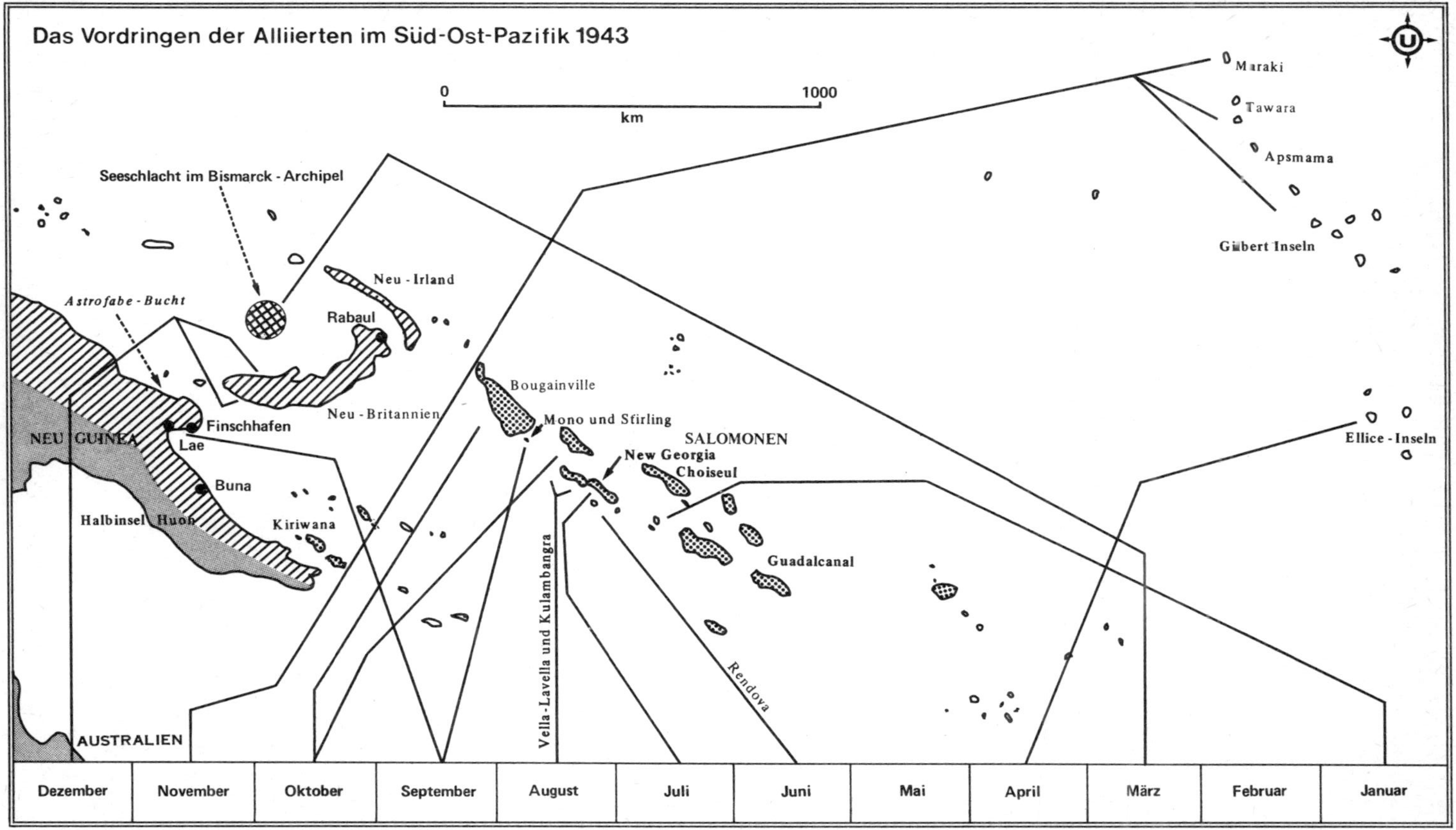

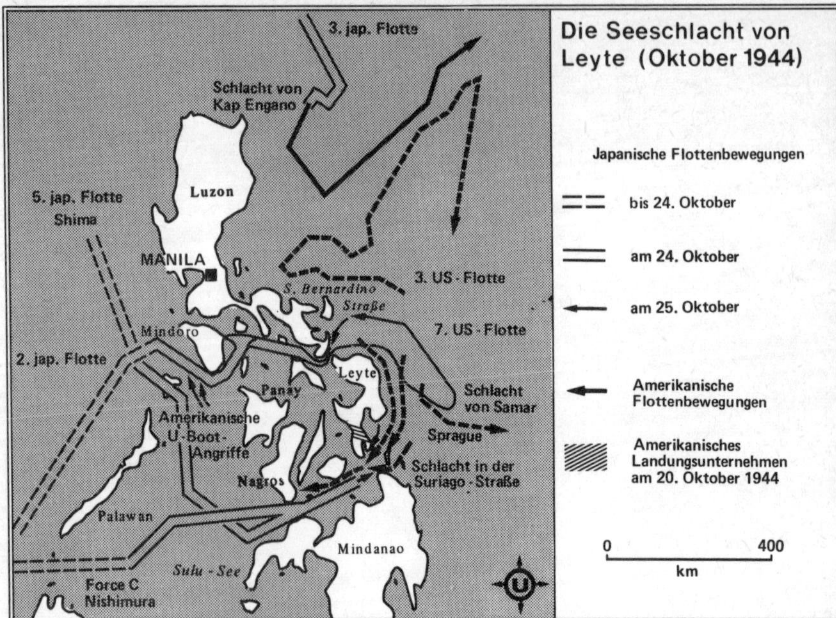
Die Seeschlacht von Leyte (Oktober 1944)
Japanische Flottenbewegungen
bis 24. Oktober
am 24. Oktober
am 25. Oktober
Amerikanische Flottenbewegungen
Amerikanisches Landungsunternehmen am 20. Oktober 1944
0
400
km
3. jap. Flotte
Schlacht von Kap Engano
Luzon
5. jap. Flotte
Shima
MANILA
3. US-Flotte
S. Bernardino
Straße
Mindoro
7. US-Flotte
2. jap. Flotte
Leyte
Panay
Schlacht von Samar
Amerikanische U-Boot-Angriffe
Sprague
Schlacht in der Suriago-Straße
Nagros
Palawan
Mindanao
Sulu-See
Force C
Nishimura

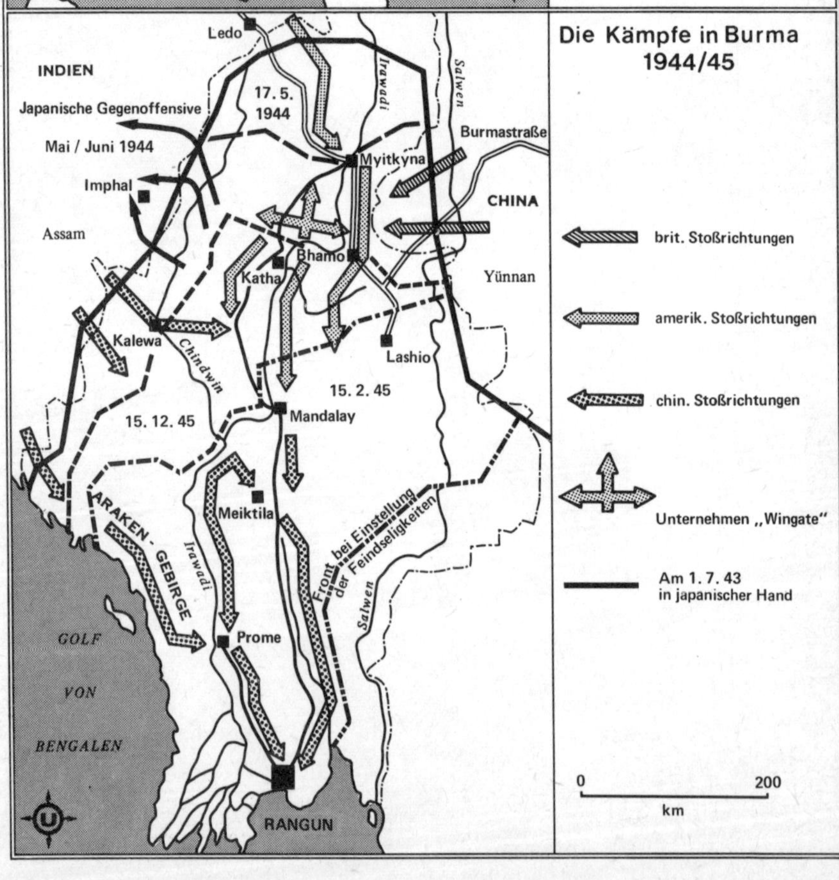
Die Kämpfe in Burma 1944/45
brit. Stoßrichtungen
amerik. Stoßrichtungen
chin. Stoßrichtungen
Unternehmen „Wingate"
Am 1. 7. 43 in japanischer Hand
0
200
km
Ledo
INDIEN
17. 5. 1944
Irawadi
Salwen
Japanische Gegenoffensive
Mai / Juni 1944
Burmastraße
Myitkyna
Imphal
CHINA
Assam
Bhamo
Katha
Yünnan
Kalewa
Chindwin
Lashio
15. 2. 45
15. 12. 45
Mandalay
Meiktila
ARAKEN-GEBIRGE
Front bei Einstellung der Feindseligkeiten
Irawadi
Salwen
Prome
GOLF
VON
BENGALEN
RANGUN

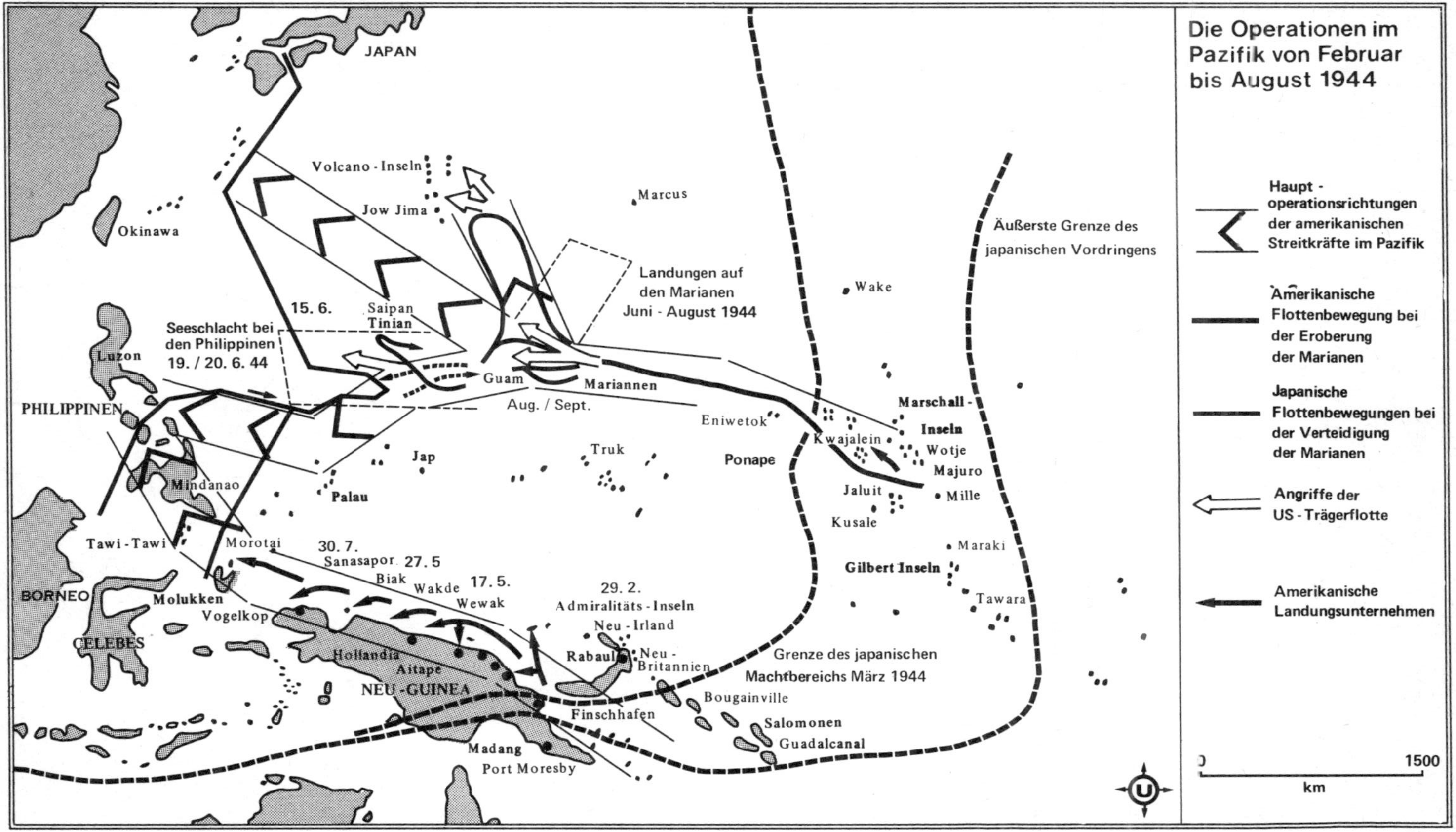
Die Operationen im Pazifik von Februar bis August 1944
Haupt-operationsrichtungen der amerikanischen Streitkräfte im Pazifik
Amerikanische Flottenbewegung bei der Eroberung der Marianen
Japanische Flottenbewegungen bei der Verteidigung der Marianen
Angriffe der US-Trägerflotte
Amerikanische Landungsunternehmen
0
1500
km
JAPAN
Okinawa
Volcano-Inseln
Jow Jima
Marcus
Äußerste Grenze des japanischen Vordringens
Landungen auf den Marianen Juni - August 1944
Wake
15. 6.
Saipan
Tinian
Seeschlacht bei den Philippinen 19. / 20. 6. 44
Luzon
PHILIPPINEN
Guam
Mariannen
Aug. / Sept.
Eniwetok
Marschall-Inseln
Kwajalein
Wotje
Majuro
Jaluit
Mille
Kusale
Truk
Ponape
Jap
Palau
Mindanao
Tawi-Tawi
Morotai
30. 7.
Sanasapor
27. 5
Biak
Wakde
17. 5.
Wewak
29. 2.
Admiralitäts-Inseln
Neu-Irland
Rabaul
Neu-Britannien
BORNEO
Molukken
Vogelkop
CELEBES
Hollandia
Aitape
NEU-GUINEA
Grenze des japanischen Machtbereichs März 1944
Bougainville
Salomonen
Guadalcanal
Finschhafen
Madang
Port Moresby
Maraki
Gilbert Inseln
Tawara

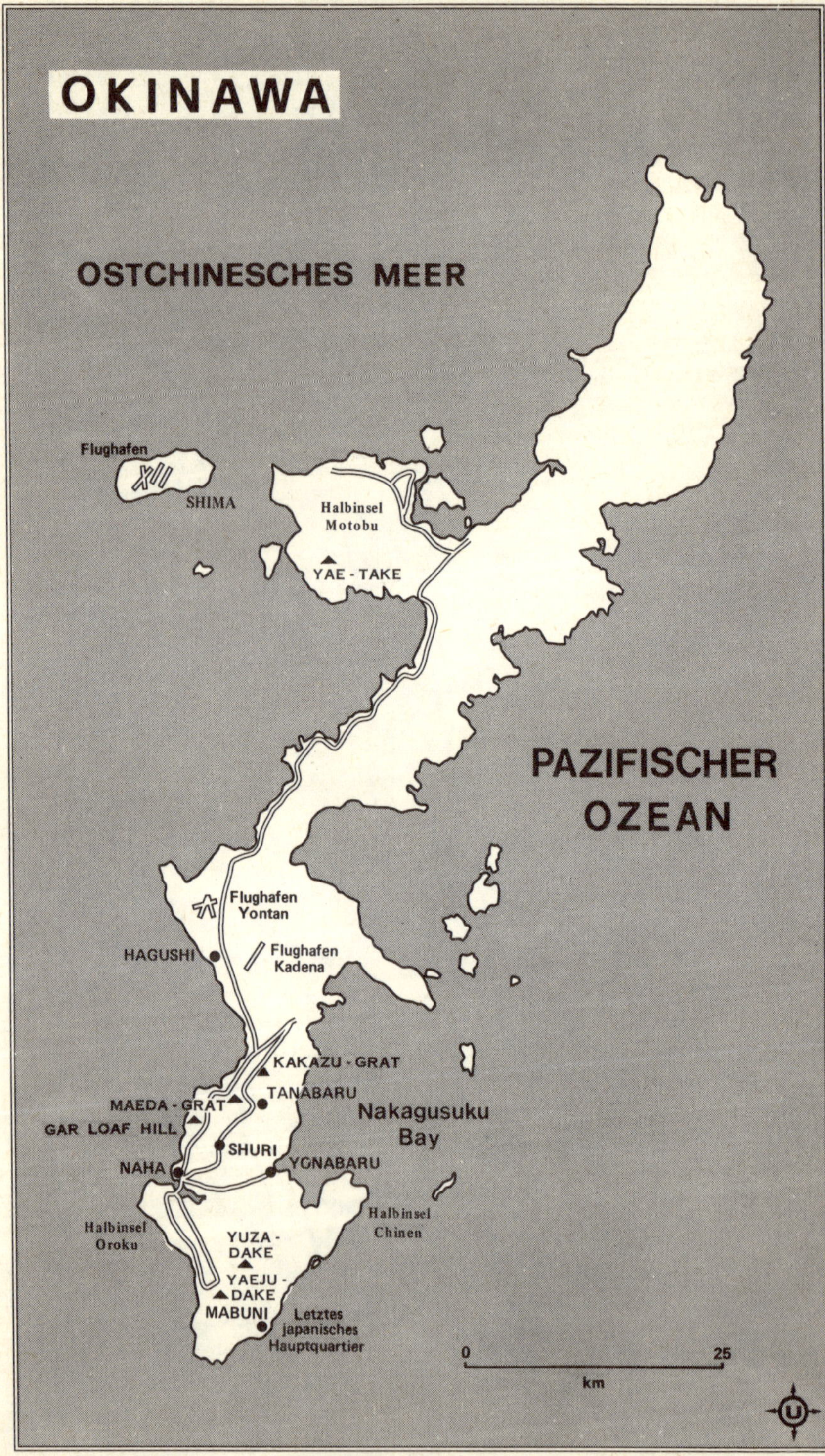
OKINAWA
OSTCHINESCHES MEER
PAZIFISCHER OZEAN
Flughafen
SHIMA
Halbinsel Motobu
YAE - TAKE
Flughafen Yontan
HAGUSHI
Flughafen Kadena
KAKAZU - GRAT
MAEDA - GRAT
TANABARU
Nakagusuku Bay
GAR LOAF HILL
SHURI
NAHA
YONABARU
Halbinsel Oroku
Halbinsel Chinen
YUZA - DAKE
YAEJU - DAKE
MABUNI
Letztes japanisches Hauptquartier
0
25
km
U

Namenregister